中大谦之论丛

心有其理
——舍勒现象学伦理学经典研究文集

张任之 编
张任之 段丽真 钟汉川 等译

图书在版编目（CIP）数据

心有其理：舍勒现象学伦理学经典研究文集 / 张任之编；张任之等译. — 北京：商务印书馆，2021
（中大谦之论丛）
ISBN 978-7-100-19725-0

Ⅰ. ①心… Ⅱ. ①张… Ⅲ. ①舍累尔（Scheler, Max 1874-1928）－文集②伦理学－文集 Ⅳ. ① B516.59-53 ② B82-53

中国版本图书馆 CIP 数据核字（2021）第 050021 号

权利保留，侵权必究。

中大谦之论丛

心有其理

——舍勒现象学伦理学经典研究文集

张任之 编

张任之 段丽真 钟汉川 等译

商务印书馆出版
（北京王府井大街36号 邮政编码 100710）
商务印书馆发行
三河市尚艺印装有限公司印刷
ISBN 978-7-100-19725-0

2021年8月第1版	开本 680×960 1/16
2021年8月第1次印刷	印张 29 1/2

定价：158.00元

中大谦之论丛
编委会

主　编　张　伟

编　委（按姓氏笔画排序）

马天俊　方向红　冯达文　朱　刚　吴重庆

陈少明　陈立胜　赵希顺　倪梁康　徐长福

龚　隽　鞠实儿

总　序

中山大学哲学系创办于1924年，是中山大学创建之初最早培植的学系之一。1952年全国高校院系调整撤销建制，1960年复系，办学至今，先后由黄希声、冯友兰、杨荣国、刘嵘、李锦全、胡景钊、林铭钧、章海山、黎红雷、鞠实儿、张伟教授等担任系主任。

早期的中山大学哲学系名家云集，奠立了极为深厚的学术根基。其中，冯友兰先生的中国哲学研究、吴康先生的西方哲学研究、朱谦之先生的比较哲学研究、李达与何思敬先生的马克思主义哲学研究、陈荣捷先生的朱子学研究、马采先生的美学研究、罗克汀先生的现象学研究等，均在学界产生了重要影响，也奠定了中大哲学系在全国的领先地位。

复系近六十年来，中大哲学系同仁勠力同心，继往开来，各项事业蓬勃发展，取得了长足进步。目前，我系是教育部确定的全国哲学研究与人才培养基地之一，具有一级学科博士学位授予权，拥有"国家重点学科"2个、"全国高校人文社会科学重点研究基地"2个。2002年教育部实行学科评估以来，我系稳居全国高校前列。2017年9月，中大哲学学科成功入选国家"双一流"建设名单，我系迎来了难得的发展良机。

近年来，在中山大学努力建设世界一流大学的号召和指引下，中大哲学学科的人才队伍也不断壮大，而且越来越呈现出年轻化、国际化的特色。哲学系各位同仁研精覃思，深造自得，在各自研究领域均取得了丰硕的成果，不少著述还产生了国际性的影响，中大哲学系已发展成为全国哲学研究的一方重镇。

为向学界集中展示中大哲学学科的教学与科研成果，我系计划推出多种著作系列。已经陆续出版的著作系列有"中大哲学文库"和"中大哲学精品教程"，本套"中大谦之论丛"亦属其一。谦之论丛的基本定位，乃就某一哲学前沿论题，甄选代表性研究论文结为专集，目的是为相关论题之深入研究提供较为全面、较为权威的"学术前史"资料汇编。此种文献，虽非学者个人之专门著述，却具有重要的学术史资料价值。

"中大谦之论丛"之命名，意在藉以纪念中大哲学系前辈学者朱谦之先生（1899—1972）。谦之先生是现代著名哲学家、哲学史家，治学领域广阔，著述等身，被誉为"百科全书式学者"。朱先生不唯曾任中大历史系主任、哲学系主任、文学院院长，更在民族危亡的抗战时期临危受命，担任"研究院文科研究所主任"之职，为中大文科之发展壮大孜孜矻矻，不遗余力。朱先生 1932 年南下广州，任职中大 20 余年，又首倡"南方文化运动"，影响颇深。故本套丛书具名"中大谦之论丛"，实有敬重前贤、守先待后之用心。

"中大谦之论丛"的顺利出版，得到百年名社商务印书馆的大力支持，在此谨致诚挚谢意！

中山大学哲学系
2019 年 6 月 6 日

目 录

现象学伦理学的基本问题

舍勒与康德，殊途同归：道德的善......曼弗雷德·S. 弗林斯 3
舍勒对康德形式伦理学的空乏性的批判......彼德·H. 斯佩德 19
再论马克斯·舍勒伦理学中的形式主义：德性伦理学与质料的
　　价值伦理学中的道德法则......欧根·凯利 43
质料先天？论马克斯·舍勒对康德形式伦理学的
　　批评......鲁道夫·嘉歇 65
嘉歇论舍勒......米歇尔·卡什 85
有关舍勒伦理学的六个问题......菲利普·布洛瑟 90

人格现象学与人格伦理学

人格作为现象学的任务......米歇尔·伽贝尔 113
康德背景下的舍勒人格概念......菲利普·布洛瑟 126
人格的结构与自身的多样性......欧根·凯利 167
人类位格的个体性：马克斯·舍勒伦理位格主义的
　　研究......约翰·F. 科罗斯比 188

II 心有其理

伦理的人格主义和人格的统一.. 欧根·凯利　224

精神和肉体

　　——舍勒和梅洛-庞蒂的人格现象学......... 克里斯蒂安·贝默思　247

关于空间的问题：马克斯·舍勒与汉娜·阿伦特论人的

　　位置... 斯蒂芬·施奈克　271

共同体与文化现象学

作为存在论差异的价值.. K. W. 斯蒂克斯　307

自由的经验... 海因里希·罗姆巴赫　328

舍勒的爱的秩序：洞见与失察.......................... 菲利普·布洛瑟　354

通过榜样性的人格间的注意.................... 安东尼·施泰因博克　373

当代伦理学与舍勒的共同体现象学..................... 艾德沃特·万希克　404

人格的被给予与文化诸先天.................... 安东尼·施泰因博克　432

编后记.. 459

现象学伦理学的基本问题

舍勒与康德，殊途同归：道德的善 *

曼弗雷德·S. 弗林斯 **

以下是对康德的《实践理性批判》（1788）和马克斯·舍勒的《伦理学中的形式主义与质料的价值伦理学：为一门伦理学人格主义奠基的新尝试》（1913—1916，下文简称《形式主义》）二者之间一些基本差异的阐述，但在一篇文章的框架之内不可能详细阐述现象学分析和18世纪的理性思考。实际上，如果有人要对这两部伦理学巨著进行详细比较的话，那将需要一卷的篇幅来公正地评判每一本书，并在整体

---

* 本文译自：Manfred S. Frings, "Max Scheler and Kant, Two Paths toward the Same: The Moral Good," in *Kant and Phenomenology*, edited by Thomas M. Seebohm and Joseph J. Kockelmans, Washington, D. C.: Centre for Advances Research in Phenomenology & University Press of America, 1985, pp. 101-114。——译者

** 曼弗雷德·S. 弗林斯（Manfred S. Frings）于1925年2月出生于德国科隆。第二次世界大战后，在科隆大学学习哲学、英语和法语。1953年获得博士学位。1958年移民美国，其后在多所大学任教。从1966年赴任到1992年荣休，一直在芝加哥德保罗大学（DePaul University）任教。2008年12月15日，不幸因病逝世于美国。

弗林斯是海德格尔亲自选定的作为其全集最初编者的六名学者之一，编辑了海德格尔1942—1944年论巴门尼德和赫拉克利特的讲座稿（作为《海德格尔全集》第54、55卷出版）。自1970年起，弗林斯成为《舍勒全集》（*Gesammelten Werke von Max Scheler*，本书简写为GW）的主编，在其努力下，《舍勒全集》15卷于1997年全部出齐。1993年，弗林斯参与创办"国际舍勒协会"，并一直任主席和荣誉主席（1999年后任荣誉主席）。此外，他还创办了"北美舍勒协会"。除了编辑出版《舍勒全集》以外，弗林斯还将舍勒多部重要著作译为英语，大大促进了舍勒思想的传播。在舍勒思想研究方面，他出版了五部专著以及百余篇文章，大量作品被译成中文、法文、日文和德文等，是世界舍勒思想研究的一流专家。——编者

上得出没有偏见的并且至少是近乎客观的结果。

在两位哲学家之间的比较总有某些不足之处。基本上，在这种比较中存在着四个人：被比较的两位哲学家、比较的作者和读者。这种情况往往使看上去已经很难的主题更加混乱，有时留给读者的是对这一个或另一个哲学家的"选择"。

我并不认为比较与哲学有很大的关系，尽管它们对理解某一思想家，对理解一个哲学"学派"，或对理解对于相关哲学家做出比较的那个时代有所贡献。我也不认为哲学领域中的学派、特殊利益群体与哲学有很大关系，除非所涉及的基本思考被指向或来自存在意义问题。

康德的形式主义伦理学和马克斯·舍勒的质料的伦理学之间的"比较"会引起另外的困难。康德与胡塞尔、舍勒和海德格尔所导向的传统现象学相距一个多世纪。让康德面对现代现象学的裁判是不公平的，尽管康德以其资格很可能经受得住考验。同样地，反之也是不公平的，即因为其缺乏律令而指责舍勒的伦理学。

因此，我打算以一种不同的方式处理康德和舍勒的伦理学：我不想以论证的标尺来衡量二者，而是想集中在一个不仅对他们二人是共同的，而且在任何伦理学中都是共同的关键点上，无论这一点是否已经被清楚表明：人的本质。因为必须坚持的是无论我们如何说明"善"与"恶"的存在，它们的载体正是**人格**。

但是，当我们考虑到自苏格拉底以来的道德意识的历史时，这一点也必须在一个有限的意义上被理解。因为有两种类型的伦理学在这一历史中产生并对人格的道德评价有直接的影响。（1）他律伦理学声称，道德的善被锚定（anchored）在人之外的某物上，并且人（在人类［der Mensch］这个意义上，且与性别无关）被置于依赖于这种外在权威的位置上。佐证之一是"神学"伦理学，在这种伦理学里道德的善不能与创造万物的上帝相分离；另一个例子就在马克思主义的和法西斯主义的社会主义之中。因为道德上善的行为是那些被限定于一个

"阶级"并且仅仅"为了"那个阶级的行为,在无数情况下——甚至包括为了阶级利益的不道德行为——这些行为常常被这个阶级的理论家和领袖们证明是正当的。(2)相反,自律的伦理学声称,正是个人自身而不是个人以外的权威建立了道德的善。必须强调的是,无论康德和舍勒的观点有多不同,在这一点上他们的意见是一致的。道德自律在人的意愿(康德)或人的**爱的秩序**(ordo amoris,舍勒)中都可以见到。

无论在康德和舍勒之间可以发现何种差异,他们都属于自律伦理学。第一个差异是关于道德行动(action)、行为举止(deed)和行为(act)的实践。当我们问及道德经验的本质时,这个问题就产生了。事实上,我们如何经验善与恶呢?这个问题的答案又一次依赖于我们在伦理学史中所发现的若干立场:(1)有人提出道德的善处于理性、奴斯(苏格拉底)或心智之中;(2)有人提出道德的善处于意愿之中(康德);(3)有人提出道德的善处于人的内心之中(舍勒)。结果每一种情况中的道德经验都不同。例如,在第一种情况中,道德的善是通过"明察"被经验的;在第二种情况中,它通过意愿的意向被经验;在第三种情况中,它通过人格的内在的趋向被经验。我们还可以看到,在第一和第二种情况中,道德经验允许公式化律令的功能的决定性作用,而在第三种情况中则不是如此。因为我的内在道德趋向是既不能被命令——更不要说加以明确阐述和定义了,也不能"遵守"的。他律伦理学和自律伦理学之间以及道德的善在理性、意愿或内心中的定位之间的历史差异本该在对康德和舍勒的长期研究中加以思考。

由于本文篇幅的限制,我们将集中在舍勒伦理学中的人格的本质上,因为它使自身区别于康德的伦理学。因此,为了确定事实上舍勒关于人格的观点是什么,我将以《实践理性批判》为前提。这将有助于我们根据康德的《实践理性批判》评价舍勒的立场,或者根据舍勒的现象学伦理学评价康德的《实践理性批判》。

"现象学伦理学"这个术语并不是舍勒的。这个词应当表明关于人格性本质的一些东西。康德和舍勒在人格概念上的一个基本差异是理性的作用。康德的理性观是，没有必要强调"理性"是永恒的、静止的和在历史上普遍的。对康德来说，理性被赋予一个不变的范畴装置，这意味着它对所有人、种族和文化在一切时代都是一样的。他暗含的主张是，实践理性也在一切世代拥有给予自身道德法则的能力。理性的这种能力在历史上既没有增长也没有减少。范畴功能和法则的稳定性——通过它，混乱在纯粹理性中被综合地赋形（formed）——和实践理性中的意愿功能都意味着人格概念是"理性的"。理性人格（Vernunftsperson）处于人们以及群体之间所有文化的、宗教的、种族的和社会的差异背后。正是这个对历史上静止的、普遍的理性的假定，引起了舍勒有时对康德的严厉批判。众所周知，舍勒有时通过引用奥斯瓦尔德·斯宾格勒（Oswald Spengler）的话来反驳康德的这个假定："康德的范畴表只是一种欧洲式思维。"① 也正是这个假定容许康德的律令的"范畴"本质作为照亮活生生的人格的整个道德舞台的中介。我们几乎找不到"范畴的"（categorial；kata = 下去，agora = 市场）一词比在康德对它的使用中更有示范性的字面意义。

康德如此表明了一个理性组织的庄严的稳定性（启蒙运动时代相当典型），而舍勒的理性概念正与此相反。对舍勒来说，理性实际上是历史地变化的。它并不限于一个静止的装置，而是与群体、文化、种族和人有关。理性并不是只有一个，而是有很多，多数理性与人的共同体化（communalizations）有关。实际上，通过在明察和经验之间的累积功能的理性的"成长"可以在《知识社会学问题》中被找

---

① Max Scheler, *Problem of a Sociology of Knowledge*, translated by M. S. Frings, with an introduction by Kenneth Stikkers, Routledge & Kegan Paul, 1980, p. 75; 德文原文见：Max Scheler, *Die Wissenformen und die Gesellschaft*, GW VIII, Bern und München: Francke Verlag, 1980, 3. Aufl., S. 62。

到。①显而易见，对舍勒来说，不可能提出一个对所有人无论何时都有效的道德法则，相反，道德意识的命令受限于"时机的召唤"、时机（kairos）——人格正巧在这之中找到自身。我不想深入探究表面上在这里出现的伦理相对主义问题。在舍勒《形式主义》一书中，他很好地阐释了伦理相对主义的不可能性。我们的确想坚持的是，道德的善可以或者受限于"意愿"——因为善的意愿等价于道德的善业，或者受限于"内心"——因为道德的善在实现一个正价值的过程中，即在作为一种道德意识行为的"偏好"的过程（舍勒）中功能化自身。

首先让我们把"偏好"解释为与人格中道德的善的构成有关的行为。然后我们将能够看到，在现象学伦理学中，道德的善业不能与人格的行为-存在中的时间流相分离——这种联系在康德看来不会是重要的，因为时间对他来说是纯粹理性而不是实践理性的内感知的一种形式。

摆在我们面前的问题是：价值"偏好"如何在缺乏道德律令的情况下解释道德的善？或者，用现象学术语来说：与其时间性的意向相关项（价值）相关的偏好的意向行为在缺乏由理性行为构成的道德律令的情况下，如何解释作为时间意识流中一个组成部分的道德的善？

我们在《形式主义》一书中找到了这个问题的答案。概括起来说是这样的：道德意识没有推论出道德的善，意愿也不是道德善的最初来源。实际上，道德的善既不是理性行为或意愿的意向相关项，它自身也不是一个"客体"。正如我们在后面会看到的那样，道德的善发生在人格的行为-存在之中并贯穿于其中，而在这个行为-存在之中"偏好价值"行为发挥着核心作用。"偏好"既与价值领域相关，也与事物、善业和实践经验中价值的实际表现相关。经验中显示出的价值

---

① Max Scheler, *Problem of a Sociology of Knowledge*, translated by M. S. Frings, pp. 39ff.; 德文原文见：Max Scheler, *Die Wissenformen und die Gesellschaft*, GW VIII, S. 24ff.。

（如事物价值和善业价值）之间的关系必须与价值本身之间的（即区域间的）关系区分开来。

关于这一点，舍勒为我们提供了一个有趣的、价值所具有的与感知本身之间的类比。就像"看"这个行为和颜色相关，"听"这个行为和声音相关一样，感受中偏好这个行为和价值相关。颜色、声音和价值不能彼此互换，不能与它们各自的行为相分离。我不能听到颜色，也不能看到声音。我们可以超出舍勒的这个类比并补充说：我根据我没有看到的"光谱"颜色看到了在经验中显示出的颜色。这是一个特殊的光谱颜色秩序，它以从暗到亮的等级揭示可见的颜色。在这个意义上，价值领域也是"光谱的"：除了在它们在事物、善业和行动中的自身显示中以外，它们在实践经验中不能单独实存。光谱的价值领域可以说反映出爱的秩序——在它在价值领域的先天秩序中真正爱的和偏好的那些领域中——的光谱棱镜。例如，毫无疑问，加之于我的不正当这个负面价值在"人格的"感受中被感受到，而身体的不舒适这个负面价值在躯体中的感性和触觉感受中被感受到。这两种情况中的负面价值属于价值的不同"领域"。就像颜色对于看一样，价值与偏好感受的特定层面紧密相连。人格感受在其本质上已经和感性感受有着迥然之别了。

让我们回顾一下那些"客观的"价值领域（用舍勒的话说就是"样式"），即"爱的秩序"中先天的价值领域，它们排列如下：

（1）神圣的价值领域。

（2）精神价值的价值领域：

（a）审美价值；

（b）对与错或正当与不正当的价值；

（c）认知和知识的价值。

（3）生命价值的价值领域。

（4）有用性的价值领域。

（5）感性的适意性的价值领域。
（上面的等级也包括了相应的相反和负面的价值。）

在我们详细评论偏好行为之前，必须得出关于以上价值领域的另一个意见。因为"善"与"恶"都不属于其中。其原因在于只有人格才是它们的承担者，而以上领域中的所有价值都可以由其他实体所具有。例如，"从适意到不适意"或从舒适到不舒适的最低领域包括了我们和动物共有的"感性的"躯体价值；"有用性"这个价值领域也是我们和动物共有的（如筑巢），并且在事物中发生；生命价值这个价值领域的跨度包括了整个自然；精神价值的价值领域也适合于物质——例如油画中的颜料，适合于财产的分配或适合于作为认知对象的实体本身；神圣的价值领域也可以在被相信是神圣的善业和事物如太阳、月亮或神圣物中显示自身。

但唯独只有"善"与"恶"发生在人的行为的实行中；上帝不可能是善的和恶的，魔鬼也不可能是恶的和善的。只有人是两者都有可能的。看起来人似乎处于道德世界中的那两极"之间"。在这个意义上，人格是在道德可能态之间的"运动"。舍勒在后期把这种运动称为"爱"（作为"恨"的基础，即：在价值领域及其显示出的价值中的错误偏好）。人的存在是"爱的存在"（ens amans），即：无论他会怎么偏离"有秩序的内心"，他的内心都注定首先是"爱"更高的价值。

现在我们可以开始来谈偏好行为了。不时有人质疑："偏好"某一个价值领域胜过另一个，究竟是否能在道德善的构成中发挥决定性作用？一种反对的观点常常且直到最近还宣称，舍勒低估了意愿。[①] 舍勒并没有低估意愿。在他《形式主义》一书中恰恰是意愿构成了"整

---

① 罗马教皇约翰·保罗二世在他近期关于舍勒的文章中坚持这一观点，而且他还认为，舍勒的伦理学和基督教的伦理学是不一致的。关于这些观点的评述，请参见我在他的《精神的优先性》这本书的"导论"（Karol Wojtyla [Johannes Paul II], *Primat des Geistes*, Stuttgart: Seewald Verlag, 1980, S. 19-33）中关于他的哲学作品的介绍。

个"人格。当舍勒对价值的"被给予性"的研究还没有被充分注意到,也就是他的论文《爱的秩序》(Ordo Amoris)还没有被看作是他的长篇巨著《形式主义》一书的核心之时,所谓的对意愿的低估就开始出现了。① 他研究的总的结果表明,在奠基秩序中,所有意识行为都预设了或"经历了"认之为有价值(Wertnehmung)的行为,或者是我所称作的"价值-感";"价值-感"先于"感知",作为一种认之为有价值的行为的偏好行为必须严格区分于"选择"以及日常谈话中"偏好"这个动词的通常意义和对它的使用。有趣的是,我们要指出一点,尽管胡塞尔在《形式主义》时期或者更早的时候就已经建立了他自己的价值理论(定位于布伦塔诺的价值理论),但他在读了这本书以后根本没有就此对舍勒进行批判。胡塞尔选择了运用算术句法对价值之间的关系进行算术的澄清。胡塞尔和舍勒在那些年里的通信表明,胡塞尔更希望在1913年的《年鉴》中出版舍勒的《形式主义》。②

假定偏好行为就是胡塞尔所谓的"突出的意向性",我们可以试着说明价值之中的偏好与道德的善(及恶)是不可分割的。一个价值领域的"高度"以及在经验中显示出的其价值的"高度"处于偏好行为"之中"。这一高度在偏好行为中揭示了其"自身"。也就是说,偏好的情感行为并不在价值中进行"选择"。选择某物意味着至少有两个供选择的项。但是,在偏好行为中,两个项并不是其发生的条件。偏好行为揭

---

① 参见 Max Scheler, „Ordo Amoris", in Max Scheler, *Selected Philosophical Essays*, edited and translated by David Lachterman, Evanston, Ill.: Northwestern University Press, 1973; 德文原文见: Max Scheler, *Schriften aus dem Nachlass*, GW X, Band I: *Zur Ethik und Erkenntnislehre*, Bern und München: Francke Verlag, 1957, S. 345ff.。

② 参见舍勒在《形式主义》中对布伦塔诺价值理论的评论(Max Scheler, *Formalism in Ethics and Non-Formal Ethics of Values: A New Attempt toward the Foundation of an Ethical Personalism*, translated by Manfred S. Frings and Roger L. Funk, Evanston: Northwestern University Press, 1973, p. 87, n. 57; 德文原文见: Max Scheler, *Der Formalismus in der Ethik und die materiale Wertethik: Neuer Versuch der Grundlegung eines ethischen Personalismus*, GW II, Bern und München: Francke Verlag, 1980, S. 104, Anm. 3)。这一评论也适用于胡塞尔, 参见 Alois Roth, *Edmund Husserl's ethische Untersuchungen: Dargestellt anhand seiner Vorlesungsmanuskripte*, Den Hague: Nijhoff, 1960。

示了一个价值在行为本身"内"的"定位"以及高度，就像在前面提到的不正当和不适意中那样。价值的高度在"偏好"中被"感受"到。

让我们提供一些例子，尽管当前读者对它们的理解行为会修正相关事态。在我的日常生活中我发现自己不断地与我周围有用的事物打交道，也就是海德格尔所说的"器具"、我周围的以及手边的"东西"。某一事物的实用性，比如我厨房里的一只杯子，在我伸手去拿它并把它拿在手里时，我就在对它的偏好"中"揭示了它的有用性价值（海德格尔在这之中只看到了杯子的实用特性，而没有看到在它实用目的中所包含的有用性价值）。或者，我可能会一直忙于整理我的屋子，忽然发现自己在给我的植物浇水。在这一刻且在这一刻"之中"，植物的生命价值显然比"有用性"更受偏好。在这种偏好中并不涉及慎重的选择。植物的价值使自己与器具相"分离"。它在它的亲切性（amiability）这一清楚的定位中揭示了"自己"是某个"有生命的"东西。价值定位在"认之为有价值"中揭示自身，就像认之为有价值本身揭示这一定位一样。当然这些例子都来自于外感知。而在内感知中，尤其在道德经验中更是这样。例如，人类很能够在他们良心的适当定位中感受到罪的"痛苦"。在这些情况中，是我们"应当"做但没能做的事，以及"应当"成为但没能成为的那样处在对这种应当的偏好"之中"，即使这种应当没有被意识到。的确，"应当"的经验以及我没有成为的和没能做的经验为痛苦的定位打好了全部基础。"偏好"为之痛苦的负面价值的定位正是在对应当的偏好"之中"被"找到"的。因此，在偏好行为"中"必须有一个秩序，它反映价值和负面价值内容的等级和区域，它是先天地贯穿于这些内容并在其中的。无论多么困难，一个理性的、形式主义的先天都要在欠缺考虑和理性行为时指出对应当的偏好和对恶的痛苦的真正"开端"，坦率地说，这是题外话。当对恶的痛苦出现时，它们已经被价值-感的情感开端所支配。关于这种情况的另一个例子可以在"一见钟情"中看到。这当中并没有与其他人格的"比较"。因为正是偏好行为发生的开端,被爱者的价值向我揭示"自身"。舍勒认为,爱不是盲目的,而是在它们的定位中揭示并打开了价值领域,爱"唤醒"了所有知识和意愿。

既然偏好行为、价值-感行为揭示了价值领域的定位以及它们在实际经历中显示出的价值,那么还缺乏形式的逻辑法则,它使至少两个项彼此相关成为必要。逻辑理解需要一个模型和形式主义来指出在逻辑意义上一个价值的定位。逻辑中的"思考"行为也需要有效的定义和固定,就像在算术中一样。无论价值何时被"思考",它们都可以被操纵、纠正或调整,就好像经济上的商品和股票一样。但是,道德世界并不必然遵守形式逻辑,有时道德价值如此深奥地表现自己以致寻找它们发生的"理由"只是徒劳。一个人有时发现自己处在深刻的悲剧式的情境中就是这种情况——戏剧中这种情况经常出现,当两种正面价值发生冲突,英雄——他是善的——死去,以及我们的悲伤被命运的无法说明吞没时。"心的逻辑"与理性、判断和推论的逻辑完全不同。帕斯卡(Pascal):**心有其理**(*le Coeur a ses raisons*)。

在这一点上关于价值欺罔必须做一个评论。显而易见,偏好行为容易受欺罔。毕竟,我怎么"知道"我的偏好在任何时刻都揭示了价值领域之内正确的价值定位呢?舍勒非常专注于这个问题;实际上,他的论文《爱的秩序》还未完成,它接下来将是对价值欺罔——"无序的内心"——的研究。但我们的确看到他关于怨恨的论文,它为我们提供了一些关于某种时间性欺罔的例子。[①] 在那里,其观点是,无论人格何时出现身体的、精神的、社会的和心智上的弱点,价值欺罔就会发生。它们存在于情感的减损之中,存在于偏好中(正确的)价值"降低"到一个较低的水平上的下降中,存在于因一个较低价值的情感

---

① Max Scheler, *Ressentiment*, translated by W. W. Holdheim, New York: Schocken Books, 1972; 德文原文见:Max Scheler, *Vom Umsturz der Werte*, GW III, Bern und München: Francke Verlag, 1954, S. 33ff.。

的注入而被降低的价值高度中。在妒忌、怨恨、恶意、敌意或嫉妒这些弱点面前,情况就是如此。在现象学上,这些情况相当有趣,应当在任何对"关于……的意识"的分析中考虑到它们。它们反映了通过弱点被破坏的偏好被引向不是一个而是两个价值:一个"被憎恨",因为它在有弱点的情况下不能被实现;另一个(错误地)被偏好和珍爱。在这种情况中,怨恨-人格往往会轻视或嘲讽真正的价值("这真的值得去努力吗?"),甚至可能会充满怨恨地对它进行诽谤。肯定价值的正确揭示可以说被弱点中可获得的较低价值——它然后表现为肯定价值——叠加于其上。在胡塞尔的术语中,这将意味着意向行为(偏好行为)能够具有两个价值——意向相关项,它们被包含在为激情所损害①的价值视域中。然而,使用胡塞尔的术语并没有益处。舍勒很少使用它。我相信,在相关情况下谈"矢量"(vectors)而不是谈"意向行为"更好一些。偏好行为("意向行为的"方面)是不能被从"为价值所吸引"中分离的。但是,在价值欺罔中,偏好行为却与它正确的价值目标分离了,因为情感意识流太"弱",以致不能实现肯定价值。偏好行为屈服于并转向更易获得和实现的价值。的确,被瞄准的偏好行为的正确价值与实际上背离这个方向而朝向一个可实现的较低价值这二者之间的这种矢量的张力是怨恨人格中"令人痛苦的矛盾"。这是由于被憎恨的肯定价值仍是所涉及的恨的整个情感构成的一部分。因此舍勒可以说:"怨恨总是具有真正的、客观的价值在错觉价值背后的这种'明晰的'存在的特征——通过那种模糊的意识,即人生活在无法看透的虚假世界中。"我不想深入探究他的论文中所举的例子。我只想提一点,舍勒非常反对尼采的论点——基督教是这一怨恨—价值—欺罔的最鼎盛期,因为它涉嫌把贫穷、遭殃、受苦等否定价值提升到美德领域中,而把肯定的生命价值放到恶行领域中。

---

① 此处原文为"poisened",疑为"poisoned"之误。——译者

我们现在可以看一看价值和时间之间的关系了。我们认为，道德的善不是一个"对象"，而是一个我们只在人格中发现的现象。这意味着道德的善本身必须作为"行为-存在"属于人格的本质。人格存在于像思考、意愿、感受、爱、恨、记忆、期望、原谅、感谢、遵守、命令等这些施行行为中。这些类型的行为对所有人类来说都是一样的，但它们的施行有个体上的差别。例如，没有两个人会以同样的方式"思考"。也就是说，每个人都有他自己"如何"实行行为的风格和方式。正是这个实行行为的"如何"说明了每个人的个体性、唯一性和不可复制性。它被称作人格行为的"质性方向"。因此，道德行为的施行服从于这种人格的质性方向，从而道德世界内价值的实现在人格之间以及群体之间是无限可变的，而价值领域仍然具有稳定的可偏好的秩序。从属于质性方向的不仅是在实际经验中显示出的以及在那些领域"之外"显示出的价值，还有那些在质性方向上被感受的"稳定的"领域。人格可能比"圣人"更"英勇"，可能比艺术家更"讲究生活"。这使舍勒建立了一个"理想的"人格类型——它们作为真实生存的人格的"模型"——来代表每一个领域。因此，道德的善也与这些领域理想的人格榜样紧密相连，这些榜样将人格的行为"吸引"到特殊的质性领域方向上。不管怎么说，舍勒主张，尽管道德行为有无限可变的施行，在理想上，所有事物、善业和行动在价值范围内都有一个唯一的定位，并恰好有一个有细微差别的心的运动与之对应。只要我们"符合"那些定位，只要心是它们的相应物，那么朝向最高价值的方向就存在于偏好行为之中，而我们的爱就是"正确的"。另一方面，假如所有亲切性的定位在激情的影响下发生改变，那么价值领域的秩序就被颠覆，而爱就是"无序的"。舍勒以此把自己和康德区分开来：我们的情感世界不是一个要由非人格的律令和"理性"法则加以有序化的一片混乱。更确切地说，它还是"有序的"。人的本质不是"理性的"，而是**"爱的存在"**（*ens amans*），一个在爱之中并通过爱被指向肯定价值的爱的存-在（be-ing）。

先于意愿、原谅、遵守、承诺等这些道德行为的偏好行为的本质是一种爱的行为，可以说是通过偏好而对更高价值标尺（rods）的爱。这意味着，道德的善自身通过这种行为并在这种行为之中"生成"。它"骑在"爱的偏好行为以及包括意愿在内的所有其他道德行为的"背上"而"生成"。道德的善只在人格行为中"发生"：在别的任何地方都不可能发现它。它似乎是对价值领域的价值的偏好以及对按其顺序排列的价值领域本身的偏好的道德回音。

因此，道德的善的这种"生成"（相反地，恶的生成）必须具有时间特征。"生成"的这一时间特征必须具有和人格本身相同的特征——如果道德的善是人格独有的性质。

人格的时间特征不可能是"客观的"时间，即一个人格在其中行动的时间的特征。比如说，这种时间就是日历时间，是人们可以在其中计划、约会或重新安排会议等等的空的时间。在这种时间中，所采取的行动以及所有内容都可以放在其中，即客观时间段和内容是可分的。与此相反，有一种"生成"时间，在其中内容和阶段是一致的。这种时间是一切自身激发（self-activation）的形式。例如，它可以在所有的"涌现"现象中被发现。在意识主动转向"已经生成"的饥饿之前，饥饿感就在我之中涌现了。在这种涌现中，开端和生成都是不可预测的。它只是现在或以后能够得到满足的、出现了的真实的饥饿。同样地，"我突然想到"一个明察，在我"像"这样把握它之前，明察具有已经被"接受"的特征。[①] 甚至出生之前或此后不久的意识本身也正变成自我时间化并变成一个具有所有内容的"意识"。所有生物

[①] 参见 Max Scheler, *Formalism in Ethics and Non-Formal Ethics of Values: A New Attempt toward the Foundation of an Ethical Personalism*, translated by Manfred S. Frings and Roger L. Funk, p. 189, n. 22；德文原文见：Max Scheler, *Der Formalismus in der Ethik und die materiale Wertethik: Neuer Versuch der Grundlegung eines ethischen Personalismus*, GW II, S. 197, Anm. 2。

过程也都具有生成的形式，因此这一"时间"通常似乎根植于生命中心。在这个意义上，自我激发的形式是一种"生物的先天"，通常意义上的"时间"一词甚至都不适用于它。在后来的著作中，只要有作为"生成本身"内在形式的"时间"以及当内容和阶段一致时，舍勒都使用"绝对"时间这个词。在这个意义上，整个的人格行为-存在是绝对时间。人格不是客观时间中的"对象"，毋宁说，人格是在其通过行为（包括道德行为在内）并在行为中持续的生成中的绝对时间化。

由此，道德的善必须具有绝对时间的特征，就像所有行为的产生及其开端都具有这种性质一样。

结论与展望

从上面的叙述中我们可以看到，自古以来被称作道德的善的内容依赖于对人的本质的评价。

我们只是对舍勒早期的作品进行了讨论，其手稿的时间跨度大致是从 1910 年到 1913 年。在那些作品以及他所有后期的作品中，人格是"精神"（这个术语中包括爱、感受、意愿、心智、意识、理性）的形式。只有某物的本质是人格的，我们才知道它有精神本质。若没有"人格"形式，那纯粹的精神、纯粹的意识、纯粹的理性对他来说都只是不可能的假设。

那么，如果人格被设想为作为精神本质的理性的载体，那么道德的善就不能与理性律令分离，当纯粹理性和实践理性被看作高于人格性时就更是如此（康德）。既然这样，人作为所有精神行为的统一整体就无条件服从于理性的道德法则，服从于责任和义务。

如果人格被看作为作为精神本质的爱的载体和被看作为有序的价值领域的载体——用舍勒的话说，它"拥有"人格，那么人格就不服从于道德法则，而是在通过爱而对价值的偏好（包括法则的价值和应当的价值）中的道德的善的施行者。

得出这个结论我们就接近了伦理学的形而上学基础：在缺乏人格性的情况下，实践理性本身的律令的自身决定对所有时代的一切人而言都是道德的善的所在地吗？或者：善是由于每一个独特个体人格而以无限可变的方式和表现在其绝对时间化中的一个道德生成吗？

伦理学的形而上学基础——元-伦理学——在这儿面对着两个进一步的问题：有"一个"道德的善吗？——自苏格拉底以来就是如此假设的；或者一个道德的善的统一是许多道德的善的理性本质吗？这个问题属于"一"和"多"的古老疑问。这就是在问："这"所谓的道德的善只在人格的价值偏好行为和实践经验之间以生成的形式存在于功能的大多数中吗？在后一种情况中，为与具有独特的偏好价值之质性方向的人格一样多的可实现的道德的善留有余地。在这种情况中，"这"道德的善或法则或律令失去了它在日常生活的实践行动中的抽象特征：生活的世界。我并不乐意认为在偶发性地做好事的行为中有"这"道德的善或绝对律令的格言。这也将解释在生活的世界中常被忽略的事实，人格的无数善的行为，另外还有永远没有人知道从而非历史的行为，在道德世界中有着它们的位置，也就是那些没有特定的伦理学知识而进行的善的行为。

根据这一观点，道德的善的实存存在于多数个体的偏好价值的行为中。依此看来，人格的本质在于人格在每一时刻都作为爱的存在，即作为"尚未"的实存，在通往道德的善的"途中"①，因为最高价值神圣必须通过无限之径来实现。

如果人格本身"生成"实存，那么无论怎么表达人格都不可能达

---

① 我已经在《人格与此在：价值存在的存在论问题》（Manfred S. Frings, *Person und Dasein. Zur Frage der Ontologie des Wertseins*, Phänomenologica, vol. 32, The Hague, 1969）中，在舍勒的《形式主义》和海德格尔的《存在与时间》的基础上，探究了价值-存在和人格的存在论地位的可能性。此在的"尚未"特征和价值-人格中的是一样的。

到并实现"这"道德的善。因为"这"道德的善的完全实现就是它的毁灭。

道德的善的这种多元论观点将深深地影响上帝这个概念。如果上帝是人格，那么在经验中被给予我们的人格的本质也必须在宗教行为中适用于上帝。如果人格在本质上是绝对生成，而非一个事物-对象，那么一个完全的、完美的人格，就上帝来说，也是不可能的。

这种严峻的可能性是舍勒 1922 年以后所有手稿的核心之一：一个人在绝对时间中生成世界、上帝、人和历史的问题。直到 1928 年舍勒在 54 年的悲剧生活之后心碎辞世，他一直专注"人的永恒"这个问题。

（译者：张任之 / 中山大学哲学系；

邱鹤飞 / 华东师范大学心理学系；

校者：张任之）

舍勒对康德形式伦理学的空乏性的批判[*]

彼德·H. 斯佩德

认为康德的绝对命令（categorical imperative）完全没有"质料的"或"目的论的"要素，这种主张不但是错误的，而且它还显示出对康德伦理学的根本误解。然而，正如菲利普·布洛瑟（Philip Blosser）在其近期著作《舍勒对康德伦理学的批判》[①]中提到的，一些人认为舍勒恰恰陷入这样一个误解之中。在这个基础上，一些人把舍勒对康德的批判看作是"肤浅的和无实质的"而抛弃了它。[②]尽管布洛瑟在这一点上为舍勒做了辩护，但我认为这仍值得做进一步研究。从其思想发展的起点来看，舍勒对康德绝对命令的空乏性（emptiness）的批判，是细密有力、准确无误的。但它并不认为康德的绝对命令完全是空的。

首先，我必须承认舍勒的确指责康德的绝对命令的空乏。例如在《伦理学中的形式主义与质料的价值伦理学：为一门伦理学人格主义奠基的新尝试》（下文简称《形式主义》）一书的"引论"中，在赞扬了康德伦理学作为迄今为止最有影响力的伦理学之后，舍勒说：

---

[*] 本文译自：Peter H. Spader, "Scheler's Criticism of the Emptiness of Kant's Formal Ethics," in Chri. Bermes, W. Henckmann und H. Leonardy (Hrsg.), *Denken des Ursprungs, Ursprung des Denkens. Schelers Philosophie und ihre Anfänge in Jena*, Würzburg: Königshausen u. Neumann, 1998. ——译者
[①] Philip Blosser, *Scheler's Critique of Kant's Ethics*, Athens: Ohio University Press, 1995, pp. 69ff.
[②] Philip Blosser, *Scheler's Critique of Kant's Ethics*, p. 74.

但另一方面我坚信，康德的这个铁嘴钢牙的庞然大物阻断了哲学的道路，使它无法走向一门关于伦常价值、关于它们的级序以及关于建立在这些级序上的规范的学说，这门学说是具体明晰的，但又独立于所有实证心理学的和历史的经验；并且与此同时，哲学也无法走向任何一门关于将伦常价值以立足于真正明察之上的方式建构到人的生活中去的学说。只要康德那个空乏而又巨大无比的公式仍然被看作是一切哲学伦理学的唯一严格的和明晰的结果，我们就无法看到丰富的伦常世界及其质性，我们就无法坚信可以在它们和它们的关系之上形成某些具有约束力的东西。[1]

在这段话中舍勒的确提到康德的"巨大无比的公式"的"空乏性"，并且如果人们并不理解舍勒通过其对康德的批判意指什么，那么他们可能会认为舍勒批判的是康德的"公式"完全没有"质料的"或"目的论的"要素。然而，正如上面的引文所主张的，舍勒并不是批评康德的绝对命令的理性形式主义完全是空的，毋宁说他是指它不能包括为一门充分的伦理学所需要的东西，也就是质料的价值。此外，按照舍勒最终形成的价值、心灵和人格的观点，他也将在其他基础上反对康德的理性形式主义。康德的绝对命令不但排除了质料的价值，而且它也排除了让我们通达这些价值的相应的"情感"。此外，由于他狭隘的理性主义，康德将完整的个人感受这些价值的可能性剔除出去，把我们还原为纯粹的"理性"存在者。

对舍勒而言，绝对命令的错误不是在于其没有内容，倒不如说是在于康德的理性形式主义把所有的价值都排除出去只剩下合规律性

---

[1] Max Scheler, *Der Formalismus in der Ethik und die materiale Wertethik: Neuer Versuch der Grundlegung eines ethischen Personalismus*, GW II, Bern und München: Francke Verlag, 1980, S. 20; 英译本见：Max Scheler, *Formalism in Ethics and Non-Formal Ethics of Values: A New Attempt toward the Foundation of an Ethical Personalism*, translated by Manfred S. Frings and Roger L. Funk, Evanston, Ill.: Northwesten University Press, 1973, p. 6。

（lawfulness）这一形式价值，排除所有情感只剩下对规律的尊重。我们大家寓居于其中的道德世界的完善性、一个相互冲突的质料价值的世界、使我们可以通达这些价值的情感的世界、一个道德心灵的世界、划定我们可以看到的价值世界的爱的秩序（ordo amoris）——所有这些全都从绝对命令的威严公式中丢掉了。

尽管舍勒是采用了现象学的方法之后才找到一条拓展其对质料价值和情感的非偶然的和先天的本性加以洞察的可靠方法，然而即使在其耶拿时期的早期著作中，舍勒当时就一直在寻求一种方式以超越康德理性形式主义的先验方法。实际上，如果人们想要理解舍勒对康德形式伦理学空乏性的批判，最好是去看舍勒的"教师资格论文"，标题是"先验方法与心理学的方法：对哲学方法论的一种原则性探讨"。在这篇文章中有一段深有启迪的话，在这段话中舍勒以两个命题的形式表达了他对康德的批判：第一，如果康德的先验原则被认为是对所有可能的经验都有效的认识论原则，那么这一原则在内容上过于丰富；第二，如果这些原则实际运用于科学工作和（就绝对命令的情况）人类生活的实践问题中，那么这一原则在内容上过于贫乏。①

甚至从这两个密切相关的早期论题中就可以很清晰地看出，当舍勒把康德的先验原则看作是空的时，他没有简单地认为它们完全是空的，因为某种完全空乏的东西怎么会有如此丰富的内容作为认识论的原则，又有如此贫乏的内容作为人类事务的实践指导呢？恰恰从其思想的起点来看，舍勒并不是抱怨康德形式主义整个是空的，毋宁说他抱怨的是所需要的东西是空的。然而，这两个相互关联的论题对他来说到底意味着什么，而他对康德的理解是否正确，现在必须得到探讨。

既然舍勒和康德相比，其主要差别在于他们对形式之物和质料之物的区别有完全不同的理解，因此，我们想要详细分析舍勒对康德形

---

① Max Scheler, *Frühe Schriften*, GW I, Bern und München: Francke Verlag, 1971, S. 253.

式伦理学的空乏性的批判,最好是从研究他们对这一区别的相当不同的理解开始。我们这样做还有另外一个原因。舍勒的观点与康德的观点如此不一致,以至于让·拜林(Ron Perrin),这个以康德的眼光来看待舍勒的学者,指责舍勒是一个"想要消解形式和质料的传统区别的""还原唯物主义者"(materialist reduction)(见让·拜林近期的研究专著:《马克斯·舍勒的人格概念》①)。甚至维护舍勒并反对这种指责的布洛瑟也认为,舍勒"关于在其现象学中对如何保有形式/质料的区分并不像他本应是的那样足够清晰"②。因此,澄清舍勒和康德在这一问题上的区别将是有价值的。

首先,对康德来说,形式之物和质料之物的区别也是先天和后天的区别,是一方是静止而稳定之物,与另一方是不确定的、混乱的、变动的、相对的东西之间的区别。康德认为"经验"不能为道德判断提供可靠的基础,因为,对康德来说,经验是一个结合体,它由理智一方给予可靠的"形式",(由感觉一方提供)偶然的、不可靠的、混乱的"内容"。然而,对舍勒而言,尽管先天与后天之间的区别还是绝对与相对之间的区别③,但在形式之物和质料之物的区别中并没有发现这一区别。正如他在《形式主义》中所说的:

……从以上所述已经可以完全清晰地看出,"先天明见之物"的领域与"形式之物"毫无关系,并且,"先天"——"后天"的对立也与"形式"——"质料"的对立毫无关系。第一个区别是绝对

---

① Ron Perrin, *Max Scheler's Concept of the Person: An Ethics of Humanism*, New York: St. Martin's Press, 1991, p. 62.

② Philip Blosser, *Scheler's Critique of Kant's Ethics*, p. 53.

③ 对舍勒来说,先天和后天之间的区别是在经验之内被发现的。它是当下被给予的东西(现象学的事实)和通过一系列观察并且是仅仅间接地被给予的东西之间的区别。对这个区别的一个发展,参见 Peter Spader, "Scheler's Phenomenological Given," *Jurnal of the British Society for Phenomenology* 9, 1978, pp. 150-157。

的区别，并且它建立在充实着概念和定律的内涵差异性基础上，而第二个区别是完全相对的并且同时与概念和命题的普遍性有关。所以，例如纯粹逻辑学的定律和算术定律是在同样的程度上先天的（公理和公理的结论都是先天的）。但这并不妨碍纯粹逻辑学的定律在与算术定律的关系中是"形式的"，而算术定律在与纯粹逻辑学定律的关系中是质料的。因为对于算术定律来说，需要有直观质料的加入才能充实它们。另一方面，"A是B"和"A不是B"，这两个命题中有一个为假；这样一个定律只有根据现象学的实事明察才为真，即：（直观中）某物的存在与不存在是不相容的。在这个意义上，这个定律也以直观的质料为基础，这些质料并不因为附属于任何对象就更少。那个定律仅仅在决然不同的意义上是"形式的"，即：A 与 B 可以为完全随意的对象所取代；它就这些随意对象中的两个特定对象而言是形式的。同样，对于酸梅和梨子来说，$2 \times 2 = 4$ 也是"形式的"。①

现在尽管舍勒在此极力说明先天之物与形式之物并不相同，但是这段引文也揭示了舍勒理解形式之物和质料之物之间的区别的关键因素。正如他已经在《先验方法与心理学的方法》一文中指出的，对舍勒而言什么是形式，什么是内容，是相对的和功能性的（functional）。② 因为形式（公式）是不同的，每一作为形式的形式可以说有不同的"内容"。这一"内容"（我将称其为形式内容）是使一个形式（作为形式）区别于另一形式的东西，并且必须被从可变的内容中区别出来，这一可变的内容"充实"每一形式（这后一种"质料

---

① Max Scheler, *Der Formalismus in der Ethik und die materiale Wertethik: Neuer Versuch der Grundlegung eines ethischen Personalismus*, GW II, S. 72-73; 英译本见：Max Scheler, *Formalism in Ethics and Non-Formal Ethics of Values: A New Attempt toward the Foundation of an Ethical Personalism*, translated by Manfred S. Frings and Roger L. Funk, pp. 53-54。

② Max Scheler, *Frühe Schriften*, GW I, S. 254.

内容"是当我们想到内容时经常会想到的东西)。

要想知道舍勒在此获得了什么,让我们研究他自己所用例子的一个变种。数字公式"2 + 2 = 4"是一个相对于不同内容(例如酸梅和梨子)的形式,这些内容可以"充实"这个公式。然而,与此同时,这个"2 + 2 = 4"自身可以是充实代数公式"A + B = C"的内容。"A + B = C"这一公式可以被各种数字(2 + 2 = 4,3 + 4 = 7,等等)所充实,就像"2 + 2 = 4"这一形式可以被随意多少水果或其他"内容"充实一样。因此,"2 + 2 = 4"有作为(与水果等相关的)形式的功能或(与 A + B = C 相关的)内容的功能,但作为形式(公式),它有明确确定的"2 + 2 = 4"的"内容"。[①]

正是对形式—内容之间区别的理解,让舍勒在《先验方法与心理学的方法》中的那些重要段落中认为康德的形式主义的内容既过于丰富又过于贫乏。正如上面指出的,在舍勒的早期著作中,他以两个论题的形式提出他的批判。我们来仔细思考一下舍勒的第一个论题,即:绝对命令作为对所有可能的经验都有效的认识论原则在内容上过于丰富。在这篇早期的论文中,当舍勒开始为这一论题辩护时,在说明形式和内容的区别是相对的之后,他接着说,甚至先验原则的支持者也不得不承认这些原则在内容上比形式逻辑的"思考的法则"更为丰富。[②]

然而它们怎样"更为丰富"?先验原则在内容上更为丰富是在这一意义上来说的,即:作为形式,它们不像形式逻辑的法则那样抽象和普遍。这就是为什么它们作为认识论原则失败了,因为对它们来说

[①] 顺便说一下,现在我们可以看到,拜林认为舍勒破坏了形式—内容的区分的说法是错误的。在这二者之间仍存在一个功能性的区别。例如,价值仍拥有形式"特性"(quale),并且"道德上的善是伴随更高的、积极的、质料的价值的实现而一起被实现的"这一公式是真的。很显然,直到我们用质料价值充实这些形式为止,这些形式真理告诉我们的相当少。如果你想把形式—内容的区别等同于先天—后天的区别,就像康德和拜林想要做的那样,你就会丢掉形式和内容一直是被区分开的这一事实。

[②] Max Scheler, *Frühe Schriften*, GW I, S.254.

要作为使所有经验得以可能的普遍原则，它们必须是绝对一般的。如果它们不是，如果存在几个"形式"原则（或"同一"原则的几个版本），那么"经验"将依赖于正在发挥作用的"原则"而变化。

在指出知性与诸如规律的关键原则的基本区别时，舍勒认为有一些历史性的证据表明事实就是如此（他指出，有证据表明希腊人并没有康德所理解的那种规律概念）。

与我们的研究更为相关的是在伦理学中具有同一情形。我们不能把合规律性当作理解大量理性的所有道德性的道路。首先，尽管合规律性可以从具体法则中抽象出来并因此可以变成一个公式的"形式"（就像它在绝对命令中做的那样），但是对舍勒而言，它不是所有道德经验的唯一可能的"形式"。历史地看，例如，"善"或"德性"较之像"合规律性"这样的道德经验"形式"拥有同样多的说法。①

不过，这不是最重要的原因。舍勒的伦理学是一门价值伦理学，一门在其中道德价值（例如善）伴随更高的、积极的、质料的价值的实现而一起被实现的伦理学。它是一门在其中我们的心灵看到价值及其级序的伦理学。舍勒的道德世界是一个价值级序的复杂的世界，这些价值既有肯定的又有否定的，既有高级的又有低级的，价值通过一系列复杂的"情感"被看到。因此，把一个因素（合规律性）从我们道德经验的整个错综复杂的状态中提出来，并把它单独作为所有道德经验的认识论的"形式"，这给了康德的绝对命令一个"过于丰富的"内容，其意思是说，在"专注"于这一单一元素而忽略其他元素时，以牺牲被遗漏的元素为代价，这一元素被赋予了未经担保的重要性。其结果是对道德世界的删减过的看法。

恰恰是价值（以及让我们看到这些价值的"情感"）倒没有被遗漏。舍勒在《先验方法与心理学的方法》中还指出，如果我们把我们

---

① Max Scheler, *Frühe Schriften*, GW I, S.256.

自身限定在形式之物上,我们将永远不会理解道德人格。舍勒的伦理学不仅仅是一门价值伦理学,它也是一门人格伦理学。我们一定记得《形式主义》的副标题,即"为一门伦理学人格主义奠基的新尝试"(GW II)。如上所述,舍勒对人格的理解比康德对人格的理解要丰富得多,并因此我们必定所是和所做的东西也会更为复杂。为了说明这一点,在这篇早期的论文中舍勒提到了耶稣。如果我们仅在合规律性价值的基础上看待耶稣,我们将永远不会理解耶稣或其道德经验的崇高。① 正如舍勒后来在《形式主义》中指出的,耶稣不仅仅是一个更高类型的价值人格(神圣人格)的典范,他也是一个道德天才②,一个其爱的秩序允许其看到比其他人更高的价值的先驱,也是一个让他的爱帮我们看到更高价值的新领域的先驱。实际上,耶稣打开了面向整个世界的全部更高价值的新领域。如果你仅仅看耶稣想要的是不是一个绝对命令的话,那么所有这些就都会失去。耶稣之所是、耶稣做的事情,都是唯一的。实际上,甚至把耶稣看作典范这件事也不能以一种纯形式的方式得到理解。③

因此康德的公式在内容上太过丰富,是因为它并不足够普遍。在其还不够"空乏"的意义上,它的"形式内容"过于丰富了。如果康德的绝对命令过于狭窄,它就会有一个过于丰富的、作为伦理决断充分基础的内容。然而这并不意味着我们需要做的所有的事就是更多地"剔除掉"内容,并最终我们会获得一个令我们满意的抽象物。

这一点在舍勒的第二个论题中表现出来,即:这些原则在实际的

---

① Max Scheler, *Frühe Schriften*, GW I, S.256.

② Max Scheler, *Der Formalismus in der Ethik und die materiale Wertethik: Neuer Versuch der Grundlegung eines ethischen Personalismus*, GW II, S.309; 英译本见: Max Scheler, *Formalism in Ethics and Non-Formal Ethics of Values: A New Attempt toward the Foundation of an Ethical Personalism*, translated by Manfred S. Frings and Roger L. Funk, p. 305。

③ 对舍勒的伦理学典范的重要性的探索,参见 Peter H. Spader, "Max Scheler's Practical Ethics and the Model Person," *American Catholic Philosophical Quarterly* 69 (1), 1995, pp. 63-81。

运用中，无论是在科学工作的运用中，还是在（就绝对命令而言）人类生活的实践问题的运用中，在内容上过于贫乏。在运用了历史的案例给出证据，即理解经验的概念性框架表明清楚的存在的符号比先验原则可以解释得更为丰富之后①，舍勒再次转向道德领域。这一次他用一个具体的道德案例来说明他的观点。他的例子是一个可能的"偷盗"的案例。如果我们从描述普遍的偷盗行为之箴言的立场出发运用康德的绝对命令来处理这一案例，我们会得出判断来指责偷盗。然而仔细考虑一下这个具体的案例：一个有一大群年幼的孩子的失业的人，盘算着从一个富有的"奸商"那里偷一些钱。② 正如舍勒指出的，在康德那里并没有要求运用一个关于偷盗行为的普遍箴言来处理这一案例，并且如果我们运用了包含这一具体案例的特殊性的箴言，我们就会面对一个全新的理性计算。然而为什么会这样，并且什么说明绝对命令的内容的贫乏？

我们从舍勒伦理学的立场上开始研究这一特殊案例的道德领域的完善性。这一案例包含了价值和价值综合体的冲突。例如，有财产的价值，有孩子生命的价值，甚至有富有的"奸商"的财产的合法性的争议。所有这些价值和价值综合体（并且还可能是其他的）共同判定什么样的价值（或价值综合体）是应该被认可的。实际上，可以引入什么样的价值将依赖于这个人按照他或她的爱的序列做出判断时所使用的价值。如果你采用舍勒的方式，那么判断什么是该做的道德的事将不是件易事，但要公正对待处于道德境况核心的价值冲突之完善性

---

① 实际上，如果考虑到舍勒的现象学方法，经验自身会更为丰富的。顺便说一下，这一点很有意思，即当舍勒谈到他与胡塞尔的第一次会面时，他说他"坚信提供给我们直观的东西在内容方面原来就比感觉要素、感觉要素的派生物以及逻辑的统一模式所能证明的多得多"。参见 Philip Witkop, *Deutschen Leben der Gegenwart*, Berlin, 1922, S. 197-198.（这一翻译来自：Herbert Spiegelberg, *The Phenomenological Movement*, vol. 1, The Hague, 1971, p. 229）舍勒转向现象学的源头是非常早的！

② Max Scher, *Frühe Schriften*, GW I, S. 258.

所需要的东西现在已全部展现出来了。

  与这种丰富的价值冲突相比，我们转向运用康德的绝对命令可以考虑的东西。首先所有判断都是在其意向普适化的基础上做出的。因此所有在场的其他价值必须在被判定的一边出现。它们都位于合规律性的单一价值之下。它们都一样被看作被判定的。此外，对康德而言，所有质料价值都拥有相同的等级。甚至舍勒在运用两个不同的公理来处理奸商的例子时也表明了这一点。在这一情况中，正如已经指出的，财富的价值、孩子生命的价值等都是在场的，并且处于冲突之中。然而，依靠你选择的普遍的公理仅仅其中一些价值是在场的，并且即便不止一个在场，它们也都是同等重要的。例如，如果你用一个关于偷盗的普遍公理，财富的价值是在场的，但孩子的生命的价值就不在场。甚至在这种特殊化的原理中，在其中这两个价值都在场，对康德来说，它们也是同等重要的。它们都是质料价值，并且确定结果的唯一价值是合规律性的形式价值。[①] 然而我们意识到这不是充分的，即质料价值不都是同等重要的。财富价值和孩子生命的价值存在着差异，并且这些质料的价值有着不同的重要性，需要成为我们道德判断的基础的一部分。这一单一的合规律性的道德价值，这一意图的普遍适用性，是不充分的。[②]

---

  ① 即便你可以用康德的绝对命令来判定这位父亲通过"偷盗"来保护他的孩子的生命是正当的，这也是对的。我并不认为在这种情况下你用康德的方法不能做出判断。实际上，它甚至可能是"同一个"结果。舍勒的观点并不是说运用康德的方法不能做出判断，毋宁说这个判断将会变换依靠在场的质料价值，并且康德的方法不允许对在道德判断中应起作用的质料价值之间加以区别。运用康德的方法我们可以证明所有的意愿都是正当的，每一意愿通过了普遍适用性的测试并且把每一个人都作为目的自身（ends-in-themselves）。然而我们不能总是用合规律性自身来判定，当这二者之间有根本冲突时，用来选择的相互冲突的意向是正当的（并且我们看作是一个根本冲突的东西将取决于我们的爱的秩序允许我们看到的价值的级序）。要真正解决价值冲突，你必须首先以康德不能做到的方式，承认质料价值之间的本质区别的有效性。

  ② 顺便提一下，我个人认为孩子的生命价值高于财富的价值，但即使一个有不同的爱的秩序的人不同意我，我的观点仍是有效的。我的观点是质料价值并不是同等级序、同等重要的。

对舍勒而言，每一非道德价值（或价值综合体）或者是肯定的或者是否定的，并显现在价值的级序中，这一价值的级序或者高于其他级序或者低于其他级序。每一价值（及价值综合体）在价值王国中有唯一的位置。因此，每一情形以一套独一无二的相互冲突的价值或价值综合体显现给我们。在每一情况中，如果我们意识到最高可能的肯定的非道德价值（或价值综合体），我们就会共同认识到人格的道德价值（例如善）。康德把道德判断还原到一个建基于合规律性这一单一形式价值之上的判断的做法，就是使用一个在内容上过于贫乏的道德原则，因为它排除了非道德价值。顺便提一下，无论是舍勒还是我，即使在这种情况下，都不认可从富有的"奸商"那里偷盗。在这种情况下，要被实现的最高肯定价值没有在从这个人这里"偷取"（或"劫取非法获得的利益"）这种情况中发现，也许是非常好的。关键并不是判断的结果，而是它是怎样达到的。因为康德在创造他的绝对命令的尝试性公式时仅仅包括一个元素与道德生活相关，他的"公式"作为实践的道德判断的基础并不是充分的。它在内容上"过于贫乏"，因为它忽略了在很多情况中与合规律性形式价值同等重要或更为重要的因素①，即质料价值。

在接受了一个狭窄的、严格的公式之后，这一公式通过指责所有在经验中被给予的无非是一些混乱的"材料"（Stoff）（这些材料完全是不可靠的，直到用知性的规则对其进行"整理"为止）来排除所有在经验中被给予我们的东西的丰富性和多样性，在把所有在情感中给予我们的东西当作仅只是经验性对象给予我们的愉悦排除掉之后，康德不得不接受剩下的东西。它不仅是不充分的，而且这一路线也绝不

---

① 我说与合规律性同等重要或更重于它，是因为合规律性自身是个很重要的价值。对秩序的需要是一个人的基本的需要。因此，如果你想把所有的道德性建基于一种价值之上，合规律性就是一个备选项，正如"善"或"德性"。实际上，这可以很好地说明康德的持续的影响力，尽管在我们的意义上他的方法最终失败了。然而，再次声明，舍勒的观点是你不能把道德判断的基础还原为一种价值。

能给我们会是充分的东西。我们的心灵告诉我们，道德判断的基础必须不只是包括合规律性的形式性。因此，当我们看到舍勒指责康德的绝对命令的"空乏性"时，就像他在《形式主义》中做的那样，他谴责的空乏性并不是一个完全的空乏性，毋宁说是一个从舍勒所主张的质料价值（及人格的完善性）领域的完善性的视角来看的空乏性。

我希望，我现在已经给读者提供了一个对舍勒指责的空乏性的含义以及他并不意指的东西的更好的理解。我们现在必须转向这个问题，即：舍勒对康德的指责是否正确？与试图回应每一个对康德的辩护相反，我将转向思考康德的主张，表明尽管对价值甚至是情感在"绝对命令"的运用中的作用有各种可能的辩护，为什么我还是相信当你到达康德达到的核心时，舍勒对康德绝对命令的批评是正确的。

舍勒回应的是"批判"的康德。在其"哥白尼式转向"之后，康德认为使我们得以保护道德方向的不是情感而是理性，是形式价值提供这一方向，并且我们仅仅作为纯粹理性人格时才是道德的人。

尽管舍勒批评了先验方法提供的是一个不充分的认识论方法，但我们在这里只关注康德的伦理学。这是因为，不论康德的方法作为认识论方法有什么问题，当康德为意志寻找形式的、理性的、先天的方向时，他遇到了一个尤为严肃的问题。在采用其先验的方法来解决对象的先天知识问题时，他在人类中制造了一个基础性断裂。作为理性存在者的我们寓居于一个规律的"世界"，一个知性的先天法则的"世界"。作为感性存在者的我们寓居于一个无序的、"混乱的"世界。我们的经验，包括我们对自己的经验，是连接这两个世界的存在者的经验的桥梁。我们经验到我们的感觉现在被知性整理，"被形式化"：我们把自身经验为"经验的"存在者。因此，康德在道德领域中面对的问题是他是否可以从道德经验中为意志分离出一个纯粹形式的和先天的方向。正如康德在其《实践理性批判》"导言"中说的：

所以，在此第一个问题是：是否单是纯粹理性自身就足以对意志进行规定，还是它只能作为以经验性为条件的理性才是意志的规定根据？①

康德在《道德形而上学基础》的章节中以激情和雄辩继续发展寻求这一要求的需要，在这本书中，在坚持认为他寻求的道德原则不能导源于人类本性的任何特征，而是必须为所有理性的存在者所拥有之后，关于他们可以期待的基本原则，他说道：

> ……人的一切都来自规律毋庸置疑的权威，来自对规律的无条件尊重，没有任何东西是来自人的爱好。若不然，就是践踏人，让他蔑视自己，让他满怀内心的憎恶。
>
> 这样看来，一切经验的东西，作为附属品不但对道德原则毫无用处，反而有损于它的真纯性。真正善良意志所固有的、无可估量的价值，正在于它的行为原则摆脱了一切只由经验提供的偶然原因的影响。我们要经常不断地提醒人们，警惕粗心大意，警惕想在经验的原因中把握行为原则的浅薄方式。因为人的理性，在懒惰的时候喜欢睡在鸭绒枕上，沉溺于梦幻之中，把一朵彩云当作女神来拥抱，把一个由各种不同因素凑成的，谁看来就像谁的混血儿充作道德。但在那曾经见过德性的真实面目的人就可看出来，它却完全不像德性。②

---

① Immanuèl Kant, *Critique of Practical Reason and other Writings in Moral Philosophy*, translated by Lewis White Beck, Chicago: University of Chicago Press, 1949, p. 129；德文本：Immanuel Kant, *Kritik der praktischen Vernuft*, Riga, 1788；德文版参照的是：Die Preussische Akademie der Wissenschaften V, S. 15。此后我参照的都将是此书的德文版。

② Immanuel Kant, *Foundations of the Metaphysics of Morals*, translated by Lewis White Beck, Indianapolis, 1959, p. 44；德文本：Immanuel Kant, *Grundlegung zur Metaphysik der Sitten*, Riga, 1785；德文版参照的是：Die Preussische Akademie der Wissenschaften IV, S. 425-426；此后我参照的将是这本著作。

在脚注中我们看到：

> 只有完全清除来自经验的杂质，去掉出于浮夸或利己之心的虚饰，德性的真实面目才显示出来。①

这把我们引向一个重要的问题。在道德领域中，什么是与形式相对的"内容"？什么是我们必须避免的"经验之物"（伴随着其"与感觉事物的混合体"）？并且什么是给意志提供一个先天方向的"形式"？

正是在《实践理性批判》中我们才最清晰地看到，对于康德来说，在伦理学中"经验之物"以至于质料的元素指的是什么，（在第一章"纯粹实践理性的分析论"中的）定理一中写道：

> 将欲求能力的一个客体（质料）预设为意志的规定根据的一切实践原则，全都是经验性的，并且不能充当任何实践法则。
>
> 我把欲求能力的质料理解为一个被欲求有现实性的对象。②

正如我们从这一定理的简短的开头语看到的，康德把欲求的所有的质料或内容与对象联系起来。现在正如康德在《纯粹理性批判》中主张的那样，任何一个"对象"都是由知性给予的形式和由感性给予的无序材料的混合物。因此人们一定期望康德仅仅认为这样一个"混合物"不能给道德一个先天的基础。这样所有欲求的对象作为意志的道德方向的基础都被排除出去了。当然，这都是真的，但康德在此突

---

① Immanuel Kant, *Foundations of the Metaphysics of Morals*, translated by Lewis White Beck, p. 44; 德文版参照的是：Immanuel Kant, *Grundlegung zur Metaphysik der Sitten*, Die Preussische Akademie der Wissenschaften IV, S. 425-426。

② Immanuel Kant, *Critique of Practical Reason and other Writings in Moral Philosophy*, translated by Lewis White Beck, p. 132; 德文版参照的是：Immanuel Kant, *Kritik der praktischen Vernuft*, Die Preussische Akademie der Wissenschaften V, S. 21。

出了其在对"经验之物"界定中的一个新元素，认为之所以所有预设了一个欲求能力对象的实践法则都是经验的，是因为在这样的情形中：

> ……规定这个任意的根据就是一个客体的表象，以及这表象对主体的那样一种关系，通过它，欲求能力就被指定去使这客体成为现实。但对主体的这样一种关系就是对一个对象的现实性感到的愉悦。所以这种愉悦必将被预设为规定这任意的可能性条件。但关于某一个对象的不论哪一个表象都绝不能先天地认识到：它是与愉悦或不愉悦结合在一起的，还是与之漠不相关的。所以在这种情况下对任意的规定根据任何时候都必定是经验性的……①

康德继续断言，因为愉悦或痛苦的感受性在不同的生物间是不同的，而这只能被经验性地认识，所以一个建立在"主体感受性"的基础之上的原则缺乏"必须被先天认识到的客观必然性"。② 所有对象的所有价值作为道德方向的基础，因此被排除出去。质料价值以它们都被判为经验偶然性的方式与愉悦联系在一起，康德就必须拒斥所有建立于质料价值的基础之上的伦理学。③

康德在此不仅仅把价值的对象认定为是偶然的。出于先天的缘故，康德还专门把愉悦的情感认定为一种获得道德知识的方式。因此，对康德来说，所有这样的情感也作为经验王国的一部分，而不是在理性和先天这一方。

---

① Immanuel Kant, *Critique of Practical Reason and other Writings in Moral Philosophy*, translated by Lewis White Beck, p. 132; 德文版参照的是：Immanuel Kant, *Kritik der praktischen Vernuft*, Die Preussische Akademie der Wissenschaften V, S. 21。

② Immanuel Kant, *Critique of Practical Reason and other Writings in Moral Philosophy*, translated by Lewis White Beck, pp. 132-133; 德文版参照的是：Immanuel Kant, *Kritik der praktischen Vernuft*, Die Preussische Akademie der Wissenschaften V, S. 21-22。

③ 因为舍勒所做的在质料和它们的载体之间最基本的区分，舍勒并没有陷入这个陷阱。因此，尽管对象是价值的一个载体，甚至是在这些情形中与承载它们的对象也是不同的。

康德在(《实践理性批判》第一章的)定理二中发展了对愉悦和情感的这一指责,他断言:

> 一切质料的实践原则本身全都具有同一种类型,并隶属于自爱或自身幸福这一普遍原则之下。出自一件事物的实存的表象的愉悦,只要它应当作为对这个事物的欲求的规定根据,它就是建立在主体的感受性之上的,因为它依赖于一个对象的存有;因而它属于感官(情感),而不属于知性,后者按照概念来表达表象与一个客体的关系,却不是按照情感来表达表象与主体的关系。①

在这第二个定理的结论中,康德也认为人们不能谈论更高或更低的欲求、更高或更低的愉悦,即:"一切质料的实践规则都在低级欲求能力中建立意志的规定根据……"② 按照康德的说法,令人愉悦的对象的观念在此不是重要的决定性因素,毋宁说一个对象将会令人高兴多少。愉悦就是愉悦。例如,一些在我们的能力中的"对象"更多一些,并且我们在它们之中发现的愉悦可以被称为"更为高尚的",在这一叙述中:

> ……但是,因此就把它们冒充为不同于仅仅通过感觉来决定意志的另一种方式,同时为了那种愉悦的可能性,它们却还要假设我们心中有一种着意于此的情感,作为这种惬意的首要条件,这就正如同那些热衷于在形而上学中招摇撞骗的无知之辈,他们设想物质如此精细,如此过于精细,以至于他们自己对此都要感

---

① Immanuel Kant, *Critique of Practical Reason and other Writings in Moral Philosophy*, translated by Lewis White Beck, p. 133; 德文版参照的是: Immanuel Kant, *Kritik der praktischen Vernuft*, Die Preussische Akademie der Wissenschaften V, S. 22。

② Immanuel Kant, *Critique of Practical Reason and other Writings in Moral Philosophy*, translated by Lewis White Beck, p. 133; 德文版参照的是: Immanuel Kant, *Kritik der praktischen Vernuft*, Die Preussische Akademie der Wissenschaften V, S. 22。

到晕眩，于是就相信自己以这种方式臆想出了一种精神的但却有广延的存在物。①

在此存在一丝希望，即：康德的绝对命令可以被从一个纯粹理性的形式主义的严肃限制中营救出来。这个我们一直在思考的对绝对命

---

① Immanuel Kant, *Critique of Practical Reason and other Writings in Moral Philosophy*, translated by Lewis White Beck, p. 135; 德文版参照的是：Immanuel Kant, *Kritik der praktischen Vernuft*, Die Preussische Akademie der Wissenschaften V, S. 24. 尽管康德的确抛弃了作为通向道德方向的一种方式的情感，但他这样做几乎是勉强的。在《道德形而上学基础》中有一点，在讨论经验原则作为道德法则的基础的不适宜时，以及在把个人的幸福原则标志为"最令人讨厌的"时，他说："另一方面，把道德感，这种被认为特殊的情感，请出来也同样作用甚微，那些不会思想的人，相信情感会帮助他们找到出路，甚至在有关普遍规律的事情上也通行无阻。然而，在程度上天然有无限差别的情感，是难于给善和恶提供统一标准的，而且一个人感情用事，也不会对别人做出可靠评价。不过情感却是和道德及其尊严更为接近的，因为，它使感性幸而能直接承受对它的满意和称颂，而不须当面对它说，人们追求它并不是由于它的美好，而是由于它的有用。"（Immanuel Kant, *Foundations of the Metaphysics of Morals*, translated by Lewis White Beck, p. 61; 德文版参照的是：Immanuel Kant, *Grundlegung zur Metaphysik der Sitten*, Die Preussische Akademie der Wissenschaften IV, S. 442）在注释中，康德指出他在幸福原则下对道德情感的原则进行分类，因为二者都是经验的原则。我提到康德在抛弃全部情感时的这种勉强，不是因为我甚至想提示他可能已经同意舍勒给予情感的地位。毋宁说，我不认为康德已经完全决定好了自然以及"情感"在道德中的地位。实际上，大量研究康德的学者认为，感情在康德的伦理学本应拥有一个很好的地位。（从一项近期的研究来看，例如：Nancy Sherman, "The Place of Emotions in Kantian Morality," in *Identiy, Character, and Morality: Essays in Moral Psychology*, edited by Owen Flanagan and Amelie O. Rorty, Cambridge, Massachusetts: The MIT Press, 1990, chap. 7, pp. 149-170）实际上，尽管上面详细说明了他对情感的激烈的谴责，仍有一种情感他没有指责为"经验的"。当然，我指的是"对规律的尊重"，它形成了康德早期在《道德形而上学基础》中对义务的界定（"义务就是由于尊重规律而产生的行为必要性。"[Immanuel Kant, *Foundations of the Metaphysics of Morals*, translated by Lewis White Beck, p. 16; 德文版参照的是：Immanuel Kant, *Grundlegung zur Metaphysik der Sitten*, Die Preussische Akademie der Wissenschaften IV, S. 400]）。在那里，康德十分注意把对规律的尊重与其他情感区别开来，并且，事实上，添加了一个长脚注来维护他自身："人们也许要批评我，说我只是在文字'尊重'的掩盖下，在一种混乱的情感中去寻找避难所，而不是通过理性概念来把问题说清楚。虽然尊重是一种情感，只不过不是一种因外来作用而感到的情感，而是一种通过理性概念自己产生出来的情感，是一种特殊的、与前一种爱好和恐惧有区别的情感……尊重的对象只能是规律。"（Immanuel Kant, *Foundations of the Metaphysics of Morals*, translated by Lewis White Beck, pp. 17-18; 德文版参照的是：Immanuel Kant, *Grundlegung zur Metaphysik der Sitten*, Die Preussische Akademie der Wissenschaften IV, S. 401）因此，康德的确允许这一道德情感在理性的一边。但除这个例外之外，康德把所有的道德情感断定为感性—理性二分的感性这一边，并因此断定为不能提供任何可靠的、先天的道德知识。我们再一次看到康德的立场排除了舍勒要力图发展的"情感"的中心地位。

令的主张仅仅是一个对它的基本的说明（尽管还在变化之中！）。康德从另一个角度来处理绝对命令，这个角度产生了一个对它的说明，允诺可以给意志一个比合规律性自身所能提供的更为完善的方向。当康德把理性存在者当作目的，尤其是作为目的自身来处理时，它发生了。因此，我们必须看一下康德关于理性存在者就是目的自身的想法及由之可能产生的道德指示，来看一下它是否可以给绝对命令提供更多质料内容。康德在《道德形而上学基础》中有很长的一段来发展他关于目的自身的想法，在那里他说：

> 意志被认为是一种按照对一定规律的表象自身规定行为的能力，只有在有理性的东西中才能够找到这种能力。设定目的就是意志自身规定的客观根据，那么，如果这一目的单纯是由理性确立，它一定也适合于一切有理性的东西。反之，那种只包含着行动可能性的根据的东西，就是手段，这种行动的结果才是目的。欲望的主观根据叫作冲动，意志的客观根据叫作动机。所以，每个有理性的东西都要分清，哪个是来自冲动的主观目的，哪个是出于动机的客观目的。实践原则，在它完全不受主观目的影响时是形式的；当它以主观目的，从而以某种冲动为根据时，就是质料的。那些被一个有理性东西随意选为行为结果的目的、质料目的，都是相对的。因为只有和主体的某一特殊欲求相联系，它们才获得价值，所以这种价值不能对一切有理性的东西，也不能向每一意志提供普遍的、必然的原则，不能提供实践规律。这些相对目的仅仅是假言命令的根据。
>
> 如若有一种东西，它的定在自在地具有绝对价值，它作为目的能自在地成为一确定规律的根据。在这样东西身上，也只有在这样东西身上，才能找到绝对命令的根据，即实践规律的根据。
>
> 我认为，人，一般说来，每个有理性的东西，都自在地作为

目的而实存着，他不单纯是这个或那个意志所随意使用的工具。在他的一切行为中，不论对于自己还是对其他有理性的东西，任何时候都必须被当作目的。①

康德在此区分了什么是理性意志的正确决断，通过区分主观目的和客观目的，它们一个建基于动机（Triebfeder）之上，另一个建基于目的（Bewegungsgrund）之上。他再一次运用形式—质料的区别，但我们在这一段的结尾处看到一个理性存在者的目的是理性存在者自身。在某种意义上，理性存在者自身就变成善良意志的"内容"。正如康德后来所说的：

> 理性自然和其余自然的区别，就在于它为自己设定一个目的。这一目的，就是任何善良意志的质料。②

在这里，康德把每一善良意志的质料明确称为目的这一事实给我们以希望，认为康德即将对绝对命令进行表述，在其对意志的指向中它将允许多于合规律性的更多元素加入。但不幸的是，这些希望在这一段的接下来的句子中破灭了，康德说：

> 在彻底善良的意志的理念中，并不存在达到这种或那种目的的限制条件，一切设想的目的都必须被抽象掉，因为这样的目的使意志成为相对善良的，所以，在这里目的不是一个设想的目的，

---

① Immanuel Kant, *Foundations of the Metaphysics of Morals*, translated by Lewis White Beck, pp. 45-46; 德文版参照的是：Immanuel Kant, *Grundlegung zur Metaphysik der Sitten*, Die Preussische Akademie der Wissenschaften IV, S. 427-428。

② Immanuel Kant, *Foundations of the Metaphysics of Morals*, translated by Lewis White Beck, p. 56; 德文版参照的是：Immanuel Kant, *Grundlegung zur Metaphysik der Sitten*, Die Preussische Akademie der Wissenschaften IV, S. 437。

而一个自在的目的，它只能从消极方面被思想……①

我们不应过于惊讶。康德必须要从除合规律性之外的任何一种对意志的导向中退出来。除非他想放弃他对先天—后天的区分的特别说明，否则，他不能允许任何肯定性的"内容"。

实际上，不仅仅在我们已引用过的被称作"形式的"著作中，在"内容"上限定是明见的。尽管，就像菲利普·布洛瑟指出的，直到1964年英译本《德性论》出现之前，说英语的世界不容易获得《道德形而上学》②，而这可能导致了对康德"形式主义"的某种误解。当《德性论》更为详尽地发展在此争论的"内容"时③，并没有改变能是"内容"的东西的基本限定。

这一点很少值得进一步研究。在《德性论》中的一些段落再次点燃了我们的希望。例如，在"一种德性论的概念阐释"中有一点康德区分了"德性论的概念"与"法权论的概念"：

> 法权论只与外在自由的形式条件（当其准则被当作普遍的法则时，通过与自身的一致）相关，也就是说，只与法权相关。反之，伦理学还提供一种质料（自由任性的一个对象），即纯粹理性的一个目的，这个目的同时被表现为客观必然的目的，亦即对人来说被表现为义务。④

---

① Immanuel Kant, *Foundations of the Metaphysics of Morals*, translated by Lewis White Beck, p. 56; 德文版参照的是：Immanuel Kant, *Grundlegung zur Metaphysik der Sitten*, Die Preussische Akademie der Wissenschaften IV, S. 437。

② Philip Blosser, *Scheler's Critique of Kant's Ethics*, p. 69.

③ Immanuel Kant, *The Doctrine of Virtue*, translated by Mary Gregor, New York, 1964, pp. xxxvi, 173.

④ Immanuel Kant, *Metaphysics of Morals*, translated by Mary Gregor, New York, 1991, p. 186; 德文本：Immanuel Kant, *Die Metaphysik der Sitten*, Riga, 1797-1798。我们再次使用的是：Die Preussische Akademie der Wissenschaften VI, S. 380。此后我参照的将是此书的德文版。

在第四节"哪些目的同时是义务的目的?"中,康德说明这样的目的、这样的"内容",是"自己的完善"和"他人的幸福"。① 再次看来好像也许有某种积极的质料内容。不幸的是,我们马上在"这两个概念的阐释"中看到:

> 如果关于属于一般人的(真正说来属于人类的)完善说:使它成为自己的目的,这本身就是义务,那么,它就必须被设定在能够是人行为的结果,而不只是人不得不归功于本性的礼物的东西之中;因为若不然,它就不是义务了。因此,它无非是人的能力(或自然禀赋)的陶冶,其中知性作为概念的,从而也是关涉义务的概念的能力是最高的能力,但同时也是对遵循一切一般义务的意志的(道德的思维方式)的陶冶。1. 人有义务来努力脱离其本性的粗野,脱离动物性,越来越上升到人性,唯有借助人性人才能为自己设定目的;通过教导来弥补其无知,纠正其失误,而这不只是他的其他方面的意图的技术实践理性(技艺)建议给他的,而是道德实践理性绝对地命令他这样做,并且使这一目的成为他的义务,以便和他身上的人性相称。2. 把他的意志的陶冶一直提升到最纯粹的德性意向,亦即法则同时成为他的合乎义务的行为的动机,并且出自义务来服从法则,这就是内在的道德实践的完善性。②

我们再次看到对肯定性的"内容"的拒绝。伴随"完善性"的观念,康德根本没有引入新的"内容"。人性是目的,"内容"在此是作

---

① Immanuel Kant, *Metaphysics of Morals*, translated by Mary Gregor, p. 190; 德文版参照的是:Immanuel Kant, *Die Metaphysik der Sitten*, Die Preussische Akademie der Wissenschaften VI, S. 385.

② Immanuel Kant, *Metaphysics of Morals*, translated by Mary Gregor, pp. 191-192; 德文版参照的是:Immanuel Kant, *Die Metaphysik der Sitten*, Die Preussische Akademie der Wissenschaften VI, S. 386-387.

为纯粹理性存在者克服其感性的"动物性"的人性。

我们没有在《德性论》中对情感做进一步的研究。"幸福感"(虽然是他人的)的引入作为第二个"目的"再次激起了我们的希望,通过主张情感的作用可能会使他们复原,因为尽管在第十二节"心灵对于一般义务概念的易感性之感性论先行概念"中,康德界定了道德情感:

> 道德情感只是对于出自我们的行动与义务法则相一致或者相冲突这种意识的愉悦或者不快的易感性。但是,任性的一切规定都是从可能的行动的表象出发,通过对行动或者其后果感兴趣的愉悦或不快的情感,而达成事实的;在这里,感性的状况(内感官受刺激的状况)要么是一种病理学的情感,要么是一种道德的情感。前者是一种先行于法则的表象的情感,而后者则只能是继法则的表象而起的情感。①

康德也说:

> 不可能存在任何拥有一种道德情感或者获得这样一种道德情感的义务,因为一切责任意识都把道德情感当作基础,以便意识到蕴含在义务概念中的强制;而是每个人(作为一个道德存在者)心中原本就有这种道德情感;但是,责任只能在于培养这种情感,甚至通过对其不可探究的起源的惊赞来强化它。②

在康德看来,在此正在给道德情感一个比他以前在关注于"形式"

---

① Immanuel Kant, *Metaphysics of Morals*, translated by Mary Gregor, p. 201; 德文版参照的是:Immanuel Kant, *Die Metaphysik der Sitten*, Die Preussische Akademie der Wissenschaften VI, S. 399。

② Immanuel Kant, *Metaphysics of Morals*, translated by Mary Gregor, p. 201; 德文版参照的是:Immanuel Kant, *Die Metaphysik der Sitten*, Die Preussische Akademie der Wissenschaften VI, S. 399-400。

方面的著作中所做的更为肯定的地位，这一地位事实上不是新的，它也没有延续对在那些著作中发现的情感的责难。因为康德接着说：

> 做到这一点，乃是通过指出，它是如何排除一切病理学的刺激并在其纯洁性上通过纯然的理性表象恰恰最强烈地激发出来的。①

这个"道德情感"与"对规律的尊重"有同样的性质与地位。此外，康德强调这一"道德情感"没有给我们道德知识，正如他立即就说的：

> 把这种情感称为道德感并不恰当；因为感觉这个词通常被理解为一种理论的、与一个对象相关的感知能力；与此相反，道德感（例如一般而言的愉悦或者不快）是某种纯然主观的东西，它并不提供认识。②

因此，尽管他马上继续说道：

> 没有人不具有任何道德情感；因为如果对这种感受完全没有易感性，人在道德上就会死去，而如果（用医生的话说）道德的生命力不再能对这种情感造成任何刺激，那么，人性（仿佛是按照化学法则）就会化为纯然的动物性，而且会不可逆转地混杂进大量其他的自然存在者之中。③

---

① Immanuel Kant, *Metaphysics of Morals*, translated by Mary Gregor, p. 201; 德文版参照的是：Immanuel Kant, *Die Metaphysik der Sitten*, Die Preussische Akademie der Wissenschaften VI, S. 400。
② Immanuel Kant, *Metaphysics of Morals*, translated by Mary Gregor, p. 201; 德文版参照的是：Immanuel Kant, *Die Metaphysik der Sitten*, Die Preussische Akademie der Wissenschaften VI, S. 400。
③ Immanuel Kant, *Metaphysics of Morals*, translated by Mary Gregor, p. 201; 德文版参照的是：Immanuel Kant, *Die Metaphysik der Sitten*, Die Preussische Akademie der Wissenschaften VI, S. 400。

他对这一节做了结论:

> 不过,虽然人们经常这样表述,但正如我们对真理很少有一种特殊的感觉一样,我们对(道德的)善与恶同样很少有一种特殊的感觉,而是有自由任性对自己被纯粹实践理性(及其法则)所推动的易感性,而这就是我们称之为道德情感的东西。①

再一次,我们不应感到惊讶。康德伦理学的所有力量产生于它形成的明确割裂的区分的能力,把一方面区分为形式的和理性的(所有稳定性和确定性场所),另一方面区分为质料的(偶然的和混乱的领域)。并且,在这一基础上,康德建构了舍勒称之为"铁嘴钢牙的庞然大物"②的东西。

在为舍勒对康德的绝对命令缺乏必要元素的批判进行辩护之后,我必须承认,仅仅主张这些元素对一种充分的伦理学是必需的,还不能表明这些元素能够提供作为伦理学——确切说来,就是那种可以建立在"质料"价值之上的伦理学——的基础所需要的那种稳定性。在他采用了现象学的方法之后,他认为这使得他并非意外地获得价值,舍勒开始了对一门新的伦理学人格主义的追问。这一追问为舍勒带来了非常棘手的问题,他用他的余生与这些问题较量。现在我们必须接受这一挑战。我相信这一追问过去是,现在仍是有价值的,我希望大家把马克斯·舍勒在耶拿时就开始的如此宏伟的工作继续下去。

(译者:段丽真/南京理工大学马克思主义学院)

---

① Immanuel Kant, *Metaphysics of Morals*, translated by Mary Gregor, pp. 201-202; 德文版参照的是: Immanuel Kant, *Die Metaphysik der Sitten*, Die Preussische Akademie der Wissenschaften VI, S. 400。

② Max Scheler, *Der Formalismus in der Ethik und die materiale Wertethik: Neuer Versuch der Grundlegung eines ethischen Personalismus*, GW II, S. 30; 英译本见: Max Scheler, *Formalism in Ethics and Non-Formal Ethics of Values: A New Attempt toward the Foundation of an Ethical Personalism*, translated by Manfred S. Frings and Roger L. Funk, p. 6。

再论马克斯·舍勒伦理学中的形式主义：
德性伦理学与质料的价值伦理学中的道德法则 *

欧根·凯利

马克斯·舍勒的伦理学——如其主要著作《伦理学中的形式主义与质料的价值伦理学：为一门伦理学人格主义奠基的新尝试》①（下文简称《形式主义》）的标题和副标题所宣称的——属于一个非常独特的类型。它声称具有质料的内容，即在康德哲学的意义上是非形式的；但又不是一门自然主义的理论，并且它声称自己不奠基于意愿及其行为之中，而是奠基于人的人格之中。在本文中，我将澄清一些近来出现的对舍勒伦理学的意图和成就的误解，这些误解出于在理解舍勒的著作时只强调其质料的方面而忽视其人格主义的本性。我还将涉及一个相关主题：究竟把舍勒的伦理学描述为一种德性伦理学还是一种规

---

* 本文译自：Eugene Kelly, "Revisiting Max Scheler's Formalism in Ethics: Virtue-based Ethics and Moral Rules in the Non-Formal Ethics of Value," *The Journal of Value Inquiry* 31, 1997, pp. 381-397。——译者

① Max Scheler, *Formalism in Ethics and Non-Formal Ethics of Values: A New Attempt toward the Foundation of an Ethical Personalism*, translated by Manfred S. Frings and Roger L. Funk, Evanston, Ill.: Northwestern University Press, 1973. 书中的全部引文出自：Max Scheler, *Der Formalismus in der Ethik und die materiale Wertethik: Neuer Versuch der Grundlegung eines ethischen Personalismus*, GW II, Bern und München: Franke Verlag, 1966. 引文由作者翻译。所有引文的页码与《舍勒全集》相一致。

范伦理学才最为恰当？我将基于舍勒对伦理学所做贡献的一些思考做出论断。

考虑到舍勒著作的标题所指的非形式伦理学的结构，其认识论背景在《形式主义》一书以及一些遗作[①]之中显示出来：

1. 基于自然观点的感知受制于人们在其一生中通过动因获得的意义结构，这些结构先行于、奠基于并运作于语言应用中，它们是被给予动因的任何世界的不可还原的本体论特征。

2. 这些意义结构具有质料的内容，这些内容能够作为现象学直观的意向相关项成为被给予之物。我们因而直接接触到作为所有可能经验的背景而运作的结构性要素。

3. 质料的价值本质在其中被给予的意向活动是感受和偏好。在对这些认知性感受活动的现象学的再规定中，价值自身及其客观的偏好秩序可以诉诸现象学直观，成为被给予之物并在现象学的展现中被表象。

4. 基于自然的观点，客体被感知为价值的载体，这些价值已经先于对客体的感知而被知晓，关于价值本质的知识运作于我们对客体的感知之中并制约着我们对它们的评价。

5. 感受和偏好活动拥有一个**先天秩序**，舍勒沿用帕斯卡的说法称之为"**心的逻辑**"。这一秩序奠基于人类爱恨活动的能力，并且可以被意向活动的现象学所描述。

现象学的价值科学——质料伦理学——既是认知性的又是意动性的，它承诺了运作于我们日常价值判断中的感知与感受及其意向相关项的结构的明晰性，这在以前是不可能的；而且它可以用来深化我们对这些判断的认知性内容的理解，并在行为上有效地加以实施。舍勒提供了完成以下雄心勃勃的任务的策略。

[①] 尤其参见 „Die Lehre von den drei Tatsachen" 和 „Phänomenologie und Erkenntnistheorie", in Max Scheler, *Schriften aus dem Nachlass*, GW X, Band I: *Zur Ethik und Erkenntnislehre*, Bern und München: Francke Verlag, 1957。

（1）质料伦理学必须为价值判断提供一个认识的或**正当的基础**，即它主张通过现象学反思，如其在情感性认识中被给予的那样揭示价值自身，以此来评判关于价值的争论。舍勒为此倡导一门依据其自身所值来揭示价值等级的价值事实的现象学，其中最低级的是感性价值，即快乐和痛苦；然后是那些属于人们的安康的价值，如健康和疾病；属于人们的生命力的价值，如高贵和粗俗；属于精神、美、真和善的价值及其各自的反面价值；最后是属于神圣领域的价值，即神圣和亵渎。

（2）一门质料的价值伦理学必须解释隐含于人格的分歧性价值判断中的价值的巨大**多样性**，这些人格既是个体又是共同体成员。为此目的，舍勒发展了一门知识社会学来研究一个普遍的价值秩序如何能够在种种人格的、社会的和历史的语境中以一种可理解的方式运作。

（3）由于价值是人们在生活中获得的关于世界的客观事实，一门质料的价值伦理学应当提供一种能够**扩展**和**深化**我们的价值知识的方法，并且能够克服基于自然观点的无知和人的反常可能造成的对价值知识的扭曲。为此目的，舍勒发展了教育和自律的方法以在我们主观的**爱的秩序**中理解和整合价值，这些价值运作于文化中甚于在我们自身中，它们因而成为我们自己生成着的传统的一个活生生的部分。

（4）最后，一门质料的价值伦理学必须在人类的**人格**中而不是在抽象构想出的人类伦理中定位行为的道德性。为此目的，舍勒将《形式主义》一书的三分之一多篇幅奉献给关于人格及其同时作为道德行为主体和客体的角色的现象学。

尽管《形式主义》在德国立即获得了积极的接受，近几十年来，舍勒的方案却招致众多的批评，其中有些人认为它是错误的和拙劣的。在波兰天主教学者乔吉斯·卡里诺夫斯基（Georges Kalinowski）所写的一篇论文中，舍勒的伦理学因其作为对道德体系内容的系统研究所具有的价值受到赞扬，但因其在解释规范的约束力方面的明显失败受到批评。① 卡里诺夫斯基指出：上帝需要我们的行动而不仅仅是意向性情感；他需要我们的道德举止而不仅仅是道德知识。舍勒可能已经确立了偏好性的内容和秩序以及价值判断的基础，但是他忽视了确立道德责任的问题。卡里诺夫斯基认为，一门局限于内容的探究的质料伦理学不能满足伦理学的中心需要：确立某种拥有普遍的约束性规范的立法意志或权威的存在。而价值自身缺乏这种权威。

与卡里诺夫斯基相反，伊姆提亚兹·穆萨（Imtiaz Moosa）在新近的一篇文章里恰好因为舍勒试图**证明**价值的存在而对他提出批评。② 穆萨指出：通过考察意向性情感行为，我们不能证明价值以观念对象存在于胡塞尔现象学中那样的方式存在。穆萨相信舍勒仍然坚持价值存在，因为其一，由于价值是明见地被给予的，它们必然被证实；其二，由于存在真正的意向性活动，一个与那些活动相应的价值领域必定存在。因此，依照穆萨的说法，在现象学方法的预设与舍勒对价值存在的假定之间产生了一种矛盾。与这种批评相类似，詹姆斯·科林斯（James Collins）在50多年前写的一篇文章中，想当然地把一种信仰加之于舍勒：上帝是意向性意识的首要的被给予之物，并且因此必定存在。③ 科林斯把这种信仰当作舍勒放弃与托马斯主义相似的接近神性的典型方式的征兆。科林斯并未像穆萨那样就舍勒可能存在的对现象学方法的误用展开争论，而是就舍勒对这种方法的运用得出与有效的自然神学不一致的结论提出异议。因为如果我们承认现象学断言了

---

① Georges Kalinowski, "Karol Wojtyła face à Max Scheler ou l'origine de Osoba i Czyn," *Revue Thomiste* 80, 1980, pp. 456–465.《人格与行为》已经被安德洛兹·普特克以《行动着的人格》为名译为英文，收入 Analecta Huesserliana 10（Dordrecht: Reidel, 1979）。该书作者卡罗尔·沃伊蒂拉（Karol Wojtyła）现在是教皇约翰·保罗二世。

② Imtiaz Moosa, "A Critical Examination of Scheler's Justification of the Existence of Values," *The Journal of Value Inquiry* 25, 1991, pp. 23-41.

③ James Collins, "Catholic Estimates of Max Scheler's Catholic Period," *Thought* 19, 1944, pp. 671-704.

它所意向的实体的存在，并且如果一个被给予的实体是上帝，那么我们就拥有一个宗教信仰的明见性基础。

另一位研究者小曼努尔·B. 戴（Manuel B. Dy, Jr.）提出与卡里诺夫斯基相反的立场。他相信依据舍勒的思想，现象学的价值知识实际上可以将自身施加于生命意志，生命意志在还未被**怨恨**所颠覆时，将"出于自身做自己应当做的"。通过这一途径，道德责任的恰当基础被确认，但是规范的内容是被外在于理性的情感给予的。在戴看来，舍勒未能成功地整合被康德的道德哲学撕碎的"思想与心灵"。① 如我这篇文章将要清楚表达的，我没有看到戴在舍勒思想中发现的思想与心灵的分裂。像孔子——戴在文章中倡导了他的伦理学思想——一样，舍勒寻求一种德性，在它那里，合乎道德的正确行为自发地从思想和心灵中流出，正如《论语》中的名言所说："七十而从心所欲，不逾矩。"

但情感所揭示的价值将意志束缚于特别的道德行为了吗？在新近的一篇文章中，菲利浦·布洛瑟发现了他所谓的舍勒责任理论中的一个问题，它存在于舍勒的这一观点中，即善的道德价值出现在实现非道德价值的行为（即采取行动导致某些善）的"背上"。② 根据布洛瑟的阐述，"道德价值……出现于非道德价值的**实现**中"并不完全符合舍勒的意图。道德上的善并非一种质料价值本身；它是"在意欲领域中附着在一个肯定的价值之实现上的价值"③。试图实现肯定价值无疑在道德上是善的，但所实现的并不是一个价值，而是一个**善业**，即具

---

① Manuel B. Dy, Jr., "On Sources of Moral Obligation: Kantian, Schelerian, and Confucian," *Cogito* 3, 1985, pp. 85ff.

② Philip Blosser, "Moral and Nonmoral Values: A Problem in Scheler's Ethics," *Philosophy and Phenomenological Research* 48, 1987, pp. 139-143.

③ Max Scheler, *Der Formalismus in der Ethik und die materiale Wertethik: Neuer Versuch der Grundlegung eines ethischen Personalismus*, GW II, S. 48.（中译本见舍勒：《伦理学中的形式主义与质料的价值伦理学：为一门伦理学人格主义奠基的新尝试》，倪梁康译，生活·读书·新知三联书店2004年版，第29页。——译者）

有某种肯定价值的一个事物。这一区分在舍勒的伦理学中是根本性的。布洛瑟认为：如果实现具有一个更高的或肯定价值的善业并且拒斥否定价值或具有更低价值的善业是善的，那么，一个动因就必须被迫去这样做。那么，我们将在道德上有责任去实现承载着诸如美丽或神圣这种高级的却非道德的价值的善业，然而并不存在这种道德义务。布洛瑟认为这样搅乱了舍勒的道德责任理论。布洛瑟进一步指出，这种解决方式将把德性（如忠诚、懊悔）当作质料价值的一个独立范畴，而这正是舍勒所反对的。

在其后的一篇论文中，布洛瑟发现了舍勒德性学说中一个更深入的问题。[①] 亚里士多德是阐发**德性**（*areté*）的古代理念的伟大理论家。他认为德性是人的自然潜能得以实现的手段。如果一个人完成了人所本来具有的全部潜能，达到了**目的**（*telos*），"人作为其所是"与"人作为其所能是"就是相对立的。由于亚里士多德把"人作为其所是"置于**城邦**（*polis*）之中，所以人自我实现的过程只有在积极的政治生活中才可能。**幸福**或生命的康乐是从潜能到行为的运动的副产品，它在给予一个人天赋发展空间的情境中，通过依据德性的理性活动的生活而获得。德性在一个人自我掌控的完成中通过民意测验被确认，并且在人们对生活中重要的公共事业做出有益贡献的能力中被确认。特殊的德性借由政治活动的本性与目标被给予内容，并且不能脱离它们被界定。一个有德之人在他的实践活动中，将在可能被激情所驱向的极端中寻求一条金律般的中道。我们把勇敢的人看作既不屈从于自负，又不屈从于怯懦的人，即使有强烈的愿望驱使他那样做；并且把他看作在理性的指引下寻求中道——勇敢——的人。他反思自己灵魂的善和**城邦**的善，并且通过实践经验知晓：何时克制自己以及何时激励

[①] Philip Blosser, "Is Scheler's Ethic an Ethic of Virtue?" in *Japanese and Western Philosophy*, edited by Philip Blosser et al., Dordrecht: Kluwer, 1993, pp. 147-159.

自己去战斗。罪行与邪恶当然与有德之人无关，他知道它们与自己**目的**的实现和**幸福**的享有是不相容的。

基于这种观点，德性必须在行为中表现自身，并且因此仿佛在本质上属于目的论的伦理学理论。比如，约翰·斯图亚特·密尔仅仅从公正的德性有助于产生对社会有用的善业这一方面衡量其价值，用舍勒的术语来说即实现作为有益于共同体的善业的质料价值。但是善业的实现并非舍勒伦理学关注的首要问题。德性只有在属于人格的完善的时候才是有价值的。然而，布洛瑟注意到，除非舍勒具有一个"人作为其能是"（如果他实现了其**目的**）的概念，否则作为德性载体的人格不能支撑一门义务论的伦理学；伦理学将继续是目的论的，并且善的生活将仅仅存在于公共善业和私有善业的享有中。布洛瑟相信："人类的本性在舍勒的哲学中仍然是一个谜。"①

如果我们首先集中注意舍勒的存在学说，并仔细考察他的人格结构理论，那么贯穿于上述不同批评中的谜团就会被解开。价值是实在的，并且都是本质，但是它们并不以同其载体一样的方式存在。在《形式主义》第三部分中，对作用于自然观点的存在的看法源于阻抗的**体验；存在就是给予阻抗**。我们最初作为一个婴孩，在感受到一个事物与我们的内驱力、我们的生命冲动、我们的意志以及舍勒用来描述遭遇阻抗的人格的行为特征的所有术语的对立中认识它的存在。本质并不符合舍勒所要求的作为存在属性的阻抗的标准。在舍勒看来，本质具有一种不因我们对它们的知晓而耗尽的实在性，然而它们对存在没有效力，就像柏拉图对形式的看法。本质对舍勒而言是被知觉预设并通过知觉被给予的理智现象，但它们并不在知觉中被给予；只有客体、事件、状态才在知觉中被给予。一个事物美丽并不是因为它分有

---

① Philip Blosser, "Is Scheler's Ethic an Ethic of Virtue?" in *Japanese and Western Philosophy*, edited by Philip Blosser et al., p. 159.

了美的本质；相反，美是一种在形形色色的对象上被感受到的质料价值。判断事物是美的载体的可能性基础是我们具有美的概念，但是我们并不感知美；我们把绘画感知为美的，通过其特殊的构造把它感知为美的本质的一种载体。美的对象的构造绝不只有一种类型。一幅画的美明显不同于一场弦乐四重奏、一出莎士比亚戏剧或一次日落的美。美也不是所有美的事物所共有的，就像蓝是所有蓝的事物所共有的那样。美的事物可能没有任何共同之处来构成其美，然而我们把它们都感知为美的。思想并不创造美，尽管它可以创造某些美的事物。爱的先导性活动培养我们在世界上许多不同事物中去发现美，而现象学的反思活动澄清了美显示于其中的事物的相互作用。美在世界中的呈现会将思辨的思想引向关于万物本原的形而上学反思，以使这一现象可以在对象中被发现。但对舍勒而言，美的本质并不自己提供对这种思辨的确证。

基于舍勒本体论的这些特征，穆萨的问题就消解了。一个价值并不像一个有价值的对象一样存在。价值并不首先存在然后把它们自身作为规范强加于我们。相反，它们是这种可能性的基础：规范要多于一个人格或一个上帝通过权力使我们服从的命令。这个"多于"就是通过现象学明察认识到的属于一个行为目的的质料的价值内容。这个"多于"使得行为有价值，并且使得要求实施这种行为的命令（如果存在的话）清晰。舍勒思想中最重要的见解就是：价值存在着，并且通过它们的存在要求我们去遵守。如果我们有足够的敏锐就会发现，我们为自己和他人创造的观念性规范反映着价值本身最高级和最清晰的知识，从而激励着道德行为。这些规范将引导意志。美德始于关于什么是善以及在给定情境中何种肯定价值可能实现的知识。诚实、信任或人类团结等质料价值合理地给出了诸如"不可说谎"之类的准则。卡里诺夫斯基无疑会不满意任何约束性规范的缺失，因为"你应当"所包含的不仅仅是基于道德直观的不一致的可能性。为此原因，他认为天主教传统通常诉诸启示而不是哲学或现象学。因此他在文章中写道:"不,舍勒思想体系的成分不能被用于天主教道德神学的结构。"① 舍勒的伦理学没有对相对主义做任何让步,但他所捍卫的绝对主义处于一个更深的层次,在价值事实自身和人类人格的领域中,而不在道德善恶所占有的领域中。

但是舍勒对道德责任的阐释绝非空泛的。在《形式主义》中,舍勒在两处阐明了确立"善""恶"与质料价值联系的三组伦理学的形式公理,他将它们部分地归功于弗兰茨·布伦塔诺(Franz C. Brentano)。康德否定这种联系,他认为善与恶是唯一与道德相关的价值,存在于对出于自身的一整套理性的道德律的遵守或不遵守之中。康德在《道德形而上学原理》第一章开头的著名段落里好像混同了非道德的和道德的善,因为他直接把善良意志的善同其他被当作善的事物,如天赋和精神的禀赋相比较,他强调它们的差别仅在于唯有善良意志是一种**无条件的善**。然而,在舍勒看来,由于缺乏道德原理和使它们作为道德原理合理地被给予的价值之间的联系,康德的理论是道德的贫瘠化。

舍勒就此对康德的批判追溯到了黑格尔的《精神现象学》:"黑格尔便已经合理地强调,一门(例如像康德伦理学那样)**建基于**应然概念,甚至义务应然概念之上并在这个应然中看到伦理学原现象的伦理学对于**实际的**伦常价值世界来说永远不可能是公正的,甚至在这种伦理学看来,一旦一个单纯的义务—应然内容成为实在的,亦即当一个律令(Imperativ)、一个诫令、一个规范例如也在一个行动中得到充实时,这个内容就不再是'伦常的'事实情况。"② 此外,舍勒认为,康

---

① Georges Kalinowski, "Karol Wojtyła faceà Max Scheler ou l'origine de Osoba i Czyn," *Revue Thomiste* 80, 1980, pp. 462-463.

② Max Scheler, *Der Formalismus in der Ethik und die materiale Wertethik: Neuer Versuch der Grundlegung eines ethischen Personalismus*, GW II, S. 194.(中译本见舍勒:《伦理学中的形式主义与质料的价值伦理学:为一门伦理学人格主义奠基的新尝试》,倪梁康译,第 223 页。——译者)

德的理论不仅与实情的道德事实不相容,而且与确立了善恶和意欲之间关系的明见的价值论原理不相容。这些公理在舍勒的著作中经常再现,它们的根本理念是:(1)联系产生于肯定价值和否定价值以及它们的实存或非实存之间,例如,一个肯定价值的实存优于其非实存;(2)道德善存在于实现肯定价值或消除否定价值的意欲之中,正如产生否定价值或破坏肯定价值在道德上是坏的;(3)判定一个行为是善的就是去判定动因的意向是产生具有内在地优于一个给定情境中其他可能的价值的善业。通过这种方式,舍勒补充了康德所遗漏的:对价值实现的考察使规范和义务不单单在理性上是可理解的,即内在一贯的,而且在道德上是可理解的。为了理解舍勒将如何回应布洛瑟起初的异议,即:舍勒的道德理论意味着我们将在道德上被迫去实现精神价值和神圣价值的善业,并且这一荒谬遮蔽了作为一种责任理论的非形式的价值伦理学,我们必须在"观念应然"中考察规范的基础。舍勒对从价值向规范的过渡的分析的关键在于他主张:**在某些情况下**,我们的价值知识产生了这样一种观念。在这一概念中,我们可以获得对道德规范的特征与功能以及它们对我们意欲的最终要求的明察。

舍勒告诉我们:价值本身并不在意它们作为善业的实存或非实存。它们总能够被反思性直观获得,无论它们是否被任何存在的客体所承载,然而它们可能带来一个应然,这个应然却并非不在意为它奠基的价值的实存或非实存。这个应然不是一个规范性应然,它只是"观念的";它指向实在与观念之间的鸿沟,并且振奋我们的感情而不是意欲。诸如"恶人应当进地狱"或"不应当有无家可归的人被迫住在街道上"之类的评判,好像是针对上帝或政府的命令,但进一步的考察会揭示它们没有这种含义。强调地狱应当为恶人而存在,意味着言说者具有某些关于正义的先在知识,并且他或她已经试图调整正义所要求的和世界上所发生的之间的差距。在活着的时候能够逃脱报应的恶人总是存在着。这个评判并不意味着上帝应当——但却没有——建立地狱的任何建议。第二个陈述也不意味着政府有责任通过建立社会福利消除无家可归，即这样做是政府的"义务"。这就是为什么应然是"观念的"的原因。"应该这样，"我们哀叹，"但却没有这样。"

　　观念应然总是指向对非价值的排斥，即排斥肯定价值的非实存或否定价值的实存（如地狱应消除逃脱报应的人的否定价值），而不是指向肯定价值的设定。观念应然建基于所是之物和有价值之物间的鸿沟中，"真"是观念上应是与实际上所是之间的一致。在这种情况下，我们无须再对一个事物说它应如何。但布洛瑟的第一个问题随之就消失了，因为舍勒没有在感知到更高价值的每一个情况中设定观念应然，并且，如我们已经看到的，这种观念应然也不要求与它们所建议的准则相一致的行为。观念应然根本不暗示任何意欲行为。它是真实的道德责任的一个必要条件而非充分条件。并且只有当行动的人格注意到内在于情境中的价值的时候，充分条件才成为可能。那时并且只有那时，一个善的实现才成为**那个人格**的道德责任。

　　这一分析所带来的是对基于义务的伦理学的拒斥。舍勒热烈庆祝这种伦理学的丧失，因为首先，一种对义务的固守可能对义务建基于其中的价值是盲目的。在对义务的盲目固守中，个体的自律被破坏了。在其最坏的形式中，伦理抉择中对义务首要性的信仰可能僭越理性审慎的功能。当你处于一个伦理困境时，你可能按照传统所要求的简单地选择"履行你的义务"，而不是在内在于情境的价值中寻求一个更深刻的明察。其次，一直关注教育学的舍勒担心一种基于义务的道德教育可能不仅抑制对道德明察的探索，而且可能对学生的品质产生有害影响。如果不付出努力把学生带入一种无须通过"你必须"来决定意欲的道德明察，我们会倾向于逃避我们的义务，恰恰因为它们是义务。善良存在于品质中，被价值知识照亮，意欲着善；德性，如我们将看见的，存在于实现它的可感受的能力中。舍勒的观点："所有对幸福和不幸的**感受**都奠基于**对价值的感受**之上，而最深的幸福、完善的极乐则完全在存在上依赖于本己伦常善业的意识。"① 与他认为价值优先于义务的信念非常一致。价值知识因而优先于品质和德性,而后两者又都优先于道德行为。舍勒在文中写道:

> 因此,每一个应然命题都以一个肯定价值为"基础",但它本身却永远不可能包含这个价值。因为只要是"所应的"(gesollt)东西,在起源处就永远不会是善的存在,而只是弊的不存在。因而就排除了这样的可能,即:一个**应然**命题可能与对"什么是肯定的善"的**明察**相争执,或者高于这种明察。例如,如果我知道,做什么对我来说是好的,那么我就丝毫不会去关心,"我应当如何"。应然预设了,我知道,什么是好的。但如果我直接地和全然地知道,什么是好的,那么这种感受性的(fühlend)知道也直接规定着我的愿欲,同时也就无须采纳穿越一个"我应当"的途径。②

最后一句话值得注意,它使我们想起苏格拉底关于有意地作恶是不可能的信条:善的知识从本质上决定了意欲。舍勒并没有主张如果我知道什么是善,我将照着它做,而是仅仅主张如果我知道什么是需要我去做的善,那么我不会在意一个"应当",而只在意我实现情境中出现的价值或消除非价值的能力。这可能好像同义反复——我们总是试图去做被感知为善的事,或试图去实现被感知为肯定价值的东西——但是它揭示了"应当"的派生地位,这正是舍勒想要确立的。伦理学必须将自身建立在价值之上,而不是应然之上。实施善的意志

---

① Max Scheler, *Der Formalismus in der Ethik und die materiale Wertethik: Neuer Versuch der Grundlegung eines ethischen Personalismus*, GW II, S. 359.(中译本见舍勒:《伦理学中的形式主义与质料的价值伦理学:为一门伦理学人格主义奠基的新尝试》,倪梁康译,第437页。——译者)

② Max Scheler, *Der Formalismus in der Ethik und die materiale Wertethik: Neuer Versuch der Grundlegung eines ethischen Personalismus*, GW II, S. 217.(中译本见舍勒:《伦理学中的形式主义与质料的价值伦理学:为一门伦理学人格主义奠基的新尝试》,倪梁康译,第253—254页。——译者)

所在之处，应当就是多余的。义务的应然成为社会上必然的，只是因为关于善的知识可能对道德行为还不够**充分**。对善的知识的诱因功效的强烈要求在现象学上是非正当的，这好像尤其适用于苏格拉底。伦常明察在某些情境里显示给我更高的价值并诉诸我的意志去实现，但由于我实施的能力不足以决定我的行为，我将成为邪恶的牺牲品，为了次要的东西而放弃已知晓的更伟大的善。舍勒的质料的价值伦理学认识到了人的脆弱和生命的复杂，从而提供了对道德判断的结构性的然而创造性和自发性的处理方式。可在本质直观中获得对它们的明察的价值本身与人类场景中变动的和复杂的事情之间的差距，使得道德上正当的行为的无可置疑的知识至少在某些个体情况中成为不可能的。在意识到这种知识不可获得方面的失败已经导致对舍勒所属的伦理绝对主义者的频繁指责，认为他们使人成为道德律的奴仆，而不是使道德律成为人的美德的奴仆。

根据我们对观念应然和义务应然如何在舍勒的伦理学中运作的分析，他的德性原理显而易见，舍勒强调"德性是直接被体验到的权力性（Mächtigkeit）：去做一件所应之事（Gesolltes）"①。德性不单是一个动因在完成一个"应当"加之于行为的目标中所具有的成功程度，因为那只是一种次要的完成，我们称之为能干（Tüchtigheit）。德性作为实现被感知为有价值事物的权力在许多活动上扩展了这一概念——相比于对这一术语的亚里士多德式运用。舍勒在我们拥有的不仅理解善——如卡里诺夫斯基所建议的——而且去实施它的能力的活生生体验中界定道德性的"位置"。这一能力是在我们面对我们的命运（Schicksal）和我们自己在价值宇宙中的地位的层面构成的。我的命运召唤我不仅只履行普遍的道德准则，而且要去实现从环绕和包围着我

---

① Max Scheler, *Der Formalismus in der Ethik und die materiale Wertethik: Neuer Versuch der Grundlegung eines ethischen Personalismus*, GW II, S. 213.（中译本见舍勒：《伦理学中的形式主义与质料的价值伦理学：为一门伦理学人格主义奠基的新尝试》，倪梁康译，第248页。——译者）

的日常世界的价值领域中个别地告诉我的那些价值。这些价值可能没有把任何外在的观念应然加给我本身和我理想上能如何；相反，它们可能根本没有暗示任何义务的应然。然而它们召唤我；它们提供关于我自己以及在与他人共在的世界中我能是和能做的图像。德性的基础必须在个体人格和他或她的命运的面对中寻找，而不是在一个单独的**城邦**，也不是在一个普遍的**目的**中寻找。

因此，为了回应布洛瑟的第二个问题，即舍勒的作为实现肯定价值的能力的德性概念有失于对人的本性的关注，我们必须考察非形式伦理学的人格主义本性。当我们想起一个人，并从所谓的"个性""性格""品质"中抽象出所有自我的特性的时候，留存给我们的是在那个人的每一个行为中显示自身的关于个人存在的难以言表的意义，在反思的直观中被给予我们。人格不只是个性、性格和品质，它是我们对一个人的爱所洞察到的。对人格的这种看法的含糊性使我们感觉自己不能解释为何我们爱或恨我们的任何同伴。当我们试图"解释"那种爱或恨时，我们不可避免地诉诸在那个人身上发现的自我的具体特征，而不是诉诸他或她的人格，因为自我具有更大的客观性。我们说我们喜欢一个人拥有的某个特点："直爽的个性"、"性格刚毅"、对我们和他人"友善的品质"，或者乐于因最小的缘由做善事。但是我们意识到人格处于比这些特点更深的层次上。人格是本质的一个**印迹**，而不是一个可以被语言表征的意向对象。人格显现**在**行为**中**，不是像在"自我"或个性特征中那样间接地显现，而是直接地和当下地显现。舍勒在理解一个人的行为与解释那个人的行为之间做了区分。"解释"是指根据假定的心理学法则归纳个体行为的过程。理解需要通过再体验进入另一个人的意向行为，进行一种考察。我们在自己获得的对另一个人的行为的**理解**中体验到人格，我们对他或她自身的意识**在思想和行为中**，在这个人**通过身体去控制和行动**的明显能力中，作为活生生的意志，并且最终在这个人对他或她所实施的行为的**责任的关注**中，显示给我们。① 我们意识到所有人都具有一个独特的**实际性**或**情境**，并且经过时间发现自身都具有一个独一无二的命运。这些想法具有道德内涵。

人格的中心被称为价值本质的"印迹"。这种印迹是个体的和具体的；其人格本性在我们不愿仅仅把普遍的道德规范运用于一个人的行为时被我们认出。舍勒可能仔细考虑过歌德在《威廉·迈斯特的学习时代》中对哈姆雷特的著名刻画，即被置于王子面前的任务不是在任何客观意义上不可能的，而是对**他**不可能的。② 舍勒认为："良知是我们准许一个人或我们自己决定行为的特殊过程的便利手段，假设我们对一个特定情境中的责任具有道德明察，并且假设特定环境仅仅适用于这个人。"我们可能感到这个回应于某些特定情境的人格以一种与道德相关的方式是独一无二的。舍勒写道：

> 对他人的每一个更深的伦常评判都正是在于，我们对他人行动的衡量**既不是**唯独根据普遍有效的规范，**也不是**根据在**我们自己**面前浮现的理想形象，而是根据一个我们通过以下方式而获得的理想形象，即：我们可以说是将那些通过对**他们**的个体**本质**的中心理解而获得的异己人格的**基本意向**拉到尽头，并且使这些基本意向在一个只是直观被给予的**具体价值理想形象**之统一中联合起来——然后我们根据**这个**形象来衡量他们的经验行动。③

这一段话的重要性在于它坚持判断一个人的道德标准并不来自我

---

① 我所做的分析取自 Max Scheler, *Formalism in Ethics and Non-Formal Ethics of Values: A New Attempt toward the Foundation of an Ethical Personalism*, Band 1, "The Nature of the Moral Person"。

② Johann Wolfgang von Goethe, *Wilhelm Meisters Lehrjahre*, Bd. 4, Kap. 13.

③ Max Scheler, *Der Formalismus in der Ethik und die materiale Wertethik: Neuer Versuch der Grundlegung eines ethischen Personalismus*, GW II, S. 480. （中译本见舍勒：《伦理学中的形式主义与质料的价值伦理学：为一门伦理学人格主义奠基的新尝试》，倪梁康译，第 594 页。——译者）

们认为那个人应当是什么,而是那个人,并且仅仅是那个人在观念上能够是什么。舍勒的明察确证了古老的智慧:我们决不能根据我们认为人们应当是的去尝试改变他们,而且他的明察支持了作为博爱的基督教的深刻的真爱概念,即为了我们的兄弟姐妹的善而不是我们自己的善。一个人格的行为并不"被某人实施",也不被一个"主体"或"动因"实施,但是"某人"、人格,存在于行为中。在我们对另一个人格的判断中,运用从我们对他或她的个人观念价值的直观得出的那个人的观念图像的道德重要性是博爱的本质,并且超越了德性伦理学的古代模式。舍勒的非形式价值伦理学在人格现象学中达到完成。

在论文《爱的秩序》中,舍勒通过对水晶隐喻的运用探究作为本质的印迹的人格。"就像水晶的几何结构对应于水晶一样,**爱的秩序**也对应于人格的道德主体。"① **爱的秩序**,大而言之,指"心的逻辑"自身和它所意指的客观价值秩序。它是指人类感受的全部结构和认知性感受意指的价值事实的客观秩序。认知性感受应当与感受状态——那些或许伴随或许不伴随我们的价值意向的身体性或本能性状态——区分开来。一旦客观秩序本身成为被给予之物,我们就不能否认它,这是现象学上明见的。但是基于自然观点,这一秩序可能以一种有限的和扭曲的方式在价值判断中发挥作用。一个人可能被诸如**怨恨**的道德疾病所感染,或者被一个文化残存的条件所限制。感染也可能是由人们失利于通过现象学反思澄清在意向性感受行为中变得开放的价值而引起的。小而言之,爱的秩序指意向性感受和价值的结构,它在人们构建其自然观点时发挥作用。因此它是可变的,但秩序本身不变。"主观的"**爱的秩序**建立在个体人格中,并且可以在那个人的志向(Gesinnung)和他或她的意志中见到。我们正是在那里发现那个人的

---

① Max Scheler, „Ordo Amoris", in Max Scheler, *Schriften aus dem Nachlass*, GW X, Band I: *Zur Ethik und Erkenntnislehre*, Bern und München: Francke Verlag, 1957, S. 348.

爱与恨的秩序。"**谁把握了一个人的爱的秩序**,"舍勒写道,"**谁就把握了那个人**。"①

在最深的层次上,道德评价涉及人们的人格,而不是他们与道德相关的个体行为或他们的德性即他们实现更高价值或消除更低价值的能力。对舍勒而言,人格和文化的历史中的核心伦理问题是:它们的进步之一在于不是仅仅朝向德性,而是朝向自我治愈和对它们自身目的的完善和清晰的恢复。在这一过程中,爱是激励和向导。通过研究爱和恨的**先天**法则,我们可以把单纯偶然的因素与人类行为的本质合法的或**先天的**条件分离,并且同时把偶然的个体人格确立为对客观价值秩序——大而言之的**爱的秩序**——的敞开,它作为人类生活的一个典范将自身指向意志。我们作为"我们所能是的人格"的命运是把我们的爱和恨——我们的主观的**爱的秩序**——与我们关于客观的**爱的秩序**本身的最深的道德知识融合一致,它根据价值偏好的客观等级而喜欢它们。

普遍的道德律,就它们被非人格的理性加给意志而言,与我们的人格中心及其观念价值有一定距离。然而这些道德规则规定了最低限度的道德实现,并且迫使我们考察我们的品质以按照它们的要求去做,它们没有深入到我们的人格存在及其渴望的更深处。舍勒的"我们自身作为我们所能是"(如果我们实现了爱作为可能的揭示给我们的)的图像仍然是一个以亚里士多德学说为基础的德性伦理学的反映。对舍勒而言,德性的适当基础在人格中,而不是在人的本性中。非形式伦理学必须首要关注人格,这一点对我是明见的,因为我们的朝向人的本性的完善的道德关注不如朝向我们自己和我们喜爱之物的多。

布洛瑟提议我们把道德价值作为一个独立的质料价值范畴附属于

---

① Max Scheler, „Ordo Amoris", in Max Scheler, *Schriften aus dem Nachlass*, GW X, Band I: *Zur Ethik und Erkenntnislehre*, S. 348.

德性，然后把责任概念附加给它们以使非形式伦理学提供一种道德理论，这种提议必须在舍勒人格主义的语境中接受评价。"忠诚"和"懊悔"标示了完成我们的义务的能力，并且它们使质料价值构成一个人的道德德性的一部分。舍勒在先于一个人的禀赋的**爱的秩序**中界定他的道德价值的中心。这清楚地表明舍勒为什么斥责法利赛主义式的对道德价值的追求。意愿成为英勇的、忠实的、懊悔的等等，在自我及其能力和品质的层次上估定了我们的道德价值。我们的善性显现在我们的英勇、忠实或懊悔行为的"背上"，因为一个爱心只有通过它们才能实现善业。善人的爱自发地指向更高的价值，通过那种爱并借助于它，那个人获得了实现作为善业的价值的品质性力量（**能**）。

如果我们在我称为布洛瑟的"第二个问题"中没有发现舍勒思想中关于"人性"的概念，那是因为舍勒拒绝（如我们这一世纪中大多数思想所做的那样）关于人的**目的**及其在**城邦**中处境的亚里士多德式观点。如我们已经看到的，舍勒认为本质并不存在并把它们自身强加于对象。人们自由地追求对他们而言可能实现的价值，及时地趋向那种实现，并且把"他们所能是和能做"当作他们的**命运**。对价值的明察给予人们一种周围的价值可能性的意义，其中只有一些是为**他们**准备的可能性。自我认识、自我修正以及我们自己的自我印象的获得都融入舍勒对现象学过程看法的本性。它引导我们在我们的爱和恨中发现反映着我们内心的上帝精神的秩序："**爱的秩序**是作为神圣秩序的世界秩序的核心。"[①] 价值本质和我们自己与他人的同感体验的现象学展示将给予我们对我们的人格最深层次的明察。

舍勒是否成功地提出了一个连贯的道德理论？我把道德理论当作一种尝试：它不是要确立在特定种类的情境中指导或命令举止的行为

[①] Max Scheler, „Ordo Amoris", in Max Scheler, *Schriften aus dem Nachlass*, GW X, Band I: *Zur Ethik und Erkenntnislehre*, S. 357.

规范，而是要明确地和公正地解释人们就这些规范所做的理性判断。为了能经得起审察，一个道德理论必须避免这样的逻辑推论：它所赞同的行为，将遭到基于自然观点的理性判断的谴责；或者它所谴责的行为，将受到理性判断的赞同。在理性判断大放厥词的地方，它也必须不能保持沉默。康德的形式义务论总是难以处理这种情况：对一个道德规则的破坏会防止重大苦难而不会带来任何危害。目的论理论难以处理这种情况：一个极大的错误给最大多数人们带来了更大数量的利益而不是危害。舍勒的理论在处理这类问题方面具有相当大的优势；其中有些优势较小，但其他的却对道德判断和行为的理解具有极其重要的意义。

所谓较小的优势，我仅指舍勒理论中尤其能够要么对义务论，要么对目的论（但不是对两者）的难题给予合理回应的那些方面。舍勒能够解释在英语中被称为做职责之外工作的行为，或所完成的大大超过道德律所要求的行为。尽管这种行为在道德上是有问题的，恰恰由于它们并不与普遍规范相冲突而成为被允许的。对康德式的道德理论而言，行为与道德律要么一致，要么不一致；在获得的善或恶的程度上不可能存在量的差别。但一个更大的价值必然归于一个经过崇高努力、为他人做得比"给饥者食物"的诫令所要求的更多的人；我们也不急于谴责那些有些劳累就虚度时光、无所事事的人。[①] 一门非形式的价值伦理学能够解释这样的道德事实，就其在最低限度上通过把一个肯定价值归于对具有肯定价值事物的存在的引起来界定善。

与此相似，舍勒有助于克服功利主义的一个严重缺陷。功利主义在将道德理想阐发为总是为最大多数的人求最大功利而行动时，被指责为把义务变成无约束的，它欺骗说：每个人，包括动因，对一个行

---

① Max Scheler, *Der Formalismus in der Ethik und die materiale Wertethik: Neuer Versuch der Grundlegung eines ethischen Personalismus*, GW II, S. 214.

为可能产生的利益（或非功利的减少）都拥有平等的权利。这一理想意味着：（1）我们必须不惜自己的任何代价一直寻找最大的功利，只要所产生的总体功利大于总体的非功利。（2）我们决不能有偏好地行动，即对我们现在的家庭成员比对别人具有更大的关心。但是我们的正常道德感提议：生活远非仅仅追求保证舒适和我们自己以及我们邻人的幸福，并且我们大多数都觉得我们对我们的家庭和朋友具有比陌生人更大的责任。由于其基础在于我们所具有的价值本质的总体中，并且已经穿过历史的隧道，舍勒的理论能够避免如此明显的谬论。它所关注的不仅是实用的价值、快乐的价值或人的舒适的价值，而且是在一个相对的等级秩序中排列的整个价值王国，其中只有一部分包含诉诸我们对他人的责任感。功利主义中出现的难题，原因在于它把所有道德价值还原为一个动因产生利益或危害、功利或非功利的效率，以及把所有价值还原为诸如快乐和痛苦、健康和疾病等可以被所有人平等分有的生命价值。

舍勒的质料的价值伦理学的更重要意义，在于它启发就其全部复杂性而展开的关于价值和价值善业的理智的、持续的哲学争论的能力，以及戳穿或仅仅揭示20世纪逻辑实证主义、存在主义和情感主义带给伦理学的荒谬的非必然性。这些理论随着圣经基础主义的崩溃和启蒙运动确立理性的、普遍的道德律的尝试而兴盛起来。道德判断被断定为"无意义的"，因为它们既不能根据感性被给予之物，也不能根据理性被证实。如果功利主义是正确的，对道德判断的证实应当通过经验测试成为可能，然而，大多数研究者断言它们不是经验上可证实的。康德把他的定言命令应用于谋杀、撒谎和自杀，试图显示容许这类行为所导致的原理的逻辑矛盾，但许多当代研究者认为这种做法是不可信的。因而，道德判断被认为没有任何确定内容，只是表述性和指导性的。表现当代伦理学所达到的绝境的另一种说法是由当代自由主义的实用主义者阐发的，他们断言理解的境域是被围绕着证实对抗性道德要求的条件的任何理解性共同体中的权力关系构成的；并且在一个给定的理解性共同体之外的任何关于证实的讨论都超越了那个境域。再者，价值判断被存在主义者当作被人的动因无标准的选择所设定的自由创造物，因而也超越了理性讨论的范围。舍勒试图通过把道德判断与观念应然相连，并且最终与处于所有人格在现象学反思中都可获得的本质领域中的质料价值相连来给予道德判断以内容，我认为这为伦理学提供了一个有前途的新开端。

舍勒的原创思想还有利于把一门德性理论从其与希腊**城邦**的联系中解脱出来。如果给出一幅人们在一个结构性的政治情境中运作以获得清楚确定的目的的简单图像，我们能够把德性定义为在这个规则体系中获得这些目的的能力。随着**城邦**的崩溃、当代社会生活和政治生活的分裂，以及在界定一个永恒的人类**目的**上的无能，古典德性理论丧失了语境。舍勒的理论在其道德理论的核心保留了德性概念，但像康德一样坚持实现肯定价值的品质是特殊道德行为的一个核心的然而派生的特征的看法。但是他的人类**目的**的图像是动态的而不是静态的；人类社会演化发展，并且它们在其演化中被它们发展的生活条件所决定。我们拥有整个价值本质领域而不是**城邦**价值及其关于人的兴盛的概念，我们关于对与错、更好与更坏的争论在那里抛锚。

如果没有充满对我们文化中基本价值的关注，舍勒的哲学是什么？诸如《论东方和西方的基督教》（Christentum Ost und West）、《榜样与引领者》（Vorbilder und Führer）、《懊悔与重生》（Reue und Wiedergeburt）之类的论文，以及整篇《同情的本质与形式》（Wesen und Formen der Sympathie）都试图扩展我们对已经出现于世界上的价值的关注，以便使我们的道德决定成为明智的。如果自发性不在感受的功能中，那么到哪里去找它？康德主义者和像卡里诺夫斯基那样的托马斯主义者把我们自发的价值感受从我们的理性中分离出去，并且要求一门追求独立于我们对价值的认真审慎的情感明察所选择的目标的伦理学。舍勒想恢复感受的合理性并将它置于价值理论的中心。即使他失利于促成不可动摇的义务或权利或其他行为规范,他也可以使我们转向构成雅典人的**教化**(*paideia*)并引导他们行为的那种智慧。

(译者:张晓华 / 中国人民大学马克思主义学院)

质料先天?
论马克斯·舍勒对康德形式伦理学的批评 *

鲁道夫·嘉歇

自从雅可比（Friedrich Heinrich Jacobi）和黑格尔指责康德将伦理学法则还原为一个冰冷而缺乏约束力的空洞公式，对康德的伦理学中形式主义的回应便采取了非形式的，或者说质料伦理学的形式。的确，正如康德所做的那样，如果从传统哲学运思的框架来看，把伦理学从规定意志的所有质料原则中解放出来，那么留下的无疑仅仅是形式。反之，又如马克斯·舍勒所表明的那样，由于形式伦理学看上去的飘忽不定与抽象无物而拒绝它，就只能使人诉诸以质料的价值来为伦理学奠基。然而，形式与质料的对峙产生了进一步的后果，即它甚至妨碍了对康德道德哲学的实际范围的评估。就像埃里克·韦尔（Eric Weil）提醒我们的，康德道德哲学的独到之处既不在《道德形而上学基础》中，也不在《实践理性批判》中，而是在《道德形而上学》中。在真实的康德道德哲学中，定言令式的形式根本不是单纯形式上的。①相反，所谓康德在《第二批判》中的形式主义并不能被当作是一种道

---

* 本文译自：Rodolphe Gasché, "A Material A Priori? On Max Scheler's Critique of Kant's Formal Ethics," *The Philosophical Forum* 41. 1, 2010, pp. 113-126。——译者

① Eric Weil, *Problèmes kantiens*, Paris: Vrin, 1963, p. 9.

德理论，而只应被看作这种理论的初始条件。《实践理性批判》的唯一关切是探索由理性决定的意志的主观准则的基础，而不是如此被决定了的意志能否成功地执行这些准则，或是如果意志符合这些准则实际上会产生什么对象。但即使是在"纯粹实践理性的分析论"中，康德坚持认为，如果它们是伦理学的，那么使意志依赖于意志对象的所有质料的实践原则就必须与之分离；在"纯粹实践理性的辩证论"中，康德再次把至善的主题引入伦理法则中，这个原则完全就是规定意志的最高质料基础。在《实践理性批判》中，便可以如此说康德超越了他的形式主义，如果这种超越并不自相矛盾，那么人们首先就可以追问，他所确立的作为伦理学基础的这个维度是否从一开始就没有站在形式—质料区分的立场上？况且，基于刻板的形而上学形式与质料的二分来指责康德伦理学中的形式主义也忽视了哲学家的种种观察，虽然这些观察只出现在对伦理学是基础条件的探索之中，在他所谓的对道德律的形式理解中，但也必须被纳入对他实际上试图要完成的任务的考量。比如说，这样一个观察出现在《判断力批判》的第29节，康德申辩道："下述担忧完全是错误的，即：如果我们被剥夺了诸感性向道德推荐的一切东西，那么道德就只剩下冰冷而无生气的同意，它就不具有驱动力或情感了。"[1] 换句话说，放弃伦理学在质料原则中的所有基础，例如那些感性——同时也是理念的——对象，其中包括作为一种观念的善观念（只要不与追求完善的学说混淆即可），纯粹伦理学规律并不因此必然成为抽象的、形式的，换言之，无效用的。

在《道德形而上学基础》的"论与道德诸理念相联系的兴趣"一章中，康德问道："道德法则凭借什么具有约束力？"[2] 的确，如果

---

[1] Immanuel Kant, *Critique of Judgment,* translated by P. Guyer and E. Matthews, Cambridge, UK: Cambridge University Press, 2000, p. 156.

[2] Immanuel Kant, *Groundwork of the Metaphysics of Morals*, translated and edited by Mary J. Gregor, Cambridge, New York: Cambridge University Press, 1999, p. 97.

道德法则不是适用于每一个作为人类一员的人的自然法，那么道德法则与人相关的方式就成为一个关键问题。在康德看来，道德法则命令拥有自由意志的存在者。如果不假设道德法则的收信人是个体的理性存在者，而不只是一个物种的一员，那么道德法则的约束性（Verbindlichkeit）就是不可信的；再者，道德法则预设了一道命令：有一个身处他或她的独特性之中的独特的收信人必须为这道命令所关切，并在这个处境中对命令做出回应。我认为，这是康德在有关一门伦理学的诸条件的《第二批判》的研究中的导引性问题。换句话说，对于这个问题，康德简明地给予了答复：从所有质料的规定性中析离出实践理性，并提议称之为伦理学的形式规定性。这样就把一切道德内容从道德法则中排除出去，因此，这样的排除要求意志自律地将道德法则给予自身，这不仅确保了道德法则对于作为独特理性存在者的我的约束力，而且确保了其对处在与其他理性存在者关系中的个体的约束力。如果卡西尔（Ernst Cassirer）所说的"正是康德伦理学的形式化的本质展现了历史上绝无仅有地硕果累累、卓有成效的时刻"① 是对的，那么澄清"形式"在这里意味着什么就是比原来更为迫切的。

康德的伦理学被指责剥夺了使道德判断可能的所有东西的法则，不过也有人——海德格尔就这么看——争辩说，康德在他的形式主义方面走得还不够远。在这里，人们认为，通过把道德法则的本质无规定性掩藏在形而上的规定下，所有对它的认真负责的回应都被挫败了。② 初看起来，这样一种研究道德法则的方法就其还不是完全不确定的而言，看来包含一种有关道德法则的均等形式主义概念，就像建立非形式的或质料的伦理学的支持者们对康德的批评那样。然而，

---

① Ernst Cassirer, *Kant's Life and Thought*, translated by James Haden, New Haven and London: Yale University Press, 1981, p. 270.

② 参见 Jabob Rogozinski, *Le don de la loi: Kant et l'énigme de l'éthique*, Paris: Presses Universitairesde France, 1999, p. 125.

我认为对于康德在《第二批判》(这通常被看作包含着康德一丝不苟的伦理学概念)的"纯粹实践理性的分析论"中的意志的规定根据(Bestimmungsgrund)的细致探究会表明,虽然道德法则是形式的,但或许亦有质料内容。这就是说,康德的伦理学自身并非毫无生气的,其道德法则可以规定意志,并以此方式对每个特殊主体进行约束。如果道德法则的本质是一项义务,那么其主体就必须站在收信人的位置上,成为道德法则所寄信件的收取者。而道德法则如何看待个体主体或者人格,这曾是一个在现象学运思中并非偶然地获得特别关注的问题。特别是马克斯·舍勒,他是黑格尔的后学,在《伦理学中的形式主义与质料的价值伦理学:为一门伦理学人格主义奠基的新尝试》(下文简称《形式主义》)中提出对康德伦理学最严苛的批判之一,并像书名所提议的那样反康德之道而行,以正宗德式的、质料的方式提议建立一门非形式主义的伦理学。不过,从一开始就要搞清楚的是,以非形式的或质料的伦理学反对形式伦理学的整场辩论是针对下述基本问题展开的:为了从一开始就具有约束力,道德法则如何必须牵涉特殊的人?于是乎,我产生了一个问题:舍勒的质料伦理学的主要特色与其说是要纠正所谓的康德伦理学"谬误",不如自相矛盾地说,它是否一开始就不是康德形式伦理学的组成部分?舍勒对康德的批判是否具有讽刺性的结果,它恰恰让我们看到了整个关于康德伦理学的形式主义论争所忽视的东西?也就是说,有关康德伦理学的整场形式主义的争论是否未能看到,所谓的道德法则的形式本质以特殊的方式使其对它的任何一位个体收信人都具有约束力?不过,在下文中,我无论如何必须要求自己为这一问题给出必要的解答。

舍勒承认康德一劳永逸地批驳了历史上所有的质料伦理学,舍勒也正是从这一个认识出发开始他的研究。就此而言,除却一些微不足道的例外,所有伦理学的形式都具有意志的规定根据,按照康德所说则是"一个客体的表象,以及这个表象之于主体的那样一种关系,通过这种关系欲求能力就被指定去实现这个客体"①。意志为客体所规定之处，亦被质料所规定，用康德的话说，"'欲求能力'的质料是这样一个客体，它的现实性是被欲求的"②。对于康德，质料首先乃是有秩序的客体，就算这些客体不受限于经验事物也会包含至善。舍勒称之为善与目的的所有这些客体，就是所有之前的伦理学在他看来都只不过是"善业伦理学与目的伦理学"③的原因。尽管舍勒认同康德要为伦理学奠基，但若必须把所有这些"切实的善"放置一边，则不足以担保能在单纯形式基础上建立伦理学。④的确，对舍勒来说，质料尚未被从善与目的的角度详尽研究。作为在他的伦理学反思中所理解的质料，根本上是由价值构成的，它不是从善业中抽象得出，是被理解成为真实独立的现象，这"清楚的、可感受的现象"不同于它们被理解成为的"感受状态"，这样作为"真正对象"的感受给予我们就"代表自己为善"。⑤在舍勒看来，作为质料质性的价值要为非形式的伦理学奠基，就要克服基于理性主义的理性概念伦理学，也就是要克服只能通过还原至形式的合法性为道德法则的"约束力"（Verbindlichkeit）担保的伦理学。

尽管就价值的基础而言，它不是来自于归纳性经验，而是来自"对什么是善和恶的**本质认识**（*Wesenserkenntnis*）"⑥——是对直观明

---

① Immanuel Kant, *Critique of Practical Reason*, translated and edited by Mary J. Gregor, Cambridge, New York: Cambridge University Press, 1999, p. 155.

② Immanuel Kant, *Critique of Practical Reason*, translated and edited by Mary J. Gregor, p. 155.

③ Max Scheler, *Formalism in Ethics and Non-Formal Ethics of Values: A New Attempt toward the Foundation of an Ethical Personalism*, translated by Manfred. S. Frings and Roger L. Funk, Evanston, Ill.: Northwestern University Press, 1973, p. 5.

④ Max Scheler, *Formalism in Ethics and Non-Formal Ethics of Values: A New Attempt toward the Foundation of an Ethical Personalism*, translated by Manfred. S. Frings and Roger L. Funk, p. 11.

⑤ Max Scheler, *Formalism in Ethics and Non-Formal Ethics of Values: A New Attempt toward the Foundation of an Ethical Personalism*, translated by Manfred. S. Frings and Roger L. Funk, pp. 16, 19, 11.

⑥ Max Scheler, *Formalism in Ethics and Non-Formal Ethics of Values: A New Attempt toward the Foundation of an Ethical Personalism*, translated by Manfred. S. Frings and Roger L. Funk, p. 45.

见性的本质经验，这也是舍勒所谓的不同级序的"实事"而非经验事实——他所提倡的作为结果的、质料的或说是非形式的伦理学，就像任何一门理性主义伦理学一样都是作为**先天**的。实际上，为舍勒伦理学奠基的质料**先天**——这个舍勒铸造的概念——的确应该比康德单纯形式的道德法则更名副其实是**先天**的。舍勒认为，康德的形式主义是他无法获取先天伦理学得以奠基的正确事实的主要原因。在此必须重申的是，首先，《形式主义》深深受益于胡塞尔出版于1913年的《纯粹现象学与现象学哲学的观念》，即胡塞尔式的描述现象学概念（在胡塞尔的超越论现象学之前）；其次，舍勒试图将他自己与之区分开来的那个康德，其实是来自新康德主义的康德，也就是已被屈就成为知识论者和科学理论者的康德，简单说来，上面所说的康德正是逻辑主义的先驱。这样的重申对于理解舍勒的质料概念，从而理解他在伦理学领域强调知识、认知，特别是强调伦常明察（Einsicht）的问题必不可少。

是否只有形式**先天**才能够担保一门普遍有效的伦理学，或者"有没有非形式的伦理直观"且"它是明见的，是观察和归纳的测试既不能证明也不能反驳的"，在此之上的一门"非形式不过是'先天的'的伦理学"能被建立起来吗？① 这是舍勒的疑问。当他去回答"'先天'可以意味着什么以及应当意味着什么？"的问题时，在他看来毫无疑问的是，"**先天**"并非与形式相关，而是在感受的意向相关项的直接直观中被给予的本质性（Wesenheiten）。他写道："我们将所有那些观念的含义统一和定律称为'先天的'，这些含义统一和定律是在不顾及任何一种对其思维的主体及其实在自然属性之设定（Setzung）的情况下以及在不顾及任何一种对一个可为它们所运用对象之设定的情况下，

---

① Max Scheler, *Formalism in Ethics and Non-Formal Ethics of Values: A New Attempt toward the Foundation of an Ethical Personalism*, translated by Manfred. S. Frings and Roger L. Funk, pp. 47-48.

通过**直接直观**的内涵而成为自身被给予性。"① 这里尚且不是认可舍勒于现象学的贡献以及他将意向行为的分析拓展至情感状态的地方；我们的目标只是去理解安吉莉卡·桑德（Angelika Sander）所称作的舍勒"对先天的质料性拓展"②。或者说，问题是：舍勒是否从根本上拓展了**先天**？是否在事实上并没有完全做到以质料**先天**取代形式**先天**？的确，康德式的形式**先天**，无论是直观的、思维的、还是道德法则的纯形式，都不是看的内容或对象。更确切地说，它们为理论和实践的判断行为所预设，也是理论和实践的判断行为的构成要素。

正如我刚才所说的，舍勒认为"本质性和它们的联系是'先于'所有［经验性的］经验的**先天**'被给予'……但那些在它们之中得到充实的**定律**则是先天为'真'的。因而先天并不束缚在**定律**（**甚至**束缚在与它们相符的判断行为）上。例如它们不会依赖这些定律和行为的**形式**（即依赖'判断行为的诸形式'，康德就是从这些形式中发展出他的'范畴'作为'思维'的'作用规律'）。相反，先天完全属于'被给予之物'，属于事实领域"③。纵使定律在**先天**中得到充实，后者（指先天。——译注）也不是判断行为的基本形式而是本质性，这种本质性给予了"直观"这种感知方式，而为所有设定加上了括号；直观聚焦于意向内容，或者用胡塞尔的话说，聚焦于经验的意向相关项，或者更精确地说，聚焦于意向行为的相关项。舍勒拒绝了思维"自发

---

① Max Scheler, *Formalism in Ethics and Non-Formal Ethics of Values: A New Attempt toward the Foundation of an Ethical Personalism*, translated by Manfred. S. Frings and Roger L. Funk, p. 48.

② Angelika Sander, *Max Scheler zur Einführung*, Hamburg: Junius Verlag, 2001, S. 43. 严格说来，如果不彻底重塑**先天**的含义的话，给予先天何所是的本质形式的性质就不可能**拓展**至包括质料。就像我们看到舍勒的质料**先天**不再是一个形式的、必然的、普遍有效的结构，而是本质，所以这是和康德的**先天**全然不同的。也可参见 Mikel Dufrenne, *The Notions of the A Priori*, translated by E. S. Casey, Evanston, Ill.: Northwestern University Press, 1966. 他追随胡塞尔，尤其是舍勒，力求通过直观行为的含义被给予的当下呈现来扩展**先天**的界限。

③ Max Scheler, *Formalism in Ethics and Non-Formal Ethics of Values: A New Attempt toward the Foundation of an Ethical Personalism*, translated by Manfred. S. Frings and Roger L. Funk, p. 49.

性"的学说这一缺乏根据的康德主义假设,该学说认为知性只负责综合,负责可感表象的联结,而思维则通过形式完成此类综合。将**先天**还原为形式,并将其理解为一种"构形活动"的结果,这大约与神话相似,而与**先天论**无关。形式、形式主义、构形都违背直观,这是基于康德所承袭的休谟感觉主义的根本谬误上的"纯粹臆造性解释"①。面对这种将**先天**当作印象综合的构形法则的认识,舍勒反对将先天当作"在博大的经验领域本身之中的实事对象结构(sachlich gegenständlich Struktur)",换句话说,舍勒反对将先天当作客观地可直观的和关涉经验的结构。②

舍勒拒斥康德以心灵的构形活动,特别是通过思维的综合活动而进行的构形活动为基础来对"先天"进行形式化的理解,他把这种构形活动说成是一个神话,事实上他是对康德的哲学创见提出了异议。这在舍勒的批评中变得直言不讳,"康德关于先天的主观主义解释"不可与他"深刻然而是虚假的先验解释"相混淆。③把**先天**解释为先验的,是把它作为一种规律,根据这种规律,如果用舍勒回敬康德的名言来说的话就是:"经验和认识(以及意志)对象的规律依据于对象的经验、认识(以及意志)的规律。"④舍勒以理论和实践经验中实际发生之物的现象学描述为基础,拒绝这种康德式主题。⑤不过,还是让我们回到针对康德有关**先天**的主观主义解释的批评上来。舍勒认为,"**在**

---

① Max Scheler, *Formalism in Ethics and Non-Formal Ethics of Values: A New Attempt toward the Foundation of an Ethical Personalism*, translated by Manfred. S. Frings and Roger L. Funk, p. 66.

② Max Scheler, *Formalism in Ethics and Non-Formal Ethics of Values: A New Attempt toward the Foundation of an Ethical Personalism*, translated by Manfred. S. Frings and Roger L. Funk, pp. 66-67.

③ Max Scheler, *Formalism in Ethics and Non-Formal Ethics of Values: A New Attempt toward the Foundation of an Ethical Personalism*, translated by Manfred. S. Frings and Roger L. Funk, p. 74.

④ Max Scheler, *Formalism in Ethics and Non-Formal Ethics of Values: A New Attempt toward the Foundation of an Ethical Personalism*, translated by Manfred. S. Frings and Roger L. Funk, p. 71.

⑤ Max Scheler, *Formalism in Ethics and Non-Formal Ethics of Values: A New Attempt toward the Foundation of an Ethical Personalism*, translated by Manfred. S. Frings and Roger L. Funk, pp. 71-74.

明察善**之前**，就说应然的必然性"是错误的。把"先天明见之物与所谓的判断（或价值领域中的'判断［Beurteilung］'或伦理学领域的意志）的'必然性'和'普遍有效性'"①相关联是主观的。换句话说，下述做法是主观的，即：道德判断与应当的普遍必然性通过**先天**形成，而不是以明证之明察为基础的**先天**价值或它们之间的关联形成。但是"主观性"还有另一层含意，舍勒写道："如果先天不仅被解释为行为的（唯一的）原本'规律'，而且还被解释为一个'自我'或'主体'的行为规律，例如被解释为一个'先验自我'的活动形式，或一个所谓'意识一般'的，甚至一个'种类意识'的活动形式，那么**主观主义**也会和先天论谬误地连接在一起。"②依照舍勒，一个自我或一个主体也只是一个行为的客体，特别是在意识行为里以及在现实中，这与外感知感觉到一棵树无异。它不可能是"把握的**出发点**甚或本质性的制作者"，这种本质性也就是在伦理学领域舍勒所说的"价值本质"。相反，把握**先天**本质的出发点是我——作为个体的人。无论如何，通过反对康德对**先天**的"先验的"和"主观的"解释，现在应该清楚的是，舍勒拒斥的无外乎是他称作的"康德的谬误的'哥白尼式转向'"。跟随他对于"康德学说的**基础性谬误**"（依此**先天**是形式的）的批判，舍勒主张"与此基本谬误密切相关的是另一个谬误，我指的是将'质料之物'（既在认识论中，也在伦理学中）等同于'感性'内涵，但将'先天之物'等同于'**思想**之物'或等同于通过'理性'而以某种方式**附加给**这些'感性内涵'的东西"③。在这里，舍勒试图对康德思想的原则提出异议。康德思想认为，被给予之物必定是可感的，并把先

---

① Max Scheler, *Formalism in Ethics and Non-Formal Ethics of Values: A New Attempt toward the Foundation of an Ethical Personalism*, translated by Manfred. S. Frings and Roger L. Funk, p. 74.

② Max Scheler, *Formalism in Ethics and Non-Formal Ethics of Values: A New Attempt toward the Foundation of an Ethical Personalism*, translated by Manfred. S. Frings and Roger L. Funk, p. 76.

③ Max Scheler, *Formalism in Ethics and Non-Formal Ethics of Values: A New Attempt toward the Foundation of an Ethical Personalism*, translated by Manfred. S. Frings and Roger L. Funk, p. 54.

天的形式引入通过理性而源于外在的被给予之物。当舍勒言之凿凿地讲述下面一段话时，这种批判的真正厉害变得明了："我觉得这种［关于非形式的与可感的］等同之做法的**首要谬误**就在于，人们不去素朴地提问：什么是被给予的？却提问：'什么是**能被**给予的？'然后人们假定，当……相应的感性功能缺乏时根本没有什么东西是'**能**'被**给予**。"① 借胡塞尔描述现象学之名，舍勒在此为观念内容的意向被给予性辩护。不过正如他对什么是**能**被给予的和什么**是**被给予的区分所表明的那样，舍勒批判的目标在于可能性的条件，特别是康德在其先验感性论与先验逻辑论中进行对于感性直观与知性的**先天**形式里的研究。其目标是从可行功能中解放先天，康德以构形的术语来理解这种功能，并以本质性（Wesenheiten）这个术语来称呼它，这种本质性是在直观中直接把握的，而不是从判断功能上寻求外推（或者演绎），用舍勒话说，这不是一种建构。

质料**先天**属于能够被直接把握并且在明证性的闪现中被瞥见（erschaut）的内涵。这些内涵是自身明证的、**明察的**（einsichtig），它们是对其当下可理解之物、对其所给出的意义的明察的结果。在伦理学领域，这些质料先天内容是"价值认识或价值直观（Werterschauung）……它们来自于感受活动、偏好，最终是在爱与恨之中建构起来，还有'伦常②认识'……以及对价值关系，例如它们的'较高''较低'的关系"③。这些意向性情感行为与感知行为和思维完全不同，"价值和它们的秩序在我们面前闪现出来！而在如此被给予的东西之中也包含着

---

① Max Scheler, *Formalism in Ethics and Non-Formal Ethics of Values: A New Attempt toward the Foundation of an Ethical Personalism*, translated by Manfred. S. Frings and Roger L. Funk, p. 55.

② 这里译作"伦常"的概念，其德文原文是"Sitte"，与文中译为"道德"（Moral）的概念不同。——译者

③ Max Scheler, *Formalism in Ethics and Non-Formal Ethics of Values: A New Attempt toward the Foundation of an Ethical Personalism*, translated by Manfred. S. Frings and Roger L. Funk, p. 68.

先天的内涵"①。伦常认识就是这么与判断和命题截然不同。②伦常意愿、伦常行为"是伦常上明晰的",只有当它们"朝向一个在这些[情感]行为中被给予价值之实现"的时候,而非在康德所认为的情形中,即意志和行为只有在受构形的道德法则的支配时,才是伦常的。③"所有的伦常行为[舍勒总结道]都建立在伦常**明察**的基础上",或者"伦常认识"以及所有清晰的"伦理学必须回归为处在伦常认识中的事实及其先天关系"。④ **明察**(*Einsicht*)和**明察的**(*einsichtig*)这两个词在这里是至关重要的,现在我将转入对伦理学中的质料**先天**的讨论来对此进行进一步的澄清。

我希望仔细阅读一些引人注目的章节,我们不要忘了这些章节是1913年至1916年写的,这正好是在海德格尔详述良知(Gewissen)的经典《存在与时间》问世之前,更不用说它是在后来相关的法国现象学和后-现象学思想发展之前了。⑤这些章节从第六篇"形式主义与人格"开始,也是"人格与个体"一节的起点。在这一篇中,舍勒着手解释的正是他通过"个体-人格的价值本质"所理解的,换句话说,就是通过"作为伦理价值载体"的人格的本质而区别于自我、客体,或者一般意识,这其中的人格显然是伦理上的行为主体。⑥在《形式

---

① Max Scheler, *Formalism in Ethics and Non-Formal Ethics of Values: A New Attempt toward the Foundation of an Ethical Personalism*, translated by Manfred. S. Frings and Roger L. Funk, p. 68.

② Max Scheler, *Formalism in Ethics and Non-Formal Ethics of Values: A New Attempt toward the Foundation of an Ethical Personalism*, translated by Manfred. S. Frings and Roger L. Funk, p. 69.

③ Max Scheler, *Formalism in Ethics and Non-Formal Ethics of Values: A New Attempt toward the Foundation of an Ethical Personalism*, translated by Manfred. S. Frings and Roger L. Funk, p. 68.

④ Max Scheler, *Formalism in Ethics and Non-Formal Ethics of Values: A New Attempt toward the Foundation of an Ethical Personalism*, translated by Manfred. S. Frings and Roger L. Funk, p. 69.

⑤ 在关于法国接纳现象学思想的记录中,瓦尔登菲斯(Bernhard Waldenfels)评论道:"从最初现象学的影响上看,胡塞尔总是居于幕后,特别是与舍勒相比时更是如此。"(Bernhard Waldenfels, *Phänomenologie in Frankreich*, Frankfurt, Main: Suhrkamp, 1983, S. 36)

⑥ Max Scheler, *Formalism in Ethics and Non-Formal Ethics of Values: A New Attempt toward the Foundation of an Ethical Personalism*, translated by Manfred. S. Frings and Roger L. Funk, pp. 476, 489.

主义》书中,舍勒主张,本质"与普遍性无关";事实上,它们既不是普遍的也不是个体的,并且只有当回到对象的本质性作为观察对象时,它们才开始进行差异化。"正因为如此,也有一些仅仅在个体之物中被给予的本质性",所以这也使"谈论一个个体的本质以及一个人格的个体本质"有意义。他还写道:"这就是我也标示为'人格救赎'(persönlichen Heiles)的有关一个人格和个体本性的价值-本质。"① 从一开始,一种个体人格的本质就是系于整全性(海德格尔会说的此在的整全性),系于精神福宁与人格救赎上的"个体的价值-本质"。但是舍勒指出"倘若把这种'救赎'等同于一个人格-个体的**应然**,或者说它在这样一个'应然'的体验中被给予,那么这将会是对这些价值本质的一种完全误识。当然,还有一种个体的应然,存在着一种对一个内容、一个行动、一个做、一个事业的应然状态的体验,而这种体验是通过**我**进行的,并且在某些情形中,**只有**通过我才能成为这种个体。但是,这种对我的义务的体验——无论我是否与他人分有这个义务,也不论他人是否承认它,甚至也不论他们是否'能够'承认它——是**建基于**对我的**个体价值-本质**的经验之上的"②。换句话说,所有个体的义务、责任与职责——这都属于应然——都依赖于我的个体价值-本质的经验。人格的这种独一无二的个体价值本质——由此人被构成了一个人格——是人格的义务被奠基并指向他或她的职责所在。因此,如果这种具体到了单独人格上的价值-本质不是一个特别的"应然",不是一种这个特别人格应当愿欲、行为的特殊方式,那么这种价值-本质就会道出**这种**个体人格潜在所是之**人**,也会道出他或她的理想存在(无论他或她是否辜负了这个本质)。这种"人格

---

① Max Scheler, *Formalism in Ethics and Non-Formal Ethics of Values: A New Attempt toward the Foundation of an Ethical Personalism*, translated by Manfred. S. Frings and Roger L. Funk, p. 489.

② Max Scheler, *Formalism in Ethics and Non-Formal Ethics of Values: A New Attempt toward the Foundation of an Ethical Personalism*, translated by Manfred. S. Frings and Roger L. Funk, p. 489.

的个体价值本质"是人格自身也是他人情感行为中可经验和可直观的给予之物。就此而言，我们必须先在舍勒关于爱与"**'创造性的'**作用"或"**发现的**作用"的详尽说明中绕行，爱的行为作用于"我们的价值把握中，而且唯有这种行为才能起这个作用"①。我仅限于自己在此给出舍勒在《同情的本质》(1913) 中对爱的定义："爱是这样一种运动，其中每一个具有价值的具体的个体对象达至与自身本质和理想的使命相一致的最高价值；或是在其中达至内在于其本性的理想价值状态。"② 简单说来，如果爱是"通过人格的理想–价值本质被揭示的行为"，那么这种救赎和对人格的理解就同等地通过自身与他人而存在。舍勒写道："自爱的最高形式也就是那个使人格**得以**自己完整地理解自身并因此而使人格的**救赎**被直观到和被感受到的行为。不过同样可能的是，另一个人格通过**完整理解着的他爱**而向我指明我的救赎道路。因而通过它对我所具有的、比我自己所具有的更真的和更深的爱而向我指明一个比我自己所能获得的**更为清楚的**我的救赎之观念。"③ 在更传统的哲学用语中，最高形式的自爱就是与自身的关系形式，这不得不被称作"自我–情感"，这与康德对这个词的理解完全不同，亦即当我仅仅沉浸在我自己的幸福中时，我直观且向我自己展现我的价值–本质。不过，在理解另一个人格对我的爱时，我的这种价值–本质，也是我所有道德义务的基础，甚至是以一种更清晰、更全面的方式给予我的。

依照舍勒，如果从应然出发，而非把应然奠基于何为善的明察的话——就像康德所做的那样，那么一个人充其量只能区分普遍必然的

---

① Max Scheler, *Formalism in Ethics and Non-Formal Ethics of Values: A New Attempt toward the Foundation of an Ethical Personalism*, translated by Manfred. S. Frings and Roger L. Funk, p. 261.

② Max Scheler, *The Nature of Sympathy*, translated by Peter Heath, London: Routledge, 1954, p. 161.

③ Max Scheler, *Formalism in Ethics and Non-Formal Ethics of Values: A New Attempt toward the Foundation of an Ethical Personalism*, translated by Manfred. S. Frings and Roger L. Funk, p. 491.

应然与仅仅是主观病态的应然。但是，任何普遍必然的义务都无法回答下述问题：为什么我——这个单个的人——从一开始就要听从义务？相反，如果思考义务要从对善的直观出发，这种善特别地且人格性地与我相关，那么区别真正的应然和与之相反的只不过是变化无常的冲动才是可能的。我们已经说过，任何"应然"，任何义务，或者任何责任，只有当它"**建基于对客观价值**——在这个语境中是对**伦常的善**——**的明察**之上时"才是道德的。舍勒认为，如若必然如此，那么也就"存在着对一个善的东西的明见的明察之可能性，在这个善的东西的客观本质和价值内涵中包含着对一个个体人格的**指明**（Hinweis），因此，从属于这个善的东西的应然便作为一种'呼唤'而向这个人格，并且仅仅向这个人格发出，无论这同一个'呼唤'是否也向他人发出"[①]。的确，对于明察而言，任何对客观的价值-本质的明察都意味着我们所说的价值-本质的内涵**能够**直接地关涉我，并且我**可以**被这个价值-本质人格性地——而不是匿名地作为众多他者的一员——打动。不过，如果对于善的明见之明察自身包含着对我这个个别人格的指涉的话，那么情况就更是如此了。在这种明察中，没有任何判断或评价的意味，因为作为一种包含着对我的直接指明之对善的把握，这种善从一开始就是明见的。那么，就像舍勒主张的，为了看出这种自在的善是为我的，我必须"看出我的人格的价值-本质——用宗教语言来说，就是看出价值形象：当上帝之爱指向我时，这种爱所具有的可以说是关于我的价值形象，并且是在我面前所指示的、在我面前所载来的那个价值形象"[②]。换句话说，在"最高形式的自爱"中，我发现了我的人格性-个体价值-本质（这也是我所遇到的所有关于自己与他

[①] Max Scheler, *Formalism in Ethics and Non-Formal Ethics of Values: A New Attempt toward the Foundation of an Ethical Personalism*, translated by Manfred. S. Frings and Roger L. Funk, p. 490.

[②] Max Scheler, *Formalism in Ethics and Non-Formal Ethics of Values: A New Attempt toward the Foundation of an Ethical Personalism*, translated by Manfred. S. Frings and Roger L. Funk, p. 490.

人的特别义务之基础），并在慈爱的他者（亦即上帝）只为我的考虑中直观到了自在的善。在自爱中，在与我自身的关系中，在自我感触中，我面对着"上帝的爱在我面前指示着，承载着"的价值形象，这是最高理想状态的价值形象，它与我这个独特的个体相一致。这是对于我（我潜在所能成为的独特人格的我）而言独一无二的形象。

舍勒继续写道："正是在这个特有的个体**价值内涵**上才建立起个体应然的意识；即是说，它是对一个自在的善的明见认识，但恰恰是'为我的自在的善'……它是'为'我的善（在我体验它的意义上）并不能使它成为一种**自在的善**。**这样**才会含有一个逻辑矛盾。相反，它恰恰是在'不依赖于我的知识'的意义上而是善的，因为这也就包含了'**自在的善**'；不过在这个意义上是为'**我**'的**自在的善**：在这个**自在的善**的特殊质料内涵中（描述地说）包含着一个被体验到的……对我的**指明**，一个被体验到的示意（ein erlebter Hinweis...auf mich, ein erlebter Fingerzeig），它从这个内涵发出并指向我（der von diesem Gehalte ausgeht）；它就好像在悄悄说'为你的'（was gleichsam sagt und flüstert:'für dich'）。"① 我的人格的价值-本质是一种自在的善，它是独特的而非普全抽象的。在睿智的内容中，自在的善包含了一个指针，这个指示符号指向了我一个人。它是为**我**的自在的善，不是因为**我**能够这样地经验它，而是因为它是被一个他者给予于我的，并且这个慈爱的他者——上帝——是向我显现出的。为我的自在的善是独立于我的知识的，它是客观的。如果对自在的善的明见决定了所有与我自身和他人（也包括上帝）有关的道德义务，那么对价值-本质的明察就是他者赠予我的礼物，因而这也就是他律地被构成的。然而，作为慈爱的他者向我指示、承载着的、我潜在所能成为的价值形象，一个自在的善的价值

---

① Max Scheler, *Formalism in Ethics and Non-Formal Ethics of Values: A New Attempt toward the Foundation of an Ethical Personalism*, translated by Manfred. S. Frings and Roger L. Funk, p. 490.

形象，这个形象也包含着"为了你"的指示；那么这个为我的自在的善不能同时既是我力所不能及的价值-本质的形象，又在我与自身的关系的自爱之最高形式中给予我自身吗？答案是，这种价值-本质的构成也是自律的。[①] 那个耳语的声音使我面对自在的善，也就是为我的自在的善，这也是知识（Wissen）找到对我而言所有的特定义务的声音，更不用说，这就是良知（Gewissen）的声音，传统理解这既是上帝的声音，也是他者的声音，无论如何，这正是我自己的声音。如果给予我所有义务之基础的自在的善只来自于上帝，那么它是否也还是抽象的？上帝必须充满足够的爱（绝对地充满爱的）才会在形象中刻写上"为我"的标示，好让我也自律地将这种形象给予我自身，如果他的礼物与我所能给予自身之物是在同一时间，那么这就真实地对我产生了约束力。

在自在的善的范围中，这个内涵准确地向我指示了"一个在伦常宇宙中的**特有**位置，并且也责成我行动、工作及事功等等，在我表象它们时，它们都向我呼唤：'我是为你的'并且'你是为我的'"[②]。对自在的善的明察是上帝的意向之爱对我的闪现，也是对我的"客体化"，这种明察不仅表象了我所有的道德义务之基础，而且在伦常宇宙中，即这个世界中，为我指派了一个独一无二的位置。在与我自己的关系中所把握到的我自身的价值-本质，舍勒称之为"一个特别的质料内涵"和"从这个内容发出的某物"，也就是说它指向了我，让我在这个世界中拥有一个特定的位置。那个引发非-形式，或质料内容的东西

[①] 在这个语境中，舍勒论争的是明察先天并不一定意味它的趣味必须是"自身习得"或"自身发现"的。（Max Scheler, *Formalism in Ethics and Non-Formal Ethics of Values: A New Attempt toward the Foundation of an Ethical Personalism*, translated by Manfred. S. Frings and Roger L. Funk, pp. 79-81）对于舍勒而言，人格的道德自律并不包括所有伦常明察都是排他地自身生成的。（参见 Max Scheler, *Formalism in Ethics and Non-Formal Ethics of Values: A New Attempt toward the Foundation of an Ethical Personalism*, translated by Manfred. S. Frings and Roger L. Funk, pp. 404-501）

[②] Max Scheler, *Formalism in Ethics and Non-Formal Ethics of Values: A New Attempt toward the Foundation of an Ethical Personalism*, translated by Manfred. S. Frings and Roger L. Funk, p. 490.

指向我，并且这使这种内容真正对我具有约束力，这个东西正是从这个内涵发出的，也就是说，我将之经验为指明着我、预示着"我"、指向着我的东西（ein erlebter Hinweis...auf mich, ein erlebter Fingerzeig, der...auf "mich" deutet）。那么，这种被经验的标示的地位是什么样的？这种标示正是所讨论的自在的善之约束力的本性所倚傍的。作为一个指明，一个对关涉到我的自在的善的质料内涵之直观的指针，它必须能够一再被经验到指向我，那么这个标示本质上不可能是一种形式结构吗？它出自质料内涵，但它又与这种质料内涵不同。更准确地说，正是这个把这种内涵标示为一种内涵的东西寄信给我。毫无疑问，这个标志作为指向的东西而被我经验到，因此它作为一个形式是独特的。它同时必须能够被我认出，并且是可被重复的，它也必定伴随着某种理想性。无论如何，如果离开其形式的理想性我就不会认识到它指向了我，这种理想性无疑也同时使这种指示者成为指向除我以外的他者的指示者。正是它的独特内涵只属于我，同时又看似矛盾地，它允许这个内涵在原则上是能够普遍地为每一个人写信。况且，如果这个对我，只对我的指明无疑也要指向所有他者，那么这个指明也会令我这个独特的无可取代的人格变成可被取代的了。在这儿我们还没有发现舍勒质料伦理学中没有被承认的形式面向吗？毫无疑问，舍勒认同那个把我作为独特人格的呼唤能够写信给他人，甚至这也不会减少其独特性。然而，在价值-本质中，作为对我自己而言的索引指示者的疑难是，它又暗示它的内涵**必定**能被写信给所有其他人，因而它的应然便走向了这个独特人格的我。从我们所看到的可知，舍勒的质料伦理学试图清除所有的形式主义，可又不得不允许一些形式的和普遍的结构，因为如果没有这种结构，那么价值-本质的质料内涵将永远无法被经验到它只指向我一个人。

因此，当舍勒总结道："正是这门主张有自在的善的学说——我再次指明这个实事状态——恰恰也就是那门不仅仅是允许，而且甚至还**要求**对于**每一个**特殊的人格而言都有一个**自在的善**的学说；倘若有人与之相反地**不**承认'自在的善'，而是随同康德一起，想把善的观念建立在一个**愿欲**的**普遍有效性**（和必然性）上，那么对于**他**来说，恰恰也就不可能去承认一个对于作为个体人格的我而言的善"，我们得反过来问康德所谓的形式**先天**的普遍有效性与必然性，在多大程度上禁止了那个道德法则为其写信的个体人格在人格上的所有可能性。① 因而，问题是仅依据像一门伦理学这样的形式原则是否能够具有普遍约束力，这种原则从某种质料内涵——一种难以与形式自身区分开来的内涵——开始。当然，这样一种形式法则的质料内涵不可能是感官上的质料。那这岂不是会被认为，它是一个与舍勒用来概念化伦理学的质料**先天**相似的术语？

让我简单地勾勒我想要揭示的内容。再次引用康德的问题"**道德法则凭借什么具有约束力？**"，在道德法则里是什么担保了它写信给我，而不是写给一般的主体。毫无疑问，这个问题的答案将首先要求建立等同于"**单纯形式**"的法则，而不是"普遍法则"自身，这个法则必须独立于所有经验性条件而规定意志，因而，它是纯粹意志自身，这就是自由、自律的意志，它为法则的单纯形式所规定并且是自身规定。② 这个法则不是自然法则，它只是自由的最少的形式条件，这种条件是自律的主体给予它自身的。此外，如果这个法则正在"命令"，那么也正因为命令的是我这个独特的理性个体，我也就是它的收信人。如果这个法则要展现必然性，那么它就绝不是"自然必然性"，而是"只能由一般法则的可能性的形式条件构成"，那么它在所有它的具体

---

① Max Scheler, *Formalism in Ethics and Non-Formal Ethics of Values: A New Attempt toward the Foundation of an Ethical Personalism*, translated by Manfred. S. Frings and Roger L. Funk, pp. 490-491.

② Immanuel Kant, *Critique of Practical Reason*, translated and edited by Mary J. Gregor, p. 164.

原则中仍然是突出的，也就是说，作为发生于主观准则让步于形式条件的讨论中的行为，它只能逐步地被构成。①

其次，为了回答是否存在法则的呼唤，以及如果我就是道德法则的单纯形式的收信人，那么以康德所谓的"意志的规定依据"（der Bestimmungsgrund）为中心是势在必行的，这不只是什么规定了意志的问题，而且还是什么动机引发了意志的问题，以及什么给予意志方向和使命的问题。对此，细致、耐心的技术分析能够揭示，在纯粹意志（它立刻让步于道德法则）自身中是什么要从所有的经验规定者中寻找自由，又是什么通过道德法则的单纯形式邀请了规定者。换言之，这项工作准确地说将会厘清**道德法则的自由组合**（*freie Einstimmung in das Gesetz*）的前提、法则和结论。对于意志的规定依据的探究目标也试图澄清传统形式、质料二分不再适合解释，当纯粹意志给予自身道德法则的单纯形式时究竟发生了什么。自由地同意道德法则作为一个整体构成一个个体与自律存在，意味着令自身被这种自律的道德法则规定。这种对道德法则的单纯形式的认同并不是现象学意义上的直观，这种法则的形式可以通过作为其所是的内涵的明察而辨别，并且这恰好使我成为这个独特的存在。

最后，有必要表明：预先的知识以及对被规定的法则内容的明察会约束意志之自律，并由此约束其决定的能力。道德法则单纯形式的本质——其不被规定的特征——也正是主体的责任之条件。② 相反，如果我能够自由地决定我就是道德法则的人格收信人，那么道德法则之呼唤必定是不可判别的，亦不可能**确切地**知道道德法则要求的就是我，而不是要求一个抽象而普遍的主体。只有我这个独特的主体处在这种条件下，只有在道德法则的单纯形式中而不是在一个被规定的法

---

① Immanuel Kant, *Critique of Practical Reason*, translated and edited by Mary J. Gregor, p. 167.
② 参见 Eric Weil, *Problèmes kantiens*, p. 44。

则中，才有可能使我成为一个负责任的我，用康德的话说，也就是成为一个人格，换言之，成为一个自身即为目的的存在者。

（译者：李蓬云 / 中山大学哲学系博士研究生；
校者：郝亿春 / 中山大学哲学系）

嘉歇论舍勒 *

米歇尔·卡什

我这里将集中于嘉歇（Rodolphe Gasché）教授最为关心的舍勒对康德进行批评的那个方面。我认为与这个方面临近的东西构成了舍勒对康德伦理学的根本批评。嘉歇教授试图反驳舍勒的批评，但我认为他并未找到其中的症结所在。我将试着站在舍勒的立场上更好地完成其工作，虽然即使舍勒最强有力形式的批评亦未能像他所认为的那样为伦理学的正面辩护提供支撑。

舍勒在《伦理学中的形式主义与质料的价值伦理学：为一门伦理学人格主义奠基的新尝试》中提出一种直观主义的形式，在这种形式中我们拥有关于价值的当下的、非推论的**先天**知识，这些价值（在某种程度上）又被界定为属性，被"应当存在"所例示的属性。[1] 对价值的明察根本不足以产生任何义务，不过，舍勒认为，这是由于我们无法感受那些不是作为**命令**之结果的义务。"为了使一个观念的应然成为

---

* 本文译自：Michelle Kosch, "Gasché on Scheler," *The Philosophical Forum* 41, 2010, pp. 127-130。——译者

[1] Max Scheler, *Formalism in Ethics and Non-Formal Ethics of Values: A New Attempt toward the Foundation of an Ethical Personalism*, translated by Manfred. S. Frings and Roger L. Funk, Evanston, Ill.: Northwestern University Press, 1973, p.210.

一个意志发出的要求，一个**命令行为**始终是**被预设的**，无论这个命令以何种方式达及愿欲，是通过权威抑或是通过传统。"① 他否认感受可以由相关的命令构成，就像我们自己给自己写信那样（而义务能够自身施予）。他自己的观点是命令最终来自于上帝，虽然这个结论也缺乏足够支撑，这是因为，即使上述所有内容全都真实，他还是没有解释为什么人类个体无法相互性地承担彼此的道德责任。这里所缺失的支撑看来是：只有以宗教角度解释责任才能澄清一个人的义务与其**个体之善**之间的关联，而这种关联要求道德上的动机，也就是要求任何基于价值的应然都要成为**为**任何个体的应然。

嘉歇教授在他的文章中采取的思路是这样的——舍勒主张"对我的义务的体验……是**建基于**对我的**个体价值-本质**的经验之上的"②，如果它们是**为我**的义务，那么这些义务就会通过考虑我、我的能力、我的个体之善的方式而必定成为人格的、个体性的量身定做的义务。舍勒有关义务对于个体而言是独一无二的这种论述的事实，被认为是为了消除康德所谓的与道德动机相关的问题。嘉歇教授告诉我们："根据舍勒的说法，如果像康德那样从应然出发，而不在对什么是善的明察之中奠基它的话，那么一个人充其量只能区分普遍必然的应然与仅仅是主观病态的应然。但是任何普遍必然的义务都无法回答下述问题，即：为什么我——这个单个的人——从一开始就要听从义务？"③

舍勒反对**康德式**伦理学的理由是它无法提供当代哲学所谓的"实

---

① Max Scheler, *Formalism in Ethics and Non-Formal Ethics of Values: A New Attempt toward the Foundation of an Ethical Personalism*, translated by Manfred. S. Frings and Roger L. Funk, p.211.

② Max Scheler, *Formalism in Ethics and Non-Formal Ethics of Values: A New Attempt toward the Foundation of an Ethical Personalism*, translated by Manfred. S. Frings and Roger L. Funk, p.489.

③ 我不确定这种标示如何与嘉歇教授在这篇论文前面对舍勒的批评协调一致。舍勒声称康德对**先天**的论述是"主观的"，而且看起来舍勒和嘉歇教授都会说这是因为在道德认识论中康德将"令式"置于"何为善"之前。我并不理解为什么将令式放在首位就会被认为是对伦理学的一种尤为主观的解释。不过无论如何，看来尤其可以说，康德伦理学基于令式的本性使得它**既**过于主观**又**过于非人格。

践性要求",这在我们听起来很奇怪,因为这种能力如今被吹捧为其主要优点。换句话说,最起码像嘉歇教授所解释的,舍勒的批评似乎是这样的:康德伦理学能够向我表明,为何**任何人**在情境 C 中都应采取行动 A——但却无法向我表明,为何当**我**发现自己处于情境 C 中,我就应采取行动 A。如此看来,就像嘉歇教授所指出的,这种反对显然是不成功的。

如果更为体谅地设想的话,舍勒忧虑的或许只是:康德没有解释在**任何人**的情形中,为什么行动的道德理由优先于非道德理由,假如这类理由(特别鉴于其公正性)是道德理由的话。当然,如果这就是上文所说的忧虑,那么舍勒表达它的方式是令人遗憾的,因为在这种情形中不是一个道德义务的普遍适用性问题,而是一个(在任何人的情形中)道德理由与审慎理由之间的关系问题。如果这就是批评的话,那么舍勒怎么能转而求助于那类人格化的宗教义务呢?舍勒告诉我们,这类义务是有帮助的,因为它们连接了行为主体的**个体之善**。不过,确实它们连接着个体之**善**,然而它们却没有连接对于**个体**而言独特的东西。它们确实无所助益,因为它们是与我的某种东西相连接的,而我的东西又是**与任何人的东西相对而言**的,因为任何人的东西也可作为我的东西的**充足理由**。

如果我们重新表述并把一个稍有不同的疑问归于舍勒,那么这个疑问就是:通过康德式的道德理由,我们是否能够切实地**采取行动**?这也是康德会担心的——他终究认为,如果离开道德立足点,那么就不可能对我们的自由提供一种阐明。他并不认为他已经成功证明了比我们的行动被理性决定这件事更多的东西(即我们是自由的),正如我们处于道德律之下。当然,令他满意的是:因为道德立足点对我们而言是不可避免的,又因为应当蕴含着能够,所以并不需要这种独立的证明。舍勒显然怀疑道德立足点对我们而言是不可避免的,但是他用来提供证明的解释所诉诸的资源如何能够避开康德,仍是模糊不清的。

我们还能够更为体谅地设想吗？可能舍勒的批评是，在康德式的图景中令式不向个体行为主体写信是因为在这个图景中并没有**个体的**行为主体向令式要求寄信。这个批评是舍勒在"形式主义与人格"这一篇的开始做出的（也就是在有关道德动机的那一篇做出的，不管它的结果怎么样）。舍勒在这里要告诉我们的是，虽然康德伦理学中的美德——与后果论相反——被认为具有与人格拥有超越价格的价值之理念相容的能力，但是这事实上通过下述方式威胁着拥有独一无二的价值之人格的地位，即"通过将人格置于一个非人格的法规（Nomos）的统治之下，唯有顺从这个法规，它们的人格生成才得以进行"①。人格被规定为占位符，不是具体的个体，而只是普遍理性的出口。"从这个规定中必须前后一致地得出的不是自律（Auto-nomie，在这个词中，'**自**'［auto-］所应指明的还是人格的独立性），而毋宁是**理律**（*Logonomie*），并且同时是有关人格的极端他律（Heteronomie）。康德的这个人格概念已经在 J. G. 费希特那里，且更多地在黑格尔那里得到了延续。因为在他们两人的思想中，人格最终只是对一个非人格的理性活动而言的无关紧要的通道位置。"②这似乎是一个合理的批评，虽然这很难说是舍勒的新见解。（赖恩霍尔德［Reinhold］是第一位这么认为的人，详见其《康德哲学书信集》。）

不过目前来看，虽然似乎还未能挽救嘉歇教授所提出的批评，因为这个批评是针对康德有关道德动机的解释的一个特征，而不是针对康德有关道德人格的解释的一个特征。但这些并不是没有关联的，因为康德有关为什么行动的道德理由优先于非道德理由的解释，以及有关为什么我们在行动中只能被理性所推动的解释，都有赖于他对就行

---

① Max Scheler, *Formalism in Ethics and Non-Formal Ethics of Values: A New Attempt toward the Foundation of an Ethical Personalism*, translated by Manfred. S. Frings and Roger L. Funk, p. 370.

② Max Scheler, *Formalism in Ethics and Non-Formal Ethics of Values: A New Attempt toward the Foundation of an Ethical Personalism*, translated by Manfred. S. Frings and Roger L. Funk, p. 372.

为主体而言什么是最为基本的东西的解释。

　　道德理由胜过其他理由是说：如果从根本上合理的话，承诺一个行为过程也就是承诺一个普遍法则，这个法则允许（甚至可能要求）在相同情境下的任何人都有相同类型的行为。理性不会抓不住我们人类的动机是说：我们的行为主体是（至少部分地是）由我们的理性所构成的。因为在行为中，我们必须设定我们的意志具有独立的原因，而且因为（康德认为）我们无法设想一种无法则的原因，所以只有在将自己视为依据自身的法则——实践理性所提供的法则——行事时，我们才能把自己设想为行为主体。

　　在我看来，舍勒最基本的担忧是，康德连接了实践理性与行为主体。（注意：将康德在此层面上的构想贴上"形式主义"的标签是多么曲解人意。[①]）但是放弃康德式的行为主体作为至少部分由理性所构成的解释，也意味着消除了令式对于行为主体的普遍约束力的可能性，同时也消除了令式启动行为主体的可能性。如果一个人放弃了这种解释，那么他的确需要另一种替代解释，以此来解释令式如何与行为主体相连接。这正是舍勒要尽力提供的。我同意，替代解释看起来是无望的。不过，我还是想知道，对于我这里提出的舍勒对康德之批评的扩展性解释，嘉歇教授又会说些什么呢？

（译者：李蓬云 / 中山大学哲学系博士研究生；
校者：郝亿春 / 中山大学哲学系）

[①] 嘉歇教授沿用了舍勒的这个术语——比如说，当他提出康德并不认为道德法则在动机上是迟钝的，因而一定不能认为它仅为形式——但我困惑的是，为什么会是这样？康德显然并不认同形式原则一定是无效的，那么他对道德法则在意志方面具有"驱动力"的认可怎么会等同于对道德律是非形式的认可呢？

有关舍勒伦理学的六个问题 *

菲利普·布洛瑟

舍勒的伦理学发端于他的权威著作《伦理学中的形式主义和质料的价值伦理学：为一门伦理学人格主义奠基的新尝试》（下文简称《形式主义》），其基础是道德价值与非道德价值之间的关键区分。① 和一般的目的论理论一样，它在定义善恶这种道德价值时所参照的也是已经形成的非道德价值。因此，舍勒否定了康德伦理学中决定行为之道德性的方法，那是一种纯形式的、义务论的方法。但他接受了康德对结果论理论的批判，承认伦理学的稳固基础不可能是任何不确定的东西，譬如预期某个偶然的、经验的善与目的会得到实现。于是，舍勒所面临的挑战就在于，提出一种摆脱经验偶然性以及结果论之不确定因素的目的论理论。这就是他要达成的目的，而达成这一目的的手段则是将其伦理学建立在一种现象学的价值理论之上。

---

* 本文译自：Philip Blosser, "Six Questions Concerning Scheler's Ethics," *The Journal of Value Inquiry* 33, 1999, pp. 211-225。——译者

① Max Scheler, *Der Formalismus in der Ethik und die materiale Wertethik: Neuer Versuch der Grundlegung eines ethischen Personalismus*, GW II, Bern und München: Franke Verlag, 1966; 英译本见：Max Scheler, *Formalism in Ethics and Non-Formal Ethics of Values: A New Attempt toward the Foundation of an Ethical Personalism*, translated by Manfred S. Frings and Roger L. Funk, Evanston, Ill.: Northwesten University Press, 1973. 下文参考该书时将同时引用以上两个版本的页码。

按照舍勒的理论，非道德的价值以现象学的方式展示了基于彼此间的相对持续性、简单性，以及其他此类标准之上的级序，从诸如感观愉悦及疼痛之类的低级价值到文化、审美和宗教这些高级价值。这些价值展示了彼此间的**先天**关联，它们被看作意向对象，是可以独立于任何偶然的、经验的载体而被辨识的本质，而在这些载体上，它们可以在世间的实在之中获得示例。在舍勒看来，如此这般的诸价值为建立一门可行的伦理学提供了必要的严格基础，因为我们可以根据已经形成的非道德价值的相对等级来定义道德上的善恶。

于是，根据舍勒的观点，道德价值是通过对非道德价值的意愿行为和实现行为而形成的。相对于较低和较负面的非道德价值，当我们意愿较高和较正面的非道德价值时，道德上的善就得以显现。因此舍勒认为，道德价值从不作为意愿行为的内容和对象直接被给予，可以说，它们只是"骑在这些行为的背上"①。此外，按照他的观点，只要我们意愿了一种正面非道德价值之载体的实存，那么无论我们实际上是否让我们所意向的非道德价值或其载体获得了实存，道德价值实际上都已经形成了。所以舍勒的伦理学虽然是目的论的，但却不是结果论的，虽然基于先天原则，却不是形式主义的。

因此，舍勒的伦理学依赖于许多基本概念，如价值的概念、价值实现的概念，以及道德价值与非道德价值之分的概念，所有这些都位于其理论的核心。然而，对这些概念的进一步考察揭示出，它们预设了许多不明晰的假定，这些假定涉及以下问题：价值如何存在？价值如何获得实现？道德价值如何与意愿相关？恶是怎么出现的？道德冲突是如何产生的？这些假定和问题要求进一步的检验和阐释。在下文

---

① Max Scheler, *Der Formalismus in der Ethik und die materiale Wertethik: Neuer Versuch der Grundlegung eines ethischen Personalismus*, GW II, S. 49; 英译本见：Max Scheler, *Formalism in Ethics and Non-Formal Ethics of Values: A New Attempt toward the Foundation of an Ethical Personalism*, translated by Manfred S. Frings and Roger L. Funk, p.27。

中，我们选出六个问题进行考察。它们分别关涉价值的实存、价值的实现、法利赛主义（pharisaism）的问题、善与恶的本体论、苏格拉底的等式以及道德斗争。

一、价值的实存

任何对舍勒伦理学的考察一开始都必须追问："价值实存吗？"说来也奇怪，舍勒否认价值实存，如："对于'价值是什么'这样的问题，我的回答如下：如果这一问题中的'是'一词指的是实存……那么价值什么也不'是'。"① 舍勒既否认价值作为事物而实存，又否认它作为事物的属性而实存，甚至否认它作为逻辑上的抽象之物而实存。虽然他强调价值是客观的，但这并不意味着它们现实地作为一个实在事物而实存，它们不比数学方程更实在。为了阐明这一问题，弗林斯曾提出过一个有助理解的概念：价值的功能性实存。正如颜色呈现于实际存在着的经验对象的表面，从而进入与这一对象的关系之中；只有进入与其他具有真正实存的东西的功能性关系之中时，价值才是现存的（extant）。就其自身而言，价值不具实存。舍勒认为实存就是施加抗阻②，这一观点更坚定了上述立场。因为价值是本质，它们不会像实在事物那样施加抗阻。价值原本地自身呈现为独立于实在事物的东西。正如颜色不依赖于真实的表面，我们却仍可谈论它，价值不依赖

---

① 这一段文字中的关键断言是 "Der Wert ist überhaupt nicht"，这是舍勒在其博士论文《论逻辑与伦理原则之间关系的确定》(Beiträge zur Feststellung der Beziehungen zwischen den logischen und ethischen Prinzipien) 中所做出的断言。该文收于：Max Scheler, *Frühe Schriften*, GW I, Bern und München: Francke Verlag, 1971, S. 98；英译本见：Manfred S. Frings, *The Mind of Max Scheler*, Milwaukee, Wis.: Marquette University Press, 1997, p. 23。

② 比如参见 Max Scheler, *Der Formalismus in der Ethik und die materiale Wertethik: Neuer Versuch der Grundlegung eines ethischen Personalismus*, GW II, S. 154, Anm. 3；英译本见：Max Scheler, *Formalism in Ethics and Non-Formal Ethics of Values: A New Attempt toward the Foundation of an Ethical Personalism*, translated by Manfred S. Frings and Roger L. Funk, p.135, n. 25。

于实在的载体，但也可以作为意识的意向对象而呈现。

应当对舍勒的用语——还有我们自己的用语——加以关注。语词"exist"的拉丁文词源是 ex 和 sisto，意指"站出来"，在某种意义上类似于德文 vorstellen，但未强调主体投射的意思。就此而言，尚不清楚说价值不实存是什么意思。价值以某种方式实存。迈农（Alexis Meinong）甚至将"圆的正方形"这类不可能的对象说成是实存的。如果我们可以谈论圆的正方形并指称它们，那它们必定以某种方式实存。一个圆的正方形既不可能又不现实，但它恰恰以"不可能的对象"这一方式实存。根据这一观点，可以说价值以意向对象的方式实存，能够以各种不同的方式在功能上得到实现。即使不考虑语词"exist"的词源学含义，即使我们用它来意指某种类似仅只具有存在（being）的东西，我们仍然必须说，价值至少具有意向的存在，它能够被带入与已然真正实存的东西的功能性关系之中，并以此方式被实现。

我们通常用"经验的"（empirical）一词来指称那些通过我们的感性体验而自身呈现给我们的东西。价值不能以物理的方式被感觉到，尽管物理感觉能够承载痛苦和快乐之类的价值。舍勒正确地认为，价值既非有形事物，亦非有形事物的属性。① 但当我们选择将价值说成"非-经验"的东西时，如果考虑到"经验的"一词源自希腊语 empeirikos，意指"被体验的"（experienced），这个选择就变得复杂起来了。我们当然不愿说，价值自身呈现为是处于我们体验之外的东西。因此，在"经验的"一词的广义上，价值似乎可以被说成是经验的，尽管必须对这一点详加说明，以免引起混淆。不管怎么说，考虑到现象学对体验——不管是现象学体验，还是本质体验——的强调，这

---

① Max Scheler, *Der Formalismus in der Ethik und die materiale Wertethik: Neuer Versuch der Grundlegung eines ethischen Personalismus*, GW II, S. 35; 英译本见：Max Scheler, *Formalism in Ethics and Non-Formal Ethics of Values: A New Attempt toward the Foundation of an Ethical Personalism*, translated by Manfred S. Frings and Roger L. Funk, p.12。

么做似乎特别贴切。

价值是实在的吗？一方面，如果我们用"实在"意指具有经验实存，即那种只能通过感性体验才可通达的实体所具有的实存，那么更为准确的说法是价值具有一种本质实存，即近乎柏拉图式本质的意向实体所具有的实存。另一方面，舍勒不是柏拉图主义者，如果价值在其本质结构中先天地被给予，并"独立于人类机体的结构"，那么几乎不能对它们做一种理念论（idealist）的解释，而应更恰当地将之说成是实在的。① 此外，语词"实在的"来自拉丁文 res，意指事物或实体，而作为我们意识的意向对象，价值可以被我们谈论和指称，在此意义上，它们当然是实在的。

为了表明谈论价值的实存有多棘手，我们可以想象一下大白鲸莫比·迪克（Moby Dick）的假想世界和亚哈船长所遭受的报应。② 莫比·迪克并非一头实在的鲸。"莫比·迪克"这一名称在物理宇宙中不指称任何现实的鲸。但在另一种意义上，莫比·迪克又是实在的，因为在梅尔维尔（Herman Melville）以其创作才能在一个现实的虚构作品中实现莫比·迪克，或者说将之带入实在之前是有一段时间的。在此意义上，我们可以说，在梅尔维尔将莫比·迪克孕育出来之前，它只具有一种可能的实存，但现在它作为梅尔维尔小说中的一个虚构生物而被赋予了现实的实存。当然，小说的特征就在于，它们在书的物理形式中被具体化，但它们的内容和角色，例如莫比·迪克，则具有一种本质实存。因此看来有些东西可能会以一种非物理的方式被实现。

---

① Max Scheler, *Der Formalismus in der Ethik und die materiale Wertethik: Neuer Versuch der Grundlegung eines ethischen Personalismus*, GW II, S. 84; 英译本见：Max Scheler, *Formalism in Ethics and Non-Formal Ethics of Values: A New Attempt toward the Foundation of an Ethical Personalism*, translated by Manfred S. Frings and Roger L. Funk, p.63。

② 二者都是美国浪漫主义时期杰出的小说家赫尔曼·梅尔维尔的小说《莫比·迪克》（又译为《大白鲸》）中的角色，见下文。——译者

但这还不能算完。莫比·迪克本身并非一种价值，而是一头鲸。但在梅尔维尔的小说中，莫比·迪克却无疑成了一个价值载体。它是一头令人生畏的鲸，庞大、强壮且恐怖。萦绕在亚哈生命中的唯一念头就是捉到它，并设法消灭它。莫比·迪克不仅承载了巨大的生物学活力和威力之价值，而且在亚哈与自己及与上帝的道德斗争中承载了深远的精神意义之价值。但整件事情的非凡之处在于，这些价值被梅尔维尔实现在一头虚构的鲸身上，一个只具有意向的、本质的实存的价值载体。因此，我们所考察的价值显然通过被带入一种与莫比·迪克之存在的功能性关系中而获得了实现。但这一存在并非一头所谓实在世界中的现实的鲸的存在。

我们还可以注意到，如果价值本身可以在某种意义上被说成事物，或许就可以将它们看作是其他价值的载体。正如橙色承载着联觉性（synesthetic）①的亮、轻浮和温暖，相对于较暗、较沉稳、较寒冷的蓝色，我们也可以认为，像亚哈的报复心这样的价值承载着藐视上帝的负面宗教价值以及弃绝美德的道德价值。因此，我们似乎在此面对着如下的场景：宗教和道德价值产生于其他的价值，即报复心，而后者又实现于其他的本质载体之中，即书名为《莫比·迪克》的虚构作品中的亚哈船长。不可否认，这一分析错综复杂，但它的意义在于表明，如果不进一步仔细澄清我们所说的东西，谈论价值的实存和实在将会多么困难。

二、价值的实现

舍勒经常谈到价值——高级或低级价值、正面或负面价值、道

---

① 心理学术语，指各种感觉之间产生相互作用的心理现象，即对一种感官的刺激作用触发另一种感觉的现象，例如本例中橙色使人感觉温暖等。——译者

德或非道德价值——的实现。有时"意愿"和"实现"这两个词几乎可以交换使用。更准确的说法或许是,价值是借助于意愿才得以实现的。① 有时候,谈论价值的实现显得有些拗口和含糊,不仅仅是因为这种说法具有一种或许是不可避免的抽象性,也因为它似乎混杂了两种可能的含义。首先,实现一个价值可以意指意愿价值载体的实存,而后者即意愿的对象。其次,它也可以意指真的将某些价值带入实存。对于道德价值,舍勒的立场似乎是,我们只要意愿了一个正面非道德价值载体的实存,就将道德价值带入了实存,至于此非道德价值的载体是否也获得实存则无关紧要。因此,行为的道德价值原本取决于我们所意图实现的质料价值内容,而与它是否成功地达成所意图的目标无关。这意味着,正当的意愿和行为总是会实现道德价值,因为只要意愿和行为试图实现一个正面非道德价值的载体,那么无论它们是否真正将此价值载体带入实存,都会带来作为副产品的道德价值。

与舍勒的观点相反,可以证明道德价值构成了一个独特的价值质料区域,这些价值能够被意向地意愿和实现。② 但舍勒对道德价值之独特性的强调至少有一点是正确的:道德价值以一种其他价值(或许宗教价值除外)都不具备的卓越方式在人类人格的自身性(selfhood of the human person)中获得实现。在这一意义上,尽管宽恕、敬重、真诚、仁爱和利他之类的道德价值具有可以成为意愿之对象的独特质料内容,但就道德价值那卓越的、原本的地位而言,舍勒的看法是正确

---

① 在后期著作中,舍勒改变了立场,不再认为价值是通过意愿这种精神行为实现的,而是通过冲动或 Drang 实现的。斯佩德(Peter Spader)在其早期文章《马克斯·舍勒的价值非形式伦理学及其思想的转变》("The Non-formal Ethics of Value of Max Scheler and the Shift in His Thought," *Philosophy Today* 18 [3], 1974, pp. 217-223)以及《对舍勒第三阶段的新看法》("A New Look at Scheler's Third Period," *Modern Schoolman* 51 [2], 1974, pp. 139-158)中十分细致地探讨了这一转变。

② 对这一论题最早的辩护是 Philip Blosser, "Moral and Nonmoral Values: A Problem in Scheler's Ethics," *Philosophy and Phenomenological Research* 47 (1), 1987, pp. 139-143;也参见 Philip Blosser, *Scheler's Critique of Kant's Ethics*, Athens: Ohio University Press, 1995, pp. 65-68, 84-89, 173-175。

的,即它们居于人格自身的存在之中,先于意愿和行为。因此弗林斯写道:"善不只出现在非道德价值实现之时;当这一被实现的价值是人格价值之时,它也会出现。在人格之爱的实现中就向来如此。"① 莱纳(Hans Reiner)从稍微不同的角度得出了相似的结论,他断言,道德善并非只是通过实现潜在的价值载体才达成的,它还可以借助于支撑已实存的价值载体之实在性的行为而达成。②

看来,"价值的实现"具有相当宽泛的可能含义,不仅包含以某种方式将各种价值载体带入实存的行为,而且还包含人格之道德价值的实现,后者是意向和意愿正面质料价值载体之实存的副产品。此外,它还包含了根本之谜:人格的中心道德和精神价值取向是如何获得实存的? 它又是如何作为人格的意愿和行为的价值取向的源头而持存的?

三、法利赛主义的问题

舍勒说,如果将道德之善本身的价值内容当作意愿实现的对象,就必然沦为法利赛主义的牺牲品。舍勒不否认我们可以追求行正当之事。弗林斯写道:"事实上,人们在任何时候都可以偏好善而非恶,可以意愿和选择善。然而,善和恶不属于所列出的五个价值等级中的任何一个。"③ 因此,对善而非恶的偏好完全在于对一个正面而非负面质料价值的偏好。舍勒所否认的,是我们可以独立于对某一些非道德价值的偏好而使道德之善本身成为偏好的对象。舍勒的主要反对理由不仅仅是我们不该在一种自满的意义上意图使自己显得善,或者说,为了

---

① Manfred S. Frings, *The Mind of Max Scheler*, p. 45.
② Hans Reiner, *Duty and Inclination: The Fundamentals of Morality Discussed and Redefined with Especial Regard to Kant and Schiller*, translated by Mark Santos, The Hague: Martinus Nijhoff, 1983, p. 238.
③ Manfred S. Frings, *The Mind of Max Scheler*, p. 40.

显得善而试图意愿善就缺乏自发的和真正的道德意愿，或者说，这有自欺的倾向。舍勒的反对理由源自更为根本的假定，即法利赛主义错误地以为道德价值具有一个质料内容，像一个被追求的**目的**那样位于人格之外。①

在此，舍勒有一个明确的观点。如果道德价值没有质料内容，那么认为我们可以偏好或意愿道德价值本身的想法就是荒谬的。这就像亚里士多德把神定义为纯形式、思考思想的思想、无任何可确定的质料内容的思想那样不可思议。在意愿善的价值时，我们无法脱离对某物之善的意愿，正如在思考时我们不能不思考某物。舍勒反复申明，在以下这一点上他是赞同康德的："康德否认存在着一个也可以成为意愿**内容**的非形式的善，就这点而言他是对的。"②

虽然我们能以一种纯形式的方式定义"善"，但这并不意味着它没有质料内容。试图**绝对地**行善，而不是以某种特定的方式行善，这恐怕是无意义的。我们很容易以现象学的方式在不同种类的善之间做出区分。审美或逻辑上的善并非必然是道德上的善。此外，可以通过诸如忠诚、悔悟、宽恕、敬重、真诚、仁爱和利他来举例说明我们所谓的"道德之善"是什么。例如，当我们试图遵守自己的承诺——有时要以巨大的不便和牺牲为代价——时，正是力图实现诸如忠诚和敬重他人之类的道德价值。这类努力易遭滥用或容易沦为自欺，但这并非阻止我们试图更忠诚于他人，或阻止我们力图在自身之中实现"敬重"

---

① Max Scheler, *Der Formalismus in der Ethik und die materiale Wertethik: Neuer Versuch der Grundlegung eines ethischen Personalismus*, GW II, S. 49; 英译本见：Max Scheler, *Formalism in Ethics and Non-Formal Ethics of Values: A New Attempt toward the Foundation of an Ethical Personalism*, translated by Manfred S. Frings and Roger L. Funk, p. 27。

② Max Scheler, *Der Formalismus in der Ethik und die materiale Wertethik: Neuer Versuch der Grundlegung eines ethischen Personalismus*, GW II, S. 49; 英译本见：Max Scheler, *Formalism in Ethics and Non-Formal Ethics of Values: A New Attempt toward the Foundation of an Ethical Personalism*, translated by Manfred S. Frings and Roger L. Funk, p. 27。

这一道德价值的理由。追求道德价值是一个完全自然且合理的道德选择，即便在哈特曼（Nicolai Hartmann）所承认的自身操行的情况下也是如此。

法利赛主义预设，作为我们所追求的并通过意愿得到实现的**目标**，道德价值位于人格之外，这也是舍勒所拒绝的。舍勒虽然同意康德关于道德价值没有自身质料内容的假定，但他拒绝接受康德的另一个假定，即善和恶原本只附着于行为的意愿之上。相反，舍勒坚持认为道德价值原本位于人格之中，先于并独立于所有独立的意愿行为和实施行为。① 因此凯利（Eugene Kelly）写道：

> 很明显为什么舍勒指责追求道德价值为法利赛主义。例如，意愿成为勇敢的、忠诚的或懊悔的，这是将我们的道德价值（moral worth）置于自我及其才能和禀性的水平之上……[然而]舍勒将道德价值的核心定位于人格的"**爱的秩序**"（*ordo amoris*）之中，而爱的秩序先于这一人格的能力。②

如果我们先假定，道德价值是某种原本通过意愿行为和道德成就而实现的东西，然后在此假定的基础上力图合乎道德，那我们就错误地忽视了一个基本事实，即：我们的道德价值（moral worth）原本位于我们的人格性之中，先行于我们的能力、禀性或成就。

但我们凭什么要认为这一事实应该阻止我们把道德价值当作意愿和追求的正当对象？这为什么应该阻止我们仅仅为了爱美德而追求

---

① Max Scheler, *Der Formalismus in der Ethik und die materiale Wertethik: Neuer Versuch der Grundlegung eines ethischen Personalismus*, GW II, S. 49ff.; 英译本见：Max Scheler, *Formalism in Ethics and Non-Formal Ethics of Values: A New Attempt toward the Foundation of an Ethical Personalism*, translated by Manfred S. Frings and Roger L. Funk, pp. 27ff.。

② Eugene Kelly, "Revisiting Max Scheler's Formalism in Ethics: Virtue-based Ethics and Moral Rules in the Non-formal Ethics of Value," *Journal of Value Inquiry* 31, 1997, p. 393.

（例如）勇敢、忠诚或懊悔？为什么这样做注定会危害我们作为人格的道德价值，或者将我们变为法利赛人（伪君子）？如果我是一个在道德上怀好意的人，那么就算我所信赖的是自身人格的基本道德价值，又有什么可以阻止我在与他人的关系中真诚地意愿变得更勇敢或更忠诚？事实上，这不正是我们对一个善的人格所抱有的期望吗？当然，伪善和自欺的危险总是有的；但另一种真正的可能性是道德正直，以及道德明察与自身感知的准确性。

于是，道德法利赛主义还剩下唯一一种可能含义：一种在自满的意义上使自己显得善的意图中所具有的伪善趋向，以及在炫耀和自夸行为中丧失自发性并倾向于自欺。但是，我们没有明显的理由可以认为道德价值不具有一个质料内容，或认为无法在不将我们必然变为道德伪君子的情况下意愿或实现这一内容。

四、善恶存在论

舍勒拒斥康德的一个观点，即善恶原本附着于行为的意愿之上，反之，他认为善恶附着于人格的存在本身。弗林斯注意到，舍勒的论文《论害羞与羞感》(Über Scham und Schamgefühl) 展现了一个简短的善恶存在论。在舍勒看来，羞愧阐明了人类在宇宙中的位置——"在神性与兽性之间"。其所以如此，是因为当我们沉浸于自己的肉体性实存之中，却突然被某人打扰，将我们唤回自身实存之人格的、精神的维度（或反之）时，羞愧便出现了。在我们的实存的这两个维度的对比中，有时被认为是神性的维度不仅与兽性相对，而且与魔性相对。弗林斯对此的评论是："上帝和恶魔都不能感到羞愧。上帝仅只是善的而缺乏恶。恶魔仅只是恶的而缺乏善。然而，人却在上帝与恶魔之间，因而是善恶之间的一座'桥梁'"，他"使羞愧感得以可能"。

这引出了一个问题：舍勒如何理解人之人格的肉体性维度与恶之

间的关系？说善恶原本附着于作为一切倾向、禀性、意愿和行为之起源的人格是一回事；认为人格存在的肉体性、兽性维度具有某种原始的关联则是另一回事。舍勒后期关于恶的思想与其天主教时期关于恶的思想如何相关？考虑到他在天主教时期认同奥古斯丁的基督教传统，即把恶与非存在而不是与肉体性相等同，这一问题显得特别有意思。此外，舍勒认为人格的道德价值具有首要地位，如何根据人格作为精神与兽性，或上帝与恶魔之间的桥梁的身份来理解这一首要地位？这一道德价值的首要地位附着于作为身体和精神之人格的复合存在之上吗？或者说，它只是附着于人格的精神存在之上？

五、苏格拉底的等式

舍勒认为，"一切'善的意愿'都奠基于'对善的认识'之中，一切恶的意愿都建立在道德欺罔和道德失常（aberration）的基础之上"①，这在某种意义上肯定了苏格拉底关于美德与知识之关系的格言。舍勒并不是说知识会带来美德的能力。这正如凯利的说法："关于'对善的认识具有因果效应'的强主张无法在现象学上得到辨明，看来它仅限于苏格拉底。"② 舍勒本人也特别指出，对"什么是善的"的单纯判断知识或单纯概念还缺乏价值感受的充实，因而也无法决定意愿。他说，除非善之价值相即地和明见地被给予，否则，即使它被感受到，也不必然足以决定意愿。"但如果价值自身被给予，根据本质关联的规

---

① Max Scheler, *Der Formalismus in der Ethik und die materiale Wertethik: Neuer Versuch der Grundlegung eines ethischen Personalismus*, GW II, S. 89; 英译本见：Max Scheler, *Formalism in Ethics and Non-Formal Ethics of Values: A New Attempt toward the Foundation of an Ethical Personalism*, translated by Manfred S. Frings and Roger L. Funk, p. 69。

② Eugene Kelly, "Revisiting Max Scheler's Formalism in Ethics: Virtue-based Ethics and Moral Rules in the Non-formal Ethics of Value," *Journal of Value Inquiry* 31, 1997, p. 389.

律，意愿（或在偏好意义上的选择）在其**存在**中就是必然的。"①

舍勒说，一切恶的意愿都建立在道德欺罔和道德失常的基础之上。为了澄清自己的意思，舍勒补充道，他所指的无论如何都不是错误。欺罔产生于对价值本身的感受之中。在对评价进行判断时，失常才会产生，并且与理论错误截然不同。② 舍勒所说的欺罔和失常是什么意思？这一点并不十分清楚，虽然他确定无疑地指出了我们道德体验中某种非常深邃的东西。当然，他对诸如怨恨现象中所涉及的那种价值欺罔的解释是毫无争议的。毫无疑问，当我们遭遇到有关恶的源头，以及它与善恶认识之关系的问题时，就已经叩开了一道秘门。我们认为舍勒的解释给我们留下了未获解答的问题，但这无辱于他。

莱纳的出发点与舍勒有些不同，他指出，如果涉及正确地（或相对正当地）或错误地（或相对不当地）选择，苏格拉底的命题是有效的。但如果涉及在道德善和道德恶之间做出选择，它就无效了。莱纳说，只有当人们可以有意地选择恶时，才可认为他们在道德上对自己的行为负有责任。③ 这种说法提出了一些有趣的问题。舍勒的道德欺罔与道德失常和莱纳对错误或不当意愿的理解有何区别？舍勒坚持认为，欺罔和失常与错误无关，这似乎能以某种方式区分它们，但是什么方式？以在价值感受和偏好中的欺罔为基础的意愿与错误意愿或不当意愿有何不同？答案必定存在于诸如欺罔这样的现象之中，它涉及一定

---

① Max Scheler, *Der Formalismus in der Ethik und die materiale Wertethik: Neuer Versuch der Grundlegung eines ethischen Personalismus*, GW II, S. 89; 英译本见：Max Scheler, *Formalism in Ethics and Non-Formal Ethics of Values: A New Attempt toward the Foundation of an Ethical Personalism*, translated by Manfred S. Frings and Roger L. Funk, p. 69。

② Max Scheler, *Der Formalismus in der Ethik und die materiale Wertethik: Neuer Versuch der Grundlegung eines ethischen Personalismus*, GW II, S. 89; 英译本见：Max Scheler, *Formalism in Ethics and Non-Formal Ethics of Values: A New Attempt toward the Foundation of an Ethical Personalism*, translated by Manfred S. Frings and Roger L. Funk, p. 69。

③ Hans Reiner, *Duty and Inclination: The Fundamentals of Morality Discussed and Redefined with Especial Regard to Kant and Schiller*, translated by Mark Santos, p. 232。

程度的可责备的自身欺罔。莱纳断言,涉及在善恶之间做出选择的情形时,苏格拉底论题不成立。与舍勒不同,他坚持认为,只有当人们可以有意地选择恶时,我们才可以认为他们在道德上对自己的行为负有责任。这似乎需要我们有可能在精确地认识并明见地感受到价值的本质关联时偏好和意愿负面的或较低的价值。尤其是,根据舍勒关于价值级序之**先天**被给予性的看法,并且根据他的主张,即当价值的本质关联自身被给予时,偏好在其存在中就是必然的,在舍勒的框架中甚至很难想象莱纳所提到的这种可能性。① 问题是,舍勒的观点是否考虑到了在偏好较低的、负面的价值的意义上的恶,它们因自身之故而恶意地被意愿,比如以邻人的不幸为我们的善(好处)。

最后,恶意愿的范畴要求一种其自身的范畴性,例如一种使自身与在一切单纯错误的意义上的负面意愿相区别的东西。或许可以利用某种诸如尼采在"恶"与"坏"之间所做出的区别,至少在术语上如此。就我们的目的而言,"坏"属于一种追求或选择的范畴,在这一追求和选择方面,我们可以犯错误甚或被欺罔。相反,"恶"是一个沉重的术语。它属于另一种追求或选择的范畴,在此方面不存在什么犯错误。选择善恶相应于深思熟虑和确凿无误地肯定或反对在客观上重要的价值。② 正如索科罗斯基(Robert Sokolowski)所言,道德之善涉及将其他个体的善当作我的善;而道德之恶则涉及将其他个体的**恶**当作我的善。③ 我们无法意外作恶。

---

① Hans Reiner, *Duty and Inclination: The Fundamentals of Morality Discussed and Redefined with Especial Regard to Kant and Schiller*, translated by Mark Santos, p. 232.

② Hans Reiner, *Duty and Inclination: The Fundamentals of Morality Discussed and Redefined with Especial Regard to Kant and Schiller*, translated by Mark Santos, pp. 231-236. 要更进一步探究善恶的问题,莱纳推荐他的著作 *Das Prinzip von Gut und Böse*, Freiberg: Karl Alber Verlag, 1949, S. 20-30。还可参照选文 "Good and Evil: Origin and Essence of the Basic Moral Distinctions," translated by J. J. Kockelmans, in *Contemporary European Ethics*, edited by J. J. Kockelmans, Garden City, N.Y.: Anchor, 1972, pp. 158-181。

③ Robert Sokolowski, *Moral Action: A Phenomenological Study*, Bloomington: Indiana University Press, 1985, pp. 155f.

六、道德斗争

在康德看来，一个人格是否碰巧因善而幸福与道德无关，相反，舍勒却将这种幸福视为道德美德的标志。他的典型做法是，将道德上的善行通过道德上的善意的自发性与倾向追溯至一个充满幸福的道德人格的道德之善。正如索科罗斯基所言，康德所关注的似乎是亚里士多德的自制（enkratês）和不能自制（akratês）的道德类型，不可避免要与对立倾向斗争的强弱品格（character）。① 那些体验不到道德斗争的类型，即美德（virtuous）或恶习（vicious）的品格类型，在康德那里似乎没有明确的地位。就康德而言，典型的道德模范是那些英雄般地克服了巨大的诱惑、对立的倾向和不利因素后实现道德美德的人。② 相反，舍勒的理想似乎更接近于席勒的"美丽之心"（beautiful soul）概念，即希望自然而然、毫不费力地在道德上为善和行正当之事。

康德所关注的那类道德品格，即由亚里士多德的自制与不能自制所代表、必须与理性要求和欲望冲动之间的张力做斗争的道德品格，在舍勒的伦理学中是否得到了充分的解释？有时舍勒认为，道德人格似乎无非是天生就具备准确的道德明察的个体，他们只不过是顺从了自己的自然倾向。我们可以像海德曼（Ingeborg Heidemann）那样以嘲讽的口气问道，这样的话，舍勒的伦理学难道不是只适用于那些碰巧具备道德天赋的个体吗？根据这一观点，我们可以说，"正如人们可能在审美方面有天赋那样，他们也可能在道德方面有天赋"，并且"存在着无道德感的人，正如存在着无乐感的人"。③

---

① Robert Sokolowski, *Moral Action: A Phenomenological Study*, p. 217.
② 例如参见 Immanuel Kant, *Kritik der praktischen Vernunft*, in *Kants Gesammelte Schriften* V, hrsg. von Paul Natorp, Berlin: Königliche Preussische Akademie der Wissenschaften, 1908, S. 155-159。
③ Ingeborg Heidemann, *Untersuchungen zur Kantkritik Max Schelers*, Bonn, 1955, p. 163. 由作者翻译。

舍勒小心谨慎，并未断言道德明察必然会导致道德上的善意和善行。他真正断言的是，以对客观价值等级之自身被给予结构的道德明察为基础的价值偏好和意愿"按照本质关联的规律，在其**存在**中是必然的"①。这并不等于断言这种偏好和意愿必然会在实践中得以实现，因为这关乎个体的明察和能力。但舍勒的立场并不完全明晰。有时，意愿或偏好的必然性似乎处于价值间相互关联的本质层次上，在这一层次上，正面价值那自身被给予的首要性凭借一种**先天**冲动的力量在本质上要求得到偏好和意愿。有时，必然性又似乎位于人格——对此人格而言，这一价值是自身被给予的——中某个不可避免的自发回应层次上，作为不可避免的禀性实际地偏好这一价值，并实际地贯彻在对这一价值的自由和非强制的意愿之中。有这么一类个体，对他们而言，价值的首要性是自身被给予的，爱之秩序和时之召唤的需要也是确定无疑的，但他们却不具有自发的倾向去意愿和做所要求的事，舍勒没有充分考察这类个体的情形。欺罔和失常的观念无法充分解释真正的道德斗争现象，更别说用它们来解释有意的恶了。

七、结论

上述无疑都是舍勒伦理学的核心论题。无论涉及的是价值的存在和实现、善恶存在论、道德价值是否附着于支撑已实存的载体的行为的问题，还是道德明察与道德斗争如何相关的问题，每一个问题都以某种方式触及了舍勒理论中根本的存在论概念或道德概念。然而每个问题又以一种较特别的方式与下一个问题具有逻辑上的关联。

---

① Max Scheler, *Der Formalismus in der Ethik und die materiale Wertethik: Neuer Versuch der Grundlegung eines ethischen Personalismus*, GW II, S. 89; 英译本见: Max Scheler, *Formalism in Ethics and Non-Formal Ethics of Values: A New Attempt toward the Foundation of an Ethical Personalism*, translated by Manfred S. Frings and Roger L. Funk, p. 69。

价值的观念构成了舍勒的理论根基，因此有关价值实存的问题自然在逻辑上具有优先性，是要考虑的第一个问题。当舍勒说价值不实存时，最有可能是指价值不像价值的普通物理载体那样以有形的方式实存。舍勒的意思并不是价值不像意向体验的本质对象那样实存。在此意义上，我们可以以一种扩展的方式说它们具有经验的实存，甚至说它们是实在的，因为它们的确是被体验到的而非虚构的。甚至可以谈论在纯粹想象的价值载体（例如莫比·迪克）身上得到实现的实在价值。关于实在实存的问题在逻辑上导致了第二个有关价值实现的问题："价值如何得以实现？"

按照舍勒的观念，当我们将非道德价值带入与一个实存载体的功能性关系之中时就实现了这一非道德价值。至少这是弗林斯对舍勒的解读。这并不意味着载体必须以有形的方式实存于实在世界之中，因为它可以只具有一个纯粹想象的实存。但弗林斯认为价值的实现涉及价值与其载体间的功能性关系，这显然是正确的。根据舍勒的理论，道德价值不同于非道德价值，前者只是作为实现后者的副产品而被实现的。的确，人格品格的道德价值就是作为意向和意愿正面非道德价值载体之实存的副产品而被实现的。但是舍勒没有充分说明，道德善是如何通过支撑已实存的价值载体之实在的行为——比如爱其他人格的行为——而达成的。此外，为什么诸如宽恕、敬重、真诚、仁慈或利他等道德价值不能在我们自身的品格中成为意愿和实现的直接对象？舍勒并未对此给出理由。舍勒否认道德之善具有一个价值内容，可以作为意愿和实现的直接对象而又不沦为法利赛主义的牺牲品，这自然导致了第三个关于法利赛主义的问题："道德价值的实现可以被意向和意愿，而又不沦为法利赛主义的牺牲品吗？"

在舍勒看来，法利赛主义错误地假定了道德价值具有一个质料内容，可以成为意愿的对象，并作为一个外在**目的**而位于人格之外。然而，我们并不一定要以纯形式的方式理解道德之善，如将之理解为**绝**

对的善。我们可以辨识出特定种类的道德之善，如忠诚、悔悟、宽恕、敬重、诚实、仁慈和利他。为何不能将在我们的品格和行为中努力实现这类价值视为一个完全合法的伦理目标？这并不意味着我们忽视了伪善的危险，或者说我们忽视了一个事实，即道德善恶原本居于人格之中，先于一切个别的意愿和实施行为。这只不过意味着，以特定的方式努力抑恶行善是一个在道德上可接受的、合法的和值得赞扬的目标。这一问题涉及直接意向（相对于恶）善之实现的可能性，而这又导致了第四个关于善恶存在论的问题："善恶与我们本性中的精神性和兽性方面如何相关？"

人类是动物与精神之间的桥梁，舍勒将羞愧体验与我们所具有的这一地位联系起来。但他将我们实存中的兽性维度与恶等同起来，这导致了一个关乎其善恶存在论的严重问题。这里的主要问题是，他不加批判地将道德之善与道德恶之间的伦理关系等同于人类本性的结构成分之间的形而上学关系或存在论关系。他使善与恶之间的伦理对立坍塌为精神与动物之间的结构对立，这让人怀疑他关于人类人格的观念是否具有本质的统一性。关于善恶本性的问题又导致了第五个苏格拉底的问题，涉及道德认识与道德美德的关系："明察到了道德上的正当就意味着我们意愿行正当之事吗？"

舍勒说，如果道德上的善意以明见相即的道德明察为基础，就会具有本质必然性。相反，恶意奠基于欺罔和失常之上。这一观点所导致的根本问题是，恶意和恶行是否如苏格拉底的等式"知识即美德"所言是意外的？或者说它们是否随不周到的道德明察而出现？舍勒的立场不够清晰，不足以应付因自身之故而恶意地意愿负面价值的情况。这一问题又导致了第六个，也是最后一个涉及道德斗争的问题："道德明察与道德斗争之间有什么关系？"

康德的道德模范属于亚里士多德思想中必须与对立倾向斗争以行正当之事的那种品格类型。与康德不同，舍勒的理想更接近于席勒的天赋心灵，可以自发地、毫不费力地行正当之事。这也引出了一个问题：舍勒是否恰当地解释了人类经验中的道德斗争现象，或是否恰当地处理了恶的问题？

我们指出舍勒的理论给我们留下了未获解答的问题，但这无辱于他。只有被视为一种可能选择的理论才能不断激发问题。即使所牵涉的问题如此处这样关乎根本也是如此。这里所产生的六个问题涉及位于舍勒伦理学核心之处的基本存在论假定和道德假定。要发现这些问题的答案，不仅需要仔细重读他的相关著作——因为它们非常清晰地留下了未获解答的问题，还需要对他解释中的各种裂缝所提示出的可能答案的初步轮廓持续地进行富有想象力的现象学反思和考量。然而即使这种反思也必须要从舍勒的相关文本出发。

在寻求这些问题之答案的过程中，应该得到最严肃的研究的舍勒著作首先是《形式主义》，这不仅是他的代表作，而且是包含对所有六个问题都具有根本意义的文本。这是迄今为止最重要的著作。但其他著作也含有相关的材料。对于他关于价值的实存和实现的设想，可以在其博士论文《论逻辑与伦理原则之间关系的确定》以及后期反思实在与抗阻的论文《观念论与实在论》(Idealismus-Realismus) 中发现相关的材料。[①] 在《论害羞与羞感》中，特别是在《形式主义》中所发现的舍勒天主教时期的善恶存在论，应该与其后期《人在宇宙中的位置》(Die Stellung des Menschen im Kosmos) 以及《后期著作集》中的其他论文，还有在其《遗著》(Schriften aus dem Nachlass) 中名为《认识

[①] Max Scheler, „Beiträge zur Feststellung der Beziehungen zwischen den logischen und ethischen Prinzipien", in Max Scheler, *Frühe Schriften*, GW I, Bern und München: Francke Verlag, 1971. Max Scheler, „Idealismus-Realismus", in Max Scheler, *Späte Schriften*, GW IX, Bern und München: Francke Verlag, 1976, partially translated by David R. Lachterman, in Max Scheler, *Selected Philosophical Essays*, edited by David R. Lachtermann, Evanston, Ill.: Northwestern University Press, 1973; partially translated by Thomas J. Sheehan, in *Heidegger: The Man and the Thinker*, edited by Thomas J. Sheehan, Chicago: Precedent, 1981, pp. 133-144.

论与形而上学》(*Erkenntnislehre und Metaphysik*) 的那一卷中的某些论文的相关观点进行比较。[1] 对于他关于自欺 —— 自欺是法利赛主义的基础 —— 的设想,可以在他的重要论文《爱的秩序》以及《论怨恨与道德性价值判断》(Über Ressentiment und moralisches Werturteil) 中发现有关的材料。[2] 至于道德意愿之明察与对道德爱之明察的关系,可以在《爱与认识》(Liebe und Erkenntnis) 以及《论人之中的永恒》(*Vom Ewigen im Menschen*) 和《同情的本质与形式》中发现有用的材料。

(译者:高松 / 同济大学人文学院哲学系)

---

[1] Max Scheler, „Über Scham und Schamgefühl", in Max Scheler, *Schriften aus dem Nachlass*, GW X, Band I: *Zur Ethik und Erkenntnislehre*, Bern und München: Franke Verlag, 1957. Max Scheler, „Die Stellung des Menschen im Kosmos" 及其他论文 , in Max Scheler, *Späte Schriften*, GW IX, Bern und München: Francke Verlag, 1976. Max Scheler, *Schriften aus dem Nachlass*, GW XI, Band I: *Erkenntnislehre und Metaphysik*, Bern und München: Francke Verlag, 1979.

[2] Max Scheler, „Ordo Amoris", in Max Scheler, *Schriften aus dem Nachlass*, GW X, Band I: *Zur Ethik und Erkenntnislehre*, Bern und München: Francke Verlag, 1957; 英译本见: Max Scheler, *Selected Philosophical Essays*, edited and translated by David Lachterman, Evanston, Ill.: Northwestern University Press, 1973。Max Scheler, „Über Ressentiment und moralisches Werturteil", in Max Scheler, *Vom Umsturz der Werte*, GW III, Bern und München: Francke Verlag, 1954; 英译本见: Max Scheler, *Ressentiment*, edited by Lewis A. Coser, translated by William W. Holdheim, New York: The Free Press, 1961。

人格现象学与人格伦理学

人格作为现象学的任务[*]

米歇尔·伽贝尔

一、关于方法的问题

马克斯·舍勒将其人格的哲学构建于现象学分析之上。本讲座的目的在于指出，对此必须区分和发展出不同类型的现象学分析。舍勒本人没有明确地着手这种区分。毋宁说，他只是在《伦理学中的形式主义与质料的价值伦理学：为一门伦理学人格主义奠基的新尝试》（下文简称《形式主义》）中顺带地提及不同的现象学分析的类型。他的论述并没有表明他赋予这些区别以重要意义，情况在埃德蒙德·胡塞尔那里却有所不同。胡塞尔在他的现象学分析中不只是关注"实事"（Sache），而且同样地关注方法（Methode）。而舍勒则相反，他更加强烈地对"实事"，即对人格的现象感兴趣，而方法则只是间接和附带形成的。因为是实事的要求，所以甚至有若干种方法得以形成，而这一事实又没有成为一个独自的话题。在最好的现象学意义上，正是在其自身-给予（Sich-Geben）中的实事迫使适合于它的诸方法得以形

---

[*] 本文译自：Micheal Gabel, „Person als phänomenologische Aufgabe"。该文系作者应邀于2013年10月17日在广州中山大学哲学系所做讲演的讲稿。外文稿待刊出。——编者

成。因为舍勒没有在事后提到这些方法并凸显出它们的区别,所以去描述舍勒进路的方法多样性,就作为对其著作的注释的任务遗留下来。因此,我在这里并不只是关注舍勒的文本,而是与文本一起关注人格现象自身。舍勒在"现象学论争"中对自己立场的描述时曾提到,现象学施行中的文本和论证起着这样的"指示棒的作用"[①],即把目光领向实事。

二、人格作为先验的可能性条件及它行动之统一的超越根据

在开始详述现象学分析的不同方法之前,我想首先强调人格现象方面的一些本质特征(wesentliche Züge),这些特征使我们认识到这些方法的必要性。

1. 在出自1913年和1914年的《现象学与认识论》(Phänomenologie und Erkenntnistheorie)手稿中,舍勒阐释说,现象学的分析总是对诸经验(Erfahrungen)的分析。因此一种人格的哲学必须考虑到经验,这些经验使得对人格的通达成为可能。在《论人之中的永恒》中,舍勒说道,通达人格的经验并不是任意一种经验。通达人格的经验唯独是这样的经验,在其中人格自身给出通道(in denen die Person den Zugang selbst gibt)。人格或显示自身,或停留于隐蔽之中。因此,舍勒一方面谈到"人格的沉默"[②],另一方面又谈到在人格的自身开显(Selbstoffenbarung)意义上的"自身揭示"(Selbsterschließung)[③]。人格在其行动(Handeln)中开放出对它自己的通达。人格通过与其世界打交道,至少间接让自己得以认识。因此,为了到达人格,现象学

---

① Max Scheler, *Schriften aus dem Nachlass*, GW X, Band I: *Zur Ethik und Erkenntnislehre*, Bonn: Bouvier Verlag, 1986, S. 391.
② Max Scheler, *Vom Ewigen im Menschen*, GW V, Bern und München: Francke Verlag, 1968, S. 331.
③ Max Scheler, *Vom Ewigen im Menschen*, GW V, S. 331.

分析必须要处理人格的行动或行为（Handlungen oder Akten）。于是，对舍勒而言，在现象学上对人格进行规定就是行为分析或行为现象学（Aktanalyse oder Aktphänomenologie）。

2. 对作为一种行为分析的现象学任务规定，需要准确地加以说明。对通达人格的行为分析（Aktanalyse mit Zugang zur Person）而言，是否任意一种行动都要加以考虑呢？要是这样的话，那么人的每一个行为在任何方面都能够成为人格经验（Erfahrung von Person）的场所（Ort）了。或许，人的每一个行为都能够成为人格经验的场所，但**并非在任何方面**都能够如此。要通达人格，重要的是这样的情形，即人的每一个行为（Tätigkeit）都通过人格而经受到一个**烙印**（Prägung）。每一个人格都以其方式来行动，每一个人格都给予人的行为以它独特的烙印。诸人格不是在它们的行为本身中，而是在它们个体烙印（individuelle Prägung）中区别开来的，而这烙印是人格赋予行为的。因此，人格的现象学的经验分析必须探讨诸行为及它们的个体烙印的可能性，而舍勒则通过区分"抽象的行为本质性"（abstrakte Aktwesenheiten）和"具体的行为进行"（konkreter Aktvollzug）将此列进考虑之中。①

3. 只有在对伴有个体烙印的具体行为进行的现象学分析中，人格才显示自己。与这个断定相联系的是这样的问题，即：人格以何种方式显示自己？它把自己显示为它的诸行为、它的具体的行为进行的发起者（Urheber），这发起者把他的个体烙印给予行动。这并不是说，人格是其行为的先验主体（transzendentales Subjekt）。它并非康德《纯粹理性批判》意义上的先验统觉（transzendentale Apperzeption）的"我"（Ich）。它也不是埃德蒙德·胡塞尔现象学中先天奠基意义上的

---

① 参见 Max Scheler, *Der Formalismus in der Ethik und die materiale Wertethik: Neuer Versuch der Grundlegung eines ethischen Personalismus*, GW II, Bern und München: Francke Verlag, 1980, S. 383。

纯粹先验自我。① 原因在于，在舍勒看来，康德和胡塞尔关于主体的先验哲学规定并没有就人格给予行为个体烙印的能力方面而到达人格。对主体的先验哲学规定只是到达了一个抽象的主体性（Subjektivität），而不是在其具体行动中的人格。说人格也含有先验自我的功能，舍勒或许也会认同。但人格同时意味着比先验主体更多的东西，这一点由此得以表明，即伴有其个体烙印的具体的行动总牵涉到**不同的行为本质性的一个统一**（*eine Einheit von verschiedenen Aktwesenheiten*）。于是这统一就构成了人格的行动的个体烙印。人格，作为不同的行为本质性的统一的发起者，是它诸个别行动的发起者。正是作为不同的行为本质性的统一的发起者，人格无论如何都要多于单个个别的行为本质性的主体，这单个行为本质性参与到具体行为的统一之中。所以说，人格要多于先验自我。当然，就先验的"我思"构成一个判断行为的本质而言，人格同样也实现此功能；但是当在人格的行动包括了不同行为本质性之统一的条件下，人格就不只是单纯的先验的可能性条件。作为不同行为本质性的统一的发出者，人格不只是先验的可能性条件，而且同时是**每一个别的行为本质性的超越的根据**。人格存在（Personsein）并不在于成为个别的行动可能性的主体。人格同时是先验的可能性条件及它行动之统一的超越根据。

4. 如果人格同时是先验的可能性条件及它行动之统一的超越根据，那么就要进一步提问：人格存在，作为其具体的行为进行的统一的发出者，该如何被设想？"超越的根据"这种规定可能会被实体本体论地（substanzontologisch）理解。在这种情况下，人格就成了一个可与其行动相分离的基底（Substrat）。具体的行为进行的统一体（它给予人格的行动其个体烙印）在这种情况下就成了人格实体的一个派生物，

---

① 参见 Max Scheler, *Der Formalismus in der Ethik und die materiale Wertethik: Neuer Versuch der Grundlegung eines ethischen Personalismus*, GW II, S. 373-381。

而舍勒在《形式主义》中恰恰是反对这种观点的。"人格"绝不能"被设想为一个事物（Ding）或者一个实体（Substanz）"。[1] 为了不产生误解，舍勒就不说作为行为进行发出者的人格，而是谈论不同的行为本质性的"统一的进行者"（einheitlicher Vollzieher）[2]。这样，舍勒就不是静态地理解伴有个体烙印的人格行动，而是动态地将其理解为具体的进行和发生（Geschehen）。人格的超越性（Transzendenz）不能实体本体论地被理解为外在于其行动的存在，而要被理解为印烙着的统一形式（prägende Einheitsform），它在行为自身中存在并只**在行为进行中**表达自身（sich nur *im Aktvollzug* artikuliert）。作为给予着统一的进行者，人格自身只在行动的进行中显现和开显自己。就它总是多于一个局部参与的行为本质性的主体而言，人格同时拒绝任何那样一种把握，即试图把它脱离出行为进行而将之确定和固定下来。针对这种构想，有人指责它是一种现行主义（Aktualismus）。这个指责背后有这样的忧虑，即人格也许会完全地被消解在纯粹的现行性（reine Aktualität）之中。人们认为，必须保护舍勒不陷入现行主义，而尝试把舍勒的人格理解（Personverständnis）重置在经典形而上学概念中。我认为这种指责并不是不可反驳的。如果人们认真地考虑到，在其行动中的人格总是更多于参与其中的局部个别行为，那么人格就通过这种超越性而受到保护，从而避免一切现行主义的消解，同时又仍然只在行为进行中被给予。

三、两种类型的现象学分析

1. 如果人格存在依照这里提到的诸本质特征被理解为"不同种

---

[1] Max Scheler, *Der Formalismus in der Ethik und die materiale Wertethik: Neuer Versuch der Grundlegung eines ethischen Personalismus*, GW II, S. 371.

[2] Max Scheler, *Der Formalismus in der Ethik und die materiale Wertethik: Neuer Versuch der Grundlegung eines ethischen Personalismus*, GW II, S. 380.

类的本质行为的具体的、自身本质的存在统一……，它自在地先行于……所有本质的行为差异"①，那么很清楚，对行动（人格在其中显现）的现象学分析，必须恰好这般地构建，以至于人格能够在其中得以显现。而我现在的论题是，舍勒对此需要两种完全不同的现象学分析类型。此论题的决定性要点是舍勒在《形式主义》的名为"人格与行为"的第三章中提出的。② 在那里，舍勒为"纯粹现象学"的"**所有行为研究**"区分了两种研究：一种以"抽象直观的本质性"（abstrakt anschauliche Wesenheiten）为对象，另一种以"具体的（行为）本质性"（konkrete [Akt-] Wesenheiten）为对象。③ 舍勒解释说，具体的本质性只有从作为其进行者的人格那儿（出发）才会得以直观。因此，具体的行为本质性是由人格的个体烙印规定的，而人格则作为不同的"抽象的行为本质性"的存在统一得以进行。显然，人格的具体行为统一起不同的抽象的行为本质性。所产生的统一和内在秩序随着各个体人格的不同而不同。可以说有这么一种各自不同地得以建立的结构，只要注意到，这结构不是静态的，而是从不间断地进行着。这行为格局（Aktkonstellationen）的结构在各个体的人格中是独特而不同的。与此相反，如果抽象地考察抽象的行为本质性，也就是说，把它从具体的进行中抽离出来考察，那么抽象的行为本质性就带有一般的本质特征，这些特征在所有人格中都是相同的。

2. 对抽象的和具体的行为本质性的区分要求分清不同的行为分析类型的差异。我想把这些不同的分析类型称为静态的和动态的分析

---

① Max Scheler, *Der Formalismus in der Ethik und die materiale Wertethik: Neuer Versuch der Grundlegung eines ethischen Personalismus*, GW II, S. 382-383.

② 参见 Max Scheler, *Der Formalismus in der Ethik und die materiale Wertethik: Neuer Versuch der Grundlegung eines ethischen Personalismus*, GW II, S. 383。

③ Max Scheler, *Der Formalismus in der Ethik und die materiale Wertethik: Neuer Versuch der Grundlegung eines ethischen Personalismus*, GW II, S. 383. 这是我的补充。

（statische und dynamische Aktanalyse），或借鉴胡塞尔所做的区分[①]，称之为静态的和发生的行为分析（statische und genetische Aktanalyse）。两者都是从对人的行动（menschliches Handeln）的经验性的经验（empirische Erfahrung）中获取对象，同时两者都在人的行动的构造中使先天的被给予性（apriorische Gegebenheiten）得以直观，但它们所产出的东西是各自不同的。静态的行为分析系统地区分出不同的行为本质性，并解释它们在什么样的先天秩序中相互关联。重要的静态现象学论述可以在《形式主义》的名为"形式主义与先天主义"的第二篇中找到，并主要在手稿《现象学与认识论》、《三种事实的学说》（Lehre von drei Tatsachen）和《爱的秩序》[②]中得到补充。与此平行，也可以找到不能归之为抽象行为本质性解释的论述。这里，舍勒描述了具体的人格行为，抽象的行为本质性在其中形成一个具体的统一。随着关联存在（Bezogensein）的方式的不同，它们各自组成不同的个体整体，而这整体须在其进行中被设想。我把这些论述称为动态的或发生的行为分析和现象学。例如在《价值的颠覆》（Vom Umsturz der Werte）中关于谦卑（Demut）和敬畏（Ehrfurcht）的研究，或者在《论人之中的永恒》中关于懊悔（Reue）和作为哲学的原初行为的惊异（Verwunderung）的研究。当舍勒把信仰规定为人格的行为的时候，"宗教文"（Religionsaufsatz）的某些部分至少也属于其中。在关于《绝对域与上帝理念的实在设定》（Absolutsphäre und Realsetzung der Gottesidee）的手稿中，这显得更清楚。同样也不能忽略《同情书》（Sympathiebuch）的相当一部分，在其中，舍勒把对陌生自我（fremdes Ich）的体验和爱（Liebe）描述为人格的关系。

[①] 参见 Edmund Husserl, *Ideen zu einer reinen Phänomenologie und phänomenologischen Philosophie I*, Husserliana 3, Den Haag, 1950, S. 256ff. 胡塞尔在那里说的是实显（Aktualisierung），舍勒说的是具体的进行（konkreter Vollzug）。

[②] 三者都包含在舍勒《遗著》第一部中，参见 Max Scheler, *Schriften aus dem Nachlass*, GW X, Band I: *Zur Ethik und Erkenntnislehre*, Bern und München: Francke Verlag, 1957。

3. 很多舍勒的诠释者都没有对这两种类型的现象学做出区分。他们在其罗列中混合着对抽象的行为本质性和具体的行为的描述。可以为他们辩解说,舍勒在其行为现象学的罗列中也同样有这样的混合。要是这种区分未能清楚地得到强调,那么真正的研究目的——这边是不同的行为本质性,那边是它们的具体的人格的存在统一——就停留在黑暗之中。为了克服这样的不清晰性,接下来应该要对两种现象学类型做简要的刻画。

四、静态现象学

1. 静态的行为分析和现象学让不同的行为本质性得以直观,舍勒一个接一个地把它们罗列出来。例如在《形式主义》的"人格"篇开头就是"外感知和内感知,外愿欲和内愿欲,外感受和内感受以及爱、恨"①。这种罗列在舍勒那里经常出现。它们也包含其他的编排和不在此罗列之内的一些对象,这些对象是偶尔出现的添加所带来的,比如对于"信仰"的添加。如果承认舍勒并不明确地关注到两类行为分析的区别,那么舍勒这里没有做到特别清晰,就不足为奇了。本质上说,有三种抽象的行为本质性的意向性结构要由静态现象学来规定。这里涉及的是对感知(Wahrnehmen)、价值认定(Wertnehmen)以及爱(Lieben)或恨(Hassen)的层次划分。舍勒对这三种行为本质性的描述围绕着在这些层次中的每一个都有其独特的形态的意向性。这里可见一个对这些行为本质性之间奠基秩序起制约作用的内层次(innere Stufung)。被分层的意向性和行为本质性的奠基都提供出人的行动的先天框架,这框架起初是抽象的。如果考察到行动的具体进行,那么

---

① Max Scheler, *Der Formalismus in der Ethik und die materiale Wertethik: Neuer Versuch der Grundlegung eines ethischen Personalismus*, GW II, S. 383.

抽象的先天框架就在先天之物的层面上以具体的生活充实自己，而对此的描述就是动态和发生的现象学的任务。

2. 首先要对抽象的行为本质性的意向性结构做一些说明。它是通过意向活动-意向相关项式的（noetisch-noematisch）相关性得以规定的。感知是意向性地指向本质实事状况（Wesenssachverhalt）的被给予性的。这里，舍勒持有这样的观点，即：这指向并不能归因于一个先验主体的构造成就，而是要归因于本质实事状况的自身被给予性。感知的理论行为能够在被给予者中对本质核心（Wesenskern）和充实要素（Füllemoment）做出如此区分，以致它能够把被给予存在（Gegebensein）理解为在被给予性上无法终止的增长。重要的是，与胡塞尔相反，舍勒不把感知的理论行为归因于一个先验的自我。他通过外感知和内感知的区分把一个本质实事状况的地位归给自我，并把它规定为内感知的意向相关项意义上的相关物（noematisches Korrelat）。于是它就失去了相对于陌生感知（Fremdwahrnehmung）的自我和外感知的诸本质实事状况的所有结构上的特殊地位。

3. 价值认定属于情感的行为种类，舍勒也赋予它们精神的和认知的意义，同时不把它们与理论的行为种类相混淆。在价值感受（Wertfühlen）的情感行为中，事物的价值被把握到；在从生物到精神的整个带宽中，价值传达着事物的意义。人的身体-精神的（leib-geistig）构造性（Verfasstheit）表现为一种共鸣板，使得事物中的价值要素发出声响。在舍勒看来，在单个价值和对其把握中，并没有僵化的固定。因为优待（Vorziehen）或后置（Nachsetzen）的行为也属于价值认定，在其中，一个对象表现为价值整体中的较高者或较低者。

4. 要是考察到爱或者恨，这幅图景会更加完整。首先我们必须清楚，在静态的行为分析中，爱所关涉的并不是两个人之间的人格的爱的行为，这属于动态现象学。在静态的行为分析中，爱所关涉的是一个行为，它决定与现实（Wirklichkeit）一般的关系。这里，出于其价值的充实，现实被理解为是不间断地在增长着的。爱能够实现这个任务，因为它以奠基性的方式把意向性从人精神自发和主动的指向转向一种对于现实总体的不间断的自己给予（Sich-Geben）的纯粹接受性（Empfänglichtkeit）的反意向性（Gegen-Intentionalität）。通过爱，人被植入了一种超越性意识（Transzendenzbewusstsein）的能力，其最终意义是所有社会行为和信仰的宗教行为的可能性条件。

5. 抽象的行为本质性的结构上的构造显出，当它具体地得以进行的时候，它构成一个统一。在这些行为的本质性方面，这个统一具有这样的特点：爱，作为与接受行为相反方向的自发性，把在其精神构造中的整个人的行动规定为建立于与现实的亲挚对话上的行动。人的行动在原则上能够针对与现实的相遇做出答复，并因此同样能够承担自己的行动的责任。

五、动态现象学

在静态的行为分析中显现为人的行动的可能性条件的东西，在动态现象学中则作为具体的进行被研究。对于具体的进行来说，从静态的行为分析而得知的意向性结构和奠基秩序同样是十分重要的。

1. 在对具体的人格行为做任何个别的分析之前，重要的是要确定，具体的行为包含所有三种行为本质性。每一个具体的人格行为都包含对现实的爱的开放性（Offenheit）、对其价值充实的把握和在此基础上建立的理论认识和判断的要素。如果这种内在的相关性总是被认识到，那么对舍勒的接受也许就不会有一个痛心的误解了。这里，我指的是天主教神学家的官方的神学评价。舍勒的爱在他们眼中是无视认知的（erkenntnisblind），他们以此作为拒绝舍勒的价值学说和宗教哲学的理由。要是注意到舍勒的在具体的人格行为中的行为本质性并不是形成一种"相互接续"（nacheinander），而是"彼此内在"（ineinander），那么大概就不会有这种拒绝了。当舍勒多次解释说在爱中的所有知识的奠基都是基督教的成果时①，这种误解就更显得痛心。

2. 关于情感性（Emotionalität）和理性（Rationalität）的等级顺序的神学探讨表明，在具体的人格行为中什么是被决定的。它们始终以具体的方式实现着人与现实总体的关联。如果与传统相一致地把这种关联定义为自身、世界以及上帝关联（Selbst- Welt- und Gottesbezug），那么从这三个维度中的每一个出发，与现实的关系（Verhältnis）都在根本上得到规定。具体的行为进行进一步意味着，这关系是在各个人格中各自地被印烙的。具体的行为进行最终意味着，具体的个体形态并非是一劳永逸地确立起来的，而是必须总是更新地被规定。

3. 对于基础性的精神和人格的惊异行为，被叫作"道德的激昂"（moralischer Aufschwung），舍勒指出，面向所有现实的理论的开放趋向需要在谦卑和敬畏的实事定向（Sachorientierung）中的情感奠基（emotionale Fundierung）以及爱所引导的对现实的接受（liebegeleitete Annahme des Wirklichen）。舍勒在"再整合"（Re-integration）②的关键词下指出，具体的人格行为的所有行为要素总是必须被回溯至把一切联结起来的总体。再整合指出了每个人格精神行为的基本任务。在另一处，舍勒用汇集（Sammlung）的概念表达同样的意思。这个再整合是如何实现的，需要在动态现象学中加以研究。对于世界关联而言，再整合意味着，人格存在在关于世界在整体中要如何被争取的决定中实现。舍勒在关于"哲学的本质"（Wesen der Philosophie）的文章中指出，这种世界关联是在一种科学的世界观或在现象学的世界观的态度中得以进行的。科学的世界观是指一种这样的态度，它把一切都

---

① 对此参见 Max Scheler, „Das Ressentiment im Aufbau der Moralen", in Max Scheler, *Vom Umsturz der Werte*, GW III, Bern und München: Francke Verlag, 1972; Max Scheler, „Vom Wesen der Philosophie und der moralischen Bedingung des philosophischen Erkennens", in Max Scheler, *Vom Ewigen im Menschen*, GW V, Bern und München: Francke Verlag, 1968。

② Max Scheler, *Vom Ewigen im Menschen*, GW V, S. 85.

置于可支配性（Beherrschbarkeit）、花费-收益-计算（Kosten-Nutzen-Kalkül）和对资源的榨取的角度下加以考察。① 在其中，人的行动的首要标准由这样的观念所规定，这些观念忽略掉事物的本己的意义。舍勒在20世纪开端的沉重灾难中看到了这样一种与现实打交道的形式，其表现就是第一次世界大战。科学的世界观错过了现实总体，而现象学的世界观则把人格行为带到接受并注重一切现实之物的本己意义（Belang）的精神态度之中。这里，人不是通过对自然的榨取，而是在与自然的和谐中找到自己。与对现实的充实一起，人格的充实也得以实现。对于这种态度，舍勒毫不犹豫地使用了献身（Hingabe）的概念。

4. 在与现实总体的关系中，懊悔的人格行为② 在舍勒那里代表着自身关联的维度。这里，人可以决定其人格存在的充实在多大程度上得到实现或错过。人格的行为在这里也是属于再整合的行为。人的每个个别的行动都要录入一个整体之中。而这个整体要采取什么形态，则是由人格决定的。人格或者把这个整体规定为在自然法则因果制约下没有漏洞的关闭性整体，或者规定为还没有确定结果的意义整体。如果人格把自己规定为被自然法则决定的整体，那么虽然人格似乎可以像一个工程师那样支配其生活中的每一个方面，而表面看来又至少获得了确定性（Sicherheit），但事实上人格却是更多地陷入宿命（Determination）而无法脱身。③ 另一种可能性是，把整体理解为一种开放的意义整体并与此相应地行动。在这种情况下，一个人的每一个个别的行动在其意义中都是对他的生活保持为开放的，并只是暂时地被规定，每一个后来的情景都可能把早前的决定置于疑问之中。做这种决定的代价显然是对未完成（Unfertigkeit）和对探寻（Suchen）的

---

① 参见 Max Scheler, *Vom Ewigen im Menschen*, GW V, S. 91。

② 参见 Max Scheler, „Reue und Wiedergeburt", in Max Scheler, *Vom Ewigen im Menschen*, GW V, S. 27-59。

③ 参见 Max Scheler, *Vom Ewigen im Menschen*, GW V, S. 34。

感受，而不是对优越性（Überlegenheit）的感受。但人格在这种态度中获得了一种全新的创造的能力（Fähigkeit des Schöpferischen），因为人格能够通过悔过的能力始终重新规定其生活的意义整体。人格通过这样的方式给予过去的行为以新的意义，并且克服了宿命的绝望（Ausweglosigkeit der Determination）。在懊悔的态度中，作为人格的人并不是以类似于占有一个被购买的商品的方式而占有自己，而是一直不受自己的支配。但同时他又获得了对于自己以及对于其生活的一种新的开放性，这种开放性把他从绝路中解放出来。

5. 懊悔的行为引导人格超越自身。如果人的生活的整体作为意义整体对新的意义规定保持开放，那么根据舍勒就不能排除，这个意义整体能够超出有限性（Endlichkeit）的界限，而这种超出又仍然能够被设想为人格行为。舍勒在多大程度上把这种超出再次理解为对于与人格性的上帝（personaler Gott）自身的具体相遇的开放性，这一点并不总是清楚的。这行为又是带有再整合与汇集的要素的具体的人格行为。在手稿《绝对域与上帝理念的实在设定》以及在《论人之中的永恒》中，舍勒清楚地表明，宗教行为必须被规定为信仰的人格行为。宗教行为又是通过两种可能的方式得以实现的：或者作为以人的方式被构造起来的宗教性的行为而得以进行，或是作为对于不可接近的、仅仅通过自身揭示方可通达上帝人格性（Personalität Gottes）的开放性的行为。在前一种情况中，人来规定他所服从的上帝，他打交道的是伪神。在后一种情况中，人面对上帝的不可接近性。而再整合只有在这里才保持为一个开放的任务。显然，人在这时候也没有他可以索取占有的确定性。借助对于人格上帝的开放性，人有一个对面者（Gegenüber），这对面者总能够使他获到充满意义的人格整体之新的可能。

（译者：吴嘉豪 / 德国哥廷根大学哲学系博士研究生；

校者：江璐 / 中山大学哲学系）

康德背景下的舍勒人格概念*

菲利普·布洛瑟

本文致力于考察舍勒对人之人格的早期反思，并且从现象学的视角出发初步考察它们对于哲学人类学所具有的基本意义。唯有通过对康德和舍勒伦理学作品的人类学预设进行比较性的训诂分析，舍勒的人格哲学才能得到恰当的评价。唯有通过仔细地专注于康德体系结构的背景，我们才可能理解那些发挥了舍勒哲学想象力并且促使他在其研究方向上阐发其哲学的问题。一方面，正如将看到的那样，康德认为，唯有一门形式伦理学通过维护作为理性存在者的人的意志自律才能公正对待其尊严和高贵，而所有偶然的善和目的的质料伦理学则由于使意志受外在决定的根据的控制而破坏了那个自律。另一方面，舍勒提出这个主张与之抗衡，即康德的形式主义不能公正对待人格的本质，并且唯有一种"质料的"、现象学的视角才避免使完满的、不可还原的人格现象失去本性。这两种观点都包含对人的人格本性的确定的预设，为了理解它们是如何联系起来的，我们必须仔细地考察它们。①

---

* 本文译自：Philip Blosser, "Scheler's Concept of the Person against Its Kantian Background," in *Max Scheler's Acting Persons*, edited by Stephen Schneck, Amsterdam: Rodopi, 2002, pp. 37-66。——译者

① 参见 Takiyeltin Mengilsoglu, „Der Begriff des Menschen bei Kant und Scheler", in *Actes du Xleme Congres Internationale de Philosophie*, vol. 7: *Psychologiephilosophique*, Louvain: Editions E. Nauwelaerts, 1953, pp. 28-37。

舍勒哲学人类学的讨论通常以其后期思辨的、形而上学的著作为出发点。曼弗雷德·弗林斯指出,就舍勒而言,哲学人类学在形而上学问题发源地里面占据某种地位,"与作为对所有元-学科的交叉和统一的研究的元-人类学交织在一起"①。然而,因为舍勒的后期著作是形而上学的和思辨的,所以它们也是非常成问题的和有争议的。甚至在其最近的身后发表的遗稿出版之后,他的形而上学著作仍然难以理解,并且适合于相互矛盾的解释。② 欧根·凯利把舍勒向形而上学思辨的跳跃称作"在其诗意中令人惊诧不已的",虽然他哀叹它仍然是一个"未实现的许诺",一种"高贵的毁灭",一部"思辨形而上学的毁灭的未完成的作品",凯利宣称:"我永远无法原谅舍勒最终转向形而上学,这本身太片面且太不确定,以至于不能推进那个过程,然而它可能以整合和世界文化为目的。"③

然而,如果哲学人类学的概念并不局限于舍勒后期持有的特殊理解,那么我们就会发现,其早期关于"人格"的现象学作品都与此相关,并且最终可能是问题较少的,即使它们受到的关注不多。许多学者,例如:约翰·科罗斯比(John F. Crosby)、让·拜林(Ron F. Perrin)、斯蒂芬·施奈克(Stephen F. Schneck)和卡罗尔·沃伊蒂拉(教皇约翰·保罗二世)——提几位其著作在英文中是可见的学者——已经以这种或那种方式注意到了舍勒关于人之人格的现象学对哲学人

---

① Manfred S. Frings, *The Mind of Max Scheler*, Milwaukee, Wis.: Marquette University Press, 1996, p. 255.

② 参见 John H. Nota, *Max Scheler: The Man and His Work*, translated by Theodore Plantinga and John H. Nota, Chicago: Franciscan Herald Press, 1983, pp. 172-176; 也参见 Francis Dunlop, *Scheler*, London: Claridge Press, 1991, pp. 79-81。关于海德格尔、哈特曼和天主教神学家之间的意见冲突,可参见 Ben Vedder, "The Latest Philosophical Anthropology of Max Scheler," *Tijdschrifl voor Filosofie en Theologie* 4, 1989, pp. 432-442; Bernd Brenk, *Metaphysik des einen und absoluten Seins: Mitdenkende Darstellung der metaphysischen Gottesideedes spaten Max Schelers*, Meisenheim am Gian: Verlag Anton Hain, 1975。

③ Eugene Kelly, *Structure and Diversity: Studies in the Phenomenological Philosophy of Max Scheler*, Dordrecht: Kluwer, 1997, pp. 196, 194f.

类学的意义。① 在此，最重要的兴趣是在其代表作《伦理学中的形式主义和质料的价值伦理学：为一门伦理学人格主义奠基的新尝试》（下文简称《形式主义》）（1913—1916）中，舍勒在批评康德伦理学的背景下提出他的伦理学人格主义的立场和一门人格现象学。康德的伦理学在这里起了重要作用，因为正是在康德批判哲学的背景之下舍勒发展了他对康德人类学预设的批判和他自己的人之人格的现象学。

一、舍勒早期人格主义的康德背景

在《纯粹理性批判》的结论中，康德以如下著名的问题概括理性的兴趣②：

（1）我能知道什么？

（2）我应当做什么？

（3）我可以希望什么？

正如众所周知，在其《逻辑学》中康德又在这三个问题之外增添

---

① 参见 John F. Crosby, *The Selfhood of the Human Person*, Washington: Catholic University Press, 1996, 以及我对它的评论, in *The Thomist* 62 (2), 1998, pp. 308-312; Ron F. Perrin, *Max Scheler's Concept of the Person: An Ethics of Humanism*, New York: St. Martin's Press, 1991; Stephen Frederick Schneck, *Person and Polis: Max Scheler's Personalism as Political Theory*, Albany: State University of New York Press, 1987; 以及 Karol Wojtyla, *The Acting Person*, Dordrecht: D. Reidel, 1979; 参见我给 Kenneth L. Schmitz 的 *At the Center of the Human Drama: The Philosophical Anthropology of Karol Wojtyla/Pope John Paul II* 一书写的书评, in *The Thomist* 61 (1), 1997, pp. 142-146。博士论文参见 Herbert Heinrich Meyer, "A Critical Study of Max Scheler's Philosophical Anthropology in Its Relation to His Phenomenology," Boston University, 1972; Augustine Roberts, "Max Scheler's Phenomenology of Person," Duquesne University, 1968; Edward Victor Vacek, "Anthropological Foundations of Scheler's Ethics of Love," Northwestern University, 1979, 后来经修订出版的书名为 *Love, Human and Divine: The Heart of Christian Ethics*, Washington: Georgetown University Press, 1994; 以及 Dennis Matthew Weiss, "Renewing the Anthropological Question," University of Texas, 1991。

② Immanuel Kant, *Kritik der reinen Vernueft*, 1. Aufl., hrsg. von Benno Erdmann, Berlin: Reimer, 1903; 2. Aufl., hrsg. von Benno Erdmann, Berlin: Reimer, 1904; 英译本见：Immanuel Kant, *Critique of Pure Reason*, translated by Norman Kemp Smith, New York: St. Martins, 1965, p. 805 A, 833 B。（中译本见康德：《纯粹理性批判》, 邓晓芒译, 杨祖陶校, 人民出版社 2004 年版。本文中的相关译文参考或直接引用了该译本中的对应部分。——译者）

了第四个问题:"人是什么?"①但是当康德做出如下解释时,他赋予最后一个问题的重要性才变得非常明显:"形而上学回答第一个问题,道德回答第二个问题,宗教回答第三个问题,而人类学回答第四个问题。但所有这些问题都应该从根本上被视为人类学,因为前三个问题聚焦到最后一个问题上。"因此,有明确的理由认为,对人格之本性的兴趣构成康德著作的基础,即使是在他的作品可能并非清晰地是人类学的那些地方。

在康德看来,什么是人之人格?首先,人是"感官世界的现象(appearance)之一";像自然中的所有其他事物一样,人具有"一种经验的特征";他或她与动物共同分享某种感性的性质并且服从经验的自然因果规律。②不过,"只是通过感官才知道整个自然"的这同一个人,"也通过单纯的统觉认识他自己;并因此实际上在他不能视为感官印象的行动和内部规定中认识自己";也就是说,人是一个同样被赋予理性能力的存在者,这种理性"只是按照理念来考虑它的对象",并且把它自身表现"为具有因果性",这一点"从我们在一切实践的事情中作为规则而加在实行的力量之上的那些命令中是明见的"。③因此,一方面,虽然由于自然原因人在感性上是有条件的,但仍然理性地把他们自己表现为具有超时间地开始一系列事件的能力,也就是说,表现为"每一个自愿行为的无条件的条件",它"不允许任何在时间上先于它自身的条件"。④因此,人"一方面对他自己来说一方面是现象,而另一方面就某些能力而言则是一个单纯的理知的对象,因为他的行动根本不能归入感性的接受性中"⑤。

---

① Immanuel Kant, *Logik*, hrsg. von Max Heinze, Leipzig: Walter de Gruyter & Co., 1923, S. 25. 参见 *Kants Gesammelte Schriften* IX, Berlin: Königliche Preussische Akademie der Wissenschaften(下文简写为 *KGS*), 1902- , S. 3-87。

② Immanuel Kant, *Kritik der reinen Vernuft*, S. 546 A, 574 B.

③ Immanuel Kant, *Kritik der reinen Vernuft*, S. 546 A, 574 B.

④ Immanuel Kant, *Kritik der reinen Vernuft*, S. 554 A, 572 B.

⑤ Immanuel Kant, *Kritik der reinen Vernuft*, S. 546 A. 574 B.

1. 心理学的人格性

我们成为经验上自身-意识的能力属于我们作为人类的**感性**性质。也就是说，我们具有反思地把我们自己理解为一个在直观中的现象的能力。正如康德写道："按照内感知中我们状态的规定来说，对自身的意识仅仅是经验性的，而且总是变化的。在这个内部现象的流动中不可能出现任何固定不变的自身。这样的意识通常被命名为**内感觉**，或者**经验性的统觉**。"① 这种内感觉"甚至只是像我们向我们自身显现的那样，而不是像我们自在地所是的那样，向意识呈现我们自己自身。因为唯有当我们在内部**受到触发**时我们才直观我们自身"②。与此相应，康德在其关于《形而上学之进步》的论文中写道："因为人的洞见，心理学无非是并且只能成为人类学，即是仅仅受到如下条件限制的人之知识：他知道他自身是内感觉的对象。"③ 于是，我们在内感觉中成为自身-意识的这个自身，像其他在我们外面的对象一样，是一个对象或事物。在这个意义上，人的自身或本我被康德理解为一个现象的本我、一个在直观中被把握的经验性的本我，它用作心理学和人类学的研究对象。用海德格尔的话来说，它是**心理学的人格性**。④

2. 先验的人格性

与在直观中被把握的本我相比，康德区分出一个在思想中被统觉的本我。这个本我是**主体**，它与作为客体的本我相对——纯粹的、逻

---

① Immanuel Kant, *Kritik der reinen Vernuft*, S. 107 A.

② Immanuel Kant, *Kritik der reinen Vernuft*, S. 153 B; 参见 S. 68f. B。

③ Immanuel Kant, *Welches sind die wirklichen Fortschritte, die die Metaphysik seit Leibnizens und Wollfs Zeiten in Deutschfand gemacht hat?* hrsg. von Gerhard Lehmann, Berlin: Walter de Gruyter GmbH & Co., 1942 (*KGS* 20, S. 253-351 [1942]), S. 308; 英译本见: *What Real Progress Has Metaphysics Made in Germany since the Time of Leibniz and Wolff?* translated by Ted Humphrey, New York: Abaris Books, 1983, p. 151。

④ Martin Heidegger, *The Basic Problems of Phenomenology*, translated by Albert Hofstadter, Bloomington: Indiana University Press, 1982, p. 129.

辑的本我与经验性的、心理学的本我相对——海德格尔称之为**先验的人格性**与**心理学的人格性**相对①。本我在此意义上保留了笛卡尔持有的基本意义——一个"在思想的东西"（res cogitans）的意义。本我在这里用作一个表象着的主体，这个主体的表象被设想为它的规定着的谓项。它是在基质（希腊词：hypokeimenon）的传统意义上的一个主体，这个基质构成了其规定的基础。正如康德在《纯粹理性批判》第一版"演绎"部分中所写道："没有那种先行于直观的一切材料，且一切对象表象因与之相关才成为可能的意识统一性，我们里面就不可能有任何知识发生，也不可能有这些知识之间的任何结合和统一发生。"②或者，正如他在第二版中再次详细描述的那样：

> "我思"必须能够伴随着我的一切表象，……但，这个表象是一个**自发性**的行动，即它不能被看作属于感性的。我把它称为**纯粹统觉**，以便把它与经验性的统觉区别开来，或者也称之为**本源的统觉**，因为它就是那个自身意识，这个自身-意识由于产生出"我思"表象，而这表象必然能够伴随所有其他表象，并且在一切意识中都是同一个表象，所以绝不能被任何其他表象所伴随。我也把这种统一称作自身-意识的先验统一，以表明从中产生出来先天知识来的可能性。因为，如果在一个确定的直观中被给予的杂多表象，若不是全都属于一个自我意识，它们就不会全都是我的表象。③

在其通俗讲座《实用人类学》文本的开头，康德用明显肯定的且

---

① Martin Heidegger, *The Basic Problems of Phenomenology*, translated by Albert Hofstadter, pp. 125-127.
② Immanuel Kant, *Kritik der reinen Vernunft*, S. 107 A.
③ Immanuel Kant, *Kritik der reinen Vernunft*, S. 131f. B.

实质性的术语来描绘先验的人格性:"人能够具有'自我'观点,这使人无限地提升到地球上一切其他有生命的存在物之上。因此他是一个人;并且由于在他可能遇到的一切变化上具有意识的统一性,因而他是同一个人,也就是一个与……的事物在等级和尊严上截然不同的存在物。"① 然而,这并不意味着康德接受笛卡尔把灵魂当作实体的观念。在他对"谬误推理"的讨论中,他明确驳斥了这个假设,即实体、实在性、单一性和实存的范畴能够超感性地进行扩展,以支持这个"我思"是一个实体的、单纯的、个人不朽的灵魂的实体化(hypostatization)。② 他说,这个"我思"是一个完全空洞的表象;甚至不能说它是一个概念,"而只能说它是一个伴随着一切概念的空洞的意识";通过这个思想着的东西"所表象出来的不是别的,而只是思维的一个先验主体 = X"。③ 于是,这个主体只在逻辑基质的意义上是一个"实体"(res);它仅仅是一个逻辑上的单一性,这就是为什么康德称之为一个"逻辑上的本我"或者"逻辑上的自我"的原因。④

另一方面,这个先验本我是一个逻辑上的本我,这并不必定意味着它是一个无名的抽象物。正如海德格尔所强调的那样:"'逻辑上的本我'这个术语需要一种更详细的解释,因为新康德主义完全误解了康德哲学的这个概念以及其他许多本质。正如李凯尔特认为的那样,通过'逻辑上的本我'这个指称,康德并非想说这个本我是一个逻辑

---

① Immanuel Kant, *Anthropologie in pragmatischer Hinsicht*, hrsg. von Oswald Kuelpe (*KGS* 7, S. 127-393), Berlin: Reimer, 1907, S. 127; 英译本见: Immanuel Kant, *Anthropology from a Pragmatic Point of View*, translated by Mary J. Gregor, The Hague: Martinus Nijhoff, 1974, p. 129。

② Immanuel Kant, *Kritik der reinen Vernunft*, S. 341ff. A, 399ff. B.

③ Immanuel Kant, *Kritik der reinen Vernunft*, S. 346 A, 404 B.

④ Immanuel Kant, *Kritik der reinen Vernunft*, S. 355 A, 428f. B. 也参见 Immanuel Kant, *Welches sind die wirklichen Fortschritte, die die Metaphysik seit Leibnizens und Wollfs Zeiten in Deutschfand gemacht hat?* hrsg. von Gerhard Lehmann (*KGS* 20, S. 253-351 [1942]), S. 270; 英译本见: Immanuel Kant, *What Real Progress Has Metaphysics Made in Germany since the Time of Leibniz and Wolff?* translated by Ted Humphrey, p. 273。

上的抽象物，是普遍的、无名的和非实在的某物。正如对李凯尔特一样，'本我是一个逻辑上的本我'对康德来说并不意味着一个逻辑上被设想的本我。相反，它意味着，本我是逻各斯的主体，因而是思想的主体；本我是作为位于一切思想基底的这个'我联合'的本我。"① 统觉的规定着的本我与内感觉的可规定的本我是同一的，除了这两者在逻辑上是有区别的，以及规定着的自我是被规定的自我的根据——费希特在其《知识学》中视为其出发点的一条二元的原则。② 因此，康德写道：

> 我意识到我自身，这是一个已经包含一个双重自身的思想——作为主体的自我和作为客体的自我。就我思这个自我而言，它如何能够成为一个我的（直观）的对象，成为一个使我能够区别我与我自身的对象，这是绝对不能加以解释的，即使它是一个不容置疑的事实；然而，它指明一种在感觉直观之上被提升得如此高的能力，这种能力作为知性可能性的基础，它对把我们与所有动物区分开来有影响，对于所有动物来说，我们没有任何理由把表明自我的能力归于它们自身，并且它导致了一个自身-被构造的表象和概念的无限。但这个双重的我并不意味着一个双重的人格性。唯有我思且直观的这个自我才是一个人格；属于被我直观的客体的那个自我是一个事物，这个被我直观的客体与在我外面的其他客体相似。③

---

① Martin Heidegger, *Basic Problems of Phenomenology*, translated by Albert Hofstadter, p. 130.
② Martin Heidegger, *Basic Problems of Phenomenology*, translated by Albert Hofstadter, p. 130.
③ Immanuel Kant, *Welches sind die wirklichen Fortschritte, die die Metaphysik seit Leibnizens und Wolffs Zeiten in Deutschland gemacht hat?* hrsg. von Gerhard Lehmann (KGS 20, S. 253-351 [1942]), S. 270; 英译本见：Immanuel Kant, *What Real Progress Has Metaphysics Made in Germany since the Time of Leibniz and Wolff?* translated by Ted Humphrey, p. 273。

3. 道德的人格性

但是，康德的人的本质在经验性的或先验的本我概念中尚未被把握。人格性尚未充分被包含在心理学的人格性（心理学的人格性是我们感觉本性的基础）中，或者尚未充分被包含在先验的人格性（先验的人格性一般标示我们理性的本性）中。相反，正如海德格尔所说，它位于在道德的人格性概念中，并且这在康德《单纯理性界限内的宗教》的一段得到明确表明。在《单纯理性界限内的宗教》的第一册第一部分，康德细微区分了三个判明我们是人的因素：我们的（1）动物性，（2）人性和（3）人格性。按照康德的观点，我们的**动物性**，或者感觉本性，判明我们是**活的**存在者；我们的**人性**判明我们是**理性**存在者；而我们的**人格性**则判明我们是**负有责任的**存在者。① 这个事实，从康德在这里对"人格性"和"人性"之间的细微区分这个事实可以清楚地看出，"人格性"在这里在狭义上得到意指，即它有别于先验的人格性。在康德那里的人格性的完整概念不仅包括理论理性，而且包括实践的责任性。因此，正如海德格尔指出：

> 就康德而言，人格性具有双重含义：首先，通常在自身意识意义上的本我性的宽泛的形式概念，无论在先验的我思意义上，还是在经验性的客体-本我意义上；其次，狭义的和恰当的概念，它以某种方式包含其他两个意义，……**真正的人格性是道德的人格性**。如果人格性的形式结构通常在于自身-意识，那么道德的人格性一定表示**自身意识的一个特殊变异**，并因此一定代表自身意识的一个特别种类。正是这个道德的人格性真正表示了关于那

---

① Immanuel Kant, *Die Religion innerhalb der Grenzen der bloßen Vernuft*, hrsg. von Georg Wobbermin (*KGS* 6, S. 3-209), Berlin: Reimer, 1907, S. 26; 英译本见：Immanuel Kant, *Religion within the Limits of Reason Alone*, translated by Theodore M. Greene and Hoyt H. Hudson, La Salle: Open Court, 1934; reprinted in New York: Harper & Brothers, 1960, p. 21。

个人格性之所**是**的人的特征。①

按照康德的观点，哪种自身意识表示**道德人格性**的特征？它正是包含在康德著名的对道德律的"敬重"（Achtung）这种道德情感之内的**自我**-情感，它"让我们感知到我们自己的超感性实存的崇高性"②。

因此，在我们追求超感性的人的本质知识的顶端，康德的实践哲学填补了其理论哲学所留下的"空缺的位置"③。在其《第一批判》中康德强调不可能存在一门灵魂的理性心理学，它将产生灵魂的实质的知识。他否认知性范畴能够超感性地进行扩展，以适用于本体（noumema）。关于超感性的实在性，他写下了这句著名的格言："因而，我发现，为了给信仰留下空间，必须否定**知识**"④，从而拒绝理性主义形而上学的独断论的主张。但是，尽管康德在其《第一批判》中否定我们的超感性本性的知识，从而在我们追求自身-知识的顶端留下了一个"空缺的位置"，但在《第二批判》中他说道："现在纯粹实践理性用理智世界中一个确定的因果性法则（通过自由的因果性）填补了这个空缺的位置。"⑤

然而康德在《第一批判》中明确地拒绝了对自身的思辨的形而上学的解释，尽管他确实在这里和那里表示承认，在他运用某些术语和概念的时候，需要保留一种形式的、功能的等价物。因而，例如，他写道："然而，正如实体和单纯的东西的概念一样，就连人格性的概念（就其只是先验的而言，亦即就其只是那种在别的方面不为我们所知，

---

① Martin Heidegger, *Basic Problems of Phenomenology*, translated by Albert Hofstadter, p. 132.
② Immanuel Kant, *Kritik der praktischen Vernunft*, hrsg. von Paul Natorp, Berlin: Reimer, 1908, S. 88; 英译本见：Immanuel Kant, *Critique of Practical Reason*, transalted by Lewis White Beck, Indianapolis: Bobbs-Merrill, 1956。
③ Immanuel Kant, *Kritik der praktischen Vernunft*, S. 49.
④ Immanuel Kant, *Kritik der reinen Vernunft*, S. 131 B.
⑤ Immanuel Kant, *Kritik der praktischen Vernunft*, S. 49.

但在其规定中却通过统觉而有某种彻底连结的主体的统一性而言），也同样是可以保留的，并且在这方面，这个概念对于实践的运用也是必要的和充分的。"① 正如将看到的那样，某些解释者，例如海德格尔，走得这么远以至于认为有可能在康德哲学中恢复一门隐含的道德人格**现象学**。

按照康德的实践哲学，人不仅是一个逻辑主体，而且也是一个道德主体。实际上，人**首要**是一个道德主体——一个本体的原因（causa noumenon），一个负责任的道德代理人。而且，这种首要性不仅包括在先验-逻辑主体之上的道德首要性，而且也包括在心理学-感性主体之上的道德首要性。因此，康德说，"就其属于理智世界而论，作为属于感官世界的人受他自己的人格性的支配"，并且他说，"不足为奇的是：人作为属于两个世界的人，他必须敬畏地尊敬关于其自己第二位的和更高的使命的存在，而且必须以最深的敬意尊敬这个使命的法则"。② 因此，**真正的人格性是道德的人格性**，这个说法只是对在思辨理性之上的纯粹实践理性的首要性的另一种说法。③

尽管我们可以说，康德把一种确定的首要性赋予其在理论的、逻辑-感性概念之上人的实践的道德概念，但这本身并不意味着，位于这些不同自身概念之下的原初统一问题已经得到了解决。至少不能说，以这样一种极端的方式通过提升自主人格性的理念，以至于使它成为存在整体性的包罗万象的根基和构造性的起源，康德像费希特那样解决了这个问题——除非人们对康德公然采取一种费希特式的阅读，这种阅读以《遗著》中大量提示性的段落为基础。正如海德格尔

---

① Immanuel Kant, *Kritik der reinen Vernuft*, S. 365 A. 尤其参见 Heinz Heimsoeth, *Studien zur Philosophie Immanuel Kants: Metaphysische Ursprünge und ontologische Grundlagen*, Köln: Balduin Pick, 1956, S. 227ff.。

② Immanuel Kant, *Kritik der reinen Vernuft*, S. 87.

③ Immanuel Kant, *Kritik der reinen Vernuft*, S. 119ff.

所主张的那样，如果人格性在本质上对康德具有双重含义——第一，在自身-意识（不论是先验的自身意识还是经验性的自身意识）的意义上宽泛的形式的本我性概念；第二，在道德人格的狭义的真正的意义上——那么后者的首要性，即道德概念的首要性就不可能意味着，它对康德来说**必然**以后-康德唯心主义方式用作另一个概念的构造性的起源。因此，赫尔曼·杜耶威尔德（Hermann Dooyeweerd）认为，自身的这两个概念（理论的概念和实践的概念）之间的关系在康德那里最终未得到澄清，并且代表其哲学中两个相互矛盾的、二律背反的（antinomical）"基本动机"或理想——科学的理想和自由自主的人格性的理想——原则上，每一个理想都暗示对另一个理想的排斥。杜耶威尔德写道：

> 在这里我们是否面临人理性中的两个不同根源？如果这个问题得到肯定的回答，那么人的人格的统一（它从一开始就已经在人的理性中被发现）将被摧毁。但这不是康德的本意，他断然否认"先验我思"的逻辑形式具有任何"形而上学的"意义。
>
> 因此我们是否一定会得出如下结论："先验逻辑本我"自身属于**现象**？同样，这个假定看来是站不住脚的，因为在此情况下这个先验主体永远不可能被设想为自然现象世界的**形式起源**。
>
> 所以，在科学理想和人格理想之间的基本二律背反在自律的人的本我自身的先验理念中揭示出自身。①

4."自在的目的"

承认康德人类学中**道德的人格性**的首要性，并且承认这个道德自

---

① Herman Dooyeweerd, *A New Critique of Theoretical Thought*, vol. 1: *The Necessary Presuppositions of Philosophy*, translated by D. H. Freeman and W. S. Young, Amsterdam & Philadelphia, 1953, reprinted in Jordan Station, Ontario: Paideia Press. 1984, p. 358.

身在康德所谓的一个"理性的事实"中得到了揭示——也就是说，在道德法则的意识，即在道德的敬重感中得到了揭示①——这个道德人格的特征是什么？康德说："人作为在其自身中的目的而实存，而不仅仅是作为被这个或那个意志任意加以运用的手段而实存。在其所有行动中，无论这些行动指向他自身还是指向其他理性存在者，他必须始终同时被视为目的。"②因此，正是作为道德的人格性，人的人格是一个自在的目的；这是构成每一个人从人类那里获得敬重的称谓的东西，并且相互地，是构成他有义务的敬重他人的东西。"人性本身是一种尊严，"康德说，"正是这个尊严构成了他的尊严（人格性），由于这个尊严，他认为自己高于世界中不是人且能够被利用的其他一切存在者——因而也高于一切**事物**。"③因此，作为自身中的目的，人不同于单纯的**事物**，后者作为手段只具有相对的价值。④

这是康德为什么辨别出形而上学的双重观念的原因——道德的形而上学和自然形而上学。⑤人不仅仅是一个自然的生物。事实上，康德写道："在自然系统中的人[现象界的人、理性动物]只是一个微不足道的存在者，并且与作为世间后代的其他动物分享共同的价值。"⑥甚至一个人的理性力量按照其自然的有用性只赋予他优越的**外在**价值，即一种**价格**（price）。⑦"但是，被视为一个**人格**的人，也就是说，被视为一个道德实践理性的主体的人高于任何价格。"康德说，"因为作

---

① Immanuel Kant, *Kritik der praktischen Vernuft*, S. 31; Immanuel Kant, *Die Metaphysik der Sitten*, hrsg. von Paul Natorp (*KGS* 6, S. 205-491), Berlin: Reimer, 1907.

② Immanuel Kant, *Grundlegung zur Metaphysik der Sitten*, hrsg. von Paul Menzer (*KGS* 4, S. 387-463), Berlin: Reimer, 1903; 英译本见：Immanuel Kant, *Foundations of the Metaphysics of Morals*, translated by Lewis White Beck, edited by Robert Paul Wolff, Indianapolis: Bobbs-Merrill, 1969, p. 428.

③ Immanuel Kant, *Die Metaphysik der Sitten*, S. 462.

④ Immanuel Kant, *Grundlegung zur Metaphysik der Sitten*, S. 428.

⑤ Immanuel Kant, *Grundlegung zur Metaphysik der Sitten*, S. 388.

⑥ Immanuel Kant, *Die Metaphysik der Sitten*, S. 424.

⑦ 参见 Immanuel Kant, *Grundlegung zur Metaphysik der Sitten*, S. 434。

为这样的人[本体界的人]，他不是被评估为一个达到他人甚至他自己目的的单纯手段，而是被评估为一个在其自身中的目的"①。人，与事物或动物相对，是"一个其行为可以**归于**他的主体"；因此，道德的人格性是在道德法则下的理性存在者的自由，由此"可以推出，人无非只服从那些他（或者单独地或者至少与他人一道）给予他自己的法则"②。而这就是提供我们参与给予普遍法则的东西，并且是使我们适合做一个可能的目的领域或王国的成员的东西。③

在这个关联中，令人感兴趣的是对康德的关系范畴图型的"简练的"解释，勒维斯·怀特·贝克（Lewis White Beck）声称，H. J. 帕顿（Herbert James Paton）在一封私人通信中向他提出了这个关系。贝克引用了帕顿的区分："（1）与在自律绝对命令下的**本体人**（人格性）的关系；（2）与在自在目的绝对命令下的**现象**（人）的关系；（3）目的王国中不同人的行动关系。"④康德的道德人的概念是一个高尚的和有尊严的概念，它承载着他的德国虔诚主义和德国启蒙运动的深刻的精神印记。是否像舍勒所宣称的那样，它注定是"形式主义的"，还是它也承载着足够实质性的和切实可行的内容以抗拒现象学的审视的瓦解？对此我们必须在对舍勒的批判和替代方案进行研究之后才能加以判断。

二、舍勒的人格概念

在其后期论文《人在宇宙中的位置》（1927年）的序言中，舍勒

---

① Immanuel Kant, *Die Metaphysik der Sitten*, S. 434f.
② Immanuel Kant, *Die Metaphysik der Sitten*, S. 223；参见 S. 439。
③ Immanuel Kant, *Grundlegung zur Metaphysik det Sitten*, S. 435；参见 S. 429, 439。
④ Lewis White Beck, *A Commentary on Kant's Critique of Practical Reason*, Chicago: University of Chicago Press, 1960, p. 148. n. 40.

写道:"'什么是人?'和'人在事物本质中的地位是什么?',这两个问题自从我的哲学意识第一次觉醒以来就比任何其他哲学问题占据更重要的地位。"① 舍勒赋予人格论题的重要地位在《形式主义》的副标题"为一门伦理学人格主义奠基的新尝试"自身中得到了反映。他对人格本性的讨论尤其是在《形式主义》的最后一篇——题为"形式主义和人格"——中可以找到,这部分恰恰占据了整部著作的三分之一以上篇幅。因而,大体上,这部作品的目标,尤其是最后一章的目的,可以被视为试图发现一个更恰当的,即在现象学上被证明的替代物来替代康德道德人格概念。当然,这以对康德人类学的一种批判立场为先决条件。

1. 舍勒批判康德的准备工作

舍勒认为,康德的形式伦理学指明人格是"**理性的**人格",这揭示了其"隐含的质料假定",即人格本质上无非是"一个理性行为的逻辑主体",或是"某种理性活动的 X",或是"遵照道德法则"的理性意志活动的"X"。② 就人格"**绝不**能被视为在直接被体验到的东西的后面和外面的一个**事物**或**实体**"而言,可以宣称这个观点是正确的;因为在现象学上人格就是"直接一同被体验到的**体验活动的统一**"。③ 但

---

① Max Scheler, „Die Stellung des Menschen im Kosmos", in Max Scheler, *Späte Schriften*, GW IX, Bern und München: Francke Verlag, 1976, S. 7; 英译本见: Max Scheler, *Man's Place in Nature*, translated by Hans Meyerhoff, New York: Beacon, Noonday Press, 1960, p. 3。

② Max Scheler, *Der Formalismus in der Ethik und die materiale Wertethik: Neuer Versuch der Grundlegung eines ethischen Personalismus*, hrsg. von Maria Scheler, GW II, Bern und München: Francke Verlag, 1954, S. 381f.; 英译本见: Max Scheler, *Formalism in Ethics and Non-Formal Ethics of Values: A New Attempt toward the Foundation of an Ethical Personalism*, translated by Manfred S. Frings and Roger L. Funk, Evanston, Ill.: Northwestern University Press, 1973, p. 371。

③ Max Scheler, *Der Formalismus in der Ethik und die materiale Wertethik: Neuer Versuch der Grundlegung eines ethischen Personalismus*, GW II, S. 382; 英译本见: Max Scheler, *Formalism in Ethics and Non-Formal Ethics of Values: A New Attempt toward the Foundation of an Ethical Personalism*, translated by Manfred S. Frings and Roger L. Funk, p. 371。

是，就这个观点导致这个无法承受的结论而言，即"在一个具体人格中每一个人格理念的具体化立即与一个去人格化（depersonalization）一致"①，它基本上是不正确的。也就是说，它包含这个含义，即被称为"人格"——理性活动的逻辑主体，以及理性活动（只要这个活动是"理性的"）——的东西一定是所有人中的普遍同一的东西；而且包含这个含义，即只要人格是具体的和个体的东西，即是多于理性活动主体的东西，那么他或她就一定是本质上少于"人格的"东西。

这并不是说，康德完全不重视人类的非理性的、感性的本性的重要性，或者否认自然禀好对于幸福来说可以是好的且甚至是必要的。②但康德明确地把人类的人格性定位于其超感性的、普遍的理性本质之中。这就是为什么他坚持，追随非-理性禀好的人——例如，通过说谎以避免一种不愉快但他所应得的结果——"毁灭了他作为一个人的尊严"，并且"放弃了他的人格性，并且使他自己成为一个人的单纯骗人的现象，而非成为他本身"。③但这并非只是意味着，非-理性的禀好能够用作违反道德法则并且反对人的尊严的行为的来源：舍勒的论点是，康德把人类低于-理性的方面看作那些把他们个体化的方面，就像亚里士多德把无理智的物质看作个体化的原则。言外之意是，属于人的任何东西是自然地个体化他们的东西，是不属于他们作为人必需的本体存在的东西，这个必需的本体存在在所有人之中是普遍同一的。

但在现象学上，每一个有限人格都被给予为一个具体的个体，舍

---

① Max Scheler, *Der Formalismus in der Ethik und die materiale Wertethik: Neuer Versuch der Grundlegung eines ethischen Personalismus*, GW II, S. 382; 英译本见：Max Scheler, *Formalism in Ethics and Non-Formal Ethics of Values: A New Attempt toward the Foundation of an Ethical Personalism*, translated by Manfred S. Frings and Roger L. Funk, p. 371。

② 参见Immanuel Kant, *Die Religion innerhalb der Grenzen der bloßen Vernuft*, S. 30; 英译本见：Immanuel Kant, *Religion within the Limits of Reason Alone*, translated by Theodore M. Greene and Hoyt H. Hudson, p. 51。

③ Immanuel Kant, *Die Metaphysik der Sitten*, S. 429.

勒说，"作为一个**人格本身**；他不是通过他的特殊（外部的或内部的）体验内容才是一个个体"①。甚至康德把逻辑主体等同于他的实践哲学的**本体人**，也未能给予这个主体多于"超越一个理性意志的 X 的实存与充满血性血肉之躯的现象"，因为"在逻辑上，**本体人**只不过是运用于人的不可知的持恒者'自在之物'的概念"——这同一个不可知的持恒者毫无差别地适合于"每一个植物和每一块石头"②，舍勒攻击了康德的这个观点，即"人格"为一个普遍同一的理性本质所确定，并且作为某物的人格个体性为非-理性的（并因此是非-人格的）特征所确定，他认为这个观点基本是成问题的。当这样一种观点前后一致地得到贯彻（舍勒认为康德并**没有**这么做）的时候，它会导致费希特和黑格尔所得出的结论，在这个结论中人格成为"对一个非人格的理性活动而言的无关紧要的通道"，与阿维罗伊和斯宾诺沙的结论相同。③

2. 作为客体的本我

然而，在康德看来，这个理性活动的逻辑主体是每一个对象性的经验统一的原条件。在此意义上，正是这个"我思"、先验统觉的"本我"，能够伴随每一个表象的行为。但是，这个先验本我不是一个添加给被给予对象之统一的单纯相关项；相反，"它的统一性和同一性构成

---

① Max Scheler, *Der Formalismus in der Ethik und die materiale Wertethik: Neuer Versuch der Grundlegung eines ethischen Personalismus*, GW II, S. 382; 英译本见：Max Scheler, *Formalism in Ethics and Non-Formal Ethics of Values: A New Attempt toward the Foundation of an Ethical Personalism*, translated by Manfred S. Frings and Roger L. Funk, p. 372。

② Max Scheler, *Der Formalismus in der Ethik und die materiale Wertethik: Neuer Versuch der Grundlegung eines ethischen Personalismus*, GW II, S. 384; 英译本见：Max Scheler, *Formalism in Ethics and Non-Formal Ethics of Values: A New Attempt toward the Foundation of an Ethical Personalism*, translated by Manfred S. Frings and Roger L. Funk, p. 373。

③ Max Scheler, *Der Formalismus in der Ethik und die materiale Wertethik: Neuer Versuch der Grundlegung eines ethischen Personalismus*, GW II, S. 383; 英译本见：Max Scheler, *Formalism in Ethics and Non-Formal Ethics of Values: A New Attempt toward the Foundation of an Ethical Personalism*, translated by Manfred S. Frings and Roger L. Funk, pp. 372f.。

对象的统一和同一的**条件**"①。一个对象的认同恰恰源自于这个本我,并且通过它被构造。舍勒发现这样一个观点在现象学上是无根据的和站不住脚的。首先,即使本质同一的对象与本质同一的行为相符合,也没有理由认为,这个联系是单边的而不是相互的。②我们在康德那里找不到任何证据证明这种构造性的"先验本我"的存在。其次,鉴于行为就其本质而言绝非客体,正如不久将更详细地看到的那样,这个"本我"自身只能被给予为其他客体中的一个。由此,它不可能自动地构成客体可能性的条件。实际上,舍勒表明,康德的观点包含一个矛盾:"因为如果客体无非是可认同的东西,那么'本我'——它自己的[逻辑]同一性据称恰恰是客体的条件——一定是一个客体,尽管本我作为一个'客体的条件'不可能是一个客体。"③因此,本我不可能是客体可能性的条件,因为它自身是一个(逻辑)客体。当然,它不能被视为与人格同一的。④

因此,正如我们已经看到的那样,舍勒拒绝了康德站不住脚的**先验人格性**观念;而且他发现**道德人格性**与**先验人格性**相认同无非产生同一个不可知的"物自体",这个"物自体"毫无差别地适用于人和事

---

① Max Scheler, *Der Formalismus in der Ethik und die materiale Wertethik: Neuer Versuch der Grundlegung eines ethischen Personalismus*, GW II, S. 384; 英译本见: Max Scheler, *Formalism in Ethics and Non-Formal Ethics of Values: A New Attempt toward the Foundation of an Ethical Personalism*, translated by Manfred S. Frings and Roger L. Funk, p. 374。

② 参见 Max Scheler, *Der Formalismus in der Ethik und die materiale Wertethik: Neuer Versuch der Grundlegung eines ethischen Personalismus*, GW II, S. 92f.; 英译本见: Max Scheler, *Formalism in Ethics and Non-Formal Ethics of Values: A New Attempt toward the Foundation of an Ethical Personalism*, translated by Manfred S. Frings and Roger L. Funk, pp. 71f.。

③ Max Scheler, *Der Formalismus in der Ethik und die materiale Wertethik: Neuer Versuch der Grundlegung eines ethischen Personalismus*, GW II, S. 386; 英译本见: Max Scheler, *Formalism in Ethics and Non-Formal Ethics of Values: A New Attempt toward the Foundation of an Ethical Personalism*, translated by Manfred S. Frings and Roger L. Funk, p. 375。参见 Jean-Paul Sartre, *The Transcendence of the Ego: An Existentialist Theory of Consciousness*, translated by Forrest Williams and Robert Kirkpatrick, New Yvrk: Noonday Press, 1957。

④ Eugene Kelly, *Structure and Diversity: Studies in the Phenomenological Philosophy of Max Scheler*, p. 151.

物，就此而论他也拒绝了**道德人格性**。但是，心理学人格性如何呢？舍勒没有质疑康德在内感觉流中被把握的经验性的自身观念。但是，舍勒的确对这个事实存疑，即康德关于体验本我的个体性的看法似乎局限于在这条内部现象的河流中被给予的规定。他认为，康德并未承认个别本我的本质——作为一个个体的本质——在现象学上是在其所有经验性的体验之中一同被给予的。① 这个事实把它的本质个体性有效地排除在康德的本我概念之外。因此，康德先验的和道德的本我概念获得了一个缄默的"超个体"特征。在舍勒看来，这在现象学上是站不住脚的，因为"**本我性**"（*egoness*）把自身表象为**唯独在一些个体**本我**中**实存着的。② 因此，他写道："康德企图否定个体体验的本我，并且试图通过把它称作一个单纯的'在时间中体验的相互关联'——被附着在一个单纯逻辑主体的观念上，与之相对，我们则必须断言一个**个体体验本我**的直观素材是无可争议的现象。"③ 想提到来自本质领域的东西是"先验的"的任何人，也必须因此谈到"先验的**个体本我**"，它可能是"超越-经验的"，然而它却不是一个直观的特别的质料内容。④ 换言之，本我对于舍勒来说是完全独立于内感知的事实内容的直

---

① Max Scheler, *Der Formalismus in der Ethik und die materiale Wertethik: Neuer Versuch der Grundlegung eines ethischen Personalismus*, GW II, S. 390; 英译本见：Max Scheler, *Formalism in Ethics and Non-Formal Ethics of Values: A New Attempt toward the Foundation of an Ethical Personalism*, translated by Manfred S. Frings and Roger L. Funk, p. 379。

② Max Scheler, *Der Formalismus in der Ethik und die materiale Wertethik: Neuer Versuch der Grundlegung eines ethischen Personalismus*, GW II, S. 388f.; 英译本见：Max Scheler, *Formalism in Ethics and Non-Formal Ethics of Values: A New Attempt toward the Foundation of an Ethical Personalism*, translated by Manfred S. Frings and Roger L. Funk, p. 378。

③ Max Scheler, *Der Formalismus in der Ethik und die materiale Wertethik: Neuer Versuch der Grundlegung eines ethischen Personalismus*, GW II, S. 387; 英译本见：Max Scheler, *Formalism in Ethics and Non-Formal Ethics of Values: A New Attempt toward the Foundation of an Ethical Personalism*, translated by Manfred S. Frings and Roger L. Funk, p. 377。

④ Max Scheler, *Der Formalismus in der Ethik und die materiale Wertethik: Neuer Versuch der Grundlegung eines ethischen Personalismus*, GW II, S. 390; 英译本见：Max Scheler, *Formalism in Ethics and Non-Formal Ethics of Values: A New Attempt toward the Foundation of an Ethical Personalism*, translated by Manfred S. Frings and Roger L. Funk, p. 380。

接现象学直观的肯定素材。但是，即使作为现象学直观的材料，本我仍然是与其他行为中的一个（内感知）行为相一致的其他客体中的一个客体，并且并未使我们进一步获得**人格性**的知识。

3. 行为的统一和客体的统一

在舍勒看来，在取得进一步推进之前，我们必须面对两个问题，即**行为**的统一问题和**客体**的统一问题。首先，如果临时代理人的自然生物体被舍勒的现象学还原括在括号内，唯有不同行为的**本质**保留下来，在这些本质中只有一个本质（内感知的行为-本质）与本我相符合。那么问题变成：构成这些行为-本质的**统一**是什么？并且，正如舍勒所指出，唯有在这里我们才首次确实遇到了**人格性**的问题。① 其次，一旦自然被给予的客体的现实性被括在括号内，那么，由这些客体-本质所构成的**统一**是什么？在这里，正如舍勒所指出的，再次提出了一个与人格问题完全相符合的问题，即作为客体-本质之统一的**世界**问题。在舍勒看来，只有当康德注意到如下时，这两个可能并非直接可看见的问题的重要性大概才明朗起来：

> ……心理之物和物理之物在这里所展示的完全只是一个**唯一的世界存在**的两种存在形式。两者都先天地受到两个根本不同的杂多性形式的规定。**在此意义上**，所有**本我-统一**及其个别本质，当然也包括这个**本我性**，或者"本我"的本质，都**属于**这个"世界"。……同样，内感知和外感知作为自在纯然的、无形式的本质不同的直观方向，只是一个可能**人格**的两个不同行为方向。因此，正如内感知和外感知的对立**在**人格的**本质中**消失了一样，也

---

① Max Scheler, *Der Formalismus in der Ethik und die materiale Wertethik: Neuer Versuch der Grundlegung eines ethischen Personalismus*, GW II, S. 391; 英译本见：Max Scheler, *Formalism in Ethics and Non-Formal Ethics of Values: A New Attempt toward the Foundation of an Ethical Personalism*, translated by Manfred S. Frings and Roger L. Funk, p. 381。

就是说，就像**人格的本质**与纯粹人格行为的本质一样**是在心理物理上中立的一样**，如果我们"还原"这个存在的形式，亦即在一个纯粹无形式的直观行为中也使那些通常作为直观的"形式"而起作用的杂多性本质区别自身一同成为"被给予之物"，那么**世界的存在**也是**在心理物理上中性的**。①

4. 人格和行为

舍勒认为，如果唯有纯粹理性生物存在，他们仅仅被赋予认知或愿欲之理性能力，那么"人格"问题甚至不存在。因为尽管这样的生物会是愿欲或认知行为的逻辑主体，但他们不会拥有在一个人格中被给予的这种统一。"本质不同的行为（它们只是作为这些行为-差异性的别的同一的主体是不同的）的**不同逻辑主体**"的**统一形式**问题甚至不会出现。② 但正是这个问题构成了人格性的问题。与此相应，舍勒把"人格"定义为"**不同种类的本质行为的具体的、自身本质的存在统一，它自在地（因而不是为我们的）先行于所有本质的行为差异**"③。人格是"存在的统一"的本质不同的行为，它们不仅包括诸如认知和意指这些行为-本质，而且也包含爱、恨、内感知、外感知等所有可能的行为。因而，人格的"存在"被视为这些行为-本质的"基础"。康德认为，理性行为的逻辑主体在最终分析中实际上只不过是一个抽象

---

① Max Scheler, *Der Formalismus in der Ethik und die materiale Wertethik: Neuer Versuch der Grundlegung eines ethischen Personalismus*, GW II, S. 392f.; 英译本见：Max Scheler, *Formalism in Ethics and Non-Formal Ethics of Values: A New Attempt toward the Foundation of an Ethical Personalism*, translated by Manfred S. Frings and Roger L. Funk, p. 382。

② Max Scheler, *Der Formalismus in der Ethik und die materiale Wertethik: Neuer Versuch der Grundlegung eines ethischen Personalismus*, GW II, S. 393; 英译本见：Max Scheler, *Formalism in Ethics and Non-Formal Ethics of Values: A New Attempt toward the Foundation of an Ethical Personalism*, translated by Manfred S. Frings and Roger L. Funk, p. 383。

③ Max Scheler, *Der Formalismus in der Ethik und die materiale Wertethik: Neuer Versuch der Grundlegung eines ethischen Personalismus*, GW II, S. 393f.; 英译本见：Max Scheler, *Formalism in Ethics and Non-Formal Ethics of Values: A New Attempt toward the Foundation of an Ethical Personalism*, translated by Manfred S. Frings and Roger L. Funk, p. 383。

的逻辑实体化,与此观点相反,在舍勒看来,正如我们将看到的那样,即使人格从未能够被给予为"客体","人格"也是一个具体的、反思性被给予的、可直观的现象。①

舍勒认为,由此可以得出,人格不可能被还原到一个单纯的行为"出发点"的"X"之上,或者还原到行为的一些相互关联上。与此相应,他也拒绝人格的所谓"现行主义的"理论,按照这些理论,人格的存在只在于其行为——在某种程度上,"人格依行为而存在(ex operari sequitur esse)"②。然而,他也拒绝这个观点,即人格是位于其行为背后和外面的某种"事物",它作为某种外部原因执行这些行为。他因此也拒绝了"实体"人格理论,这种理论把人格存在设想成一个通过其连续时间体验而存在的"事物"。③那么,在舍勒看来,人格**是**什么?如果人格既未消融在他或她的行为中,又不是某种通过他们时间系列而存在的东西,那么人格有可能是什么?舍勒回答道:"人格**是**,并且只把自己体验为一个**进行着行为**的生物";"**整个人格都隐藏在每一个**完全具体的行为之中,并且整个人格在每一个行为中并通过每一个行为而'**变更**'——其存在并不消融在任何行为中,也不像一个在时间中的事物一样'变化'"。④ 人格变更并不意味着他或她经历时间

---

① 参见 Philip Blosser, *Scheler's Critique of Kant's Ethics*, Athens, Ohio: Ohio University Press, 1995, pp. 164-166。

② Max Scheler, *Der Formalismus in der Ethik und die materiale Wertethik: Neuer Versuch der Grundlegung eines ethischen Personalismus*, GW II, S. 394; 英译本见:Max Scheler, *Formalism in Ethics and Non-Formal Ethics of Values: A New Attempt toward the Foundation of an Ethical Personalism*, translated by Manfred S. Frings and Roger L. Funk, p. 384。

③ 参见 Max Scheler, *Der Formalismus in der Ethik und die materiale Wertethik: Neuer Versuch der Grundlegung eines ethischen Personalismus*, GW II, S. 382, 397, 487ff.; 英译本见:Max Scheler, *Formalism in Ethics and Non-Formal Ethics of Values: A New Attempt toward the Foundation of an Ethical Personalism*, translated by Manfred S. Frings and Roger L. Funk, pp. 371, 376, 482ff.。

④ Max Scheler, *Der Formalismus in der Ethik und die materiale Wertethik: Neuer Versuch der Grundlegung eines ethischen Personalismus*, GW II, S. 395f.; 英译本见:Max Scheler, *Formalism in Ethics and Non-Formal Ethics of Values: A New Attempt toward the Foundation of an Ethical Personalism*, translated by Manfred S. Frings and Roger L. Funk, p. 385。

变化。因为人格完全不是一个在时间中的"事物"——既不在内感知的现象时间中,又不在物理学客观时间中。"在试图使这个所有现象中最隐蔽的现象获得被给予性,"舍勒写道,"我们只能够通过形象的说法把读者引向现象的方向。所以我们可以说,人格生活**到**时间**之中**,并且以变异的方式将它的行为进行到时间之中。"① 没有**在**时间**中**存在,人格就行为**到**时间**之中**。它们的实存恰恰生活在其可能体验的**体验活动**中。因此,人格本身始终超越意向意识的视域,至少在其直接客体化的**对象**关系中如此,而且只要我们只看它们的体验,而不看它们的被体验的**存在**,它们就不可能被把握;并且除了它们的被具体人格进行的存在之外,它们的体验或行动根本不实存。

正如我们已经看到的那样,舍勒认为"本我"是一个**客体**。相反,"行为"从未是一个客体。即使在反思中,这个反思单独地通过其进行而使一个行为成为可知的,人们也不可能发现任何像在内感知中所发现的客体化一样的东西。② "因此,如果一个行为永远不会是一个客体,"舍勒写道,"那么生活在行为进行中的**人格**就更加不会是一个对象了。绝无仅有的人格被给予性方式是其**行为之进行**(包括对行为反思的行为的进行)。"③ 即使在**其他人格**的情况下客体化也没有出现,因为它们是按照它们行为的追复进行、一同进行或在先进行被体验到的,同时

---

① Max Scheler, *Der Formalismus in der Ethik und die materiale Wertethik: Neuer Versuch der Grundlegung eines ethischen Personalismus*, GW II, S. 396; 英译本见:Max Scheler, *Formalism in Ethics and Non-Formal Ethics of Values: A New Attempt toward the Foundation of an Ethical Personalism*, translated by Manfred S. Frings and Roger L. Funk, p. 385。

② Max Scheler, *Der Formalismus in der Ethik und die materiale Wertethik: Neuer Versuch der Grundlegung eines ethischen Personalismus*, GW II, S. 385, 397; 英译本见:Max Scheler, *Formalism in Ethics and Non-Formal Ethics of Values: A New Attempt toward the Foundation of an Ethical Personalism*, translated by Manfred S. Frings and Roger L. Funk, pp. 374f., 386f.。

③ Max Scheler, *Der Formalismus in der Ethik und die materiale Wertethik: Neuer Versuch der Grundlegung eines ethischen Personalismus*, GW II, S. 397; 英译本见:Max Scheler, *Formalism in Ethics and Non-Formal Ethics of Values: A New Attempt toward the Foundation of an Ethical Personalism*, translated by Manfred S. Frings and Roger L. Funk, p. 387。

行为和人格本身都不是体验的**对象**。此外，舍勒不同意弗兰茨·布伦塔诺和卡尔·施通普夫（Carl Stumpf）的争辩，即行为在其意义上不可能用作心理学或其他任何科学学科中的研究主题。这并不意味着心理现象的某些"功能"在内感知中不可能区分出来，正如施通普夫所主张的那样。①

然而，对舍勒而言，这样的"功能"与"行为"毫无关系。功能属于本我，而非属于人格；功能是心理现象，而行为不是；功能独自发生，行为则被进行；功能预设了一个身体和一个环境，行为则没有；一个世界，而非一个环境与人格相对应；功能在现象学时间中是可测量的，但行为源于进入时间的人格。功能可以用作行为的对象（例如，当我注意到我自己的听或品尝的时候），或者它们可以用作行为通过它而指向一些其他对象的媒介（例如，当我听一首旋律或品尝食物的时候）。②与"本我"相对，作为一个相关的"自我"，本我总是预设了与一个"你"和一个"外部世界"的关系，"人格"本身从未以此方式是相对的，而是**绝对的**——一个自身-自足的**总体性**。③因此，人格不能被还原为在我们称作"本我"的内感知中所遇到的意识对象。实际上，如果"意识"这个单词像在心理学中那样被理解成意指内感知的内容，

---

① Carl Stumpf, „Erscheimmgen und psychische Funktionen", in *Abhandlungen der preussischen Akademie der Wissenschafien vom Jahre 1906*, Berlin, 1907; 转引自 Max Scheler, *Der Formalismus in der Ethik und die materiale Wertethik: Neuer Versuch der Grundlegung eines ethischen Personalismus*, GW II, S. 397; 英译本见: Max Scheler, *Formalism in Ethics and Non-Formal Ethics of Values: A New Attempt toward the Foundation of an Ethical Personalism*, translated by Manfred S. Frings and Roger L. Funk, p. 387。

② Max Scheler, *Der Formalismus in der Ethik und die materiale Wertethik: Neuer Versuch der Grundlegung eines ethischen Personalismus*, GW II, S. 398f.; 英译本见: Max Scheler, *Formalism in Ethics and Non-Formal Ethics of Values: A New Attempt toward the Foundation of an Ethical Personalism*, translated by Manfred S. Frings and Roger L. Funk, pp. 374f., 388。

③ Max Scheler, *Der Formalismus in der Ethik und die materiale Wertethik: Neuer Versuch der Grundlegung eines ethischen Personalismus*, GW II, S. 400; 英译本见: Max Scheler, *Formalism in Ethics and Non-Formal Ethics of Values: A New Attempt toward the Foundation of an Ethical Personalism*, translated by Manfred S. Frings and Roger L. Funk, p. 389。

那么舍勒会说,"**人格**和它的行为都必须被标识为**超意识的存在**"①。反过来说,如果意识以笛卡尔的方式等同于与**广延的东西**相对的**思维的东西**,那么人格就不会等同于意识。只有当"意识"这个术语小心地得到质性认定,以避免了笛卡尔(和康德)的身心二元论的假设,以至于它意指现象学上的"对某物的意识",它才会等同于人格。因此,**人格性**的完满本质截然有别于只是心理的意识,并且只在意向性和意义充实的"心理的"或"精神的"行为中体验本身。②

5. 人格和世界

就舍勒而言,正如每一个行为都属于人格,每一个客体也属于一个世界。正如行为始终是抽象概念,除非它们属于一个具体的世界,也就是说,属于一个具体人格的世界。人格绝不是这个世界的一个"部分",而总是一个世界的"相关项",即是它自己的世界的"相关项"。在舍勒看来,这意味着"存在着一个与每一个个体人格相应的一个**个体世界**"③。每一个具体的行为例示所有可能的行为-本质,这些行为-本质能够现象学地得到区分,例如内感知和外感知、身体意识、爱、恨、感受、偏好、愿欲、判断、回忆、表象等等;而且一个具体行为的每一个客观相关项都例示所有可能本质世界要素,例如本我性、

---

① Max Scheler, *Der Formalismus in der Ethik und die materiale Wertethik: Neuer Versuch der Grundlegung eines ethischen Personalismus*, GW II, S. 402; 英译本见:Max Scheler, *Formalism in Ethics and Non-Formal Ethics of Values: A New Attempt toward the Foundation of an Ethical Personalism*, translated by Manfred S. Frings and Roger L. Funk, p. 392。

② Max Scheler, *Der Formalismus in der Ethik und die materiale Wertethik: Neuer Versuch der Grundlegung eines ethischen Personalismus*, GW II, S. 399; 英译本见:Max Scheler, *Formalism in Ethics and Non-Formal Ethics of Values: A New Attempt toward the Foundation of an Ethical Personalism*, translated by Manfred S. Frings and Roger L. Funk, p. 389。

③ Max Scheler, *Der Formalismus in der Ethik und die materiale Wertethik: Neuer Versuch der Grundlegung eines ethischen Personalismus*, GW II, S. 403; 英译本见:Max Scheler, *Formalism in Ethics and Non-Formal Ethics of Values: A New Attempt toward the Foundation of an Ethical Personalism*, translated by Manfred S. Frings and Roger L. Funk, p. 393。

个体本我、心理和外部世界的本质构造、空间性、时间性、活的身体现象、事物性等等。① 这构成一个"先天的和合法则的结构",这种结构无一例外地对"所有可能的人格""所有人格的可能行为",并且对"一切可能世界"有效。② 这意味着,关于世界的绝对**真理**必然具有一个**个体的**、**人格的**特征,因而它对每一个个体人格性一定具有**不同的内容**。因为每一个人格世界都包含着一个只属于这个人格而非其他人格之"世界"的"最终的特性",一个"原本的特征"。

杜耶威尔德认为,舍勒的这个概念代表了"引人注目的胡塞尔先验(现象学)意识的个体化和人格化",后者在他的时代留下一种"几乎革命性的印象"。杜耶威尔德说,在现象学界,舍勒是与"先验普遍有效意识"彻底决裂的第一人,并且把他的现象学建立在体验着的主体、知识的"无条件的"主体之绝对性基础上。③ 他也注意到,舍勒提前预见并拒绝了新康德主义的批评,即他的现实自身意识和绝对真理的人格观将把他引入主观主义的和怀疑主义的方向。事实上,通过指责新康德主义先验哲学带有一种对真理、实在性和"对象"本身的主观主义曲解,舍勒扭转了局势:"[他们的哲学]注定使宇宙的总体性升华为一个主观的**理性理念**,而且使'对象'失去本性而成为一个必然和普遍有效的表象综合,这个综合的决定性的**形式**已经为主体自

---

① Max Scheler, *Der Formalismus in der Ethik und die materiale Wertethik: Neuer Versuch der Grundlegung eines ethischen Personalismus*, GW II, S. 403f., 396; 英译本见: Max Scheler, *Formalism in Ethics and Non-Formal Ethics of Values: A New Attempt toward the Foundation of an Ethical Personalism*, translated by Manfred S. Frings and Roger L. Funk, pp. 393, 386。

② Max Scheler, *Der Formalismus in der Ethik und die materiale Wertethik: Neuer Versuch der Grundlegung eines ethischen Personalismus*, GW II, S. 404; 英译本见: Max Scheler, *Formalism in Ethics and Non-Formal Ethics of Values: A New Attempt toward the Foundation of an Ethical Personalism*, translated by Manfred S. Frings and Roger L. Funk, p. 393。

③ Herman Dooyeweerd, *A New Critique*, vol. 2: *The General Theory of Moral Spheres*, translated by D. H. Freeman and D. De Jongste, Amsterdam & Philadelphia, 1955, reprinted in Jordan Station, Ont.: Paidcia Press, 1984, pp. 584f., 587.

身所创造。"① 舍勒说，如果我们打算坚持，唯有一个**单一**世界实存，并且照此"被给予"给**多数**个体人格，那么世界仅仅成为在这个单词的康德意义上的一个"理念"（但甚至不带有他归于这个单词的实在性征兆）——一个原则上在现象学上无法充实的理念、一个单纯被意指的东西。②但是，在属于每一个个体人格"世界"的特性王国，我们能够发现绝对现象学充实的纯粹**自身**-被给予性，并且正如舍勒所说："我们在这里所具有的就仅仅是一个此在-绝对的世界，而且我们便处在自在的实事的王国中。"③

6. 宏观宇宙和人格的人格

现在，舍勒问，是否一个同一的、现实的世界的观念——超越出那个联结"所有可能世界"的先天本质结构之上——拥有现象的充实，或者是否我们被限定在多数个人世界的水准上。他说，如果这样一个世界存在，或**宏观宇宙**存在，那么它一定有其我们已经了解的和熟悉的某个东西，即其为现象学所确定的**先天**本质结构，它"适合所有**可能的世界**，因为适合'世界'的普遍本质"④。而且如果有这样一个**宏观宇宙**，那么所有个体的"人格世界"在保持其作为**宏观宇宙**

---

① Herman Dooyeweerd, *A New Critique*, vol. 2: *The General Theory of Moral Spheres*, translated by D. H. Freeman and D. De Jongste, p. 585.

② Max Scheler, *Der Formalismus in der Ethik und die materiale Wertethik: Neuer Versuch der Grundlegung eines ethischen Personalismus*, GW II, S. 404; 英译本见：Max Scheler, *Formalism in Ethics and Non-Formal Ethics of Values: A New Attempt toward the Foundation of an Ethical Personalism*, translated by Manfred S. Frings and Roger L. Funk, p. 394。

③ Max Scheler, *Der Formalismus in der Ethik und die materiale Wertethik: Neuer Versuch der Grundlegung eines ethischen Personalismus*, GW II, S. 404; 英译本见：Max Scheler, *Formalism in Ethics and Non-Formal Ethics of Values: A New Attempt toward the Foundation of an Ethical Personalism*, translated by Manfred S. Frings and Roger L. Funk, p. 394。

④ Max Scheler, *Der Formalismus in der Ethik und die materiale Wertethik: Neuer Versuch der Grundlegung eines ethischen Personalismus*, GW II, S. 406; 英译本见：Max Scheler, *Formalism in Ethics and Non-Formal Ethics of Values: A New Attempt toward the Foundation of an Ethical Personalism*, translated by Manfred S. Frings and Roger L. Funk, p. 396。

的"总体性"的时候,一定作为它的各个部分而属于它。此外,假定有这样一个**宏观宇宙**,那么其人格相关项就是"无限的和完善的精神人格的观念",这个精神人格的"行为在行为现象学中以其本质规定被给予我们,这门行为现象学与所有可能人格的行为有关"。① 而且按照舍勒的观点,由于为了充实与一个具体现实世界观念相应的现实性的本质条件,这样一个"人格"必须是**具体的**,因而**上帝的观念**是根据一种**先天的**本质复合联系而与世界的统一性、同一性和唯一性"一同被给予的"。鉴于此,舍勒强调:"任何一个不从本质上回溯到一个**人格的**上帝之上'世界统一'(因此也包括独断论和泛神论的所有变种),在哲学上也是'悖谬的'假定,这同样也包括向任何一种人格的上帝'替代品'的回溯,无论这个替代品是一个'普遍的世界理性'、一个'先验的理性本我'、一个'伦常的世界规整者'(康德),还是一个'规整着的秩序'(ordo ordinans)(最早期的费希特)、一个无限的逻辑'主体'(黑格尔)、一个非人格的或自诩的(soidisant)'超人格的无意识',如此等等。因为它们与那些可以得到指明的明见本质联系相违背。"② 由此舍勒得出结论:"所有的**爱**(amare)、**沉思**(contemplare)、**思维**(cogitare)和**意愿**(velle)因而都只是作为一个'在上帝(Deu)之中'的爱、沉思、思维和意愿才与这一个**具体的世界**、这个宏观宇宙联结在一起。"③

---

① Max Scheler, *Der Formalismus in der Ethik und die materiale Wertethik: Neuer Versuch der Grundlegung eines ethischen Personalismus*, GW II, S. 406; 英译本见:Max Scheler, *Formalism in Ethics and Non-Formal Ethics of Values: A New Attempt toward the Foundation of an Ethical Personalism*, translated by Manfred S. Frings and Roger L. Funk, p. 396。

② Max Scheler, *Der Formalismus in der Ethik und die materiale Wertethik: Neuer Versuch der Grundlegung eines ethischen Personalismus*, GW II, S. 407; 英译本见:Max Scheler, *Formalism in Ethics and Non-Formal Ethics of Values: A New Attempt toward the Foundation of an Ethical Personalism*, translated by Manfred S. Frings and Roger L. Funk, p. 397。

③ Max Scheler, *Der Formalismus in der Ethik und die materiale Wertethik: Neuer Versuch der Grundlegung eines ethischen Personalismus*, GW II, S. 408; 英译本见:Max Scheler, *Formalism in Ethics and Non-Formal Ethics of Values: A New Attempt toward the Foundation of an Ethical Personalism*, translated by Manfred S. Frings and Roger L. Funk, pp. 397f.。

因此，舍勒的个体人格的观念在其所有人格的人格，或上帝的观念中达到了顶点。在这一点上，舍勒可能受到了几个不同渊源的影响，包括马勒伯朗士、鲁道夫·奥肯（Rudolf Eucken）、赫尔曼·洛采（Hermann Lotz），以及其他人。① 据他自己认为，他的观点来自于他对在"人格"和它的"世界"之间本质联系的现象学分析。在其职业生涯的这个"天主教时期"，他试图调和他的哲学观点与教会教义，这一尝试也可能受到关注。与此相应，他强调，上帝的观念只能被一个具体的人格体验到，并被设定为"现实的"，这个具体的人格"和一个与此观念相应者处在直接的交往之中，而且对它来说，这个观念的具体存在是'自身被给予的'"；换言之，"'上帝'的现实性建基于一个具体人格中的一种可能的、实证的启示之中"。② 同样，正如世界的统一性和唯一性建基于这样一个启示的、人格的上帝的本质之中一样，所有个体人格的本质共同体也仅仅建基于这些人格和人格之人格的可能共同体之中，即建基于**"与上帝的共同体"**③之中。

在《形式主义》最后一篇，舍勒对人格的其他方面的讨论超出了该篇的范围。然而，其中许多内容可以结合哲学人类学的课题来考察，

---

① 参见 Herman Dooyeweerd, *A New Critique*, vol. 2: *The General Theory of Moral Spheres*, translated by D. H. Freeman and D. De Jongste, p. 589, n. 2；参见 Rudolf Eucken, *Die Einheit des Geisteslebens in Bewußtsein und Tat der Menschheit*, Leipzig, 1889；参见 Hermann Lotze, *Mikrokosmus*, Leipzig, 1856-1858；英文文献可参见 John H. Lavely, "Personalism," in *Encyclopedia of Philosophy*, New York: Macmillan & Free Press, 1967。

② Max Scheler, *Der Formalismus in der Ethik und die materiale Wertethik: Neuer Versuch der Grundlegung eines ethischen Personalismus*, GW II, S. 407；英译本见：Max Scheler, *Formalism in Ethics and Non-Formal Ethics of Values: A New Attempt toward the Foundation of an Ethical Personalism*, translated by Manfred S. Frings and Roger L. Funk, p. 396f.。

③ Max Scheler, *Der Formalismus in der Ethik und die materiale Wertethik: Neuer Versuch der Grundlegung eines ethischen Personalismus*, GW II, S. 407；英译本见：Max Scheler, *Formalism in Ethics and Non-Formal Ethics of Values: A New Attempt toward the Foundation of an Ethical Personalism*, translated by Manfred S. Frings and Roger L. Funk, p. 397. 参见 S. I. M. Du Plessis, "Max Scheler's Concern with the Highest Perfection," in *Truth and Reality: Philosophical Perspectives on Reality*, dedicated to Professor H. G. Stoker, Braamfontein, South Africa: De Jong's, 1971, pp. 86-93。

这是有益的。在一些内容中有他对身体、身体的环境、身体与本我的关系、说明心理学的质料的**先天**原理和在"伦理学背景"下的人格主题的详细分析。这些讨论既是有意义的,又在哲学上是令人感兴趣的。例如,他对"道德人格"的讨论力图表明,作为道德代理人的人格本质上必须拥有(1)一个完全健全的心智,(2)成熟程度显著,(3)对他或她的身体的主宰,和(4)持续的道德性格。① 这些观念对当代社会问题产生的影响,特别是在医学伦理学中,是显而易见的。他对人格"自律"的讨论包含着一个引人入胜的讨论,即把"明察"的自律与"愿欲"的自律区分开来;并且表明,对他人、权威或传统的服从(康德会称之为"他律"的东西)并不必然要么排斥明察的自律,要么排斥愿欲的自律。② 此外,他用相当大的篇幅去阐释他自己的人格概念与人格主义伦理学的其他形式的关系,例如,与施莱尔马赫(Friedrich Schleiermacher)和尼采人格主义伦理学的形式的关系。然而,这些讨论稍微位于其人格理论的基本纲要和我们在这里看到的他对康德人类学批判的本质特征的边缘地带。

三、分析

人格概念在康德哲学和舍勒哲学中都占据着一个中心的位置。对于康德而言,人格具有感性的和理性的本性。感性之物在内感觉的现象本我中显现;理性之物则在统觉的先验统一中被把握为所有表象的逻辑主体。但"人"对于康德来说只在负责任的道德代理人、自律的本体因的概念中才获得其卓越的意义。唯有在此意义上,作为实践的理性本质并因此作为"纯粹的意志",人才在其超感性的崇高性中被揭

---

① 参见 Peter H. Spader, "Max Scheler's Practical Ethics and the Model Person," *American Catholic Philosophical Quarterly* 69 (1), 1995, pp. 64-81。

② Philip Blosser, *Scheler's Critique of Kant's Ethics*, pp. 130f.

示，并且被设想为属于目的王国的在他们自身中的目的。然而，对于舍勒而言，人格作为理性认识或理性愿欲的行为主体（或"X"）这一概念不能公正地对待现象学上明见的人格**个体性**——完全脱离其体验内容，不论是理性的体验内容，还是非理性的体验内容——先验主体是客观同一性和统一性的条件这一概念也不能公正地对待这一现象学上的明见性，即"本我自身是这样一个客观的同一性"的现象学上的明见性（即使按照康德的说法）。在舍勒看来，康德的人格性概念无非只是理性的和道德的体验的一个先验基质，它本身毫无任何质料上可确定的内容。

康德理论的原理有可能避免舍勒的这种批判。事实上，康德在一些地方对道德体验的讨论完全是现象学的，例如，在对"道德情感"、"对法则的敬重感"、义务的"诱因"、敬重他人作为在其自身中的目的等的讨论中。海德格尔把康德对道德情感性的描述称作"我们从他那里获得对道德现象最卓越的现象学分析"[①]。但是，正如约翰·卡普托（John D. Caputo）所指出，隐含在康德伦理学及其"道德"体验特有的概念中的这个现象学因素，为他明确二元论"纯粹主义的形而上学"所阻碍，后者隔绝了在"纯粹理性"庇护所里面的**本体人**，在这个庇护所里面它免遭现象感性的污染的影响。[②]即使海德格尔极力主张，"逻辑的我"未必被视为一个无名的抽象物——因为可确定的本我和确定着的本我是同一的，他也丝毫没有训斥这个事实，即**人格性**在康德意义上是一个明确超感性的并因此在现象上不可知的自在之物，并且最终只不过是一个理性的理念——在最终分析中是纯粹的、自律的自由理念。

[①] Martin Heidegger, *The Basic Problems of Phenomenology*, translated by Albert Hofstadter, p. 133.

[②] John D. Caputo, "Kant's Ethics in Phenomenological Perspective," in *Kant and Phenomenology*, edited by Thomas M. Seebohm and Joseph J. Kockelmans, Current Continental Research, no. 4, Washington: Center for Advanced Research in Phenomenology & University Press of America, 1984, pp. 129-146. 参见 Philip Blosser, *Scheler's Critique of Kant's Ethics*, pp. 160-163.

因此，正是在这一点上，即康德的人类学无意中表明其最大希望是一门道德人格的现象学，它受到纯粹主义旧形而上学（the old metaphysics of purism）及其对理性/感性、形式/质料、本体/现象等二元化的所有人的重新审视。实际上，人格——在道德代理人、**道德的人格性**、在理性意志中表现出来的人格尊严和道德价值的位置和实质的卓越的意义上——与人类体验的世界被他或她的形而上学隔绝了。**道德的人格性**也是**本体人**，不仅对他人，甚至对他自身或她自身都是神秘的、不可知的和不可通达的。此外，人格在**先验的人格性**的意义上只不过是一个理论的抽象物、一个逻辑的主体和客体性本身的可能性条件。在此意义上与在**本体人**的意义上相比，"人格"概念不再有任何质料的、现象的内容是在场的。就像舍勒所提出的那样，这个概念不仅缺乏足够的具体性以公正地对待人格的个体性，而且它也包含站不住脚的不一致性，即让（逻辑上）是一个实体的东西（即先验统觉的统一）成为所有实体的可能性**条件**。舍勒坚持认为，没有任何现象学明见性的基础支持康德这个建构主义的先验主体。

康德批判哲学公开允许人格可以被视为现象上可通达的存在者的唯一之处，是它们可以被视为内部直观或经验性反思的对象的地方。但是，对康德而言，在此意义上的人格、**心理学的人格性**，只不过是一条内部感觉印象的无固定形状的河流。在这里，没有任何东西意味着人格尊严和尊称，而只有病态规定和自然因果性。在舍勒的人类学中，与康德分析的这个维度最为接近的东西是舍勒的经验性本我的概念，他明确地把它视为一个现象对象。即使是在这个对应点上，舍勒一方面拒绝让自己受康德对"现象"的感官-经验性的概念精确限制的约束，并且断言个体本我的**本质**在现象学上是在其所有经验性的体验中**一同被给予的**；而另一方面，他断定这个客观被给予的本我之知识不会给我们进一步带来**人格的**知识。在这一点上，舍勒的理论并非完全不同于康德的理论，尽管两者有显著的差别。在舍勒看来，人格无非是它们进行的行为,它们不可能是直观的**对象**,就像本我明确是**对象**那样。人格既不消融在它们的行为中,也不是通过其变化的行为奠基的或存在的实质性实体;相反,人格是本质不同行为之存在的具体本质统一。它们具有一个自身-现实化的实存,这个实存通过本质不同的行为而成为一体且变化着。原则上,这允许舍勒阐发一门比康德人格性现象学意义更加丰富的人格性现象学。因为,基于这个观点,人格不是被还原为实践理性的一个单纯主体;相反,人格用作**所有**行为的场所,不论是情感的行为还是理智的行为。[①]

对舍勒而言,人的人格理论尤其是在伦理学和价值论中具有根本性的作用。人格是舍勒道德价值的原初承载者,并且所有行为的道德价值都回溯到行动着的人格。人格自身承载一个质料价值,并且正是对在它们"中心的情感充实"中这个价值的反思性的理解,用作所有人格的奋斗、愿欲和行动之道德特征的来源。[②] 因此,舍勒对康德人类学提出了严厉批判,从他的视角出发,康德人类学把人格放到人类体验的范围之外,或者把它们还原为一个抽象物,或者剥夺它们的人格同一性。人格本质上不是一个一尘不染的理性意志,不是一个超感性地与情感和日常体验的现象界分离的**本体人**;人格不仅仅是一个先验的抽象物、一个用作客观性可能性条件的纯粹逻辑主体;当然,人格不只是一条在内部感觉中被观察到的自然确定的印象流。正如我们已经看到的那样,在阐发他自己观点的时候,舍勒小心地力图避免他视为"现实主义"理论的斯凯拉危岩(Scylla)[③],这些理论把人格的本质

[①] 参见 Ron F. Perrin, *Max Scheler's Concept of the Person: An Ethics of Humanism*,到处可见。

[②] Max Scheler, *Der Formalismus in der Ethik und die materiale Wertethik: Neuer Versuch der Grundlegung eines ethischen Personalismus*, GW II, S. 360;英译本见:Max Scheler, *Formalism in Ethics and Non-Formal Ethics of Values: A New Attempt toward the Foundation of an Ethical Personalism*, translated by Manfred S. Frings and Roger L. Funk, p. 348。

[③] Scylla 及下文提到的 Charybdis 都是一则神话传说中的相关物,位于意大利南方的麦西拿(Messina)海峡,其中 charybdis 是涡流,而 scylla 是该涡流对面的一块危岩。此危岩上居住着六头妖怪。——译者

存在定位于它们的行为，并且力图避免"实体论者"理论的卡瑞巴迪斯涡流（Charybdis），这些理论把人格的存在定位于本质中，这些本质独立于它们变化的行为，为它们变化的行为奠基，并且通过它们变化的行为存在。舍勒的分析是极其微妙的。正如我们已经看到的那样，他的结论是人格的存在被定位于它们的行为的**进行**中。

舍勒观点的一个重要特征是人格的整体**统一**，舍勒力图通过谨慎地使自己远离传统二元论者的理论来强调这种**统一**，传统二元论者的理论无不导致那个统一的瓦解，例如，在笛卡尔**思维的东西**和**广延的东西**的样式中。在舍勒看来，人格具有"绝对的"地位，不同于像意识、灵魂或**思维的东西**一样的所有这样现象"相对的"地位，所有这样现象总是假定了与一个"外部世界"、一个"质料世界"或一个"身体"的关系。因此，人格超越了所有这样的二元性。人格超越了它们所有的精神功能。事实上，舍勒指出，可以这么说，除了作为一个自身-实现着的同一性踪迹之外，人格在此意义上"超越了"现象的时间，即它们没有**在**时间**中**存在就行动**到**时间**之中**。

虽然舍勒对人格的整体统一的强调可圈可点，而且我认为它也得到了很好的论证，但在他自己对人格实际上如何通过其行为**被给予**的尝试性的解释中却出现了一些难题。首先，如果人格的存在被定位于它们的行为，并且如果行为——不同于经验性本我的精神功能——不能被客体化，那么生活于其行为之进行中的人格就绝不可能（像本我一样）是对象。但是，如果人格绝不可能是对象，那么人格如何在**行为**中明确被给予？舍勒关于人格时间状态的有时模棱两可的言辞在某种程度上——至少表面上——可能暗示着一种理论，在其中人格与康德的**本体人**相比在现象学上几乎不可能说是更易通达的或可知的。

舍勒对这些问题的讨论是不容易解决这个难题的。《形式主义》的相关段落并未明确提出这个难题，并且可能给人留下这个印象，即他使自己无望地陷入模棱两可之中。他的话语反复暗示（并且他的整个哲学都预先假定），我们确实在现象学上通达了人格及其行为。然而，他明确表示（并且他对行为的分析要求）人格不可能是对象。同样，他重复提出（并且他对人格的"中心的情感充实"的分析要求），人们具有其自身的最深处的情感——他们欢乐或绝望的精神情感——不可能是死的、无指示的**状态**，而一定是有意义指向了他们自己的**意向**情感。但他明确指出（并且其人格不可能是意向对象要求），诸如快乐或绝望这样的精神情感都是非-意向的情感-**状态**。

　　正如彼得·斯佩德所指出，这些难题的解决依赖于舍勒对"双重假设"的默然拒绝，即："我们能够被给予的唯一现象是**对象**，我们能够可靠地认识任何事物的唯一**方式**是客观的方式；也就是说，作为一个对象。"① 对于舍勒而言，人格既不是一个客体，也不是客观地被给予的。他把人格称作"所有现象中被遮蔽得最深的现象"，但人格不是对象且被遮蔽得最深，这个事实并不妨碍它们**被给予**我们，并且在我们体验中为我们所**可知**。那么，人格如何被给予？舍勒说，人格在其行为的**进行**中被给予。但如果行为不可能是对象，那么人格如何能够通过行为被给予？舍勒的回答是：通过**反思**。不是通过意向性的客体化行为，这些行为在人格的情况下是不可能的，而是通过**反思**的非客体化行为。② 正是通过反思，我们进入我们自己的行为，或者在进行的瞬间，或者在直接回忆中；并且正是通过反思，我们进入其他行为，要么作为在其"追复进行""一同进行"中被体验到的行为，要么作为在其"在先进行"中被体验的行为。这意味着，通过反思，我们把握意义的本质统一，这个意义为由在现象时间中出现的心理-物理功能

---

① Peter H. Spader, "Person, Acts and Meaning: Max Scheler's Insight," *New Scholasticism* 59 (2), 1985, p. 202.

② 参见 Max Scheler, „Die Idole der Selbsterkenntnis", in Max Scheler, *Vom Umsturz der Werte*, 1. Aufl., hrsg. von Maria Scheler, GW III, Bern und München: Francke Verlag, 1955, S. 233f.；英译本见：Max Scheler, "The Idols of Self-Knowledge," in Max Scheler, *Selected Philosophical Essays*, edited and translated by David Lachterman, Evanston, Ill.: Northwestern University Press, 1973, p. 26.

和事件组成的一个被给予的系列奠基。尽管这样一个意义的本质统一在世俗经验的时间多样性中实现了自身,但它不能被说成是"在"现象时间"之内"实体性地持存着,然而,它是构成一个行为的东西。① 同样,进入行为的具体**统一**正是通过反思才是可能的,这个具体**统一**就是构成人格的东西。同样,这意味着,人格总是保持一个同一性的痕迹,这个同一性避免消融在现象时间中。因而,舍勒能够坚决认为,人格行动**到**时间**之中**,并且无非生活**在**他或她的行为**中**,这些行为**在**时间**中**实现自身,但是,人格在**某种**意义上保持着,如果不是"**在**"时间"**之外**"保持着,那么可以说它恰恰始终悬挂在现象时间的风口浪尖上。

舍勒对人格以及它们如何被给予的解释看起来有点使人困惑。但正如欧根·凯利注意到的那样,舍勒对人格及其行为生活的解释不仅是很有希望的,而且也是非常令人心悸的,因为在它提供的东西中至少有一些**表面上**不一致的地方。虽然舍勒否认,人格可以被理解为通常意义上的"对象",或者被理解为通过时间变化的或在时间之外的持续存在的一个"实体",但是,凯利还是注意到,他仍然用非常实体性的语言来谈及人格。② 人格"不在时间中",但"行动到时间之中",这种说法甚至可能暗示某种残留物,后者不是新经院主义解释的残留物(植根于波爱修的在时间之外的"灵魂实体"的概念),就是新康德主义解释的残留物(植根于对人格作为超-时间的**本体**的假定)。然而,舍勒**确实没有说过**人格及其行为是"超-时间的"。他说人格行动到"时间"之中。用弗林斯的话说,人格对于舍勒而言具有一个"自身-进行的实存"和"实现它的实存"。③ 凯利把本质特征(Wesenszug)

---

① 参见 Peter H. Spader, "Person, Acts and Meaning: Max Scheler's Insight," *New Scholasticism* 59 (2), 1985, pp. 203ff.。

② Eugene Kelly, *Structure and Diversity: Studies in the Phenomenological Philosophy of Max Scheler*, p. 113.

③ Manfred S. Frings, *The Mind of Max Scheler*, p. 66.

翻译为"本质的踪迹",当他写道,"难题是把人的人格认同为一个本质之踪迹的难题,但仍然认同为本质上时间的、不同于其他本质的难题,其他本质是不可改变的,或者只受在它们与一个认识主体的关系中的变化支配"①,他接近舍勒差别非常细微的立场的中心。于是,人格作为一个时间的、自身-进行的实存的统一出现,这个统一构成一个时间的"本质的踪迹"。也许,在此情况下,当赫尔伯特·H. 迈耶(Herbert H. Meyer)断言,舍勒只是否定了一种"静态的"实体性而接受一种"动态的"实体性,这时他是正确的。②如果我们能够以这种方式谈论人格"实体",那么它可以被描述为某个东西,后者作为一个在其动态行为-生活风口浪尖上的"本质的踪迹"实存,这个动态行为-生活风口浪尖像一个经过的海浪波峰一样。就像海浪具有一个认识形式和统一一样,在一个人格行为-生活中的一个现象学的统一和认同的形式也是明见的。事实上,正如凯利所写道:"毋庸置疑,舍勒也在探求一种使我们感觉获得被给予性的方式,这种感觉是我们称为永恒的人的人格的非时间性质的感觉。"③舍勒的现象学在这里位于一个不可测量的神秘的边缘,例如,舍勒提出的一个"界限难题"构成了通向哲学人类学的现象学途径的限制条件。

部分困难在于人格主体性本身的固有本性。我们能够真正地在哲学上反思主体性的神秘吗?当然,许多人会否认这个可能性。例如雅克·马里坦(Jacques Maritain)主张,"主体性**作为主体性**是不可概念化的"④。舍勒坚决主张,人格在没有丧失它们作为人格的情况下绝不可

---

① Eugene Kelly, *Structure and Diversity: Studies in the Phenomenological Philosophy of Max Scheler*, pp. 127-128.

② Herbert Heinrich Meyer, "A Critical Study of Max Scheler's Philosophical Anthropology in Its Relation to His Phenomenology," doctoral dissertation, Boston University, 1972, chap. 3.

③ Eugene Kelly, *Structure and Diversity: Studies in the Phenomenological Philosophy of Max Scheler*, p. 128.

④ Jacques Maritain, *Existence and the Existent*, translated by Lewis Galantiere and Gerald Phelan, New York: Doubleday, 1948, pp. 69-70.

能成为通常意义上的研究对象。这实际上就是问：主体性是否能够被客体化？约翰·科罗斯比表明：至多，我们自己体验活动的某些要素对于我们来说是不可获得的，只要我们正在拥有这个体验，而不是之前或之后拥有它；这些要素对于除我们之外的其他观察者来说可能是有用的。但是，这绝不证实对那个在哲学上反思主体性和理解它本质上是什么的可能性不利。①

通过说明，科罗斯比指出，人格自我性如何在狂喜地沉浸于我们环境之后的"回忆"我们自己的体验中显现自身。心灵的最初状态在我们脸上呆滞无神的眼神中，在我们的被动性中，在我们失去自身-在场中得到揭示。这样一些意识状态接近一个由诸印象组成的单纯序列，我们狂喜地迷失在这些印象中，完全生活在我们当下印象中。但我们总是具有再次"回忆"我们自己的可能性，具有苏醒以至于我们远离我们所体验的东西的可能性，具有超越它的可能性。科罗斯比说，我越冷静地和自己居住在一起，我越是从我心中体验我自己；并且我越有权意向地超越我自己而指向被给予我的东西。这在对他人的爱中尤其真实，在这种爱中我进入他或她的主体性。因而，这个自身-在场尽可能远离任何类似的唯我论——一个舍勒无疑会同意的论断。

然而，虽然为人格的不可还原的主体性辩护，但是，科罗斯比、约瑟夫·塞弗特（Jesef Seifert），以及在迪特芮希·冯·希尔德布兰德（Dietrich von Hildebrand）、卡罗尔·瓦提拉（Karol Wojtyla）和埃迪·施泰因（Edith Stein）的实在论现象学传统中像他们一样的其他人，仍然强调人格"存在"与"主观性"区别。②虽然承认人格存在在主体性中实现自身，但他们否认它把自身**消融**在主体性中。因此，他们通常坚持，一门实体的形而上学有一种人格主义的、现象学的表达

---

① John F. Crosby, *The Selfhood of the Human Person*, pp. 95-123.
② 参见 Barry Smith, "Realistic Phenomenology," in *Encyclopedia of Phenomenology*, Dordrecht: Kluwer, 1997, pp. 486-500。

能力。实际上,针对他视为"主观主义"异议的东西,科罗斯比提供了现象学的论证,即当我们把自己体验为消融在我们环境之中的时候,"回忆"我们自己的特有可能性表明,我们作为人格**实际上**不能传达地且实质上是我们自己,并且不可还原为我们在"消融"状态中所具有的主观体验。①

正如我们也看到了的那样,舍勒对人格作为所有行为的场所和统一的分析,以及他对人格活动的个体本质特征的强调,把他引向宏观宇宙的-微观宇宙的沉思,这种沉思的基础在现象学中是有争议的。虽有其接受**宏观宇宙的**古老哲学观念的否定声明,即"我们不受各个作家用这个概念所意指的那些东西的束缚"②,但他的"人格"和"神"的观念含蓄地暗示了经典现代思辨形而上学的特征。舍勒假定,神的人格本性,作为"人格的人格",与人类的人格性一样属于同一个"行为现象学中的本质规定",因为这样的本质规定"属于所有可能人格的行为"。③但是,正如杜耶威尔德(他不能被视为一位宗教信仰的反对者)所指出的,谈论**所有可能人格**和**所有可能世界**以便把这些分类扩展到超出人类体验的时间视域范围,这个方法"是一个试图以思辨形而上学的方法实体化我们人类实在性体验的理论先验视域的征兆。这个**可能之物**的观念是无意义的,因为除了**在**其时间视域**中**之外,我们不可能谈论宇宙……基于同样的理由,在人性之外谈论所有**可能的**人格性也是无意义的"④。对于舍勒而言,神的观念依赖于对个体精神人

---

① John F. Crosby, *The Selfhood of the Human Person*, pp. 127-135.

② Max Scheler, *Der Formalismus in der Ethik und die materiale Wertethik: Neuer Versuch der Grundlegung eines ethischen Personalismus*, GW II, S. 406; 英译本见: Max Scheler, *Formalism in Ethics and Non-Formal Ethics of Values: A New Attempt toward the Foundation of an Ethical Personalism*, translated by Manfred S. Frings and Roger L. Funk, p. 396。

③ Max Scheler, *Der Formalismus in der Ethik und die materiale Wertethik: Neuer Versuch der Grundlegung eines ethischen Personalismus*, GW II, S. 406; 英译本见: Max Scheler, *Formalism in Ethics and Non-Formal Ethics of Values: A New Attempt toward the Foundation of an Ethical Personalism*, translated by Manfred S. Frings and Roger L. Funk, p. 396。

④ Herman Dooyeweerd, *A New Critique*, vol. 2: *The General Theory of Moral Spheres*, translated by D. H. Freeman and D. De Jongste, p. 592.

格的具体现象学明察，按照他自己的观点，个体精神个人始终与外界隔绝地被关在其微观宇宙之内。这个使人想起了莱布尼茨的"单子论"的结论可以从舍勒的分析中推导出来，尽管存在着这个事实，即：他在其他地方宣称"他人心灵"至少与某人自己心灵一样是可通达的①。但是，正是唯有这个现象学上可疑的、思辨的假设使得有必要求助于**作为机械之神的**（deus ex machina）的神的观念，以便避免唯我论的结论并且再次打开通向交互主体体验的大门。正如杜耶威尔德写道的："[原真的]体验，所有认识论的重要的第一性材料，并不知道作为一个'人格世界'的一个宇宙的任何东西，这个'人格世界'唯独在一个抽象的、普遍的、仅仅被意指的本质结构中，被假定为与无数其他'人格世界'相认同的。"②基于这个理由，舍勒对"宏观宇宙"和相应的"人的人格"的假设，似乎是不必要的思辨的建构，这个建构预见了其后期的决定性的形而上学的转向。它们并未把自身呈现为舍勒自己现象学方法一致解决的确定结果，毕竟，他的现象学方法宣称有体验内容作为它的原初的明见性。

舍勒的人格理论也有其他问题。例如，与微观宇宙-宏观宇宙问题相联系的是交互主体性问题和真理的人格化和相对化问题。当然，我们可以问，某些含义是否与舍勒的其他主要明察相一致。例如，我们可能指向舍勒在《同情的本质与形式》第一部分对"情感共同体"现象的分析，在那里，他用一个站在其亲爱的小孩尸体旁边的父母的

---

① 参见例如 *Der Formalismus in der Ethik und die materiale Wertethik: Neuer Versuch der Grundlegung eines ethischen Personalismus*, Teil C: Formualism, Pt. 3, „Die Idole der Selbsterkenntnis", S. 215-292；英译本见：Max Scheler, *Formalism in Ethics and Non-Formal Ethics of Values: A New Attempt toward the Foundation of an Ethical Personalism*, translated by Manfred S. Frings and Roger L. Funk, part 3: "Idols of Self-Knowledge," p. 397；也参见 Edmund Husserl, *Cartesianische Meditationen und Pariser Vorträge*, The Hague: Nijhoff, 1950, rpt. 1975, S. 173；英译本见：Edmund Husserl, *Cartesian Meditations: An Introduction to Phenomenology*, translated by Dorion Cairns, The Hague: Nijhoff, 1977, p. 147。

② Herman Dooyeweerd, *A New Critique of Theoretical Thought*, vol. 1: *The Necessary Presuppositions of Philosophy*, translated by D. H. Freeman and W. S. Young, p. 594.

例证来表明，没有以最小方式被体验为"在"另一个人情感"之外"的一个人情感，两个人格如何可能体验到同一的痛苦感。在这里，没有与个体人格相应的个体世界被体验到。交互主体性的难题也没有处于险境。相反，所显现的是在痛苦未分化的、前-客体化的世界中的一个情感**共同体**。以同样的心态，我们可能指出舍勒在《同情的本质与形式》第三部分对"他人心灵"的卓越分析，并且询问，是否微观宇宙-宏观宇宙的课题，连同多个个体世界的概念，按照那个分析站得住脚。

康德和舍勒的人格理论的需要审视的其他维度，例如，还包括他们对妇女和小孩的看法，仍然需要得到检验。康德关于妇女的所谓的偏见是众所周知的，根据这种偏见她们被认为是缺乏完满的"人格状态"。[1] 与此相关的是舍勒的理解，即人格状态本质上涉及一定程度的成熟，这样在"人格"这个词的本真意义上，尚未"成年"的婴儿和小孩就不能被视为"人格"。[2] 对像这些问题的这样一些问题的审视，虽然是高度相关的，但却超出这个初步概观的范围；我相信，我们已经充分审视了康德和舍勒的观点，以便在几个基本点上比较、对比且批判性地评价他们各自观点，并且得出一些重要结论。

（译者：鲍克伟／江西财经大学人文学院）

---

[1] 参见 Council for Philosophical Studies, *Kantian Ethical Thought: A Curricular Report and Annotated Bibliography Based on an NEH Summer Institute Exploring the Moral, Political, and Religious Views of Immanuel Kant*, Tallahassee, Fla.: The Council for Philosophical Studies, 1984, pp. 29-34.

[2] Manfred S. Frings, *The Mind of Max Scheler*, pp. 48-49. 参见 Max Scheler, *Der Formalismus in der Ethik und die materiale Wertethik: Neuer Versuch der Grundlegung eines ethischen Personalismus*, GW II, Kap. 6, Pt. 8, Sec. I.

人格的结构与自身的多样性*

欧根·凯利

一、问题及其历史

人格同一性的问题，正如本文所要处理的那样，是四重性的：1. 借助什么样的标准（criteria），使得一个人格能够在其生命进程中被认定为自身同一的人格？2. 我们称之为人格的那个实体的本体论来源（ontological source）是什么？3. 人格的独特的个别性（unique individuality）是如何被构造的？特别是，构造人格的独特的个别性的力量是外在于还是内在于人格？或者说，人格是自身创造自身，抑或是被创造的？4. 这个独特的人格是不是一个跨越时间与变化的流逝延伸着的道德主体（moral subject）？

我们是我们之所是，对此我们都有模糊的感知，我们感知到我们是某种独特的，伴随所有我们在生活中所经历的诸变化或充当着其基础的东西。有时候，这些变化使我们相信，我们其实不是10年前或10分钟前的同一个人（人格）。然而我们却面对着这样的矛盾：或许，

---

* 本文译自：Eugene Kelly, "The Structure of the Person and the Diversity of the Self"。该文为作者2013年10月17日应邀在广州中山大学哲学系所做讲演的讲演稿，外文稿待刊出。——编者

我们说，"我不是我结婚前的那同一个人（人格）"。但是过去那个结婚的"我"是谁呢？而这个现在做出判断说"我已经不是那个（过去的）我"的人（人格）又是谁呢？现在我是一个结了婚的人（人格），但一年前我没有结婚：在社会和法律的意义上，我"是"一个新的人（人格），但是（没结婚的）我却又必须与这个新的、已婚的自身是同一个人（人格）。那是什么改变了？

　　这个四重性问题的争论的历史是复杂且充满困难的。在西方世界，首要的问题被认为是本体论问题（即以上的问题2）：基督教哲学认为，人类机体拥有一个灵魂（soul）。这个概念是从古希腊人那里借用的，同时被赋予了一个神圣的起源。灵魂曾经是我们的道德存在的最深来源，它是一个个别的和不灭的精神本质（spiritual essence），大概由上帝从永恒中创造出来，并在受孕的那一刻被植入一个个别的、为它设计和预定的人类机体之中。这个被渗入了灵魂的（soul-imbued）机体生到某种境况之中：它是富裕的或是贫穷的，是视力正常的或是失明的，是男性或者女性，也许曾经是国王后来却成了乞丐，或者拥有能够影响其救赎的各种品质。灵魂的道德本性通过它与身边的挑战与机会的自由打交道的过程得以展开，并且在我们最深的感受中得以显明。即使它的机体死亡了，仍可以认为它依然保存下来。

　　值得注意的是，这样的观念远在中国和印度由一个个体化的世界灵魂或梵文中"阿特曼"（atman）的观念所代表，并受到佛教的"无我"（anattā）概念的攻击。经验人格（empirical person）被认为是缺乏本体论基底的，它是"空"（śūnyatā）。它的现象的实在性（reality）仅仅是一个发自于多重原因的依存者，也就是说，是偶有的空。苦难和挫折（dukkha），作为未受启发的人的存在的本质的条件，是建基在欲望（taṇhā）之中的，而欲望又是有依赖性地兴起于想去占有的动物性欲望。"苦"（dukkha）是一个随着对欲望的克服而消失的状况，而把偶有的欲望的主体确认为一个连续的人格所产生的幻觉（avidyā）

随之也消失了——我们错误地相信，有一个渴求这些东西的人格，对它们的占有或缺乏也归属此人格。如此看来，自身（self）或主体（subject）或人格（person）就成了 taṇhā 的产物，它并不自在地存在（exist in itself）。对 taṇhā 的克服就是对 dukkha 的克服，当个人无欲无求时，自身也就会消失。但是无欲无求者又是谁呢？他是否仍然与他自身处于一种关联之中？他是否意识到他自身无欲无求呢？

在西方，对灵魂观念的一个类似的破坏是与上帝之死相并行的，不过是出于与佛教学说不同而在道德和精神上又与其相一致的理由。在苏格兰启蒙运动中，休谟基于经验论的原则攻击自身或灵魂的概念（这里指一组组重叠的现象）。任何合法的概念必须能够追溯至某些感觉经验。内省（introspection）揭示一次头痛，而非头痛的那个人格。自身、灵魂和人格因而成为不合法的概念，它们是一种哲学困惑的占位符（placeholder）。康德把灵魂的概念归结为先验统觉（transcendental apperception）之假定，它成了一个甚至作为知识可能性的条件的不可直观的主体。因为任何被我们理解为知识的东西，例如一组一致的、相互关联的事实和理论，必须是一个能够进行康德式的"我思"的存在者的知识，是这个先验的自身的知识。因此，我们从知识的事实出发，通过先验主体性，到达了非经验的自身。

在 20 世纪的英语世界里，人格同一性的问题被归结为以上第一个问题，即关于对自身同一的人格的确认的标准的问题。这个问题承认，正因为一个人格也存在于一个不可观察的内部空间中，在迅速变化着的诸意识行为的流淌之中，因而对人格的认定不同于对诸客体的认定。如果心灵是一条意识流，且个别的人格被认定为心灵的河流，那么它作为某人心灵的统一体就显然是不可能的了。约翰·洛克主张人格同一性能够通过记忆，即对心灵的过去状态的回忆而得到保证，然而，记忆显然可以是错误的。事实上，人们有时候也会记起一个从未发生的过去。某些诗人，特别是马塞尔·普鲁斯特（Marcel Proust），利用情感记忆（affective memory）的现象，暗示了捕捉逝去的时光的比喻是比任何当下的时刻更加实在和愉悦的，而这种记忆自发地给出一个在情感中复现的本质的过去之景象。然而，几乎没有人（包括普鲁斯特）会相信这样的情感记忆**构成**一个连续的自身。普鲁斯特的尝试的结果并非是对一个独特人格（记忆中的普鲁斯特）的生活的再构成，而是一个美学的客体（普鲁斯特的小说人物马塞尔）。这部伟大的著作几乎不包含道德意味；道德冲突提供的是情感记忆创造比喻的相关主题。不在场的或没有出现的自身不过是这样一个地方，在其中世界的美以某种独特的方式得到了映照。理查德·罗蒂（Richard Rorty）在我们的时代得出这样的结论，即人是"无中心的、偶然且特质的诸需求的随机集合体"①，这毫不奇怪——这样的观点在某种程度上得到关于大脑运作的研究的支持。②

佛教和西方的思想在这里有某种汇流。当代哲学如今将休谟的伟大洞见融入自身的缺席，这似乎能够把我们从萨特所谓的严肃的世界中解放出来。如果一个连续着的人格并不存在，那么生命就可以免于它的严肃/可笑的认真和设想中的道德重担。在佛教中，anattā 和 śūnyatā（空）的学说使我们免去对罪孽污染我们灵魂的恐惧，因为根本就没有经受 karma（业报）的阿特曼，没有承担罪过的主体。因此，我们不需要因为其年轻时候的罪恶而对一个老人进行审判。如此一来，个别人格的道德实在性，作为同一性问题的第四个因素就被放弃了。既然人格的现象是虚幻的，那么第二和第三个问题，即本体论问题和现象学问题也随之而消失，同时第一个问题也变得无效了。

尽管如此，我们还可以发现某些能够从灵魂、心灵或者阿特曼的

---

① Richard Rorty, *Essays on Heidegger and Others*, Cambridge: Cambridge University Press, 1991, p. 155.

② 关于此主题的一个最近讨论，参见 Patricia S. Churchland, *Touching a Nerve: The Self as Brain*, New York: Norton, 2013。

传统的废墟中恢复的东西,即指涉"我们是我们之所是"的模糊感知的东西吗?心灵可能不是吉伯特·赖尔(Gilbert Ryle)所宣称的机器中的幽灵[1],而是一个哪怕在今天也萦绕于我们的思想的幽灵,它拒斥一切把它还原为自然过程的尝试,甚至我们的道德感也拒绝被解释为一种具有生存价值的、进化而来的倾向。

二、舍勒的人格现象学

要避免(把心灵还原为自然进程的)尝试及还原主义,马克斯·舍勒的人格概念似乎是最适合不过的。但它不是一个一致的概念,而且舍勒晚年也对此进行过重大的修改。这里,让我们考察一些来自舍勒的发展中期,即《伦理学中的形式主义与质料的价值伦理学:为一门伦理学人格主义奠基的新尝试》(下文简称《形式主义》),以及《同情的本质与形式》时期关于人格概念的说法,这时候,他吸收并随后远离了胡塞尔的还原以及先验自我的现象学。舍勒的现象学中是否有某种关于人格的理解?这种理解能够解释标准问题、本体论问题、构造问题以及人类生活的道德统一体问题吗?这样的解释是否在其思想的最后阶段,即《哲学世界观》(*Philosophische Weltanschauung*)以及《人在宇宙中的位置》的阶段丧失掉呢?

在较早的著作中,舍勒所描述的人格具有若干现象特征。首先,正如休谟首先注意到的,人格不是一个客体。没有人(甚至是人格他自身)能够把一个人的人格变为意向行为的客体。人格存在于我们意识的边缘,或者处于舍勒的同事赫尔穆特·普莱斯纳(Helmuth Plessner)所说的人的"偏心位置"上,即脱离出人在一个动物性身体

---

[1] Gilbert Ryle, *The Concept of Mind*, London: Hutchman, 1949.

中特有的位置。① 其次，人格非客体地呈现于每一个意向的行为之中：不存在不带着"本质的痕迹"（trace of essence），即该行为所属的人格的独一标志的"我思"（I think）。

在本体论问题上怎样？虽然舍勒在《同情的本质与形式》（GW VII）中谈及人格的基底（substance of the person），但他对这个词的用法却好像是不经意的，因为在其思想发展的这个时候，他没有形而上学的意图（除了有时候指出与相关的现象学事实相矛盾的一些形而上学学说的例子，如同我这里涉及舍勒自己时所做的那样）。人格在意向行为的施行之中得以构造。这里形成的人格被刻画为其各个行为的方向的"理想统一体"（ideal unity）。任何人的生命都可能靠近或偏离这个理想统一体。

在构造问题上怎样？在《论人之中的永恒》中的《宗教问题》（Probleme der Religion）的一段值得注意的文字中，舍勒讨论了人格在其诸多阶段中人格的个体发生（ontogeny）与种系发生（phylogeny）的某些阶段。这就像从一个刚形成的心灵到自身-意识和他者-意识（self- and other-awareness）之光的缓慢过渡。这种在其意向的行为中并通过意向的行为而发生的人格的构造，并不是在一个孤立的主体性中进行的，而是在一个人格的"世界"中进行，这个世界的实在性可以在抵抗现象（phenomenon of resistance）中被经验到，抵抗现象使得一个人格能够对自身及世界做出区分，"世界"在这里之所以加上双引号，是为了表明这是一个独特的人格的独特的世界：世界的现象仅仅显现为个人（人格）的世界。正是这个实在性的不可客体化的显现与一个个体的所有的意向的行为相关。厄尔巴诺·费雷尔（Urbano Ferrer）很好地表达了这种人格与世界之间的相关性："通过意指

---

① 参见 Helmuth Plessner, *Die Stufen des Organischen und der Mensch. Einleitung in die philosophische Anthropologie*, Berlin und Leipzig, 1928。

(meaning),人格的统一体获得另一种表达,即作为一个诸本质的系统,建立起诸本质与人格的世界之间的特有关联。"① 这个世界是"我的",但我知道它"正对着我"(over against me),它有一个以多种形式把自己向我显明出来的本质结构。这本质结构对其他所有的人格也有效,我没有塑造或形成它,而是在感觉感知中被给予我的客体具有这些客观的结构,我可以在我意向这些客体的行为中把这些结构读取出来。

在人格统一体问题上怎样?人格似乎没有任何可限定的统一体,因为如果人格是由他的意向的行为所构造的,那么就不会有什么限定他变成何物的限制,因为自由的人把他或她自己的统一的存在作为其道德任务。这里便出现了自身所创造的(self-created)人格观念。在《形式主义》中,舍勒这样谈及这个统一性:"人格的同一性仅仅在于这个纯粹的变成不同(this pure becoming-other)本身的质性导向(qualitative direction)。"这种自由在一开始似乎是随机的,而生命似乎就是一系列纯粹随机的意向行为的演替。这事实上也恰恰是舍勒在其后期的哲学人类学中所有的对人格的解释。不过,舍勒在这个较早的阶段,特别在他死后才出版的文章《爱的秩序》(写于《形式主义》时期)中,引入了作为"质性导向"的同一性和连续性的三个来源。在他看来,这些来源是人格的道德核心,并作为人的成就来为人格统一体提供基础。

舍勒在这篇生前未曾发表的文章中介绍了人格的道德本性。在一个个体中的道德导向的统一体是由一种舍勒设想为精神存在的基本素材(primary datum)或原现象(Urphänomen)的质性(quality)所构造而成的。他把这个独特的主观的爱与恨的秩序称为"爱的秩序"(ordo

---

① Urbano Ferrer, „Identität und Relation im Begriff der Person", in *Person und Welt*, hrsg. von Christian Bermes et al., München: Alber, 2000, S. 78-79.

amoris)。这现象似乎是每个人格特有的结构化的爱与恨的主观秩序，它或许符合或许不符合可留予现象学探讨的客观价值秩序。这个原初的个别的爱与恨的秩序——个体的情感核心——之于人格的道德结构，就正如晶体的几何结构之于晶体一样。① 这里的关键是，这个秩序在每个人格中是不同的，却又内在于每个人格之中。人格并没有创造它，毋宁说，个人在形成其人格及其经验的自身时以（源自他自己的）爱与恨的质性方向为基础。这个在最深层面上决定人格的本质秩序是如何获得的，或者说，是如何被赋予到一个人类机体上的，是现象学家舍勒并没有尝试在该文章中处理的形而上学问题。人格的秩序的统一和连续为他的所有的意向行为提供了一个理想统一体。我们也许会说，它是人格的生活风格的基础。它决定了我们关于客观世界的看法，我们首先看到和感受到我们爱和恨的东西。不过，自身构造（self-constitution）似乎也会有它的界限，毕竟我们是在一个我们无法避开的结构的基础上发展出我们的道德生活的多样性的。随着我们创造出我们的经验自我的轮廓，我们都发现我们的人格。

接下来，舍勒别具匠心地解释了人格的结构是如何延伸到这个秩序本身之外。对于秩序的结构，有一种通过道德环境（moral milieu）、召唤（calling）和宿命（fate）的概念进行的合法表达。这些经验的结构也不是由人格来选择的，而总是被经验为来自自己的人格之外。它们决定了一个人格在时间和空间中会遇到什么，使事情对作为他所是的他而言变得**重要**。它们是我们感知与我们自己的道德人格相关并构成召唤我们的任务的诸事件的意义和含义的"周遭"（enclosure）。尤其是，宿命在人格中起着重大的作用，它被舍勒称为"一个连续着的意义的总体关联"（Zusammenhang eines durchgehenden Sinnes），它是

---

① Max Scheler, *Schriften aus dem Nachlass*, GW X, Band I: *Zur Ethik und Erkenntnislehre*, Bern und München: Francke Verlag, 1957, S. 348.

一个穿过时间，使我面对同样的任务、机会以及兴趣的我的生命的连续意义。（当我在纽约逛的时候，我总是会遇到书店。）当然，一个人格也可能把自己经验为不统一的（disunity），他也许不能够在他自己的环境里发现宿命和召唤，生命对他来说似乎就是一组他总是不在场的、被错过了的可能性。

人格的理想统一体总是不知不觉地被接近（如果真可能达到的话），正如一种在罕见场合下可以瞥见的可能性一样。人格统一体是由每一个人格在上帝心中的观念所给予的，舍勒亦有过这种看法。而的确他在《爱的秩序》中就主张，就人格能够在上帝中看到其自身而言，这个观念（在无神论者尼古拉·哈特曼那里被称为"理智人格"[intelligible person]①）就起着在道德上熏陶和推动人格的作用。如果每个人格都意向着一个个人（人格）的世界，如果有一个单个的超越人格而又是个人（人格）的具体的世界（cosmos），那么我们就必须推断有一个具体的人格（这是他的世界），而这就是上帝。② 如果一个人格处于与上帝的团结一致之中，那么他一定会认为自己在上帝心中拥有一个理想统一体，也就是说，拥有一个他由于受到上帝对他的爱的鼓舞而向之发展的理想人格。这个深深植根于基督教的观念采取了在对上帝的模仿（imitatio dei）或对基督的模仿的观念中的相关形式。但它在哈特曼的伦理学中也以理智自身的形式出现，或正对着，或处于作为另一个自我（alter ego）或作为文学中的恶魔双胞胎（Robert Louis Stevenson笔下的角色Dr. Jekyll和Mr. Hyde）的我们之上或之下，这里，一个人会由于接纳了他自己的人格中的被他抑制住的要素而受困扰甚或是死掉。当人格面对着他自己的本性中的诸要素，即面对着他

---

① Nicolai Hartmann, *Ethik*, Berlin: de Gruyter, 1926, 3. Aufl., 1949, Kap. 57 b.

② Max Scheler, *Der Formalismus in der Ethik und die materiale Wertethik: Neuer Versuch der Grundlegung eines ethischen Personalismus*, GW II, Bern und München: Franke Verlag, 1966, S. 396-397.

的爱与恨、他的态度、他的召唤和宿命、他的隐约直观到的理想的自身以及经验的自身，即他到目前为止的生命进程及其未来的可能的方向，并且与自身"商量"时，这一点支撑起人格的连续性的观念。

这样，多样性中的结构原则就在人格的案例中揭示为是三重性的：人格与价值之间有一个特有的联结；任何人格的世界都被结构化为价值的秩序，而我们则通过我们的情感的意向行为而面向这个秩序；尽管我们不能够直接地意向他人的人格自身，我们却在同情的情感行为中或在我们再实现他们的意向行为的能力中面向着其他人格及他们的世界。这样，我就可以得出结论，藏于我们对连续的道德人格的模糊感知之后的观念被带到了现象学的被给予性之中。

三、私密人格

在我看来，舍勒的现象学中还有另一个要素，要想理解我们对道德统一体的冲动来源，这个要素是奠基性的，它能够促进对我们的理想人格的接近，并在将人类生活理解为道德统一的现象学工作中履行承诺。这就是舍勒的私密人格（intimate person）[①]的观念。它在形而上学的作品中是没有出现的，但是在对人格的本质现象的探索中却未被充分利用。它出现于《形式主义》，并且由哈特曼的《伦理学》所补充。

当我们单独地与我们自身相遇的时候，私密人格就进入被给予性中。我们也承认，我们选择去承担或者被强加的每个社会角色——如工会会员、母亲、学生——都具有一个私密领域，在此领域中，群体的精神被构造于导向其创造的诸前提基础上。我们也会感觉到，当我们像一个青年那样对我们是谁感到迷惑的时候，我们的人格的私密空

[①] 参见 Max Scheler, *Der Formalismus in der Ethik und die materiale Wertethik: Neuer Versuch der Grundlegung eines ethischen Personalismus*, GW II, S. 561f.。

间是我们的爱与恨首先表达自身的地方。舍勒在一篇未发表的文章中谈到了对于自身同一性是本质性的"榜样与引导者/领袖"（model and leader）①，但尽管这样的榜样通过向我们展示一个人格能达到什么样的成就来为我们提供道德的导引，他们却不能走进我们的私密的自身之中，因为他们并没有向我们提供一幅关于我们自己的理想人格（即我们能够或只有我们自己才能够成为的那个理想人格）的图像。

个别的人格作为统一的自身-意识（self-awareness）的道德存在，对它的构造而言更为重要的是人格的爱的经验，即一个人对另一个人的整个人格的爱以及爱者对被爱者的私密人格的情感进入。

在《同情的本质与形式》中，舍勒描述了这样的过程，即：爱使我们向内在于经验人格之中的理想的可能性敞开。他发现，爱并不是盲目的。尽管爱者不能准确地说出，爱在他所爱的那个人格里面揭示了什么，但他比不爱的人看得更加清楚。爱者能够看到其他人看不到的东西：被爱者的理想人格的轮廓，即如果他实现了他的理智人格、他的理想的自身-存在（self-being）的时候所能成为的样子。爱是通过在经验上的被给予之物对人格的目的（telos）的看穿。爱并不渴望它的被爱者成为其理想的自身。爱者以被爱者如若实现了其理想人格时所意愿的被回应的方式来回应被爱者。爱者甚至在被爱者并不善良时也能够在被爱者身上看到完美的善良；甚至尽管被爱者胆小时也能够在他身上看到力量。爱者试图"纠正"被爱者的任何一次努力都使得被爱者对此的成就成为爱者之爱继续的前提，而爱并不需要前提：爱者看到已经有的东西，他的爱揭示出可能有的东西，他在这两个方面都因被爱者而欢喜。

私密人格是一个要求其自身相互性的价值。一个人格在与为友谊

---

① Max Scheler, „Vorbilder und Führer", in Max Scheler, *Schriften aus dem Nachlass*, GW X, Band I: *Zur Ethik und Erkenntnislehre*, Bern und München: Francke Verlag, 1957.

奉献自身（即不只是表示对一个社会的人格的应有的尊重，而且爱他的独特的以及内在的价值）的某人的相对中获得他自己的价值。哈特曼写道，人格的爱"是补充人格性的价值，是与其自身存在的人格的交流"①。只有某人在被爱者身上感受到类似的敞开时，它才充分地敞开自身。

如果通过被爱我们首先经验到的，是要成为我们统一的理想人格并使得我们自身值得爱的冲动，那么爱就是对成为统一人格的激励，而这统一人格能够成长为他的理想人格。因此，爱具有一种改善（amelioration）的积极力量。它是一切人类的道德的善的源泉。被爱的状态使一个人格意识到他的自身价值（self-value），并随之意识到所有的存在和价值。它具有"把一个人格的全部意志能量吸引到自身并使之为其服务的趋向"②。把一个人格引导向道德德性的唯一途径就是解放和培养他去爱的能力，而这本身就是爱的成就。在某种程度上，这个意志的能量在对友善的意愿中并且在为被爱者服务的奉献中表达它自身。因为爱为被爱者提供某样被爱者自己的意愿对自身永远不可能成为的东西，即刺激（goad）和劝诫（admonition）。缺乏被爱，一个人也许就会仅仅满足于他在道德上已经成为的样子。因为一个人能够对自己的行为十分谨慎，但没有人能够意愿自己实际上"成为善的"。这种尝试是法利赛主义的最坏类型，成为一个"好的人格"的高傲欲望。但是他人的爱为被爱者提供了"一个朝向被爱者的尚未实现的道德存在，即朝向他的作为价值的人格性的意愿、努力、引导以及创造"③。它是一种拥有规范的道德力的力量、能力与德性，因为正是它使我们摆脱了自我主义和利己主义。毕竟爱的价值不受它从被爱者那里收获

---

① Nicolai Hartmann, *Ethik* II, Kap. 33a, S. 369. 正如诚实性是真理的补充德性，人格的爱也是它所提升的人格的补充德性。

② Nicolai Hartmann, *Ethik* II, Kap. 33c, S. 372.

③ Nicolai Hartmann, *Ethik* II, Kap. 33c, S. 372.

的东西的限制，它能够付出比它所收到的更多的东西而无损于它自身，哈特曼写道："对于被爱者，爱是他自己的意愿永远不可能成为的东西，即一个朝向他的未实现的道德存在，他的作为价值的人格性的意愿、努力、引导以及创造……在被爱者的生活中，它是至上实在的和决定性的力量，是使他走向真正的道德存在的引导。一个经验过它的人绝不会否认这个真正的、被深深地感受到的爱具有使它所朝向的那个人发生道德转变的力量，能够使他成为它在他身上看的与爱的东西。"[1]

人们常常误解爱的成就以及爱与幸福的关系。爱无疑是"最纯粹的和最高的欢快，最深沉的幸福"；对爱者而言，"爱给予他这样一种胜利的意识，即在为被爱者而存在的时候，爱者达到了能够为他人而存在的最高状态"。[2]

我们长久以来都认为只有人格的标准问题、构造问题和本体论问题才是名副其实的哲学问题，而自身-实现（self-execution）、道德统一体、人格的同一性以及它与社会环境的结合的问题则是经验心理学的责任。人格并不是一个客观的实在，而是一个不同于本体的自我（ontic ego）的现象的成就。舍勒会说（我认为经验心理学也会同意，尽管可能是出于不同的理由），以上诸特性的成就都是爱的成果。因为人格不能成为一个客体，所以我们无法达到一幅关于人格的理论的甚或是现象学的图景。但是爱把实在和理想的人格作为它的客体，并在道德上对它进行提升。生活可以是一次随机性的冒险，也可以是一个关于善与坏的道德统一体。同样地，恨与被恨也能够为一个人格提供导向。在人类生活的多样性之下存在着一个对于（在人类生活全部多样性之中的）道德存在的内在结构，而它就在于，每个情感核心是如何独特地对居于共同的人类栖息地的诸人格和价值的世界发生共鸣。

---

[1] Nicolai Hartmann, *Ethik* II, Kap. 33, S. 375.

[2] Nicolai Hartmann, *Ethik* II, Kap. 33, S. 374.

四、人格的丧失：舍勒的最后阶段

现在的问题是，在其哲学经历了向形而上学、本体论以及哲学人类学的转变之后，舍勒是否能够继续维持人格及其可能的道德统一体的现象学呢？这些转变在关于舍勒的文献中是众所周知的，尽管他没有这般列举，我们仍然可以轻易地列出一些：对基督教神论的放弃；支持本质的本体论理解而放弃现象学理解；盲目的、生命的冲动和无力的、爱着的精神作为自在存在（Ens-a-se）及存在之基础的本体论；哲学人类学，主张这样一个观念，即上帝作为一个人格通过微观宇宙（即人）克服自己的自我的努力而处于生成之中，现在被理解为原始冲动（primal urge）的一种显示，以及精神性的人格在世界的精神化中的升华与投入。

至少曾有两种尝试要证明，在人格的同一性、构造以及道德本性方面，舍勒后来的著作与（在其中他发展了其现象学时期或中期的人格主义的）较早的著作是一致的。我先是认为①，舍勒不仅在这门新的哲学的基础上无法复现人格的统一体，而且他的新的本体论和人类学甚至破坏了也许是舍勒对哲学的最伟大贡献的道德理论。接下来，通过揭示舍勒的现象学发现在他后来的著作中起着什么样的作用，我曾经试图把舍勒在哲学人类学方面的后来的著作，特别是他关于人类种类的起源的理论从以上批评中拯救出来②，但是我没有检验我更早的论点，即这里展示的作为道德存在的人格的现象学可能有的被这个人类学破坏了。最近，圭多·库斯纳托（Guido Cusinato）在一篇重要的文

---

① Eugene Kelly, "Ethical Personalism and the Unity of the Person," in *Max Scheler's Acting Persons*, edited by Stephen Schneck, Amsterdam: Rodopi, 2002.

② Eugene Kelly, „Vom Ursprung des Menschen bei Max Scheler", in *Person und Welt*, hrsg. von Christian Bermes et al., München: Alber, 2000.

章[1]中提出，舍勒的后期著作指出了一条通往我们的人格概念的新的通道，这条通道是值得赞许的。现在，我打算详尽地考察他的论证，然后简要地谈谈我自己对这个早期的现象学成就在后期著作中的转变的评价。我的结论是，库斯纳托和我的尝试都没有成功地为关于舍勒的作为道德实体的人格的新思考提供充分基础，而且舍勒的后期著作解构了他的伦理学的人格主义中最有价值的东西。

库斯纳托论证说，对基督教神论的拒绝和作为精神和冲动（Spirit and Urge）的自在存在的概念的设定并不意味着上帝没有人格。"人格"是精神所采取的形式的观念在1923年后被放弃了，而精神与它的否定的相关物即冲动联系在一起，对此，库斯纳托没有异议。人格作为精神与冲动两者的一个统一的动态（dynamic）在一个物理机体中存在。精神本身起初是缺乏一个人格中心的，但是，随着它被绑定在成为冲动的过程中，人格开始在舍勒所谓的绝对时间中出现。人类人格同时被精神和冲动所渗透。就功能而言，两者在质性上是不同的，在原存在（Ursein）中却是同一且永远并存的。术语"无力"和"缺乏人格"只适用于最初状态的精神，而"缺乏人格"仅指涉还未被冲动渗透的精神。于是，库斯纳托认为，舍勒通过这样的方式避免了一个无力的上帝的虚无主义（nihilism），因为在精神和冲动、心灵和生活的动态交织中，人格同时在人和自在存在（man and Ens-a-se）中得以形成。在爱着的精神和盲目的冲动的这些动态的交互作用中，随着冲动发展出在价值论上更高的释放其能量的途径，对世界的发展的新的本质的可能性就开始浮现。

但是，如果神圣的人格是超个人的或者是一个形成中的人格（库斯纳托坚持这一点），那就仍然很难看出，自在存在把自己整合为精神

---

[1] Guido Cusinato, „Werden der Gott und Wiedergeburt der Person in Max Scheler", in *Religion und Metaphysik als Dimensionen der Kultur*, hrsg. von Ralf Becker und E. W. Orth, Becker et al., Königshausen & Neumann, 2002.

化的、人格的同时又有生气的生活的努力如何能够充当人们的精神模式，并事实上充当其新的人格的觉醒和重生为一个新人格的根源。在舍勒那里，"人只有借助于作为也生成为人格的上帝的模式才能够成为一个人格"①。然而这个无力的精神在起初却仅仅起着引诱冲动去追求精神的更高价值的诸目的的作用，而一个人格的上帝却还没有存在。尽管如此，舍勒还是赋予精神在世界的生成和人类人格的生成方面的积极作用，但不是作为创造者上帝。库斯纳托写道，"救赎的真理不是通过发命令的力量，而是通过榜样和启发的力量而获得成功的"②。舍勒是否表明，冲动可能甚至能够接受它面前的引诱？舍勒设想较高的精神价值会吸引冲动，但为什么会是这样呢？为了回答这个问题，舍勒预设了一个在冲动之中的机制，通过这个机制，人格能够由于精神/冲动的动态而进化，这是一种类似于阴/阳的观念。这是在冲动之中的爱欲（Eros），这种冲动不仅是释放能量的冲动，而且是一种深邃的冲动，或者说是一种想要拥有最高者与最善者的爱。它是非人格的、完全自利的，不是人格的和受制于人的。它意图使得冲动遵从精神发出的引诱并使它自愿地转向可能的东西之中的最高者和最善者的创造。③这个预设当然是缺乏现象学明证性的，而且它直接地与冲动是盲目的的观点相冲突。

舍勒后期著作中著名的"与事物一起的理念"（Ideae cum rebus）意味着，作为意向相关项的现象学之客体的诸本质是建立在冲动中的草图（Entwurf）的基础之上的。这种观点与中世纪的"在事物之前的

---

① Guido Cusinato, „Werden der Gott und Wiedergeburt der Person in Max Scheler", in *Religion und Metaphysik als Dimensionen der Kultur*, hrsg. von Ralf Becker und E. W. Orth, Becker et al., S. 127-128.

② Guido Cusinato, „Werden der Gott und Wiedergeburt der Person in Max Scheler", in *Religion und Metaphysik als Dimensionen der Kultur*, hrsg. von Ralf Becker und E. W. Orth, Becker et al., S. 129.

③ 参见 Max Scheler, *Wesen und Formen der Sympathie*, GW VII, Bern und München: Francke Verlag, 1973, S. 55, 307f.。

理念"(Ideae ante res)的观念正相反,并且也与柏拉图式的观念相反,根据柏拉图式的观念,事物的形式作为所有被造物的本质蓝图存在于上帝的心灵中。这种柏拉图式的观念类似于舍勒在《宗教的本质现象学》(Wesensphänomenologie der Religion)中发展的现象学神学。实在的世界是设想中的全能主和无限人格即上帝的创造,他在本质领域中有结构的和有法则的诸原则的基础上创造事物。但是真正的创造并不需要前提。库斯纳托支持舍勒对柏拉图主义的最终的放弃,并写道:"一个真正的创造行为不可能基于它由之而开始的可能性的范围中,而是包含这样的能力,即能够对既已存在的预设提出质疑并创造性地对它们进行重新安排。"①

库斯纳托称誉他的观点能够给予我们解放。他写道:"创造的过程并非是再生产一些预先已经被结构地规定了的模式或程序,而是把观念和提议当作实验或草图来使用,它们是立即地被建立起来的,按照它们功能化过程的力量,它们的意义在这个过程本身中是与事物一起(cum rebus)被规定的。"② 在我看来,这种创造真是从无中而来的创造(creation ex nihilo),但却是无中生无,而且不借助任何东西(by nothing)。可以说,自在存在在其进展中创造着,后来成为"人之自由地成为一个人格"的模式。

相反,我认为这样的"生成中的上帝"的模式却在舍勒那里为虚无主义打开了门径。就我们所生活的世界以及我们过着的人类生活并非一个完全决定的过程而言,这种创造不可程序化的观念对于生活似乎是正确的;真正的偶然性似乎有其一席之地,而进步和衰落,无论这两个概念在一个没有计划和结构而形成的世界中意味什么,随之也

---

① Guido Cusinato, „Werden der Gott und Wiedergeburt der Person in Max Scheler", in *Religion und Metaphysik als Dimensionen der Kultur*, hrsg. von Ralf Becker und E. W. Orth, Becker et al., S. 132.

② Guido Cusinato, „Werden der Gott und Wiedergeburt der Person in Max Scheler", in *Religion und Metaphysik als Dimensionen der Kultur*, hrsg. von Ralf Becker und E. W. Orth, Becker et al., S. 132.

都有了一席之地。留给我们是希望原则（Principle of Hope）。但在这种情况下，世界和人类生活除了它自己的形成之外却没有任何的目的，而这就可以被称为虚无主义。再者，精神似乎不再是观念的预先存在的或永远共存的领域的主体，相反，诸理念是随着诸客体被自在存在设定而被创造的。这样，舍勒的宇宙就是在内在于其自身，即内在于一个唯我论的精神／冲动中的诸行为的基础上发展的。精神创造出它自己的法则性，并将其自身提供给冲动，而冲动大概是无法则的，它可能接受或不接受法则性；而且冲动对此的回应也是不可程序化的。上帝首先安排了一样东西，然后安排另一样东西，这没有什么理由可言。与此对照，在现象学的著作中，上帝是这样的一个人格，它有一个已经具备道德秩序作为道德选择和道德行为之基础的世界，但是在后来的著作中，精神／冲动必须在没有任何关于人格的预先的基础的情况下成为一个人格，哪怕是引导其努力的爱的秩序，在这种情况下精神是无力的，所以它不能为此目的而"有所作为"。

在《论舍勒的人的起源》一文中，我试图说明，舍勒是如何可以拒绝进化过程的目的论的和因果性的解释（前者是宗教所主张的，后者是科学达尔文主义），同时仍然能够为自然中的已知事实提供一个可信服的形而上学解释。在舍勒看来，变化对于自在存在而言是基础性的，而达尔文理论的进化是一个没有建筑蓝图的过程，但不是随机的。在舍勒的进化论模型中，三条法则引导着变化：冲动的目的是（1）实在性和（2）质性形式［种］的最大值，却伴随着（3）能量消耗的最小值：［哈密顿］最小［静态］作用原理。① 这样就有了飞跃性的自发的突变事件。

舍勒的进化模式是后期著作的典型，并且与库斯纳托对舍勒的人

---

① 德语原文：Das Ziel des Dranges ist ein Maximum 1. des Realen, 2. der qualitativen Formen, 3. mit Minimum von Anstrengung an Energieaufwand: „Prinzip der kleinsten Wirkung".——译者

格问题的解决方法相一致。既然没有任何目的论和因果必然性，那么进化的过程，就像人类的生活一样，就不是预先编排好的。驱动世界的唯一法则就是创造、老化和死亡的节律，这源自于冲动。自然形成的所有新的种类、个体中的全部重生，都是一个不可预测的突变的产物。因此只有当一个给定的生命形式到达其最高的发展且突变发生时，进步才会出现。"一个机体类型的最高的开放和成熟离死亡最近……于是，生命自然中的类型的进化的基本图景就不是所谓的进步，而是'死亡和生成'。"①

但是舍勒的某些文字与他的所谓"基本图景"相矛盾，这与他的关于冲动的基本图景与冲动拥有精神化能力（即爱欲）的观点的矛盾相类似。舍勒看到宇宙过程中的条件与人类世界中的条件的平行性。例如，有一种所谓的宇宙宿命，因为冲动能够在道德环境中发现它自身。这样引入早期发展的宿命概念以取代目的论和因果性的概念无疑是有独创性的。但没有引导过程的结构它就不能合理地适用于一个世界。正如我们通过征询世界及我们自身而成为人格一样，一个创造的过程必须在其自身的内部与外部寻找结构，即某样预先存在的东西，一种作为其成长基础的结构性实在，这无须限制过程的创造性，因为真正的创造并非只去产生随机的可能性，而是从一个预先给予的结构和一种对更善与更恶的感知中创造新的实在性。创造必须由既已存在和将来应该存在的东西所限制。在个体的人形成人格时，环境、宿命与爱的秩序无疑会给他施加限制。但它们是成为我们所是的内在的或外在的前提：始终与我们自身以及外在世界处于对话之中。而自在存在，正如舍勒所描述那样，对这样一个对话一无所知。因此，按照舍勒的形而上学概念（建立在现象学的本质的明见知识的基础上的思

---

① Max Scheler, *Schriften aus dem Nachlass*, Band III: *Philosophische Anthropologie*, GW XII, Bonn: Bouvier Verlag, 1987. S. 99.

辨），把人视作与宏观的自在存在相对的微观宇宙的观念是不合法的，它并不符合相关的现象学事实。

我认为，这些事实如下。我们将我们本身思考为一个生成过程，在这个过程中我们看到周围的价值和场景，某些价值和可能性似乎呼唤着我们，尽管并不呼唤其他人，而且它们提供了志向、我的事业以及我对世界的希望的道德结构。人类生活的形式尽管可能是多种多样的，但他们仍然处于一个由事实、价值和本质结构化了的有秩序的世界中，这些是科学、现象学和价值理论的知识可以获得的在先被给予的实在。我们并非通过设定它们与事物一起创造这些结构，它们曾经或不曾在我们的日常思考中起作用。尽管我们最终还是依靠着生活的条件——舍勒的冲动——来生活，但是在对我们的生活的塑造方面，我们的心灵并不是无能为力的。我们必须承认，人更多是自身的发现者而非他的创造者。一个人格最爱的东西的实现，以及他是否被爱，都取决于生活的力量是否能够实现它们。

舍勒后期关于人的形成的学说接近于萨特的学说，一个非自愿道德的虚无主义者，众所周知，萨特把道德上的选择和人格创造自身的过程与一幅画的形成做比较。① 艺术家开始于一块空白的画布，他可以根据他的想象把图像与颜色添加上去，同时对其他大师一无所知，他的想象判断这幅画什么时候算是完成以及这幅画是否成功。但这就是我们在创造一次人类生活而非一个美学对象的时候想要的自由吗？艺术家在其创作中并不受制于任何先天的美学规则。但是，正如之前在普鲁斯特的例子中提到，生活不是一件艺术品。在生活中我们受制于先天的道德原则。人格的雏形在起初就作为爱的秩序自发地出现在我们的机体上，在此基础上，一个机体成长成为一个可认可的个体自身。在这个对他自身的选择中，他受制于外在于他的道德和物理的结

---

① Jean-Paul Sartre, *L'Existentialisme et un Humanisme*, Paris: Nagel, 1951, pp. 75f.

构。在我们努力地实现在更大的、预先给予的我们人格（它将我们的人性描述为人格）的范围的背景中的价值的时候，这个自身性得以形成。我们选择去实现的价值，无论是去从事慈善事业还是进行种族屠杀，都是我们对从内部与外部走向我们时被给予的东西的回应。这给予我们对我们的人格的本质的感知，当舍勒把人与上帝相提并论的时候，他恰恰就丢失了这一点。人并不是一个微观宇宙，而一个形成中的上帝也不是他的"模式人格"。

（译者：吴嘉豪 / 德国哥廷根大学哲学系博士研究生；

校者：江璐 / 中山大学哲学系）

人类位格的个体性：
马克斯·舍勒伦理位格主义的研究[*]

约翰·F. 科罗斯比

在其对马克斯·舍勒思想的深刻而重要的研究中，汉斯·乌尔斯·冯·巴尔塔萨（Hans Urs von Balthasar）写道："位格的领域曾是舍勒最深切的关怀，于他而言比任何其他东西都重要，乃其思想之堂奥。"[①]这就是为何舍勒一再与哲学中的位格主义相联系的缘由，正如我们在其主要著作《伦理学中的形式主义与质料的价值伦理学：为一门伦理学人格主义奠基的新尝试》（下文简称《形式主义》）的导论中所能看到的：

> 我此刻的研究要尽可能完满地论证和传递的最本质和最重要的命题乃是，**整个**宇宙的终极意义和价值最终只能在**位格**的纯粹

---

[*] 本文译自：John F. Crosby, "The Individuality of Human Persons: A Study in the Ethical Personalism of Max Scheler," *Review of Metaphysics* 52 (1), 1998, pp. 21-50。——译者

[①] Hans Urs von Balthasar: *Apocalypse der deutschen Seele*, Band III: *Vergöttlichung des Todes*, Salzburg: Anton Pustet Verlag, 1939, S. 152；此处及以下对这部作品的引文的翻译来自我自己。冯·巴尔塔萨在此处给出的对舍勒的研究（S. 84-193）在舍勒的学生和批评者中似乎未曾听闻，甚至在德语写作者中也是如此。而在我看来，这是我们所拥有的对舍勒的最深刻的批判性研究，是一项对舍勒与基督教之间关系的特别重要的研究。

存在（而非其功效上）和尽可能完美的**善**的状态上、其最丰富的充盈和最完满的发展、其最纯粹的美和内在的和谐上得到衡量，所有的世界力量都在不时地向着它们集中和喷涌。①

我们想通过挑选出舍勒位格主义的一个中心课题进入他思想的堂奥之中。他自己在下文中谈及这个命题：

这项研究将我们所引致的伦理人格主义带有一个强烈地偏离开现有的各种伦理学思潮的特征。这个特征尤其表现在它赋予作为伦常价值载体的人格之精神**个体性**的生成与存在的地位上。②

这是我们此间要探究的：舍勒对位格的根本个体性（radical individuality），尤其是对位格个体性的伦理重要性的理解。③

---

① Max Scheler, *Formalism in Ethics and Non-Formal Ethics of Values: A New Attempt toward the Foundation of an Ethical Personalism*, translated by Manfred S. Frings and Roger L. Funk, Evanston, Ill.: Northwestern University Press, 1973, p. xxiv；德文原文见：Max Scheler, *Der Formalismus in der Ethik und die materiale Wertethik: Neuer Versuch der Grundlegung eines ethischen Personalismus*, GW II, Bern und München: Francke Verlag, 1966, S. 16。此书和其他舍勒的作品均从英译本引出，但会在括号中注明在舍勒德文全集中的页码。从这段引文中已可看出舍勒大量使用斜体字（中译文中改为黑体字。——编者）。除非另有指明，所有舍勒引文中的斜体字均为舍勒本人所加。（中译本见舍勒：《伦理学中的形式主义与质料的价值伦理学：为一门伦理学人格主义奠基的新尝试》，倪梁康译，生活·读书·新知三联书店 2004 年版。但为求与作者所引英译本和作者本人行文的文气配合，译文都会有所改动。下同。——译者）

② Max Scheler, *Formalism in Ethics and Non-Formal Ethics of Values: A New Attempt toward the Foundation of an Ethical Personalism*, translated by Manfred S. Frings and Roger L. Funk, p. 508；德文原文见：Max Scheler, *Der Formalismus in der Ethik und die materiale Wertethik: Neuer Versuch der Grundlegung eines ethischen Personalismus*, GW II, S. 499。（中译本见舍勒：《伦理学中的形式主义与质料的价值伦理学：为一门伦理学人格主义奠基的新尝试》，倪梁康译，第 620 页。——译者）

③ 为了给读者一个关于舍勒文献的一般性指引，让我指出其中我认为是有关其位格个体性思想的最富启发性的篇章：舍勒《形式主义》的第六篇 A 部第 1 章 "人格与理性"、第六篇 B 部第 2 章 "人格与个体"、第六篇 B 部第 4 章也名为 "人格与个体" 的小节；舍勒《同情的本质》第一部分第 4 章 "形而上学理论" 和第 7 章 "同情功能的相互作用"，尤其是最后 10 页。也参见舍勒论文《爱的秩序》，载 Max Scheler, *Schriften aus dem Nachlass*, GW X, Band I, *Zur Ethik und Erkenntnislehre*, Bern und München: Francke Verlag, 1957。

一

舍勒的论敌。我们须先知道舍勒讨论位格个体性时所反对的是谁。我再次引述冯·巴尔塔萨：

> 舍勒的基本处境仅仅缘于他所介入的双重否弃：他对式微的［柏格森和尼采的］生命哲学（Lebensphilosophie）的拒斥，生命哲学的支绌表明了迫切需要承认一种独立于"生命"的积极"精神"；以及对当时仍具影响力的旧观念论的拒斥。①

正是这后一个论敌——德国观念论——向位格的个体性提出质疑。舍勒认为康德把位格形容为理性位格（Vernunftperson）是一种去位格化的理律（Logonomie）。他意指康德及其追随者都倾向于把理性位格设想为超个体的（superindividual）。当他们把理性位格关联于个体的人类位格时，他们将其设想为存在于所有位格之中的同一物。这样，人类位格的个体性便成了问题，正如被舍勒当作康德及德国观念论者的智性前驱反复援引的阿威罗伊（Averroes）所以为的那样。因此之故，这些思想家都被迫要为位格个体化原则提供纯粹外在的解释；他们说个体性缘于与空间和时间的某种关系，或者他们说是缘于与肉身的关系，或缘于位格的经验，或位格行为的序列。在每种情况中，个体化原则都始终外在于位格。我们将会看到舍勒如何论证一种根本内在的原则。

当然，舍勒并未止于康德；在费希特和黑格尔身上他也找到了相同的理律，对于他们，他说"位格最终变成一个对于非位格的理性活

---

① Hans Urs von Balthasar: *Apocalypse der deutschen Seele*, S. 85.

动而言无关紧要的通道位置（gleichgültige Durchgangsstelle）"①。甚至在叔本华身上他也找到了类似的对位格个体性的消解，在叔本华那里虽然理性已经让位于意志，但个体仍被牺牲，以换取超个体的原则：

> 根据他[叔本华]，是共同感受（Mitgefühl）揭示出构成自身杂多性基础的**统一存在**。正是这摧毁了令我们陷身其中的幻象，以为我们每个人都有一独立的实有。②

换言之，在体验到共同感受之前，我体验到自己与你不同；在共同感受中我意识到：我们在根本上是一而非二。对我的（和你的）位格个体性的幻象正是以这种方式被揭露出来。

我们无须关心舍勒对康德和德国观念论诠释的准确性。对于我们理解舍勒思想的任务，他对自己在论战中所处位置的理解就足够了。

当舍勒肯定位格的个体性时，他心目中还有其他一些论敌。例如他对一切人类平等的理论的尖锐论辩。他怀疑这些理论都基于对超个体人性的假定，这种超个体人性一旦以外在的方式被个体化，就变成彼此平等的个体人类。因为诸个体人类"寓居"于每个同一的超个体人性，所以他们是平等的。当他反对这类人类平等的断言时，通常他的真正反对目标都是这种根基性的形而上学。

---

① Max Scheler, *Formalism in Ethics and Non-Formal Ethics of Values: A New Attempt toward the Foundation of an Ethical Personalism*, translated by Manfred S. Frings and Roger L. Funk, pp. 372-373; 德文原文见：Max Scheler, *Der Formalismus in der Ethik und die materiale Wertethik: Neuer Versuch der Grundlegung eines ethischen Personalismus*, GW II, S. 372. (中译本见舍勒：《伦理学中的形式主义与质料的价值伦理学：为一门伦理学人格主义奠基的新尝试》，倪梁康译，第454页)

② Max Scheler, *The Nature of Sympathy*, translated by Peter Heath, Hamden Conn.: Archon Books, 1973, p. 51; 德文原文见：Max Scheler, *Wesen und Formen der Sympathie*, GW VII, Bern und München: Francke Verlag, 1973, S. 61-62。

二

位格个体性。舍勒到底是如何理解"个体性"的呢？受乔治·格拉西亚（Jorge Gracia）有关个体性和个体性的多重含义的重要研究①的触发，我们在舍勒那里至少可以区分出两种含义。(1)有时他意指对于"一般"或"普遍"的某种反题，例如当他反对将位格消弭于某些一般性的律则（nomos）时；这种情况下个体性仅仅相等于具体性（相当接近于格拉西亚的"非-可例示性"[non-instantiability]）。(2)在另一些地方，他意指对于其他存在者的某种反题，例如当他反对各种将个体位格消弭于神中的泛神论企图。在这种情况下，个体性意指：一个存在者以一种与其他所有事物相对峙的方式立于自身之中（格拉西亚的"卓立"[distinction]）。下面我们还有机会在个体性这方面做出进一步区分。

格拉西亚认为只有具体性或"非-可例示性"才是个体性的真正特点，然而舍勒却把从其他存在者卓立而出也确认为个体性的特点。他特别强调地将其确认为位格个体的特点。虽然舍勒并未明确区分个体性的这两个特点，然而这两者对他来说代表了位格个体性的原-现象（Ur-phänomen）的两个互相关联的方面。

舍勒这样解释他在人类位格中所找到的个体性所特有的力量：每个位格均有其独有的本质，也就是说，这种本质不可能重复于另一位格。②"人性"并不囿于某个人，而是在某种意义上存在于每个人，这诚然正确；但与此形成鲜明对比的是：特定位格的位格本质不可能在其他任何位格中重复。舍勒有意要与这一希腊式观念相决裂：本质永

---

① 我所指的首要是 Jorge Gracia, *Individuality*, Albany: State University of New York Press, 1988, 尤其是其第一章。

② Max Scheler, *Formalism in Ethics and Non-Formal Ethics of Values: A New Attempt toward the Foundation of an Ethical Personalism*, translated by Manfred S. Frings and Roger L. Funk, p. 489; 德文原文见：Max Scheler, *Der Formalismus in der Ethik und die materiale Wertethik: Neuer Versuch der Grundlegung eines ethischen Personalismus*, GW II, S. 481。

远只是一般的或普遍的。在其主要的伦理学著作《形式主义》中，他多次挑衅地说"本质与一般性无关"①。舍勒似乎意味：不单只有"普遍之物"意义上的本质，也不单只有被具体化或被例示于（instantiate）许多个体之中的普遍本质，还有根本的个体本质，它是一般语词所无法表达的，用一般语词谈论对普遍本质的例示是毫无意义的。② 每个位格身上都有一个本质，我们不能说是位格拥有或分有这个本质，但必须说位格就是这个本质。当然，这跟说神就是祂的本质并非同一个意思；这只是要肯定正是在位格身上具体本质和个体所构成的独特统一。这起码是舍勒多次强调位格个体性的积极性的部分理由。他的意思是，这个体性并非只是某些一般或超个体东西的"缩略"；它建基于在任何其他个体之中不可重复的积极内容。

个体的位格本质被舍勒视为位格个体性的核心，自不待言其与诸如"在内战中最后一个死去的士兵"和"史密斯最年长的儿子"之类的逻辑建构无关。在这类刚刚被引入讨论的例子中，我们确实具有一类只能被一个位格所例示（instantiate）的本质，但个体存在的任何特别力量均解释不了这独一的个别性。正如在"今天印刷的第一份《泰晤士报》"这例子中，事实上我们能够在个体性极贫乏的非位格存在找到这种一次性的"例示性"。这第一份印本与其他印本一样，仅仅是今天的《泰晤士报》的一个示例（instance），完全可以为其他印本所取代。无论是"第一份"还是"第323份"，其一次性的例示性似乎都源自于想要挑选出某物的意向（intention）；这似乎并非源于个体存在

---

① Max Scheler, *Formalism in Ethics and Non-Formal Ethics of Values: A New Attempt toward the Foundation of an Ethical Personalism*, translated by Manfred S. Frings and Roger L. Funk, p. 489; 德文原文见：Max Scheler, *Der Formalismus in der Ethik und die materiale Wertethik: Neuer Versuch der Grundlegung eines ethischen Personalismus*, GW II, S. 481。

② 考虑到每个人类位格都总有未存在的时候，这当然有些意义，这意味着任何位格的具体本质都"先行于"这位格的诞生。我们因而大概可以说，一个位格在诞生之时，这个位格"例示"了他或她的具体本质。但实际上在这里我们不应该说"例示"，因为类的一个实例总是众多可能实例中的一员，而一个特定位格却是——能够实现他或她的具体本质的——唯一可能者。

的任何内在力量。但是，位格正是由于这种个体存在的内在力量而杜绝了多重例示活动（instantiation）；的确，位格个体性意义如此重大，以至于到了不可言说的地步（individuum est ineffabile［个体是不可理解的］），换言之，它不能被转译为一般语词。但一般语词却完全足以表达一次性的个别例示，这些东西因此是完全可以言说的。

注意上文所区分个体性的两个方面是如何在舍勒讨论位格个体性时汇合在一起的。位格不可重复的本质不单与每个一般或普遍本质形成对比，它亦将某一个位格区分于其他位格。①

人类位格根据其存在的程度——我们正是与其存在打交道——或多或少是个体的，通过表明这一论点，舍勒展开了他对位格个体性的描述。②舍勒认为，位格在某种社会角色中是较少个体的，例如当一位母亲、一个德国人、一位教授，或者担任某种公职，例如一位法官。毕竟很多不同的位格均可以担当这些社会角色；任何人这样做都分享了一些一般性的东西。舍勒区分开他所谓每个人类的"社会位格"和"私密位格"（intimate person）；并且他说：我只有从所有这些构成我的"社会位格"的角色中抽离出来，才能将自己体验为私密位格（experience myself as intimate person）。而只有将自己体验为私密位格，我才深切地体验到我的位格个体性。③ 与此相关，舍勒亦指出了其他人

---

① 在我的书 *The Selfhood of the Human Person* (Washington, D. C.: Catholic University of America Press, 1996) 的第二章中，我为一种对位格个体性的解释辩护，这种解释非常接近于舍勒的位格个体性。我与舍勒之间存在着术语上的差异，他说"个体性"之处我都说"不可传达性"。

② 虽然格拉西亚识别和区分了有关个体性的各种不同问题，他并未注意到个体性的程度、种类、层面这些基本的形而上学问题。我们可以提出关于在不同存在者中发现的不同种类的个体性，或者在同一个存在者中发现的个体性的不同层面的问题。舍勒接下来要处理的首先是后一个问题。

③ Max Scheler, *Formalism in Ethics and Non-Formal Ethics of Values: A New Attempt toward the Foundation of an Ethical Personalism*, translated by Manfred S. Frings and Roger L. Funk, p. 561; 德文原文见：Max Scheler, *Der Formalismus in der Ethik und die materiale Wertethik: Neuer Versuch der Grundlegung eines ethischen Personalismus*, GW II, S. 548. 也参见 Max Scheler, *The Nature of Sympathy*, translated by Peter Heath, p. 121: "这意味着：一个人越是私密位格，与此同时越是沉默的体验，他就越是个体（Individuum）……"德文原文见：Max Scheler, *Wesen und Formen der Sympathie*, GW VII, S. 130。

类可能"陷入"其中的一般性。所以在某处他说及我们"受相似的本能、激情、生命所需的共同束缚"①。对他来说,在个体的位格中心外,还包围有很多"层面"。为了达到完整的个体位格,我们必须从人的这些相对一般的方面中抽离出来。

舍勒走得更远。他说,甚至那些——比刚才提到的社会角色更接近于位格的——位格品质或位格性质,它们也有几分相对一般性。这就是为什么我们不能把一个位格仅仅视为所有其性质或属性的合成。这将会错失位格中最为个体的东西。因此舍勒说:

> 有道德价值的爱,并非基于某位格有如此这般性质、追求如此这般活动,或拥有才能、美貌、德性而给予爱的关怀。这种爱(指有道德价值的爱)之所以将这些性质、活动、天赋归于爱的对象,正是因为它们是属于那个**个体位格**的。②

这些性质只有植根于位格之中,它们才能在此基础上以其充分的个体性显现。可以说,正是这位格在某种意义上把充分的个体性传递给这些性质。③

当然,我们可以从一个存在者中拣取这样性质和属性:它们使得这个存在者与所有其他个体相对峙地区分开来(以便我们确切地阐述

---

① Max Scheler, *The Nature of Sympathy*, translated by Peter Heath, p. 121;德文原文见: Max Scheler, *Wesen und Formen der Sympathie*, GW VII, S. 129。

② Max Scheler, *The Nature of Sympathy*, translated by Peter Heath, p. 166;德文原文见: Max Scheler, *Wesen und Formen der Sympathie*, GW VII, S. 167。

③ 舍勒发现,人身上个体性的这些不同"层次"反映在我们对人的知识上;正如这知识"从灵魂的联想层次发展到灵魂的生机层次,并且随后发展到精神性位格之实存,个体质性的印象生长了,如同达至每一新层次那样跃进着,直至达到充分的个体性为止"。Max Scheler, *The Nature of Sympathy*, translated by Peter Heath, p. 123;德文原文见: Max Scheler, *Wesen und Formen der Sympathie*, GW VII, S. 131。

上文论及的一次性"可例示者")。然而，在这种情况下，这些性质和属性却只是我们有关个体性知识的标准，亦即帮助我们识别出个体性的东西；他们不是位格个体性之所在。格拉西亚完全正确地区分开什么是个体性的问题和我们如何辨识它的问题。[1]

舍勒以这样的方式区分人类个体性的不同层次，以至于颠覆了某种被他追溯至"18世纪个体主义"的观念的地步：

> 在这种思潮看来，人和人的价值的存在**越是**接近**绝对的**存在阶段（作为理性生物），并且人和人的价值**越是**与**最高的**等级阶段的价值（救赎与精神价值）相调和，它们就**越是**被看作是"相同的"；而人和人的价值越是接近感性的身体状态并且越是与**最低的**等级阶段相调和，它们也就越会显现为**不同存在应然的**。因此，这种先验的**普世主义**与经验的贵族主义和个体主义的结合恰恰便是我们观点的**对立面**。[2]

舍勒认为，作为位格，我们之间的差距大于例如作为种族身份或性别的拥有者。我们的个体性在位格性的层次上更为显著于种族或性别的层次。因此他得出了他的"精神个体**之为**精神的观念，以及这一观念：存在与价值的个体化恰恰是随着精神性的纯粹性而加剧的"[3]。注

---

[1] Jorge Gracia, *Individuality*, pp. 16-21.

[2] Max Scheler, *Formalism in Ethics and Non-Formal Ethics of Values: A New Attempt toward the Foundation of an Ethical Personalism*, translated by Manfred S. Frings and Roger L. Funk, p. 510; 德文原文见：Max Scheler, *Der Formalismus in der Ethik und die materiale Wertethik: Neuer Versuch der Grundlegung eines ethischen Personalismus*, GW II, S. 501.（中译本见舍勒：《伦理学中的形式主义与质料的价值伦理学：为一门伦理学人格主义奠基的新尝试》，倪梁康译，第622页。——译者）

[3] Max Scheler, *Formalism in Ethics and Non-Formal Ethics of Values: A New Attempt toward the Foundation of an Ethical Personalism*, translated by Manfred S. Frings and Roger L. Funk, p. 510; 德文原文见：Max Scheler, *Der Formalismus in der Ethik und die materiale Wertethik: Neuer Versuch der Grundlegung eines ethischen Personalismus*, GW II, S. 501.（中译本见舍勒：《伦理学中的形式主义与质料的价值伦理学：为一门伦理学人格主义奠基的新尝试》，倪梁康译，第623页。——译者）

意，这里舍勒是把个体性当成跟其他存在者的差异；个体性越强跟其他存在者的差异越大，个体性越弱则差异越小。

也要注意，舍勒不单不同意他所谓的"18世纪的个体主义"；他的立场也与传统亚里士多德式的从属和种"递降"到个体的路线有了一个决裂。因为，根据这种方式，存在者即相等于它们的种别（species-identity）；它们靠获得不同的"偶性"而开始成为个体（仍然是在跟其他东西不同的意义上）。在这里我们确实并非像舍勒颠覆18世纪个体主义图式那样在处理更高或更低价值的问题，而是在处理存在者的本质特点和偶然特点的问题。但这两对概念部分地重叠，而舍勒不会赞同：个体性只是通过获得偶性而得到提高。

现在我们接着考虑一下舍勒有关位格个体性层次的、引发争议的主张。其哲学人类学的中心是"生命"与"精神"的鲜明对比，换言之，即每个人的生机枢纽（vital center）与位格枢纽（person center）的对比。他将生机枢纽理解为占据着纯粹的肉身生命和全然的位格生命之间的中间位置。他之所以在生机和位格之间做鲜明的对比，是因为他正奋力克服所有形式的生命哲学（Lebensphilosophie）和所有哲学中的生机主义（vitalism）的痕迹。现在对于舍勒来说，一个人的个体性的实在"位置"是这个人的位格枢纽而不是其生命枢纽。

当我们依靠位格枢纽生活时，我们就绝不会在我们不得不与其打交道的存在者之中迷失自己。作为位格，我们保持了完整，在其他存在者之上和之前立于自身之中。因此，以同情（Mitgefühl）这种全然的位格行为，我进入他者之中而不迷失自我，或将我等同于他者，或将他者等同于我；在同情他人这种最诚挚的行为之中，我和他者始终是不可还原的两个位格。同情并非如叔本华所认为的那样意味着我等同于他者。恰恰相反，这意味着我自身和他者的不可还原的二元性。这同样适用于爱。爱也是全然的位格行为，所以彼此相爱的两个位格不可能合为一体。在所有真实的爱之中都预设了并且在实际上强有力地、发乎内部地展现出两个位格彼此之间的不可还原性和不可让渡的二元性。

然而，我有可能依靠自身之中的生机枢纽而生活，例如当战争爆发时，我体验到某种与我的同胞合为一体的感觉。根据舍勒，我在我的同胞之中失去了自己，感觉上好像与我的同胞结为一体。我并未在他们之前挺立，倒是淹没在他们之中。我感觉自己既如浩瀚集体海洋中一滴水珠那样渺小，又因为是这浩瀚集体中的一部分而恢宏有力。这里我的个体性被削弱了，由于我与他人的界限被抹去（舍勒说是我跟他们的同体感［Einsfühlung］），而这不只是我的自我经验，更是实在如此，即：作为生命存在，我实实在在可能被吸收进我的民族集体性中，而我的个体性实实在在可能在某程度上被抹杀了。相对来说，在与他人的同情中，这界限却被预设、被经验和被增强了。①

我们将会注意到：这里个体性的含义与上文论及的、与每一位格所特有的位格本质相连的那种含义略有差异。这里的个体性不像后者那样属于本质的阶次。它更多地属于实在的实存和因果性的阶次。废黜本质个体性的，俨若某个能够取代我的他者。而废黜实存个体性的，则实在地融合到他者之中。舍勒认为，在个体性的这种实存性意义上，很显然，就依靠生机枢纽而活这点而论，我们人类的个体性相对羸弱；然而，就担当起位格去生活这点而论，我们所拥有的个体性则强大得多。

三

位格个体化原则。格拉西亚将什么是个体性这问题从其他有关

---

① 舍勒认为，依靠一己之生机中心而生活的最为超卓的例子莫过于两性间饱含深情的肉体交合。我在这篇文章中提供了关于生机存在的不同例子，因为我认为：舍勒似乎未能恰当处理两性交合的位格向度，他对此做了片面的生机主义解释，从而夸大了两性交合中男女自身迷失于彼此的倾向。

个体性的基本问题中区别出来。为了理解舍勒，我们从这其他问题中拣选出有关个体化之原则的问题来。什么是某存在者的个体性，必须区别于这存在者的个体性的原则或根源的问题。作为对第一个问题的回答，格拉西亚说一个存在者的个体性乃在于这存在者的"不可例示性"。而作为对第二个问题的回答，他说实存（existence）就是任何个体的个体性的原则。不同的答案反映了不同的问题。格拉西亚说哲学家们往往在讨论个体性时混淆了这两个问题，他肯定是对的。现在舍勒一些对位格个体性的深刻洞见正是以位格个体化的原则表达出来的。

舍勒反对位格个体化的所有外在原则。他常考虑三个这类原则：位格的肉身、位格的时空位置和位格的经验史。他说位格的个体性"先于"位格的这三个方面而建立。① 这个体性是内在于并透过每个人类位格的独一位格本质而得以建立的。"内在于位格或其行为中的精神实体便是拥有真正个体本质的**唯一**实体，其作为个别元目（entities）而实存者是直接从它们内在的个体性格而来的。"② 这就是舍勒将位格，而且只将位格称作"绝对个体"的意思。③ 如果一个特定的位格的全部本质均可以在另一个位格身上重复，这本质便难以用作第一个位格的个体化原则。正如我们已经看到的，正是因为在第一个位格的本质中有某种不能传达、不能重复的属己之物，他的本质才构成了他这个个体。④

---

① Max Scheler, *The Nature of Sympathy*, translated by Peter Heath, p. 65; 德文原文见：Max Scheler, *Wesen und Formen der Sympathie*, GW VII, S. 76。

② Max Scheler, *The Nature of Sympathy*, translated by Peter Heath, p. 123; 德文原文见：Max Scheler, *Wesen und Formen der Sympathie*, GW VII, S. 131。发觉舍勒用实体的范畴去解释位格个体性令人惊讶——对于我而言，是愉快的惊讶；在《形式主义》和其他地方，他都尖锐地批评所有以实体去想象位格的尝试。

③ Max Scheler, *The Nature of Sympathy*, translated by Peter Heath, p. 65; 德文原文见：Max Scheler, *Wesen und Formen der Sympathie*, GW VII, S. 76。

④ 值得注意的是，尽管个体性是什么的问题（格拉西亚称之为内涵[intentional]问题）与什么个体化了一个存在者的问题是两个不同的问题，尽管它们有时会得到两个不同的答案，在此刻关于人类位格的情况之下，它们却得到了非常相似的回答，那就是依照每个人类的独特位格本质的回答。

舍勒并非只是为了支持内在解释而拒斥对位格个体化的外在解释。他也拒斥通常与外在理论相伴随的形而上学假定。他全然并且坚决地拒斥了这一看法：个体人类位格的出发点是某种"普遍精神"（Allgeist）、某种超个体位格精神——这种精神借着某一种个体化的外在原则缩略为个体人类位格。每个人类位格的根本和内在的个体性由于他或她的独一位格本质而排斥任何这样的（常常被泛神论地理解的）普遍精神以及任何与之相伴随的外在个体化原则。通过反对这种个体化的形而上学，舍勒是在反对着一个他所认为的"最严重的形而上学错误"[1]。

有关位格个体化的原则，舍勒还有其他东西要教导。每个位格的独一位格本质不单有助于把整个人个体化，将之与他人区别开来；它也有助于把一个人与其他人在某种意义上共有的层次个体化。因此一个位格的肉身、声音、双手、字迹都充满着位格个体性的神秘，从而从它们自身所具有的有限个体性之中被提举出来。

将舍勒对位格个体化的思想比较于乔治·格拉西亚对个体化原则（principium individuationis）（对于格拉西亚而言，意味着对所有个体而非只是对位格而言的一般解释）[2]的解释是相当有趣的。对格拉西亚来说，一个存在者只有透过它的实存才能是个体的。舍勒会评论说，个体化的实存理论无论如何都不是外在理论，因为存在着的实存是完全为自身所固有的。但他也会有所保留，起码当这种说法被当成是对位格个体性根源的详尽解释时。他会说，在位格来说只援引实存并不足够；本质也是一个体化原则。因为每个位格都有一个本质的核心，它建立起跟其他存在者完全不同的东西。这个核心只建立起不可传递的位格。这位格的本质核心是如此根本地个体的，以至于我们不可以

---

[1] Max Scheler, *The Nature of Sympathy*, translated by Peter Heath, p. 75; 德文原文见：Max Scheler, *Wesen und Formen der Sympathie*, GW VII, S. 86。

[2] Jorge Gracia, *Individuality*, pp. 170-178.

再将它设想为某种普遍形式的"例示化"(instantiation)。舍勒不仅认识到个体化的实存原则,而且起码在位格的情况中认识到个体化的这一本质原则,我会认为这是相当正确的。①

将舍勒对位格个体化的说明比较于亚里士多德以物质作为个体化原则的理论也是有趣的:"在人那里,终极而本真的个体化原则(并非如圣·托马斯所想的只在天使身上),乃在其精神性的灵魂(即是其位格中心的实在基底)……"② 用亚里士多德的术语来说:乃在于个体的形式而非在人的复合本性中的物质。因此对舍勒来说,我们不需要一套适用于人类的个体化理论,以及一套完全不同的适用于天使的个体化理论。无论是人或是天使的位格都是透过他们的独一位格本质而成为个体的,这本质永远是精神性的,而且,即使是在人类身上也绝非个体化的质料原则。如果用阿威罗伊的理路来阐释亚里士多德关于个体化的立场,以至于同样的智性灵魂被假定为存在于所有的人类之中——那么自不待言,通过根本的反驳,舍勒将会有更多话要说。

这种对位格个体化的解释现在是被严格限制在人的位格(personal)之上,而不被应用于灵魂的生机部分。既然舍勒对比区分开人类的生机(vital)和位格(personal),那么他为我们的生机存在的个体化提出一完全不同的解释便不叫人惊奇了。虽然他跟**普遍精神**的假设一点关系都没有,但他自己却引入了**普遍生命**(*Alleben*)的假设,他将这个普遍生命界定为"一个集体的、**整体**而普遍的生命力,包含了所有地上生命的种类和条件,有目的地指引和主宰一个物种与

---

① 格拉西亚会很快而正确地指出,舍勒与他的立场的分歧是基于舍勒与他关于到底什么是个体性的根本分歧。正如我们看到的,舍勒对个体性的理解包含了这点:一个存在者凭借个体性成为自身而非他者。而格拉西亚在他对个体性内涵的规定之中排除了所有这类"与他者的区分"。因此,当舍勒着手位格个体化原则的问题时,他所正在处理的是稍微不同的待解释项(explanandum)。

② Max Scheler, *The Nature of Sympathy*, translated by Peter Heath, p. 123; 德文原文见:Max Scheler, *Wesen und Formen der Sympathie*, GW VII, S. 131. 为求更贴近德文原文,我把英译中某些地方修改了。

另一个不同物种的经验性的发展"①。这是一种超越一切活着的存在物的超自然生命力量，甚至即便它作为所有存在物的源泉寓居于，并充满于它们之中。从普遍生命而生出的赋有生机的存在者都作为这普遍生命的个体化而实存。他们很可能有外在的个体化原则。因此，正是舍勒所竭力抗争的关于位格存在和位格生命的个体化图式，被舍勒自己引入并与人类的生机存在和生机生命相关联地发展起来。在此我们具有了对某些上文已被考察过的东西的解释。在生机体验的层次，位格能够融入彼此之中。这是因为作为生机存在者，他们在某种意义上已经是一体的了，只不过是同一个普遍生命的分化而已。在同体感（Einsfühlung）中，他们经验到"源出"同一普遍生命而来的与他者的一体感。因此位格个体性的积极性便容让了生机个体性的某种消极性，因为个体生机生命的确是出于普遍生命的某种"缩略"。

我们现在能够理解为何舍勒宣称他自己赞成"全然正确的创造论（creationism）的观念"②，即是说，神直接地创造每一个位格，或更准确地说，直接地创造每个人的位格中心。要理解舍勒，我们只需将自己置于上文提及的、将个体位格设想为已经实存着的"普遍精神"的分化（differentiation）的立场。从这种观点看，我们可以将个体位格的产生归因于支配分化过程的次要因素，亦不用假定神的任何直接的干预。这就是为何当舍勒在谈及有生命的存在者从普遍生命产生时，并未想过要假定任何神对每个有生命的存在者的干预。但因为位格中心拥有无法估量地、超越于生命存在者的个体性，舍勒只能否定任何从已有东西缩略而成的位格个体性。留存下来的看来就只有"从无中产生"以及随之而来的对创造者-神的直接依赖。

---

① Max Scheler, *The Nature of Sympathy*, translated by Peter Heath, p. 74; 德文原文见: Max Scheler, *Wesen und Formen der Sympathie*, GW VII, S. 85。

② Max Scheler, *The Nature of Sympathy*, translated by Peter Heath, p. 127; 德文原文见: Max Scheler, *Wesen und Formen der Sympathie*, GW VII, S. 135。

在冯·巴尔塔萨对舍勒的研究中,就他对舍勒所有的同情之理解而言,他仍反对在我们的以上几页中出现的舍勒的想法,亦即反对"他将个体化的问题分散到两个领域,以至于在精神领域中的个体化是纯粹积极的,但在生机领域则为纯粹消极(因为在这里只有**普遍生命**才是终极主体)"。然后他接着说:

> 位格的纯粹积极的个体化最终把人提升到超出于被造物的可能性和被动性,以一种普罗米修斯的方式提高到上帝本身的观念的领域。但是那纯粹消极的个体化,只给予了与世界根基(Weltgrund)的匿名本能生命的同体感作为理想,在这同体感中个体像波浪一样涌起又消失在大海中。
>
> 舍勒追寻过但始终寻不着的个体化的真正概念,其实就在某个中间的位置上。人既非纯粹的精神,亦非纯粹的自然。他的个体性难分难解地既积极又消极,既现时又可能。①

虽然我不太清楚舍勒对位格个体性的积极性之解释为何倾向于排除"被造物的可能性",但冯·巴尔塔萨的这个批评看来是合理的:舍勒倾向于一种人的生机中心和位格中心的过度二元论,这二元论在他为两个中心提出的根本不同的个体化解释上显现出来。这也在舍勒以下的话清楚显示出来:"在**精神与生命**、位格与生命-中心之间,我们分辨不出实体的统一,而只有一**动态因果性**(*dynamic causality*)的联系。"② 他继续解释:如果肯定了每个人的实体性统一,则或者其生机中

---

① Hans Urs von Balthasar: *Apocalypse der deutschen Seele*, S. 191-192. 他认为,舍勒在讨论亚西西的圣方济(St. Francis of Assisi)的精神性成就的过程(Max Scheler, *Wesen und Formen der Sympathie*, Pt. I, Kap. 5)中,曾短暂地瞥见过人之中的生机与位格的统一。

② Max Scheler, *The Nature of Sympathy*, translated by Peter Heath, p. 76; 德文原文见:Max Scheler, *Wesen und Formen der Sympathie*, GW VII, S. 86。

心被赋予了位格的强力的个体性，或者位格便会被贬损至生机中心的软弱的个体性。

当冯·巴尔塔萨一再谈到舍勒式位格的某种"无世界性"（Weltlosigkeit），或舍勒将之加入其位格概念的"往天堂超升"时①，他不过是要指出舍勒过度地分隔开生机生命和精神位格。冯·巴尔塔萨从舍勒有关第一次世界大战的一本书中引用了一段文字，以表明位格的这种无世界性以及人的实质性统一的这种丧失的实存意义：

> 此刻人性清楚地显现了：他在神面前站立，他双脚植立于他的动物性的污秽中，背负着原罪之溃烂着的伤口和他自己的罪恶，但同时他的头却在太阳的光照和星星的辉映之间，甚至在各处已经触及天堂。②

当冯·巴尔塔萨以不凡的敏锐谈及舍勒倾向于"回避服从（obedience）这艰难的纪律性"时，他在对位格的理解上稍微地揭示了这无世界性的实存内容。

在我们看来，冯·巴尔塔萨确实已经揭示出了一种贯穿于舍勒那里的人的整全形象的裂痕。虽然人确实部分地源于土地，部分地源于神性气息，舍勒将这两个根源分开和对比的方式正如冯·巴尔塔萨所说确实是可疑的。但我们并不认为舍勒对位格个体性的明察与这裂痕有必然的关系；这些明察本身并不涉及任何位格中心的扭曲的"无世界性"，或人的实体性统一的任何消解。舍勒关于人的"层次的不同"

---

① 参见冯·巴尔塔萨对舍勒论文 „Zur ldee des Menschen"（1911）的讨论。（Hans Urs von Balthasar, *Apocalypse der deutschen Seele*, S. 162-163）他论证说，舍勒在这里倾向于将人的本质等同于恩典的奥秘。

② 引自 Hans Urs von Balthasar, *Apocalypse der deutschen Seele*, S. 164。不足为奇，冯·巴尔塔萨说，后期舍勒哲学中精神与本能的彻底割裂已经潜藏于舍勒早期和最重要的著作之中了。

（differences in niveau）的观念亦没有不妥当的地方，这观念指出：并非人之中每部分都具有同等程度的个体性，我们能够区分出人之中欠缺位格的最高个体性的层次。看来冯·巴尔塔萨并没有对这种差异做出完全公正的判断。所以我们想让冯·巴尔塔萨的批评变得更为准确，并指出舍勒的错误在于挑动了人的个体性的不同层次和人的实体性统一之间的冲突。这个工作是要去重新理解那个"站在他的动物性的污秽中"同时又伸手触碰神的人的实体性统一——这人不单依赖于生机中心，也依赖于一个位格中心。但这不是我们这里要做的工作，这里我们所关心的并非舍勒心目中人的形象的融贯性，而是他有关每个人的个体性的教导。我重复一下：他的这些深刻教诲并不内在地与冯·巴尔塔萨已指出的在他的人类学中的那些困难相关联。

四

个体位格与社群。在这个问题上我们可能会质疑：舍勒的这种每个位格的根本个体性的教导是否有可能将自己封闭在一种消极的个体主义之中？作为一位因尖锐地批评过中产阶级个人主义而闻名的思想家仍分享着这种个体主义，无论这有多么奇怪，基于我们刚刚陈述过的他的观点，我们都会怀疑他是否还能恰当地处理"我与你"（I and Thou）和社群的不同形式。

让我们回到本研究开始时我们所区分的个体性的两个方面。就"个体"仅仅表达出"一般"或"普遍"的反题而言，它不必包含任何对社群的反对。我们必须记得：对舍勒来说个体人格（Individual-person）与个别人格（Einzelperson）并不等同。对他来说个体人格包含了个别人格和集体人格（Gesamtperson）两者。他将集体人格理解为由某些社群形成的、类似位格的统一，例如法兰西国家或者天主教教会。相反，你与我便是个别人格。现在舍勒想说的是集体人格也是彻底个体的。集体人格并非只是外在地个体化的，也不是首先作为一般性之物而实存。法兰西国家的具体本质难以**为其他国家所共有**，这正如一个个体位格的具体本质难以**为若干个别人格所共有**一样。舍勒所肯定的便**延伸至共同体**，并因此不能与**共同体**相对立。

但是，**在挺立自身并从其他位格中凸显出来的意义上**，位格个体性又是怎样的呢？个体性得到肯定无可避免地要以牺牲位格之间的交流为代价。但是在这里舍勒也愿意说，共同体能包容个体性，而不是被个体性所排斥，因为他愿意说，每个国家都是自身而非他者，并非只是个别位格才是自己而不是他者。

但是，我们会回应道：也正是这些是自身而非他者的个体位格，它们的个体性不能不为个体主义所利用，这种个体主义侵蚀了共同体的基础。从舍勒的著作之中我们可以找到几种回答，其中包括这个：位格之间交流的最高形式——例如同情另一个人，或爱另一个人——正如我们看到的，已预设了作为个体的位格，并且如果位格的不可还原的个体性被遮蔽了，那么恰恰作为交流就被亵坏了。然则我们又应该如何解释某些明显是位格之间生命的失序，例如舍勒所谓**跟另一个人的他发性认同**（heteropathic identification with another），借此，一个人格完全被另一个人格所控制，就像在催眠和某些催眠性的人际依赖中一样？① 除了以一种在最密切的人际生活中也应该维持的不可还原的个体性之外，还可以怎样解释这明显的失序？

从一个人自身跟另一个人的他发性认同（heteropathic identification），舍勒区分出另一个人跟一个人自身的自发性认同（idiopathic identification）。这是相反的病理：始终保持着如此强烈的自我和自身的经验，以至于一个人从未真实地达到作为他者的他者。舍勒论证说：这种实

---

① Max Scheler, *The Nature of Sympathy*, translated by Peter Heath, pp. 18-23, 42-45; 德文原文见：Max Scheler, *Wesen und Formen der Sympathie*, GW VII, S. 29-33, 53-56。

存的独我论（existential solipsism）是活在某个位格个体性中的一种基本失序，在与他者的隔离之中，这种位格个体性不是全然有生命的。我们甚至能在舍勒那里发现布伯（Buber）这一观点的要素："我—它"关系中被隔离的"我"比参与到"我—汝"关系的"我"要贫乏得多。若对舍勒关于同情感的伟大作品进行独立研究的话，我们便可以讨论发展一个交互-位格的充分哲学（adequate philosophy of the interpersonal）的这些以及其他途径，这门哲学恰恰是以舍勒对位格个体性的明察为基础的。

让我在这里也提一下他如此重要的"团结原则"："任何虚假的所谓个体主义，连同其错误的和有害的后果，在我的伦理学中被这一理论所排除：**对于诸位格的全部领域的**道德救赎，每个位格都担负着原初的**共同责任**（coresponsibility）。"[①] "原初地有共同责任"，舍勒解释说每个位格对他者都有共同责任，正如他直接对自己负责一样。再者，我们与他人处在这样的一种团结之中，以至于总是分担着他者的罪恶。不久之前，我在其他地方讨论过舍勒这个被忽视了的主题。[②] 这里只需强调，舍勒认为，人作为个体位格而不只是作为整体的部分对另一个人负有责任。在下文对舍勒关于位格个体性思考的进一步展开中，我们将会回到他的"团结原则"。

五

我们拥有关于个体位格的知识。舍勒不仅研究了位格个体性，亦

[①] Max Scheler, *Formalism in Ethics and Non-Formal Ethics of Values: A New Attempt toward the Foundation of an Ethical Personalism*, translated by Manfred S. Frings and Roger L. Funk, p. xxiv; 德文原文见：Max Scheler, *Der Formalismus in der Ethik und die materiale Wertethik: Neuer Versuch der Grundlegung eines ethischen Personalismus*, GW II, S. 15。

[②] John F. Crosby, "Max Scheler's Principle of Moral and Religious Solidarity," *Communio* 24 (1), 1997, pp. 111-127.

研究了我们关于位格个体性的知识。在这儿他也跟某种希腊式观念决裂了，亦即，将知识限制在普遍之物上。根据舍勒，位格能在其全部的个体性中得到认知。这如何可能？

这是通过对一个位格的爱而成为可能的。舍勒说：

> 确实，另一个人个体性的本质是不能为概念性语词所描述或表达的（不可言说的个体性[individuum ineffabile]），其完整的纯粹性只能通过爱或借助爱所提供的明察而被揭示。当爱缺席时，"个体"便立即被"社会位格"（social personality）所取代，这只是一系列关系（例如作为一位伯母或一位伯父）的焦点，或是某特定社会功能（专业）的指数，如此等等。①

换言之，欠缺了爱，我们便只能获得人与他者所共有的人的那些方面；只有通过爱，我们才能获得一个位格中个体性的奥秘，亦即一窥位格不可重复之位格本质。

在这里，我们感觉到爱与知识之间一个众所周知的悖论。舍勒所讲的位格的爱似乎预设了对所爱者的位格个体性的某种先行把握；似乎这种爱是由将他者看成为不可重复的位格而产生的。尽管舍勒并不否定爱与知识这种更明显的关系，但他在这里所要肯定的是：对另一个人的爱也为我们关于作为位格的他者的知识奠基，使我们有能力看透这个位格与他者分享的所有，以便获得在他或她自己不可传达的权力之中的位格之所是的东西。② 如果这种先行的爱是人类之爱

---

① Max Scheler, *The Nature of Sympathy*, translated by Peter Heath, p. 160；德文原文见：Max Scheler, *Wesen und Formen der Sympathie*, GW VII, S. 163。

② 也请参见舍勒论文中与此相关的论述，"The Nature of Philosophy and the Moral Preconditions of Philosophical Knowledge," in Max Scheler, *On the Eternal in Man*, translated by Bernard Noble, Hamden, Conn.: Archon Books, 1972；德文原文见：Max Scheler, *Vom Ewigen im Menschen*, GW V, Bern und München: Francke Verlag, 1968。在这篇论文中，舍勒论证说，哲学知识是建基于对绝对价值和存在的一种特定的爱之上的。

（Menschenliebe）或对人性之爱——他在另一处曾说，这种爱"把作为人类种族的'样本'的诸个体视为'可爱的'"——那么，让爱先行于知识并为知识奠基所产生的辩证困难或许得到缓和。① 因为，如此则这先在的爱便与将个体当成个体的全然位格之爱在种类上有所不同。但是，舍勒并不容许我们如此这般将事情简单化。尽管他认识到人类之爱能有助于全然位格之爱②，起码按照我对他的理解，他仍然教导道：那种洞察到他者作为不能重复的个体的不是人类之爱，而是一种正当的位格之爱。我并没有看出他尝试解决这个立场的辩证困难。我只会说，那种把我们带到位格的跟前以便我们得以与作为不可重复之位格的他或她相遇的爱，和源于对不可重复的位格的洞察的爱，应该是有所不同的。

另外，说心在位格所实行的认知性运作中有其地位，甚至说心从根本上确保了这些运作得以可能，这都完全符合心和情感在舍勒人类学中的中心位置，亦符合舍勒为它们恢复名誉的尝试。

通过区分对具体位格的认知和对位格的单纯经验性观察，他更为深入地把握到爱的认知性力量：

> 中介了对位格理想的直观和对**个体价值本质**的直观的，首先是对位格最中心的源泉的**理解**，这种理解本身是通过对位格的**爱**得到中介的。这种**理解**的爱就是伟大的工艺大师并且……从经验

---

① Max Scheler, *The Nature of Sympathy*, translated by Peter Heath, p. 101; 德文原文见：Max Scheler, *Wesen und Formen der Sympathie*, GW VII, S. 109。

② Max Scheler, *The Nature of Sympathy*, translated by Peter Heath, p. 101; 德文原文见：Max Scheler, *Wesen und Formen der Sympathie*, GW VII, S. 109。舍勒在这里尝试着建立这个原则："人类之爱"是无宇宙的（acosmic）位格爱和对神之爱的根基。他这样自我解释：当我错误地认为某些位格甚至不是人类时，我便失去认识这些位格的独一性的机会。例如当亚里士多德将人区分为自由人和奴隶——以至于只有自由人才真正是人——的时候，我便不再能以对待位格的态度去对待奴隶。但正如我所说的，这种爱只是令我更倾向于产生对另一个人的位格之爱，但我凭借这种爱并不能在位格个体性之中理解这些位格。

性殊相的质料中进行加工的伟大**雕塑家**，有时能够仅仅在一个动作上或一个表达姿势上直观地把握到它们的**价值本质**的线条。①

他接着说，即便是对位格的最完整的经验性观察，也不能得出此位格的价值本质（Wertwesen）。实际上，他认为情况毋宁说是这样：这样的观察通常只能把握到位格之中那些遮蔽了位格价值本质的东西。对价值本质的理解是如此远离于经验观察，以至于事实上它是先于并指引着那些观察的。正是这种理解使得我们可以区分开有关位格的有效和无效、表达性的和非表达性的经验事实。

舍勒在他说明我们如何认知位格个体性时也引入了他的团结原则。虽然以下他谈及的是每个位格的个体使命（Bestimmung），但是他所说的也完全适用于每个位格的价值本质，因为正是这价值本质为个体使命奠基，正如我们在下一节中看到的那样：

>……他人可能比我更好地理解我的个体使命……他人可能大力帮助我实现我的个体使命。以**共同**生存、行动、信仰、希望、构造的形式存在和**互为**存在，维护自己的价值，换言之，在即便是个体使命的本质天性方面，为了使每个人洞察并实现自己的个体使命而**共同负责**地存在，这本身就是每一有限的精神生物的普遍有效的使命的一个部分。因此，个体使命的概念并未排除在道德主体方面彼此**共同承担**功过，而是将其包含在自己之中。②

---

① Max Scheler, *Formalism in Ethics and Non-Formal Ethics of Values: A New Attempt toward the Foundation of an Ethical Personalism*, translated by Manfred S. Frings and Roger L. Funk, p. 488; 德文原文见：Max Scheler, *Der Formalismus in der Ethik und die materiale Wertethik: Neuer Versuch der Grundlegung eines ethischen Personalismus*, GW II, S. 480.（中译本见舍勒：《伦理学中的形式主义与质料的价值伦理学：为一门伦理学人格主义奠基的新尝试》，倪梁康译，第 595 页。——译者）

② Max Scheler, „Ordo Amoris", in Max Scheler, *Schriften aus dem Nachlass*, GW X, Band I: *Zur Ethik und Erkenntnislehre*, Bonn: Verlag Herbert Grundmann, 1986, S. 352. 所有这篇论文的英译均由作者本人完成。（中译本见刘小枫编：《舍勒选集》下册，上海三联书店 1999 年版，第 745 页。——译者）

这一重要段落也可用于消除上文提及的疑惑——舍勒关于位格个体性的教诲从根底上窬坏了关于交互-位格和社群本性的重要真理。

六

作为道德任务的位格个体性。经验观察之所以给予我们甚少，是因为位格的个体价值本质通常远未充分实现。每个位格都面对着成就自身、实现他的个体价值本质的任务。当舍勒谈到爱的力量——这种力量引发了被爱位格之价值本质的某种"涌现"（zum Auftauchen zu bringen）①——时，他预设了这一点。**只要一个位格以某种方式**不忠于他的价值本质，我们对位格的经验观察就远远落后于对他的价值本质的更深刻的理解，而尽管有这不忠诚，这价值本质依然保持不变。正如舍勒以敏锐而**精微的**分析所展示的那样，爱将位格**唤回到**他的价值本质，但未有要立心改善所爱位格的任何训导意图。② 因此个体的价值本质有某种理想的东西，虽然并非一般意义的理想，因为这是只属于这不可重复的位格的本质。

说到一个位格的理想价值本质和他的事实条件的这种可能分歧，我们便达到了位格个体性的伦理重要性。在这里我尤其看到了舍勒对一种位格主义哲学的原创贡献，舍勒本人认为这些贡献是其位格主义的核心。③

---

① Max Scheler, *The Nature of Sympathy*, translated by Peter Heath, p. 157; 德文原文见: Max Scheler, *Wesen und Formen der Sympathie*, GW VII, S. 160。

② 尤其参见 Max Scheler, *The Nature of Sympathy*, translated by Peter Heath, pp. 156-159; 德文原文见: Max Scheler, *Wesen und Formen der Sympathie*, GW VII, S. 159-162。

③ 参见 Max Scheler, *Formalism in Ethics and Non-Formal Ethics of Values: A New Attempt toward the Foundation of an Ethical Personalism*, translated by Manfred S. Frings and Roger L. Funk, p. xxiii; 德文原文见: Max Scheler, *Der Formalismus in der Ethik und die materiale Wertethik: Neuer Versuch der Grundlegung eines ethischen Personalismus*, GW II, S. 15。

位格个体性被价值所渗透。这是为什么它只能被爱着这个个体位格的人所把握。舍勒以"个体的价值本质"的说辞去表达出它的这种价值维度。所以对于舍勒来说,存在着一种完全分有位格个体性的位格价值。现在,既然他的伦理学的一个基本原则是——价值为应然性奠基而非相反,那么他说"在道德生活中存在着根本个体化的道德要求,亦即建基在一个位格的个体价值本质之上的,且只对这位格有效的要求"就是自然而然的了。事实上,对于舍勒来说,道德要求不是一般规范的具体化,正如位格本质并非只是一个一般本质的具体化一样。由此,舍勒绝非主张处境伦理学,因为他绝不认为道德生活仅仅在于如此位格化的任务和要求。自不待言,他是承认普遍有效的规范的——正是他不断谈论伦理学中的"**质料先天**"(*the material apriori*),**亦即**伦理学**所特有**的本质必然性和本质不可能性,他怎么可能不承认呢?他从未说过个体要求能与一般要求相抵牾。但他的意见是:一般的规范代表了某种不可或缺的道德底线,所以,只有专注于位格要求,才使道德实存之完满得以可能。故而,在舍勒那里我们没有**发现**处境伦理学,**然而**,**正如我们所看到的**,他能够**挽救**那种被称为处境伦理学中的真理核心,并且将之置于非处境主义的**参照框架**之中。此乃核心论点:对于舍勒而言,对应于每个位格的个体本质,存在着个体任务和个体要求。①

他也阐发了这个观念:个体任务是在非常特定的时刻被给予的,而非在任何时刻都被给予:

---

① 舍勒关于位格个体性的思想是如何受到他关于典范性道德位格(Vorbilder)在道德生活中的重要地位的思想的限定的呢?(参见 Max Scheler, *Formalism in Ethics and Non-Formal Ethics of Values: A New Attempt toward the Foundation of an Ethical Personalism*, translated by Manfred S. Frings and Roger L. Funk, pp. 572-595;德文原文见:Max Scheler, *Der Formalismus in der Ethik und die materiale Wertethik: Neuer Versuch der Grundlegung eines ethischen Personalismus*, GW II, S. 558-580)考虑这个问题是有趣的。假设他对位格个体性的肯定是无限定的(unqualified),那么诸位格彼此之间的差异就会太大了,以至于它们中的任何一个都无法成为其他位格的典范。

一个个体发展系列的每个生命时刻都同时展示着个体对完全确定的和**独一的**价值与价值联系的认识可能性,但与这个可能性相应的是向着伦常任务与行为的逼迫,这些任务和行动是永远无法重复的,并且在自在存在的伦常价值的价值秩序之客观关联中,它们对此生命瞬间而言(并且还是对此个体而言)可以说是预先决定了的,并且它们在不被使用的情况下必然会永远地消失殆尽。①

我们便理解为何舍勒说:哥德(Goethe)的"时刻的呼召"(Forderung der Stunde)代表了任何位格主义伦理学的一种基本范畴。

让我在这里提供一个具体的例子。当我们读到新出版的迪特里希·冯·希尔德勃兰特(Dietrich von Hildebrand)回忆录中提及的他在二三十岁的生活时,我们便清楚看到他在奥地利1933年至1938年间感受到的一种要去继续反对国家社会党的斗争的位格的呼唤。② 1933年,当他已经失去了他在德国的一切时,他本来是可以到美国避难从而挽救自己的生命的,但事实上几年后他才来到美国避难。但是,我们不能从任何——对所有人都有效的——一般规范推出冯·希尔德勃兰特在其良知中感受到的这种义务:在不断面临暗杀威胁的情况下仍要在维也纳继续与希特勒抗争。他感受到自己为位格所呼召,去做出这一承诺。事实并非是如此:他欣然地超逾职责的要求,慷慨地乐于做出并不严格要求于他的事情。这种解释并未公正地评判他在良知

---

① Max Scheler, *Formalism in Ethics and Non-Formal Ethics of Values: A New Attempt toward the Foundation of an Ethical Personalism*, translated by Manfred S. Frings and Roger L. Funk, p. 493; 德文原文见: Max Scheler, *Der Formalismus in der Ethik und die materiale Wertethik: Neuer Versuch der Grundlegung eines ethischen Personalismus*, GW II, S. 485。(中译本见舍勒:《伦理学中的形式主义与质料的价值伦理学:为一门伦理学人格主义奠基的新尝试》,倪梁康译,第601—602页。——译者)

② Dietrich von Hildebrand, *Memoiren und Aufsaetze gegen den Nationalsozialismus, 1933-1938*, hrsg. von Ernst Wenisch, Mainz: Matthias Gruenewald Verlag, 1994. 顺便一提,冯·希尔德勃兰特多年来曾是舍勒的亲密挚友,而且受其哲学深刻的影响。

中感受到的呼召的紧迫性。这种呼召朝向一种道德必然性——但这仅仅是对于他而言的。冯·希尔德勃兰特本来不能责备一位与他处境相似却马上避难美国的同事。我们也不应为这种道德呼召的特性提出草率的宗教解释从而误解了它。我们不应该仓促地说：希尔德勃兰特正如亚伯拉罕曾经那样感受到神的直接命令。不，他所响应的道德要求不能解释为神的正面命令。否则便错失了关键点：这种呼召通过被召者的位格个体性被中介。冯·希尔德勃兰特自然会说：神对他的呼召并非基于私底下的启示，而是基于在良知中与神在位格层面上的相遇，在其中，他对自身独特价值本质的意识必定已经汇入了他良知的思虑中。

让我们记着这个例子来读一下舍勒对位格道德评价的看法：

> 如果我们试图以某种方式在道德上完整地评价并衡量一个位格，我们就必须除普遍有效的规范之外，始终同时把握属于他而不是属于我们或其他人的个体使命的观念。①

为了对类似冯·希尔德勃兰特这样的人进行道德评判，为了公正地赞美或谴责他的行为，我们不仅必须知道他是否履行了约束所有道德存在者的那些普遍规范，而且必须知道他是否履行了他在自己良知中所辨认出的位格性道德呼召。

舍勒关于这些高度位格化之任务的教诲，其论辩之锋芒**尤其**指向了康德。康德不可能不是舍勒的主要论敌，因为康德教诲道：只有以我们**行动格律**的某种可普遍化性为基础，我们的行动才是道德的。我们**必须总是**如此行动，**以便**我们行动的格律能够被意愿为适用于所有

---

① Max Scheler, „Ordo Amoris", in Max Scheler, *Schriften aus dem Nachlass*, GW X, Band I: *Zur Ethik und Erkenntnislehre*, S. 351.（中译本见刘小枫编：《舍勒选集》下册，第 744 页。——译者）

人的**一般法则**，事实上，我们**应当**如此行动，**使得**被意愿到的（东西）**与其说是**格律的内容，**毋宁说是**格律的普遍有效性。康德说，只有这种意愿活动令得我们成为道德上善的。相反，舍勒谈到一些行动——这些行动的格律只能为一个位格所意愿，而且位格在这些行动中意识到的恰恰不是设定对其他人有效的普遍法则。舍勒也注意到这并非是康德才有的问题。我们**都禀**得了某种倾向，这种倾向将客观的等同于普遍有效的，并且觉得：在独特的和只发生一次的事物之中**必定存在着**偶然之物、**无常之物**。舍勒所持的观点无疑是正确的：在位格上独特的、仅对我有效的（东西）能够**恰如**在诸多个体中重复自身的普遍之物**那般**真实和有效："……让我们清晰地区分开'普遍地'和'客观地'有效，以及'位格的'和'主观的'。"①

舍勒并非只在他的伦理学中展开这种位格主义观念——这种观念是关于仅对我有效的某物。令人十分诧异的是，在他的认识论中也能发现这种观念：

> 正如存在着一种内在于……客观普遍有效性的善以及一种内在于……客观个体有效性的善，所以也肯定能存在着一种"内在地普遍有效的真理"和一种"内在地个体有效的真理"。②

为了要厘清他所谓"个体有效的真理"的意思，他接着反问道：

> 有什么理由排除这样的可能性：某些客观存在物或价值在认知上只能为**一个特定个体位格**，或者**一个特定个体文明或文化**，

---

① Max Scheler, *On the Eternal in Man*, translated by Bernard Noble, p. 25; 德文原文见：Max Scheler, *Vom Ewigen im Menschen*, GW V, S. 19。

② Max Scheler, *On the Eternal in Man*, translated by Bernard Noble, p. 23; 德文原文见：Max Scheler, *Vom Ewigen im Menschen*, GW V, S. 18。

或者历史发展的**一个**特定阶段所通达？①

我们或许会倾向于反对说，这两个例子（一种个体地有效的善和一种个体地有效的真理）并非如舍勒所想的类似，因为最初只能被一个位格所认识的对象课题（subject matter）在原则上最终必须能被其他人所认识，并且，即使是通过这个位格的中介，也最终必须能被所有其他人所认识。在这种情况之下只限于一个位格便显得相对偶然，亦与道德任务对负有道德任务之位格的本质限制形成反差。但是，如果这样说的话，那么我们或许就应该被理解为替舍勒的立场辩护，而非反对它。②

让我们只谈论舍勒关于个体有效真理之教诲的另一要素。对于他而言，不同时代和不同位格对实在性的认识各自都存在着偏倚，但他们的这些认识之间也存在着互补性。在谈论到我们所能具有的关于神的知识的时候，他说明了这一点：

> ……只有所有**个体位格心灵**的完整性……才能在**团结合作和相互完善**之中宛如创造出围绕着神的那**无法穷尽的完整性**的完整圆环，并且瞥见一切人性所能通达的神圣面向……③

舍勒的意思必定是这样的：这些原来从不同认知者的角度看是不同的方面，也能在一个位格的知识中聚合。假若他的意思是说，这些对于

---

① Max Scheler, *On the Eternal in Man*, translated by Bernard Noble, p. 23; 德文原文见：Max Scheler, *Vom Ewigen im Menschen*, GW V, S. 18。

② 就连一个恰当地限定了的"个体有效的真理"概念也使我们感到诸多困难，冯·巴尔塔萨将这些难点置于历史背景之中，写道："（当今）仍在背景中起作用的是数学和自然科学的真理理念，其标准是一般可利用性和显著性。积极价值，实际上就是那个自在存在并且这样也就为我存在的某物的可能性，它似乎是一个隐藏的矛盾……位格性的哲学从希腊思想汲取其客观性理念，到这里已是山穷水尽。" Hans Urs von Balthasar: *Apocalypse der deutschen Seele*, S. 153.

③ Max Scheler, *On the Eternal in Man*, translated by Bernard Noble, p. 25; 德文原文见：Max Scheler, *Vom Ewigen im Menschen*, GW V, S. 19。

神圣本性之不同面向的不同洞见所构成的仅仅是一个客观的统一，只能客观地相互补充，而不能在存在的意义上主观地被一个人类认知者所理解，那么他关于存在的可理解性和位格精神认识存在的能力便提出了一种可疑的教导。舍勒自己亦会陷入这种辩证困难之中：他将无法知道被不同认知者发现的诸方面之间的互补性，亦缺乏哲学依据去证实它。舍勒的知识将完全囿于他所特别亲熟的存在的那一特定面向。然而，舍勒并没有坠入这些陷阱之中，因为他主张，我们能够从他者那里获知存在的那些特定面向，这些面向是他者所特别亲熟的。他在这里看到了一种对话的哲学及神学的根据，这一根据预设了我们能够主观地采用首先为他者所获致的明察。①

要注意，这种互补性似乎在位格的道德呼召和任务方面并没有相对应的情况。这些道德呼召和任务似乎并没有相互完善，也没有像他的个体有效真理那样构成了统一（unity）。或者假若它们构成了互补的统一，那么它就是只被神认知到的统一。

舍勒说，至于我开始意识到我的位格道德呼召的方式，正如我们会期待的那样，这是一种基于爱的知识。若要以爱去看一个位格的价值本质的话，则也要以爱去找寻源于这价值本质的个体道德呼召。舍勒区分开**本己爱**（*Eigenliebe*）和更为高贵的**自爱**（*Selbstliebe*），后一种爱给予了我眼睛与耳朵去认知我的位格道德任务。关于这种道德的自身知识，他还说出这点：我们通常都是透过某种**否定的途径**（*via negativa*）去获得它的：

> 只有在一再重复的感觉中：我们何时何地与之［我们的个体道德使命］**偏离**，我们何时何地在哥德所指的意义上追随"错误

---

① 舍勒关于"对话"的主题已由米高·巴伯（Michael Barber）阐发，参见 Michael Barber, *Guardian of Dialogue: Max Scheler's Phenomenology, Sociology of Knowledge, and Philosophy of Love*, London: Associated University Presses, 1993。

的趋势"……我们的使命之形象才显示出来。①

一个位格所独有的道德任务是他或她之价值本质的结果,在我们结束对这种道德任务的讨论之前,值得注意的是这议题如何在查理士·泰勒(Charles Taylor)新近的研究《本真性的伦理学》(*The Ethics of Authenticity*)中出现。泰勒想找到某种在本真性文化中起作用的高尚的道德抱负,尽管主观主义、相对主义和自我陶醉(narcissism)玷污了它。他认为,这种文化的这样一些常被批评的方面并非事情的全部,重要的道德明察在其中正奋力要诞生出来。泰勒显然会将我们研究过的、舍勒所认为的每个位格在其价值本质和道德天职中的不可重复性归入这些重要的道德明察。同时,泰勒也提供了对理解舍勒对位格个体性之明察的有益的历史脉络:

> 赫尔德提出这一见解:我们每个人都具有成为人的源初方式。以他的方式来说,即每个位格均有他或她自己的"标尺"。这个观念深深进入了现代意识中。这也是现代的。在18世纪晚期之前无人想过人与人之间的差异有这种道德重要性。有某种存在方式是**我的**方式。我被呼召以这种方式去过我的生活,而不是模仿其他任何人。但这赋予了忠于我自己一种新的重要性。假若我不忠于自己,我便错失了我生活的意义,我便错失了对于**我**而言成为人的意义。
>
> 这是流传至今的强大的道德理想。它赋予了一种与自我、与

---

① Max Scheler, „Ordo Amoris", in Max Scheler, *Schriften aus dem Nachlass*, GW X, Band I: *Zur Ethik und Erkenntnislehre*, S. 354.(中译本见刘小枫编:《舍勒选集》下册,第748页。——译者)这篇文章的第一节"周遭、命运、'个体使命'和爱的秩序"是舍勒关于每个位格的个体使命的主要文献之一。在其他事物之中,舍勒在每个位格的命运(Schicksal)和使命(Bestimmung)之间——通过论证:事实上只有后者才充分表达出作为位格的位格——做出了重要的区分。

我自己内在本性的联系以关键的道德重要性,并且认为,这种内在本性由于朝向外在的墨守成规(conformity)而濒临失落……于是,它通过引入原创性原则,即我们的每个声音都有其所要表达的东西,显著地提高了这种自身联系的重要性。①

我们赞同泰勒的看法:这种强大的道德理想容易受到各种主观主义的和"以自我为中心"的腐蚀——我们也赞同:它本身并非一种腐化,毋宁说,它恰恰是一种强大的道德理想、一种重要的崭新的道德追求。如何保护它免于堕落成自恋和个体主义呢?假若我们要依据舍勒来回答的话,我们会说:舍勒关于同情和爱的教诲——尤其是道德团结和宗教团结的伟大原则——能够保护它。②但正如我们已经谈论过的,要公正地评判舍勒思想中丰富的社群主义方面,便须要进行单独的研究。③

七

与马里坦,特别是与拉纳的契合。在这里注意到雅克·马里坦(Jacques Maritain)完全赞同舍勒是极为有趣的,虽然他并未受舍勒任何影响。他在列举了一些事例——这些事例取自那些具有非凡行为之圣徒的生活——之后接着说:

当我们说这种行动值得敬佩却不能模仿时,我们道出了一些

---

① Charles Taylor, *The Ethics of Authenticity*, Cambridge, Mass.: Harvard University Press, 1991, pp. 28-29.

② 我再次建议读者参考我于1997年对这一原则的研究,参见 John F. Crosby, "Max Scheler's Principle of Moral and Religious Solidarity," *Communio* 24 (1), 1997, pp. 111-127.

③ 有趣的是去探究:舍勒关于每个位格的个体价值本质和个体使命的教诲会否朝向关于"他者"之"面容"(列维纳斯)的后现代主义观念?他者的相异性无疑会削弱,如果他只是"例示"了种和类;而它的相异性会增强,如果他或他自身具有某种不可重复之物。

比我们觉察到的更深刻的东西。这些行动不能被一般化，不能被普遍化。它们是良善的；的确，它们是所有道德行为中最良善的。在这里，我们远离了康德式的普遍原则及其道德——这个道德被定义为把一个行为的格律转变为适用于所有人的法则的可能性。①

当马里坦在这里与康德划清界限以至于在伦理学中为全然位格性的道德任务空出地盘时，这与舍勒思想完全一致。

卡尔·拉纳（Karl Rahner）与舍勒更为契合。在其重要而有影响力的研究《论关于一种形式的实存伦理学的问题》中，拉纳并未论及康德，却论及了过去常在很多天主教道德神学家那里出现的一种教导；但拉纳关心的是跟舍勒相同的问题。所论及的是这种教导："无论谁准确地认识了这些普遍法则并理解了特定处境的每一个细节，也都清楚地知道他在这里必须做什么或可以做什么。"② 换言之，具体的道德任务总是明确地来源于将一般道德规范应用于我不得不在其中行为的具体处境。拉纳回应道，虽然情况通常是这样，但也并非始终是这样。他所考虑的并非一般规范间的矛盾，而是在依据这些规范被容许的范围之内被发现的道德任务。③ 也就是说，当我在道德思虑中意识到若干行为方式并不与任何一般规范相矛盾，且因此是被容许的，我绝非便到达了我思虑的终点。情况仍有可能是这样：这些行为方式中的一种是在位格上对我的要求，因此其他行为方式都是不容许的——对我

---

① Jacques Maritain, *Existence and the Existent*, translated by Lewis Galantiere and Gerald Phelan, New York: Doubleday and Co., 1956, p. 64.

② Karl Rahner, "On the Question of a Formal Existential Ethics," in Karl Rahner, *Theological Investigations* II, translated by Karl Kruger, Baltimore: Helicon, 1963, p. 222; 德文原文见：Karl Rahner, „Über die Frage einer formalen Existentialethik", in Karl Rahner, *Schriften zur Theologie* II, Einsiedeln: Benzinger Verlag, 1955, S. 232。

③ 拉纳尽管在论文的一开始就摒弃处境伦理学，但在他的实存伦理学中却尽力保存其核心真理。恰如舍勒，拉纳所摒弃的是处境伦理学的唯名论。

来说不容许。这种良知的判断①不可能从一般规范推导出来。"具体道德行为不只是单单对一个——在此处此时以境况的形式发生着的——普遍观念的实现。这行为是一种实在性，这种实在性具有积极的和实质的属性，这种属性从根本上说是绝对独特的。"②

这种属于某些道德行为的独特性的来源是什么？拉纳虽然没有明确地谈及位格，但他完全依照舍勒位格主义之精神进行回答：它建基于行为施行者的独特性。

> 毋宁说，在他这一个体之中必定存在着一种积极的实在性。换种表达方式：他的精神性的个体性不可能（至少在他的行为之中不可能）仅仅是——通过**原初质料**（*materia prima*）之否定性——对自在的（in itself）普遍本性进行限定，这种限定被理解为同一物在不同时空点的重复。
>
> ……谁无法上升到这种形而上学思想……（这种思想认为）即便是神，也无法**以绝对权力**（*de potentia absoluta*）创造出第二个加百利——换言之，谁根本无法上升到这一观念，亦即：某些个体之物不（仅仅）是某种普遍观念的、某种可重复之物的示例——谁从一开始就无法跟上我们这里的思路。③

---

① 舍勒有时也在这方面谈及"良知"，例如 Max Scheler, *Formalism in Ethics and Non-Formal Ethics of Values: A New Attempt toward the Foundation of an Ethical Personalism*, translated by Manfred S. Frings and Roger L. Funk, pp. 494, 509；德文原文见：Max Scheler, *Der Formalismus in der Ethik und die materiale Wertethik: Neuer Versuch der Grundlegung eines ethischen Personalismus*, GW II, S. 486, 499。的确，他似乎是认为：这种对——我的最具位格性的——道德任务的思虑，是良知最为特有的功能。

② Karl Rahner, "On the Question of a Formal Existential Ethics," in Karl Rahner, *Theological Investigations* II, translated by Karl Kruger, p. 225；德文原文见：Karl Rahner, „Über die Frage einer formalen Existentialethik", in Karl Rahner, *Schriften zur Theologie* II, S. 236。

③ Karl Rahner, "On the Question of a Formal Existential Ethics," in Karl Rahner, *Theological Investigations* II, translated by Karl Kruger, p. 226；德文原文见：Karl Rahner, „Über die Frage einer formalen Existentialethik", in Karl Rahner, *Schriften zur Theologie* II, S. 236-237。

随后，为了展现他在人类中发现的积极个体性与每个人的个体不朽性之间的深刻联系，拉纳以这样的方式阐明了其思想：

> 起码在其行动中，人确实也是（不只是！）不可言说的个体（individuum ineffabile），神以他的名字称呼他，一个是而且只能是独一的名字，使得这独一的存在者本身在永恒之中的实存具有了价值。①

假若人们都只不过是人类的样本，以至于所有在一个人身上发现的东西一样也能在后继者身上发现，那么人类无止境的相续就提供了所有可被有意义地追求的不朽性。仅仅因为——个体借着人类位格超越了种或类，远远多于类的样本，是某种自身不能传达、不可重复的东西，所以，不朽性不得不是一种位格的、个体的不朽性。

拉纳从他的实存伦理学中得出一些非常有趣的结论。② 让我们只挑出其中一点：

> 在通常的罪论（theory of sin）中，我们太过排他地将罪当成只是对普遍神性规范的违反。一种实存伦理学难道不能令得我们更清楚地看到，罪除了具有违背神之法则的属性外，也同样是对神之个体意志的全然个体性律令——这种个体性律令是独一性的

---

① Karl Rahner, "On the Question of a Formal Existential Ethics," in Karl Rahner, *Theological Investigations* II, translated by Karl Kruger, p. 226; 德文原文见：Karl Rahner, „Über die Frage einer formalen Existentialethik", in Karl Rahner, *Schriften zur Theologie* II, S. 237。亦参见"神之所以对历史感兴趣，不仅是因为历史乃是对规范的实现，而且是因为这历史存在于独特事件间的和谐并且以这种方式具有了对于永恒性的一种意义"。(Karl Rahner, "On the Question of a Formal Existential Ethics," in Karl Rahner, *Theological Investigations* II, translated by Karl Kruger, p. 228; 德文原文见：Karl Rahner, „Über die Frage einer formalen Existentialethik", in Karl Rahner, *Schriften zur Theologie* II, S. 239)

② 对于他而言，一门只依凭一般规范的伦理学才是**本质伦理学**，因此，他称那种认识到严格位格性任务的伦理学为**实存伦理学**就很自然了。

基础——的违背？以这种方式，我们岂不更为清楚地将罪理解为对神的位格-个体之爱的阙如？①

跟舍勒不同的只是，拉纳以一种更具宗教性的方式阐发位格道德任务的概念。

总结。舍勒所代表的这种现象学，由于复活了先天知识以及承认了比传统所承认的更大范围的先天知识而著名。当舍勒谈及伦理学中的质料先天（material a priori）时，他的意思是说，我们并非仅仅将伦理学主题归入存在之形式法则，毋宁说，我们所发现的完全属于伦理学的法则——这些法则不能从形式法则推导出来——并不比形式法则更缺少必然性。现在所有先天知识都是普遍知识，对于舍勒这样一位反对胡塞尔，而强调先天"在任何可能世界"的有效性的实在论现象学家而言，尤其如此。这是为什么很多人怀疑现象学是一种不能公平对待个体存在者的柏拉图式哲学的复活。但是，我们这里所研究过的舍勒思想的那一面向表明，现象学尽管十分关注本质必然性和本质不可能性，在它自身之中也拥有资源去阐明位格的具体个体性的奥秘。（对本质的关注）并不妨碍本质主义成为位格主义。②

（译者：英冠球／香港理工大学香港专上学院）

---

① Karl Rahner, "On the Question of a Formal Existential Ethics," in Karl Rahner, *Theological Investigations* II, translated by Karl Kruger, p. 232; 德文原文见：Karl Rahner, „Über die Frage einer formalen Existentialethik", in Karl Rahner, *Schriften zur Theologie* II, S. 243。

② 我感谢约翰·怀特（John White）、罗伯特·米勒（Robert Miller）和乔治·格拉西亚对本研究较早草稿的批判性回应。

伦理的人格主义和人格的统一[*]

欧根·凯利

在曼弗雷德·S. 弗林斯公开舍勒关于形而上学和哲学人类学的后期遗稿之前成长起来的那一代马克斯·舍勒著作的研究者们以不同的评价对这些新材料做出了反应。[①]一些人,比如弗林斯本人,在这些文稿中发现舍勒毕生研究(这一研究因为这位哲学家的早逝而未能完成)的顶点,并且发现了一门未完成的卓越哲学——它与海德格尔在《存在与时间》(舍勒死前一年出版)中阐发的**此在**(*Dasein*)存在论共鸣并且能够挑战它。[②]其他人,比如我自己,在这个后期研究中发现了对《伦理学中的形式主义与质料的价值伦理学:为一门伦理学人格主义奠基的新尝试》(下文简称《形式主义》)中以及舍勒中期的其他著作中宣称的现象学哲学的令人遗憾的放弃,以及一门存在论——它掩盖了

---

[*] 本文译自:Eugene Kelly, "Ethical Personalism and the Unity of the Person," in *Max Scheler's Acting Persons*, edited by Stephen Schneck, Amsterdam: Rodopi, 2002, pp. 93-110。文中部分拉丁文曾请教于中山大学哲学系江璐博士,特此致谢!——译者

① Max Scheler, *Schriften aus dem Nachlass*, GW X-XV, Bern und München: Francke Verlag und Bonn: Bouvier Verlag, 1954-1985; n.b. Band II: *Erkenntnislehre und Metaphysik*, 1979, und Band III: *Philosophische Anthropologie*, 1955.

② Manfred S. Frings, *The Mind of Max Scheler*, Milwaukee, Wis.: Marquette University Press, 1997, and Manfred S. Frings, *Person und Dasein: Zur Frage der Ontologie des Wertsein*, The Hague: Martinus Nijhoff, 1969.

《形式主义》中那么费力发展起来的伦理人格主义。①

将舍勒引向他的形而上学的动机之真诚和哲学发现之深度是毫无疑问的。② 评价后期研究这一任务无论如何都不能使每一个人满意，但愿这是因为它并未完成，而且未来的哲学家们能从构成了《遗著》最后四卷的一大部分的笔记、演讲、草稿和格言中所提出的深奥的、含混的、通常令人抓狂地不清晰的，并且在现象学上没有根据的学说中得到什么启发还有待观望。拥有它们是一种快乐，而舍勒在世时未曾完成并澄清它们是一个悲剧。

在本文中，我希望提供一些弹药，以批判地抨击舍勒后期研究所留下的东西。简言之，我将提出（1）在《形式主义》中被阐发的伦理人格主义，为了其有效性和力度，需要对人格性（personhood）概念进行表述，这个概念使人格（the human person），即对其而言道德善（moral goodness）**至关重要**的存在者的统一得以可能。（2）现象学研究，尤其是《论人之中的永恒》的研究确立了对上帝人格性（personhood）的体验，以及对他关于每一个人格（human person）的根本本性的观念的体验是我们对自身和我们的世界的观念统一的体验之来源。我们内心中道德良心的萌发源自我们自身的这一观念与我们生命的实际方向间的龃龉。③ 如果后期研究模糊了上帝的人格性（personhood），那么道德动机的基础之一也就变得模糊了。④（3）后

---

① Eugene Kelly, *Structure and Diversity: Studies in the Phenomenological Philosophy of Max Scheler*, Dordrecht: Kluwer, 1997. Max Scheler, *Der Formalismus in der Ethik und die materiale Wertethik: Neuer Versuch der Grundlegung eines ethischen Personalismus*, GW II, 5. Aufl., Bern und München: Francke Verlag, 1966.《形式主义》中的所有引文皆出自此版本。

② 参见玛丽亚·舍勒（Maria Scheler）为舍勒的《论人之中的永恒》第4版所写的序言，载 Max Scheler, *Vom Ewigen im Menschen*, GW V, Bern und München: Francke Verlag, 1954, S. 23ff.。

③ 参见 Max Scheler, „Reue und Wiedergeburt", in Max Scheler, *Vom Ewigen im Menschen*, GW V, S. 29。

④ 参见马克斯·舍勒为《论人之中的永恒》第3版所写的序言，载 Max Scheler, *Vom Ewigen im Menschen*, GW V, S. 19ff.。

期研究中阐发的形而上学和神学理论，以及假定人类行动者（human agent）是一个与神的（divine）自在存在（Ens-a-se）同构的微观世界的哲学人类学，事实上都模糊了人格（human person）的可能的统一，从而威胁到伦理人格主义。(4) 最后，现象学研究，尤其是《论人之中的永恒》让我们可以恢复在人类对上帝的体验中被意指的（intend）神圣价值，这远远好过舍勒在后期形而上学和哲学人类学中针对的宗教人本主义（humanism），虽然它把对上帝的信仰留给了个体的超哲学承诺（commitment）。总之，我想要质疑舍勒在《形式主义》第三版前言中的著名评述：他的形而上学**不**需要任何伦理学中的改变，而且是他的伦理学导致了他形而上学中的变化。① 我认为他后期的形而上学去除了一些确立他的伦理学的有效性所必需的哲学结构的关键因素。

　　这一任务中我的兴趣部分来自于解构人格（human person）的企图，这是当今哲学的特征。在《结构和多样性》的结论中，我批判地看待引自理查德·罗蒂的一句话（关于人格，他追溯到弗洛伊德，他的主张在当代后结构主义的讨论中已司空见惯）：人（human being）是"无中心的，[是] 偶然的和独特的（idiosyncratic）需要的 [一个] 任意集合"②。我曾提出，我们并非如此可描述，因为我们不能仅仅被还原为"需要"，无论这些需要可以根据它们的相对重要性如何被限定和安排；而且我们拥有的需要并不总是任意的，而是通常充满意义和一致性。而且，从我们个人（personal）对价值的明察来看，无论我们的一些需要会是多么偶然，只要它们部分地是我们独特的动物本性的表达，部分地是对不断变化的环境的回应，它们就获得了对我们的生命

---

① 参见马克斯·舍勒为《形式主义》第 3 版所写的序言，载 Max Scheler, *Der Formalismus in der Ethik und die materiale Wertethik: Neuer Versuch der Grundlegung eines ethischen Personalismus*, GW II, S. 17。

② Richard Rorty, *Essays on Heidegger and Others*, Cambridge, England: Cambridge University Press, 1991, p. 155.

的重要性,以及支配我们意志的力量。我们问自己:对我们来说什么应该是重要的?我们的回答依据的是我们最深层的人格性,以及我们的爱与恨的固定秩序。舍勒把这一秩序的逻辑称作爱的秩序,并且在同名论文及《形式主义》①中详细分析了这个概念。这一认知性感受秩序及其本质的意向相关项——价值本身,是任何这种叙述的基础:它针对行动过程的理性的(rational)、共有的选择以及它们计划产生的对象和情势。例如,我对身体活动的"需要"的满足,在身体活动不是因为生存必要而被我需要的情境下,会因为我对其他价值的明察而形成,如健康价值、与他人进行体育竞赛的价值,或者我可以通过辛苦的身体劳动创造的花园的价值,而且我对这些可能性中的某种身体活动的选择将由我栖居的道德宇宙所决定。花园对我来说没什么意义,而竞赛却意义重大,于是当对身体活动的那种需要产生时我就一再寻求竞赛。我们不是这种需要的产品或牺牲品;它们是我们世界中的对象,在为我们一致性及自身同一性进行的斗争中它们不容忽视。它们是独特的,因为它们总是"我们的",但它们并非完全偶然,因为存在一种在现象学上明见的普遍价值秩序,个体人格以一种清晰的或歪曲的方式,在他自己与价值的协调(attunement)中部分地反映它。

我们所过的生活和我们所栖身的世界可能对我们显得混乱;这种一致性的缺乏可能显示了我们自身及我们的世界的极度异化,或者,在极端的情况下,可能显示了精神分裂症。在这种人格(person)中,一致的道德活动变得罕见;这个人格(person),缺乏对她的有意义活动所涉及的其存在的有序中心的所有感觉,意志瘫痪,或倾向于不一致的或任意的活动。然而,无论这种情况多么常见,罗蒂似乎甚至否

---

① Max Scheler, „Ordo Amoris", in Max Scheler, *Schriften aus dem Nachlass*, GW X, Band I: *Zur Ethik und Erkenntnislehre*, Bern und München: Francke Verlag, 1957; Max Scheler, *Der Formalismus in der Ethik und die materiale Wertethik: Neuer Versuch der Grundlegung eines ethischen Personalismus*, GW II, 5. Aufl., Bern und München: Francke Verlag, 1966.

认人（human person）的统一的可能性，或者，也许他认为这种统一，如果能达到的话，将是有限制的或不可靠的，亦即把我们封闭在全新的、潜在的无尽可能性之中。许多人感受到的与他人甚至是与他们自己的孤立和异化——存在主义提出这是20世纪人类（human race）的典型情况——只是因为对他人意向行为直接的共感（sympathetic）的认识被遮蔽（clouding）才是可能的；它产生于这样一种感觉：我们已经"远离"了我们在童年时都体验过的以及作为成年人至少有时体验的人们（persons）的共感的亲近和团结。罗蒂对他本己自我（self）的不统一性的感觉只有在对他的人格性的统一之体验的基础上才是可能的。由此，我们将看到自身性（selfhood）体验的出现。

一、舍勒现象学中的"人格"

本文陈述的立场并不假定任何人的自身性之当下或持恒的实在性。关于每一个体中持续的灵魂实体或不变的自身性的思想与我和舍勒的想法相去甚远。在早期研究中，他没有费力去确立他所描述现象的形而上学来源。他反而指出人（human being）能够将自身统一为一致的自身性并且将家庭统一为团结的共同体的成员，他还指出我们可以获得对我们自身或其他人格的世界之本质结构的明察。自身的统一和作为系统的世界的统一不是在现象学上被给予的，但在《论人之中的永恒》中舍勒提出，我们可以假设地、启发式地思考自我和世界的这种统一，例如作为人格的和全知的上帝之意向对象的本质领域。我认为，我们应该从我们自身开始对世界统一的研究；而且，也许从人格的统一开始我们可以推进到世界的根本统一。①

---

① 参见 Eugene Kelly, *Structure and Diversity: Studies in the Phenomenological Philosophy of Max Scheler*, p. 226。反对观点参见 Frederic Jameson, *Postmodernism, or the Cultural logic of Late Capitalism*, Durham, N. C,: Duke University Press, 1991。

对舍勒而言，人格（the human person）代表最高的质料价值。人格性是精神所具有的形式。所有精神现象都具有意向行为的形式，没有不具有人格性形式（亦即其中缺乏人格特征）的具体意向行为。每当我们遭遇活生生的（living）思想，我们总是把它当作某个人格的思想。每当我们遇到（come upon）我们自己，我们遇到的是伴随着我们每一个意向行为的人格性。人格会深深隐藏在那个人格的行为中——例如，我们对某个在纸上写下数学证明的人可能几乎没有感觉——但是，我们总是知道有这么这个特定的人，当他进行证明时在他所做的每一个行为中在场。

人格既不是一个意向对象，也不是意识的意向光线的不可见"来源"。然而，它不是一个"幽灵"，无论在一台机器中，还是在一个身体中，因为我们有共感地再现我们自己或他人的行为的能力而可以直接接近它。在另一个文本中引用尼采的一句话，"纯粹精神［即没有人格的精神］是完全无意义的"。我们不能，也不应该尝试为了发现关于远处的一个抽象的"实在世界"的真相而绕过人格，或者从他的思想中滤除人格，因为舍勒在《形式主义》中说，**这个**真理——形而上学真理——和道德判断一样，始终是人格的。①

既然人格不能成为意向对象，对人格的说明就只能间接地被给予。在舍勒《形式主义》中大篇幅的现象学"展览"中出现的人格性概念可以被描述如下。（1）一个特定的人的人格性是本质的"踪迹"。这个术语似乎意味着人格的道德统一总是不完全的，无论一个人在生活中多么想达到完全性。（2）人格性伴随着每一个意向行为，而且只能在对我们自己或其他人格意向行为共感的再现中被追复经验（nacherfahren）。由此，我们可以进入其他人格的世界。（3）人格性是

---

① Max Scheler, *Der Formalismus in der Ethik und die materiale Wertethik: Neuer Versuch der Grundlegung eines ethischen Personalismus*, GW II, S. 394.

"世界"的现象学相关项,每一个人格都"拥有"一个世界,并且知识本身产生于每一个人格在其世界中的"参与"。(4)最后,在死后出版的论文《爱的秩序》(该文大约与《形式主义》同时写成,与那本书中讨论的一些主题有密切关系)中,人格同一于他所爱和恨的秩序,即同一于普遍价值秩序在特定人格中所具有的个别形式。[1] 这在对价值的质性协调及其在一个人格行为的秩序和一致性中的表现中显而易见,即它使得那些行为作为单个人格的行为可以理解。

舍勒的伦理学基于一门可以在个体的爱的秩序中起作用的价值现象学。以认知感受的方式,我们关于价值本质的知识先于并调节关于道德法则和道德德性的知识。德性在道德主体努力使得拥有肯定价值的对象实存,或者清除具有否定价值的对象"之后"出现。尽管舍勒在《形式主义》中声称一个可行的道德理论必须为道德行动确立正确地强加于人格意志之上的一般指导方针,但事实上他并未留下空间来对特定道德法则及它们如何施加它们的指令进行分析和辩护。相反,他反复表明传统道德理论的"你应该"阻止了道德明察,并且会污染人格中道德活动的源泉,即使这个"应该"是由行动着的人格自身指派给人格的。价值在召唤;当它们发号施令时,它们阻碍我们的自律;不过,它们仍然拥有对我们的权威——这不是我们自己创造的。舍勒心里似乎更倾向于将道德重心建立在人格的自发性和他们对客观价值领域的明察中,而不是在道德法则的权威和命令个体追随它们的力量中;建立在人格的伦理智慧中,而不是在非人格的理性意志甚或人格上帝的命令之中。[2]

我可能在某个特定环境下拥有道德明察,但没能践行它。那么,

---

[1] 参见 Manfred S. Frings, „Bemerkungen zu den Manuskripten", in Max Scheler, *Schrifien aus dem Nachlass*, GW X, Band I: *Zur Ethik und Erkenntnislehre*, S. 516。

[2] 参见 Max Scheler, *Der Formalismus in der Ethik und die materiale Wertethik: Neuer Versuch der Grundlegung eines ethischen Personalismus*, GW II, S. 486。

想要道德地行动的欲求之来源是什么？要回答这个问题，我们必须转到舍勒对人格自我再现（self-enactment）的说明。

当我们努力获取具有价值的某物时——如果我的渴望被限于快乐和痛苦价值（通常，道德努力要求我们放弃它们），我们也许不会努力地去获取的这个东西，我们把我们的表现归于承载着内容的东西，而非我们的人格性。人的生命（life）不只是爱与恨的秩序，即他称作人格的爱的秩序的某种与价值的协调，尽管这种协调是每个人生命的基础。另外，人们在一系列特定的历史、地点、职业和时间环境中生活。在现象学研究中，舍勒为我们提供了这个过程的清晰图画，根据它每一个独特的人（human person）——他本身就是一个爱与恨的秩序——成为一个一贯的交织的自身，或者堕入混乱，且不能发现对他或她的生活而言一贯的意义。为了弄清人格和自我之间的区别，舍勒在《形式主义》中指出，我们遭遇作为人格的上帝，但谈论作为**自我**的上帝是毫无意义的。① 其理由显而易见。舍勒将自身性与他者（the Other）相联系——我们遭遇的他者也是一个生活着的人格："我"的现象学相关项是"你"。我们认为自己是多中之一；上帝却不是这样。而且，我的自身性是我的身体的现象学相关项；它是内省行为的意向对象。正是在这个身体之中并通过它，我才在时空中生活；上帝却不服从这种条件。毫无疑问，基督徒依据耶稣的历史生命体验上帝的人格性。耶稣通过在其他实体的自我之中生活而成为一个实体的自我，并且使自身服从于具体实存的一切偶然性，就像我们所有人必须做的那样。

这种对偶然性的服从形成了。在这种服从中，自我在其生命中扮演（enact）自身。自身性通过一些主要的结构在最初的道德协调或爱的秩序中沉淀下来。这些主要结构是**环境**（在空间中）、**命运**（在时

---

① Max Scheler, *Der Formalismus in der Ethik und die materiale Wertethik: Neuer Versuch der Grundlegung eines ethischen Personalismus*, GW II, S. 396.

间中）以及他所谓的个体规定。用这个术语我所指的是个体天职，或"使命"（calling），或者也许简单地说，我们对"我们擅长什么"的感觉。这三者都有历史维度。从人格中也产生出一种**基本道德趋向**（*Gesinnung*）和一种道德活动的能力（或无能）（德性＝达成我们在观念上认为应该被完成之事的能力）。我主张，道德行动的这种能力和意志，依赖于我们自身-扮演的一致性。正是知道一个人是什么、是谁，以及一个人可以是什么、是谁——我们的观念的自身形象，道德力量才被增强，并且舍勒所谓的时机（Kairos）或"时机的召唤"（call of the hour）才有了活力。这些结构被个体所发现，而非由他创造。我们拥有的对"属于"某个环境、"拥有"某种价值、"参与"这样或那样的一种命运的感觉似乎总是来自外部。对它们的明察告诉我们"我们是谁以及我们在理想上（ideally）可以成为什么样"。道德行动对我很重要，并非因为它有益于我的幸福，或者是由上帝命令的，而是因为德性是我自己命运的实现，并且是我自己的观念的自身形象所要求的。

舍勒对良心的现象学说明与对他在《爱的秩序》及同时期著作中的这一意图的解读相一致。只有当我们清楚地知道我们是谁，只有当我们把握了我们一贯的自我，我们才能够相信我们的良心，这时它向我们保证我们和我们的处境要求我们的行为方式不会像普遍道德法则所要求的那样。没有这种本己自我感，良心似乎就是一种在人们的存在的内心深渊神秘的低声忠告，它很有可能是有害的。对道德行动的召唤总是对某个人格的召唤，他为了明智地回应这个召唤，必须知道她或他是谁，她或他的目标是什么，以及她或他已经是什么样。我们在李尔王或浮士德中，在他们生命的最后看到这种道德智慧，当他们"成熟"（ripe in their years）时：基于作为他们人格本质的爱的秩序，回应特定环境和特定命运，某些东西在他们的内心产生，我们称为他们的自身性。他们知道他们是谁，他们已成为什么样，他们本可以避免什么悲剧；他们根据道德的清晰性来行动，这只有在这种对他们是谁的成熟认识的基础上才是可能的。① 我们可以将贝克特的克拉普（Beckett's Krapp）作为一个不能一贯地扮演他自己的例子，他沉迷于混乱的自我怜悯之中——混乱，因为他似乎不能确定他究竟是谁。克拉普的混乱导致对他生命的不一致感，很显然，他无力从在每一个无目的的乐事及由录音带记录的日子中出现的人格中组合出一个实质的（substantial）自身性。对舍勒来说，伦理行动开始于与"现时需要"有关的独特人格，与要求他（作为在这个处境——他的命运将他召唤到这个处境——中的这个人格）而且也许仅仅要求他什么有关。克拉普似乎不具有这个伦理元素；他显然只被召唤到被动经验而非道德目的上，他不是为良心而苦恼，毋宁说是为他对自己的不完整感而苦恼。他过去的生活在他看来已经经历是件好事，而就这生活已被他甩在身后而言也未尝不妙。

想要道德地行动的欲求也是由害羞这种我们已经远离我们观念的自身形象的感觉所引发的。当我们在道德上批评我们自己时，我们指涉的是这种一贯性：我们根据它来扮演我们自己的人格性并且在变化着的生活环境中成为一个具体的自我。这个自我批评不仅仅是对与我们明确的道德准则不一致的指责。道德批评涉及的是我们不能继续忠实于我们个体本性的高级概念，忠实于我们的观念人格性。这种道德批评的冲动的基础在舍勒的文章《榜样与引领者》中被他给予了一种教育学的形式。这篇论文描述了一个完整的和被自身现时化（actualized）的人类典范在人格和群体的自身理解中起作用的方式。舍勒的文章《懊悔与重生》给出一个**宗教**背景。在这个背景下，良心的忠告首先被我们观念地发挥作用的人格性的模糊感觉激起，因为它存在于上帝的心灵中。② 当良心促使我问自己"我怎么能做这种事？"或

---

① 参见 Max Scheler, „Vorbilder und Führer", in Max Scheler, *Schriften aus dem Nachlass*, GW X, Band I: *Zur Ethik und Erkenntnislehre*，多处。

② Max Scheler, „Ordo Amoris", in Max Scheler, *Schriften aus dem Nachlass*, GW X, Band I: *Zur Ethik und Erkenntnislehre*, S. 354.

者当我们被我们没能符合控制我们不断形成的道德同一性的观念这一想法吓到时,懊悔行为就开始了。此外,个体对暗含在他们作为特定爱与恨的秩序的人格性中的观念的自我统一之实现的承诺,以及对于他们终生追求价值的一贯性的承诺,使道德行动变得有价值,并且使较低价值为较高价值而牺牲变得值得。但这最初的统一必须在生活过程中扮演自身——这些价值在这一过程中被追求;如果一个人不能在其爱的秩序在其中起作用的实体历史上统一自身,或者在那里人格的行动与价值相矛盾,那么这个人就不能扮演命运——我们最深的本能从童年时起就被它吸引。

二、现象学的人格主义与后期形而上学

现在我将试着总结《形式主义》和后期著作间的一些差别。这些差别与我的主张有关。我主张,这些后期著作,通过模糊自身和世界的潜在统一,以舍勒未曾预料的方式,削弱了早期著作中提出的伦理学理论。让我在一系列主题中谈谈这些交叠的差异,这样我们可以在后期著作与伦理人格主义的相关性中更快达到对后期著作的批判评价。

1. 作为爱的秩序的人格 / 作为微观世界的人格

在早期著作中,人格被展示为一种爱与恨的秩序,它试图执行作为观念统一的自身。人格作为在感受和感知意向行为中被给予的价值的协调出现在每一感受和感知意向行为中。相反,在后期著作中,人格被建基于一种人类(human being)的形而上学模型——它在其真正本性上被划分,在精神与冲动的更大矛盾之中扮演自身。据我看,舍勒在后期著作中假定了一种人类的"内战",它几乎和弗洛伊德假定的超我与本我之间的战争一样激烈。对于那些敢于在最大强度上生活的人而言,这个学说是一个激励、一个挑战、一个机会。它为我们要进

行道德斗争的欲望提供了一个背景。然而，这个背景对人格的要求是什么呢？在《哲学世界观》中关于教育的文章中，舍勒在一个脚注里改述了他的人格概念。在这里我们发现了与《形式主义》中略有不同的对人格本性的描绘，尽管舍勒让他的读者去参考《形式主义》对这个概念的更充分讨论。在这一后期著作中，他写道：

> "人格的"统一只是一个具体行为中心的统一，一个在其结构中由奠基法则**安排**的功能性的行为统一，可能会有**不同的**行为位于其顶峰（作为最高位的价值）。它**不是**一种实质性统一，因为它与世界地基有关——因此它也不是一种"创造"。但在其个体本质中，人格并非被身体及其遗传能力个体化，也并非被它通过冲动的精神功能而拥有的体验个体化，而是**经由**它自身被个体化。①

这最后一段并不清晰。它指出，人格的统一是**自身**引起的，但人们留有这样的想法：真正的原因来自外部，来自宏观世界，来自逐步形成的自在存在（Ens-a-se）。我被导向这种解释是因为舍勒的后期著作中提出了一个如此有活力和有创造性的形而上学，以致人（human person）很可能被它所淹没。人格的中心性作为最高道德价值，如果有的话，也会迷失在它不断扩大的创造性体验之流中，专注于远比它自身大得多的东西，并且始终落后，与经验性历史或自我的系谱学一样。这个见解是启发性的，但其追求可能使人格淹没在一个无边界的世界中，在这个世界里人格不是本质独特的、不可见的踪迹，而是具有一个极大（cosmic）矛盾的地方。然而，这一情况的现象学事实不支持这种观点。我们现在所过的生活在某种程度上是固定的。我们今天与昨天，甚至与我们孩童时是同样的人格；我们的人格性仍然

---

① Max Scheler, *Späte Schriften*, GW IX, Bern und München: Francke Verlag, 1976, S. 105.

在每一个行为中显现——通过这些行为，我们发现并功能化本质可能性，而非发明它。随着我们的成长，我们向一个已经实存着的本质领域的不断扩大的部分敞开。我们实体的自我承担新的角色和功能，但我们人格性的中心——爱的秩序保持不变。① 就我所知，我们没有参与本质的创造，甚或如舍勒认定的，没有参与世界的创造。其实，如果在某种意义上我们没有先在于这个行为，我们如何能成为本己个体性的根据？而如果我们先在于这个行为的话，那么当我们作为独特个体的出现依赖于一种不确定的斗争时，我们作为人格的完整性如何被保持？更简单地说，根据舍勒后期关于作为微观世界的人格的观点，我们在何种意义上与那些个体化他们自身的人，即成为我们自身的人是同样的人格？尼采的警告"成为你所是"被舍勒在后期著作的不同上下文中重复了两次。它很好地表达了被萨特精到地阐明的人类（human）自身性的现代悖论：我是我所不是的（可以但还未是），且不是我所是（一系列可能性）。在舍勒后期哲学中，人类（human）主体迷失了：我既不是我所是，也不是我可以成为的；我是巨大的（cosmic）斗争不确定的副产品。

另外，舍勒的后期形而上学提出，自在存在（Ens-a-se）仍然不完整，而且人类（human）微观世界必须参与造物主（Deity）自身的**实现**。神也必须创造自身吗？这个关于人格完整性的提议的含义也是值得考虑的。本质领域不再完整，不再作为一系列关于世界的不变事实在那里等待被发现；本质仍在被创造，而且——与舍勒之前否定的对心灵活动的创造力相反——我们将参与这个创造。当人格为了宇宙可以生成而承担这个普遍人类的宇宙角色时，人格的**统一**被忘却。人格和世界之统一的启发作用因此在宏观世界层面上被毁灭的可能性所

---

① 参见 Max Scheler, *Der Formalismus in der Ethik und die materiale Wertethik: Neuer Versuch der Grundlegung eines ethischen Personalismus*, GW II, S. 127ff.。

威胁，因为舍勒把我们作为个体的命运与宇宙的命运紧密联系在一起。教育不再是对我们来自人格中心的本己自身性的显露和深化的促进。普遍人类在心中有一个比他的本己整体更高的目的：宇宙的生成。

现在，人格的伦理重要性并未因为这一信念而增加：在道德地行动时——试图使善（goods）成为实存，试图实现一个观念的应当所意指的——我们起到**创造**世界的作用，舍勒的后期形而上学会这样认为。舍勒后期在一个段落中写道："人类是本质，……[存在的首要基础][精神和冲动]的属性的最大张力和渗透性在其中发生……，渗透性首要地是生成中的人格——与个体化思想相一致。"① 人格，不再是一个稳定的爱的秩序，从神的非人格的或超人格的属性中生成（come to be），并且它开始失去作为**那个**最高价值的独特性和伦理重要性——这种独特性和伦理重要性使人格对于人在宇宙中的特殊地位的理解意义重大。另外，在后期一个手稿中，人格被上帝置于每一个人类有机体中；我们每一个人，事实上，凭借内心的宏观世界的上帝-人格而成为一个人格，而不是上帝的一个自发的**创造物**。② 我们被给予一个高级的形而上学的角色，但个体的独特性和他们道德斗争的重要性不再是单独给予人类意义和价值的东西。

2. 由爱推动的／由冲动推动的作为人格与世界关系的知识

在现象学研究中，知识是人格与世界间的一种存在论关系，是一种人格在世界中的参与关系。它的基础是**爱**，这使认识者能自我超越。世界并没有被这种参与改变，认识者也没有为知识做任何"贡献"。在

---

① Max Scheler, *Schriften aus dem Nachlass*, GW XII, Band III: *Philosophische Anthropologie*, Bern und München: Francke Verlag, 1955, S. 333.

② 参见例如Max Scheler, *Schriften aus dem Nachlass*, GW XII, Band III: *Philosophische Anthropologie*, S. 179。

现象学反思中，内在于并在认识上先于基于自然立场的一切感知和观察活动的意义元素本身是在直观（Wesensschau）中被给予的。这些意义元素，或本质，获得一种功能，即作为人格所意向的世界的质料先天结构的功能。我们努力扩展和延伸本质领域的知识以及自然立场上的实际（real）体验的可能性，其动机在于对一切存在和本质的柏拉图式的爱。① 在后期著作中，人格被给予**创造**世界的任务——对它的驱动是被称为**爱若斯**（*eros*）的**冲动**（*Drang*）形式，而本质作为世界——人格在其中生活和行动——的结构特征起作用。由此，舍勒把所有动机因素都还原为**冲动**，并断言精神的重要性，它独自去认识、存在或行动。与此相反，我主张，我们心灵的力量在现象学上是**明见的**。而且，**冲动**——为我们参与世界的创造负责的部分，是我们**最小的**人格部分；那个人格部分的活动，亦即我们即精神的情况，被还原为"**消除禁锢**"（*non-non fiat*）——这是舍勒对自在存在中精神的唯一活动的描述。"冲动是有方向的……但同时是完全非逻辑的，无价值（value free）并且无目的的。"② 爱不是这样；它是有目的的，有内在逻辑，而且是人类行为中一切目的性的来源。

3. 爱的秩序提供了防止伦理学中的混乱的手段／后期著作中宏观世界—微观世界的区别没有提供任何手段

在早期著作中，伦理学作为关于对与错的行动的理论或关于德性的理论建基于价值理论上，它（1）**在意向相关项上**，建基于一门关于价值本身和它们的被给予秩序的现象学；（2）**在意向活动上**，建基于对爱的秩序或者对人类普遍的爱与恨的秩序的现象学的彻底考察。客

---

① Max Scheler, „Vom Wesen der Philosophie und der moralischen Bedingung der philosophischen Erkennens", in Max Scheler, *Vom Ewigen im Menschen*, GW V, Bern und München: Francke Verlag, 1954.

② Max Schder, *Schriften aus dem Nachlass*, GW XI, Band II: *Erkenntnislehre und Metphysik*, S. 186.

观研究称赞并肯定主观研究；普遍的爱的秩序产生于这种现象学，它作为一种完美的主体性，在价值真实客观的被给予秩序中意向价值。因此，我们对伦理学中的混乱和相对主义进行了一次检查。观念上应该存在的东西是善，它们承担着客观上较高的价值——一个完美的主体性会发现这些价值由诸善所承担。

同样地，本质的宗教现象学通过研究上帝和神圣的本质与价值，以及处理一门宗教想象现象学而前进。此外，客观研究称赞并肯定主观研究，因为与在现象学上被澄清的宗教想象的先天结构不一致的关于上帝的自然神学不会肯定任何东西。现象学于是束缚了宗教想象。相反，形而上学作为智性想象的自由产物没有给宗教这样的束缚。[①] 形而上学想象本身可能会被关于本质的现象学知识束缚，但是对上帝的崇拜在后期著作中出现时，却不服从于这种束缚。后期著作肯定早期关于价值和宗教体验的现象学的有效性，却使我们关于本质的知识的普遍性和客观性失效——没有它们，就不可能有那种有效性。而且，我认为，这种变化的根源在于人（human person）的人格性概念和作为本质领域意向相关项的上帝的人格性概念的削弱。人格不再是一个**无中生有**（*ex nihilo*）的创造物，而是一个偶然的产物。佯称具有普遍性的伦理学和神学如何能在一个处在不断的斗争和进程中的世界中幸存下来——而且在那里绝对无法预言，作为这一斗争的结果，在世界中什么新本质将出现并起作用？

4. 作为现象学知识对象的本质／作为客观世界结构的本质

现象学反思的对象——现象学哲学必须对其集中思想的"事情本身"——是**本质**。舍勒说，这个本质领域，包括价值本质，是一个**统**

[①] 参见例如 Max Scheler, *Die Wissensformen und die Gesellschaft*, GW VIII, Bern und München: Francke Verlag, 1980, S. 81。

一的领域："从最初的原子和沙粒直到上帝，价值领域是单一的领域。然而，这个统一不是完成。"① 我对舍勒"不是完成"之意的理解是，价值乃至一切本质领域的人类知识并不完全，大概不像在上帝心灵中完全呈现的那样。如果他的意思是还有要被创造的价值，那么我不明白这个领域如何能被说成是统一的。如果创造尚未完成，人们怎么能知道呢？我再次把他的"统一的"本质领域理解为本质领域之统一的假定在启发式地起作用，因为这个统一不是在现象学上被给予的。

"价值领域"显然是一个比喻。价值本质是否在某种意义上实存？不是所有的比喻都必须被"解开"；它们不需要在本体论中占有一席之地，即使是在极简主义者奎因（Quine）的"我们的变项所囊括之物"的意义上。在现象学上被给予的东西也不必在形而上学上是实在的或实际上有效。在《形式主义》中，舍勒把我们从形而上学崇拜中解放出来——这种崇拜吸引了如此众多的哲学家，他们错误地、堂吉诃德式地寻求绝对知识和终极真理："我们首先必须问在体验中**什么**被给予，而根本不是问为了这些事物被给予世界必须如何。"② 本质就是我们谈论事物时所**意味**的东西，没有什么"包括它们"，相反，它们使变量的所有一切"变动"成为可能。要问它们是什么，或它们如何实存，就是犯了范畴错误。

在早期著作中，本质是意向对象，它们会被人格认为是这样并作为他们思想中的一个先天因素起作用。在后期著作中，它们是**自在存在**（Ens-a-se）制作的"草图"，并且会通过上帝的**消除禁锢**（non-non fiat）或创造性、模范性的人类之行动而在世界上起作用（等同于被给

---

① Max Scheler, „Ordo Amoris", in Max Scheler, *Schriften aus dem Nachlass*, GW X, Band I: *Zur Ethik und Erkenntnislehre*, S. 357.

② Max Schder, *Schriften aus dem Nachlass*, GW XI, Band II: *Erkenntnislehre und Metphysik*, Erster Teil C, S. 118-122.

予［cum re］）。① 本质不再是在含义和价值结构——人格通过这些结构发现可能的**意义**——中起作用的意向对象，现在一旦本质起作用，它们似乎就在事件过程中有效。舍勒现在乐于问这样一个问题，其有效性在《形式主义》中被他否定：为了特定对象和事件的实存，世界必须如何存在？

在后期著作中，原存在（Ursein）既是**冲动**（*Drang*），也是**精神**（*Geist*），而人（human person）则是它的微小反射。二者之间在两个层面上的斗争产生出人格和世界，即产生出一致的结构。舍勒写道："作为第一属性［精神］上帝是人格生成（person-becoming），例如，但以同样的方式是世界生成。"② 精神在它创造世界时成为人格。但这也再次暗示了人格必须自身创造。如果人（human person）和功能化的草图正从宇宙的（cosmic）斗争中产生，那么神圣精神，就和人类一样缺乏全能性；他的存在是分裂的，而且作为一种意向着世界整体本质结构的主体性，他向完整性的接近还是——而且也许将一直是——不完整的。舍勒在他现象学时期已经主张，世界本质结构的统一只能基于对上帝的本质统一的肯定以及他对他所创造的世界的统一结构的完满的完善认识而得到肯定。正如舍勒在《论人之中的永恒》中提到的，"因此，比方说，只有上帝的统一保证了世界的可能统一"③。在后期著作中，原存在的未来生成方向仍然未知；在上帝的去存在中人类的成功还不确定；一切连续性迷失在这场为了一个未见之光而进行的奇异的宇宙的斗争中，而统一是一个遥远的希望。

---

① 参见 Max Scheler, *Schriften aus dem Nachlass*, GW XIV, Band V: *Varia I*, Bonn: Bouvier Verlag, 1993, S. 184。

② Max Schder, *Schriften aus dem Nachlass*, GW XI, Band II: *Erkenntnislehre und Metphysik*, Teil B, S. 203.

③ 参见 Max Scheler, *Vom Ewigen im Menschen*, GW V, S. 171。

5. 对作为神的上帝的看法／上帝作为努力创造世界的存在

在《宗教的本质现象学》中，舍勒完成了对一神论宗教体验的含义内容及其意向对象的揭露和展示，它是清晰、深刻的，而且在我看来，也是独特的。① 通过共感地再体验神秘主义者、沉思者以及更为传统的祷告者的情感生活，它使情感逻辑（与舍勒的意向行为中情感的认知地位学说相一致的一个词）得以恢复。它确立了宗教信仰的**是什么**和**怎么样**，但作为一门现象学，它却不能确立宗教崇拜对象的实存；这是且必须是留给个体人格的超哲学的责任——因为真理、终极真理一定是个人的。在后期著作中，上帝成了形而上学思考的目标，舍勒试图证明它的实存而且他甚至为此确立了一套教义。这些箴言所表达的宗教态度是特别的。因为它们还没有译成英文，所以我在此提供自己的翻译。出自"上帝（1923—1924）"：

> 上帝肯定是在他的精神的一瞥中"看到"实存的和发生的一切。但对他所看的东西他既爱又恨。如果他是全能的精神，他就**必须**避免坏的和恶的东西。说他预见到他所不爱的和不想要的东西是无用的。因为他所不"允许"的东西都不能存在。允许当然就是他所想要或不想要的如此这般的东西的唯一形式。
>
> 噢，上帝：只有从这一刻开始我才能够向你祈祷并爱你，因为我知道：你不是创造者，也并没有承担这个世界的实存和生成的责任。从那一刻开始我的心在你那里完全地平静、被保护和被拯救。……
>
> 他[上帝]拥有"天意"（providence）——而不是拥有对世界的绝对统治权。只有在一切时间的终点……他才将成为全能的主，亦即将罢黜耶和华、"创造者"和"立法者"。

---

① 参见 Max Scheler, *Vom Ewigen im Menschen*, GW V, 多处。

对：上帝是一个"陌生人"、一个完全的"他者"。只有你直接感觉到的并视为纯粹精神的东西是来自他的——是作为精神的他（关于上帝的直接知识）。从他的善功，你只能推断他的"逻辑"，而非他永恒的秘密，他的"内在人格（persona）……"

"主"是上帝的第二属性。第一属性是他的"无力的"爱……

第一位的不是上帝的实存，而是他的本质。本质几乎不能产生实存——甚至在上帝那里也是，同样地，本质也几乎不给所有实存以"限制"和观念的可能性……向注定是永恒力量和实在性的永恒无力的**爱**做祷告：这是我们的宗教态度。

在全能上帝的"爱"中，我们退回到加尔文主义和上帝的尊威（Majestosum）（巴特［Barth］、戈亚亭［Gogarten］、奥托［Otto］），并且绝对地屈服——关于"主"的"存在"或活动，这是毫无疑问的。但理性和人性的时代是徒劳的吗？它们正确地看到无上权能的东西并不"可爱"，而爱也不是无上权能的。但它们的主题并非由此产生——而"我们的"却由此产生，即：在上帝那里上帝是异己的，上帝只是爱和智慧——**但不是全能的**……

我的上帝，我向作为精神的你祈祷。我敬仰和畏惧你永恒的冲动（drängend）"**本性**"……

但我知道——你是"不明确的"，而为了你，我必须**自己**决定更高的本质——因为我源自它。①

出自"我的宗教教义（1921）"：

1. 上帝让世界从他自身中形成（不是创造），**必然**是为了他

---

① Max Scheler, „Gott (1923/24)", in Max Scheler, *Schriften aus dem Nachlass*, GW XV, Band VI: *Varia II*, Bonn: Bouvier Verlag, 1997, S. 182-184.

自己，即为了成为他所不是，但**没有**这个世界也能够存在的东西。所以"出自他自身"不是出自 a）**虚无**；b）[**在先实存的**]**物质**。

2. 整个世界在上帝之中，但上帝不仅是精神、理性，也是全部生命（泛神论的和世界的神圣根据的不合理性）。

3. 上帝在"世界"中变得有血有肉，仅就他不是自己的完全的"主"，即和谐的精神造物而言。只有世界完整了——上帝才是上帝。原始本质只拥有来自上帝的观念——它不是上帝。

4. 人类的所有历史的存在和活动都将其含义延伸到神的存在和条件。每一个痛苦都"在**他**（ihn）那里"回响……

5. 上帝在我们之中，通过我们、为了我们救赎自己，我们也为了他、在他之中、通过他救赎自己。

8. 唯一的办法是：每一个人直接面对世界并感觉到他只有**一次**生命，只能冒**一次**险。只有（包含一切的团结精神之中）最极端的个体主义才能拯救我们。绝不是社会主义。

9. 一切历史的本质都是一样正当的！也都一样有价值——在上帝面前。一粒沙子和歌德：有同样的权利实存——当它是 a）真实的，b）知道它是什么并以之去做时。植物—动物—人。我总是走在平等中。单单这个信念（sola fides）就会使你赞美——也因此对你有益。别畏惧，成为——你——仅仅是你。相信你自己即你的灵魂……

10. 作为精神的灵魂是不灭的。

12. 当上帝对我说：罪是**我的**，因为你认为自己有罪——别害怕时，我重生了，并且，从一个[无限的]视角了解到上帝是谁。……我也明白了罪不是"罪"，而只是上帝与自己的斗争……①

---

① Max Scheler, „Dogmen meiner Religion (1921)", in Max Scheler, *Schriften aus dem Nachlass*, GW XV, Band VI: *Varia II*, Bonn: Bouvier Verlag, 1997, S. 184-186.（这里引文缺第 6、7、11 项，原文就是如此。——编者）

我不了解能产生这些令人感动的言论和祈祷的舍勒的生活环境。它们具有对自身和上帝的注解的特点，而非被阐发的思想。而它们表达的情绪与《宗教的本质现象学》的宗教体验几乎没有相似之处。它们缺乏一神论的上帝的神秘和对他的敬畏。它们唤醒了对一个神圣存在的共感，它和我们一样在努力创造世界中受苦，而这个上帝在世界中受苦的形象与基督教的耶稣概念有些关系。在这些段落中，我们根本没有发现早期著作中频繁使用的神圣的（heilig）一词。但正是与我们自身的差异性激发了一神论特有的神秘感和敬畏感，只有上帝被视为作为位格的存在，一神论才能共感地把握上帝。通过将上帝与冲动相联系，就像我们人类在人格性上与身体相联系一样，舍勒可以说创造了一个新的上帝实体，但也因此丧失了上帝的绝对性，与形成、变化以及它们必要的斗争相分离的上帝的绝对性。考虑到作为精神和冲动的上帝的界限，及其与作为宏观世界的人类同构，舍勒关于自在存在的他异性的断言就会让我觉得不足取信。因为舍勒含蓄的人本主义为了完整性及与其他人格的团结而奋斗，因此吸引了那些希望恢复人类神圣性的智者们，尽管它削弱了上帝的他异性和超越性。关于伦理学，我们这里与《形式主义》第二版前言中所表明的精神已离得太远："不是'孤立的'人，而只是人——他从一开始就知道自己与上帝相联系，他在爱中被指向世界，他感到自己与整个精神和人性的世界联合在一起，对作者而言这样才是道德上有价值的人。"

三、结论

无论舍勒后来的智性之旅成功与否，我们每一个在我们自己为了澄清、含义和完整性的努力中不得不为他做个决定。与其说是真正有创造性，不如说形而上学最终证明是以一种新的方法对本质的在先被给予领域的一次划分，尤其是对个体的形而上学者、终极实在的诗人而言,而且他所创造的是前所未见的比喻和对比,而不是绝对真理。如舍勒所说,形而上学是真理上人格的保证。于是,我们必须像对待人格本身那样严肃地对待它。希望每一个人都能像舍勒在其生命的最后所做的那样体验到这种形而上学的顿悟!他的形而上学是他对绝对的最后姿态。我认为,他所留下的具有普遍和永恒价值的内容在其现象学中被发现。

(译者:郁欣 / 中山大学马克思主义学院)

精神和肉体

——舍勒和梅洛-庞蒂的人格现象学 *

克里斯蒂安·贝默思

人格概念经常被低估——在此人们令人格性和身体相齐平,而如果人格被与纯粹意识相等同的话,那么它又被高估了:作为这样的一个哲学困境,人格一方面不能独立于身体而被思考,另一方面人格又比身体所意味的要更多,意识之物、精神之物和个体之物,当然还有人格之物都借助于这个概念而得以表达。那个精神或人格之物的观念性得到其具体的自身表达的舞台,恰恰就是人的身体,这一事实令埃德蒙德·胡塞尔在《观念 II》中倾向于将一种"双重的实在性"归诸一个身体:身体"在作为直观的实事世界的背景下是实在性,并同时在精神的背景下也是实在性"①。恩斯特·卡西尔也在其1929年的《符号形式的哲学》第三卷中强调了类似的观点,当他写道,精神与身体

---

* 本文译自:Christian Bermes, „Geist und Leib. Phänomenologie der Person bei Scheler und Merleau-Ponty", in C. Bermes, W. Henckmann (Hrsg.), *Person und Wert. Schelers „Formalismus"-Perspektiven und Wirkungen*, Freiburg, 2000, S. 139-161。——译者

① Edmund Husserl, *Ideen zu einer reinen Phänomenologie und phänomenologischen Philosophie*, Zweites Buch, *Phänomenologische Untersuchungen zur Konstitution*, Husserliana IV, hrsg. von Marly Biemel, Den Haag, 1952, S. 284.

之间的关系"是对一种纯粹的符号关系来说首要的蓝本和模板"①，其中内在和外在、先在和后在、作用和被作用同等源初地运作。

如果人们此时将目光投向舍勒和梅洛-庞蒂（Maurice Merleau-Ponty）的哲学，那么就会有两种截然不同的方案呈现出来，这两种方案就类似那对人格的高估或低估。其中，马克斯·舍勒越出精神之外而将人格定义为行为的总域（Gesamtsphäre）；而梅洛-庞蒂则将人的人格性视为一种匿名运作着的身体关系的"单纯的"附录（Appendix）。如果要追随这种素朴的对立，那么人们就必须在二者中择一：身体或是精神。在选择的时候人们却恰好错失了（这两点），即：这两位哲学家在尝试将什么思考为一体，以及是什么将这二人标示为现象学家。在舍勒和梅洛-庞蒂那里都涉及一种对于**人**的现象学解释，这种解释不同于那些由观念主义和经验主义所建立的范畴，而是将一种人格之人的存在指明为一种锚定在世界和身体中的、越出自身的、同时又不断将自身集聚（zentrieren）的行为。这两位哲学家是如何考虑这种锚定、越出和集聚的，这将在下文中得到描画。

为了鉴别梅洛-庞蒂在什么样的视角下阅读了舍勒，并且在舍勒那里令这位法国现象学家尤其感兴趣的是什么主题，文章第一部分将会草描出梅洛-庞蒂对舍勒（观点）的接受。第二节将从舍勒在《伦理学中的形式主义与质料的价值伦理学：为一门伦理学人格主义奠基的新尝试》（下文简称《形式主义》）中的研究出发来展示，他的人格概念即使是为其所着重提出的，但在一种**人类学**的意义上它还始终是一个尚未完成的项目。在这种意义上，舍勒和梅洛-庞蒂的哲学在一种作为人类学之提问的人格现象学的视角下显示出某种结构上的相似性：人格性不是人的现下的称号（zuständliche Auszeichnung），甚至如

---

① Ernst Cassirer, *Philosophie der symbolischen Formen*, Band III: *Phänomenologie der Erkenntnis* (1929), 9. Aufl., Darmstand, 1990, S. 117.

精神和肉体
——舍勒和梅洛-庞蒂的人格现象学

果它直接地,或者借助于其经验组织一道素朴地被给出的话,人格性对于人之为人不如说是被扬弃的。在第三部分中将会进一步澄清舍勒和梅洛-庞蒂之间的差异。将被指明的是,这两位思想家之间的区别与其说存在于对人格性和身体性之间的关联之阐释上,不如说是基于一种被舍勒所进一步发展了的人格注解,据此人格尚且必须被归诸一个相关项,即"世界"。

一、梅洛-庞蒂对舍勒的接受

当舍勒1928年去世的时候,1908年出生的梅洛-庞蒂正在巴黎高师(École Normale Supérieure)念书。除了让-保罗·萨特(Jean-Paul Sartre)和西蒙·波伏娃(Simone de Beauvoir)之外,他还认识了伊波利特(Jean Hyppolite),梅洛-庞蒂十分欣赏他对黑格尔后40年(的思想)的研究。① 在萨特对于他和梅洛-庞蒂的友谊的开端的回顾中记载着:"我们在巴黎高师认识了彼此,但并没有频繁地碰面。……但是我们都在不知情的情况下为彼此的相遇而准备着:我们俩都尝试尽己所能地、想方设法地去理解世界。并且我们有着同样的方法——那时候就是胡塞尔和海德格尔……"② 对于梅洛-庞蒂而言,理解世界的

---

① 关于萨特,参见 Maurice Merleau-Ponty, "Un auteur scandaleux" (1947), in Maurice Merleau-Ponty, *Sens et non-sens* (1948), Paris, 1996, pp. 53-60. 关于伊波利特,参见 Maurice Mereau-Ponty, "*L'existentialisme chez Hegel*" (1946), in Maurice Mereau-Ponty, *Sens et non-sens* (1948), Paris, 1996, pp. 79-87. 对梅洛-庞蒂直至1945年的哲学思考之路的一个概览,请参见 Theodore F. Geraets, *Vers une nouvelle philosiphie transcendentale. La genèse de la philosophie de Maurice Merleau-Ponty jusqu'à la ›Phénoménologie de la perception‹*, Den Haag, 1971. 关于梅洛-庞蒂的生平和哲学的导论,请参见 Christian Bermes, *Maurice Merleau-Ponty zur Einführung*, Hamburg, 1998; Bernhard Waldenfels, *Phänomenologie in Frankreich*, Frankfurt/M., 1987, S. 142-216。

② Jean-Paul Sartre, „*Freundschaft und Widersprüche*", in Jean-Paul Sartre, *Sartre über Sartre: Aufsätze und Interviews 1940-1976*, hrsg. von Traugott König, Reinbek bei Hamburg, 1997, S. 68-118, 此处引文见 S. 68f.。萨特的文章以 Merleua-Ponty vivant 为题,于1961年在他与梅洛-庞蒂很久以前共同创办的杂志 *Temps Modernes*(Nr. 184/185)的纪念梅洛-庞蒂逝世的特别版中首次发表。

首要哲学方法事实上是埃德蒙德·胡塞尔的现象学。当然他也了解并且欣赏海德格尔，但他并不愿追随他的存在论差异。在1945年出版的《知觉现象学》中梅洛-庞蒂简明扼要地评论道：《存在与时间》是诞生于"一个胡塞尔的暗示"并且在主题上"与对'自然的世界概念'的注解并无二致"。① 海德格尔在一封1972年给汉娜·阿伦特（Hannah Arendt）的信中自己证实了这一猜测，梅洛-庞蒂其实从未真正抵达他的（即海德格尔的）基础存在论——海德格尔以一种暧昧不清又自鸣得意的方式如此措辞——梅洛-庞蒂走在"从胡塞尔到海德格尔的路上"，但他从未抵达目的地。②

胡塞尔的现象学对梅洛-庞蒂完全是一个媒介，借此他得以赢得哲学上的自身定位。胡塞尔的方法论——他尤其通过对出自胡塞尔晚期的手稿的研究而对此有所了解——在他看来并不是僵化的哲学教条；同样，他也并不把胡塞尔的文本理解为其哲学工作的对象。在他50年代初在法兰西学院（Collège de France）所做的题为"人学和现象学"的讲座中（随后我们还会重新对此进行讨论，因为梅洛-庞蒂在那里谈到了海德格尔与舍勒二人分别与胡塞尔的关系），他讲解了自己进入现象学文本的方式。梅洛-庞蒂说道，他对"现象学家思想"的"注解并不是基于其文本，而更多是根据其意图"，并且他并"不惧""用那些有别于现象学的准则去澄清现象学文本"。③ 对于梅洛-庞蒂来说，他在1945年所简明扼要地表达的"现象学只能被一种现象学

---

① Maurice Merleau-Ponty, *Phänomenologie der Wahrnehmung* (1945), übers. und eingef. durch eine Vorrede von Rudolf Boehm, Berlin 1966, S. 3/I.（如引用梅洛-庞蒂作品的德文译本，那么页码的第二个符号代表在法语原版中的相应位置。）

② 参见 Hannah Arendt, Martin Heidegger, *Briefe 1925 bis 1975 und andere Zeugnisse*, hrsg. von Ursula Ludz, Frankfurt/M., 1998, S. 226. 即便海德格尔承认，他对梅洛-庞蒂的"工作"了解得"并不充分"，但他还是冒昧地猜想，"法国人有一种无法摆脱的天生的笛卡尔主义"。

③ Maurice Merleau-Ponty, „Die Humanwissenschaften und die Phänomenologie", in Maurice Merleau-Ponty, *Vorlesung* I, übers. und eingef. durchein Vorwort von Alexandre Métraux, Berlin/New York, 1973, S. 131-226, 此处引文见 S. 133/3 (frz. Paris, 1951).

方法理解"①这一点始终奏效——并且这个方法对他而言尤其意味着,他在其哲学生涯之开端对科学的心理学事实所进行的研究。鉴于梅洛-庞蒂在其哲学运思中对胡塞尔思想的这种接纳方式,在胡塞尔和梅洛-庞蒂之间的界限有时会被模糊,这种情况在这位胡塞尔的后继者那里是清楚地被意识到的。他在其1959年值胡塞尔百年诞辰之际所发表的文章《哲学家和他的影子》中清楚地阐明了这一事态,这篇文章可以被当作是梅洛-庞蒂的现象学信经(Credo der Phänomenologie)。② 在第二句话中梅洛-庞蒂又马上说道,恰恰当人们将太多的东西归功于胡塞尔的时候,同时就无法再"准确地识别,到底哪些(思想)是属于他的"③。但是梅洛-庞蒂站得离胡塞尔有多近——以至于读者们总是能在他的作品中不断地联想到胡塞尔的思路,这位法国思想家就有多想和他的德国前辈区别开来。梅洛-庞蒂就像以上提及的其1959年的文章之标题已经表明的那样,带着一种"走出胡塞尔的影子,走出官方现象学的影子和晕圈"的意图来进行哲学思考。这种影子借此而被标识:通过现象学,他只能成为影子。胡塞尔的思想不仅照亮了那些被遗忘或被忽视的领域,而且还揭示出了那些新的区域,它们此前甚至不能说是处在阴影中的。这些地带本身仅仅是以尚未被思及之物为起点,并通过对现象学方法的贯彻而间接地被把握。对此梅洛-庞蒂关于光和影的语言游戏所表达的是,现象学本身并不全然是透明的,而是涉及一种不完整性的程度,这种程度可以在例如现象学还原的成

---

① Maurice Merleau-Ponty, *Phänomenologie der Wahrnehmung*, übers. und eingef. von Rudolf Boehm, S. 4/II.(中译本见梅洛-庞蒂:《知觉现象学》,姜志辉译,商务印书馆2001年版。以下同出此书的引文,均来自此译本。——译者)

② 很容易看出,这部作品属于梅洛-庞蒂晚期并且与之相应地重复了现象学理解,尤其是如在以残篇形式编辑而成的遗稿《可见的和不可见的》中所说的那样。上述所引用的表达仍然适用于梅洛-庞蒂的《知觉现象学》。

③ Maurice Merleau-Ponty, „Der Philosophie und sein Schatten" (1959), in Maurice Merleau-Ponty, *Das Auge und der Geist. Philosophische Essays*, hrsg. und übers. von Hans Werner Arndt, Hamburg, 1984, S. 45-67, 此处引文见 S. 45/201(法文本页码,参考梅洛-庞蒂1960年文集 *Signes*)。

就从未能彻底地被贯彻这一点上得到体现。

西蒙·波伏娃在 1963 年——梅洛-庞蒂逝世后两年——回顾道，梅洛-庞蒂有一种对"细微差异的偏爱"，这样她就尤其证实了梅洛-庞蒂与萨特的区别，与前者相比，萨特总是行色匆匆地穿过那些哲学问题，而不去考虑细节；当这位萨特的红颜知己更进一步地说道，梅洛-庞蒂总是"相对于那些坚硬的内核而对思想的边缘地带和此在的黑暗面"[①]更感兴趣时，她就可谓是一语中的了：梅洛-庞蒂基于现象学进行哲学思考；他并不是以一种心无旁骛的、进行着还原的现象学自我为起点的，而是尝试从那不可衡量同时却又是奠基性的事实的实行中建立这样的现象学之可能性，它是某种追随着和照亮着现实性的思维方式。

这种行为方式在 1934 年就已经隐隐地暗含在梅洛-庞蒂对其于 1933 年被授予的奖学金的延期申请之中了。1934 年，当他以 26 岁的年纪提交他的两个博士学位主题——"感知的本质"和"现象学和格式塔心理学中的感知问题"——时，梅洛-庞蒂论证了现象学的显要地位：它不同于传统哲学而以此为标志，即它首先提供了一种认识论的基础，[但]这个基础不同于某种认识论所要求的那种批判的开端；第二它提出了现象学的还原，它承认心理学的基本概念能够在心理学的范围内被澄清，而无须落入一种心理主义或者企图用现象学取代心理学。[②]这样的宣言对梅洛-庞蒂来说在接下来的那些年里都并非单纯是说说而已。他以一种令人印象深刻的方式研究了他那个时代的心理

[①] Simone de Beavoir, *Der Lauf der Dinge* (1963), übers. von Paul Baudisch, Reinbek bei Hamburg, 1970, S. 67. 对此可参见例如同时代人对舍勒的评价，Paul Menzer, *Deutsche Metaphysik der Gegenwart*, Berlin, 1931, S. 78: "他首先以一种独一无二的方式与当代的精神洪流相联系，他对此有一种独特的嗅觉，即：在一种特定情况下必须说些什么，人们才能够恰恰支持这种说法。当下诞生的理念或许转瞬即逝。针对他的思想进行批判并非易事，因为他过早地离世使他的作品并未能彻底完成。如其当下所是的样子，就鲜少有对其而言艰难的挑战。"

[②] Maurice Merleau-Ponty, *Le primat de la perception et ses consequences philosophiques*, Grenoble, 1989, pp. 21ff.

学文献。在此期间他获得了一种所谓哲学的（如果不完全是现象学的话）心理学的新定位的帮助，例如他在格式塔心理学中，但同时也在很多其他心理学学派中所找到的那样。

在此我们会想起例如保罗·希尔德（Paul Schilder）在其1923年所发表的作品《身体图示》中的思考，舍勒也曾在《形式主义》的第三版中提及这部作品，当他想让这样一种状况被注意到时，即恰恰是《形式主义》对心理学产生了深入的影响[1]。希尔德主张一种对各种不同的心理学流派的卓有成效的吸收；并且据他看来，认为现象学和心理分析必须在解决病理学上的器官疾病和脑疾病时"袖手旁观"是错误的。希尔德不同于他那个时代的联想心理学观点而认为，"关于有机体的学说（最好）必须以一种心理学的观察方式而得到补充，这种观察方式将生命和自我视为一个整体"[2]。最终希尔德说道，一种对幻肢的相即描述——这对梅洛-庞蒂而言这是一个范例，它提出了其哲学的诸基本范畴[3]——只有运用感知意向和含义意向，而不是传统的刺激和感觉概念[4]，才是可能的。梅洛-庞蒂在心理学文献中也遭遇了同样的思考。这涉及现象学的方式，它至少部分地是由舍勒所带来的，并且在心理学的研究中已经得到了体现。梅洛-庞蒂的道路自此开始又以这

---

[1] Max Scheler, *Der Formalismus in der Ethik und die materiale Wertethik: Neuer Versuch der Grundlegung eines ethischen Personalismus*, GW II, Bern und München: Franke Verlag, 1966, S. 24.

[2] Paul Schilder, *Das Körperschema. Ein Beitrag zur Lehre vom Bewußtsein des eigenen Körpers*, Berlin, 1923, S. 1f. Rümke 也基于一种雅斯贝尔斯和舍勒的现象学概念进行过类似的论证——舍勒对此同样有所指涉；Henricus Cornelius Rümke, *Zur Phänomenologie und Klinik des Glücksgefühls*, Berlin 1924: "在努力更进一步地刻画临床上被观察到的幸福症候群之特征的时候，现象学的工作显然是一种完全必要的准备工作。"（Henricus Cornelius Rümke, *Zur Phänomenologie und Klinik des Glücksgefühls*, S. III）"在哲学家马克斯·舍勒的著作《质料的价值伦理学中的形式主义》中有着一种十分令人瞩目的，并且对幸福感的分析，它将正如我所相信的那样，对进一步的研究而言是卓有成效的。"（Henricus Cornelius Rümke, *Zur Phänomenologie und Klinik des Glücksgefühls*, S. 7, 参见 S. 7ff., 96f.）

[3] 参见 Maurice Merleau-Ponty, *Phänomenologie der Wahrnehmung*, übers. und eingef. von Rudolf Boehm, S. 100-114/92-105。

[4] Paul Schilder, *Das Körperschema. Ein Beitrag zur Lehre vom Bewußtsein des eigenen Körpers*, S. 29.

种方式回到了哲学，也就是现象学，即他澄清了心理学中尚不分明的一些概念并且同时将现象学的开端带回到现实的研究工作之上。

1935年——那时他是巴黎高师的助教——梅洛-庞蒂出版了他的第一部学术小作。它涉及对舍勒《道德构建中的怨恨》（Ressentiment im Aufbau des Moralen）的法语翻译的讨论，这部作品于1933年，也就是在它的德语版发行的20多年后在巴黎得以出版。[1] 梅洛-庞蒂与舍勒的这篇文章的精辟且广泛的论争不能完全被说成是一种批判，因为批判会预设他对他的批判对象——舍勒的现象学方法——已经有了充分的了解。不如说梅洛-庞蒂为法国读者展示性地，并在某些地方对胡塞尔和舍勒的现象学方法解释性地介绍了舍勒文章的内容。在一个脚注中作者问道，为什么过了这么长的一段时间舍勒的文本才被翻译成法语。[2] 梅洛-庞蒂对此没有给出回答，但是抒发了关于他为什么对舍勒感兴趣的评论。在舍勒的思想中，他找到了一种把现象学方法应用在心理学的提问之上的现象学，并且借助于一种本质研究指出了一种与观念主义和经验主义相区别的对事实（即体验事实）的描述模式。[3] 例如梅洛-庞蒂在观念主义的异议面前这样为舍勒辩护，他指出，对纯粹思维的一种完全的定义，如观念主义所追随那样，虽然授予了哲学某种透明性，但这种方式——如果它仅仅依据纯粹思维

---

[1] 这篇初次刊印于杂志 La Vie Intellectuelle 上的评论近来（被收入）在梅洛-庞蒂的一本早期作品集中，因而更容易找到；参见 Maurice Merleau-Ponty, "Christianisme et Ressentiment. Compte rendu de la traduction française de l'ouvrage de Max Scheler ›L'Homme du ressentiment‹", in Maurice Merleau-Ponty, *Parcours. 1935-1951*, mit einführenden Bemerkungen zusammengestellte von Jaques Prunair, Paris, 1997, pp. 9-33。

[2] 参见 Maurice Merleau-Ponty, "Christianisme et Ressentiment. Compte rendu de la traduction française de l'ouvrage de Max Scheler ›L'Homme du ressentiment‹", in Maurice Merleau-Ponty, *Parcours. 1935-1951*, p. 17, in Fn. 18. 随后，1955年，舍勒的《形式主义》由 Maurice de Gandillac 译为法语，在由梅洛-庞蒂和萨特主编的系列丛书 *Bibliothèque de philosophie* 中得以出版。

[3] 参见 Maurice Merleau-Ponty, "Christianisme et Ressentiment. Compte rendu de la traduction française de l'ouvrage de Max Scheler ›L'Homme du ressentiment‹", in Maurice Merleau-Ponty, *Parcours. 1935-1951*, pp. 17f., 32f.。

的话——也导致了哲学无法再认识到：**是什么**。①

在梅洛-庞蒂 1938 年所完成，但直到 1942 年才出版的作品《行为的结构》（*Die Struktur des Verhaltens*）中还能找到一处对舍勒关于怨恨的作品的间接提及。②但是梅洛-庞蒂在那个时候已经不再局限于之前被评论过的那些舍勒作品，他同时还涉足《形式主义》《知识的形式与社会》和《人在宇宙中的位置》。并且在其 1945 年出版的代表作《知觉现象学》中，他除了已经引用过的诸法文译本之外，还提到了《现象学和同情感理论》（*Phänomenologie und Theorie der Sympathiegefühle*）和 1927—1928 年在《哲学通告》上所发表的舍勒的研究《观念论与实在论》。

根据迄今为止的叙述，不再令人感到诧异的是，梅洛-庞蒂在 1942 年和 1945 年的两部大部头中都援引了舍勒对于实证主义或经验主义所持有的感觉概念和刺激概念的批判并且继承了舍勒对于感知的部分描述。梅洛-庞蒂在这一点上与舍勒是一致的，即：一种纯粹的和特定的感觉——如果可以这么说的话——仅仅在一种生命的后期阶段会通向"一种'感觉'这个**观念**的**逐渐**现实化"③——纯粹的感觉因此不是事实，

---

① 参见 Maurice Merleau-Ponty, "Christianisme et Ressentiment. Compte rendu de la traduction française de l'ouvrage de Max Scheler ›L'Homme du ressentiment‹", in Maurice Merleau-Ponty, *Parcours. 1935-1951*, p. 33。这个论证在梅洛-庞蒂之后的作品中一再出现，并且论证了他的要求，将作为所谓的唯一正确的观念主义的替代项的超越论哲学与现实经验重新联结起来，也正是出于这种经验，这种超越论哲学才得以产生。不是现实之物应当依据可能之物，而毋宁说是可能之物奠基于现实之物之中。

② 参见 Bernhard Waldenfels 的指示，见于 Maurice Merleau-Ponty, *Die Struktur des Verhaltens* (1942), übers. und eingef. durch ein Vorwort von Bernhard Waldenfels, Berlin/New York, 1976（法文本参见 p. 194）。

③ Maurice Merleau-Ponty, *Phänomenologie der Wahrnehmung*, übers. und eingef. von Rudolf Boehm, S. 30/19, 也可参见 S. 375/370f.；舍勒的引文，参见 Max Scheler, *Die Wissensformen und die Gesellschaft* (1926), GW VIII, Bern und München: Francke Verlag, 1960, S. 426。关于对幻觉和幻象的分析，参见 Maurice Merleau-Ponty, *Phänomenologie der Wahrnehmung*, übers. und eingef. von Rudolf Boehm, S. 40f./28, 45/33,433/435；以及 Maurice Merleau-Ponty, *Die Struktur des Verhaltens*, übers. und eingef. von Bernhard Waldenfels, S. 238/222。在这里，这位法国哲学家积极地涉及了舍勒的《自我认识的偶像》（Idol der Selbsterkenntnis）和《知识的形式与社会》。

而是一种空洞的观念。并且它的运作无异于"质"的概念，对此梅洛-庞蒂说道，"只有当世界是一个景象，身体本身是一个可以为无偏向的精神所认识的机械装置时，纯粹的性质（quale）才能呈现给我们"①，一种纯粹的**性质（quale）**才能被给予我们。对此舍勒这样说，这样的理论，"根本上仅仅是**从更古老的机械的自然观点推论出来的**而已"②。

基于对舍勒观点的认同，梅洛-庞蒂也谈到了在《形式主义》的第三部分中的研究——"质料的伦理学与成功伦理学"，这部分另外还包含了一种对刺激概念的现象学奠基。③梅洛-庞蒂和舍勒在对以下这种"原则错误"的拒绝上是一致的，即把死的自然看作有机体的对立项，并将周围世界视为一种单纯的表象④。传统的、哲学上有效的、在知性和感性中对精神的分异，根据舍勒的观点却是"神话学的"⑤，并且鉴于事实上的感知已经无法再被坚持了；舍勒和梅洛-庞蒂一致要求，为了建立有机体和它的周围世界，亦即环境之间的一种动态关系，这种二元论应该被取代⑥。⑦

---

① Maurice Merleau-Ponty, *Phänomenologie der Wahrnehmung*, übers. und eingef. von Rudolf Boehm, S. 75/64.

② Max Scheler, *Die Wissensformen und die Gesellschaft*, GW VIII, S. 323.

③ Maurice Merleau-Ponty, *Phänomenologie der Wahrnehmung*, übers. und eingef. von Rudolf Boehm, S. 371/371; 参见 Max Scheler, *Der Formalismus in der Ethik und die materiale Wertethik: Neuer Versuch der Grundlegung eines ethischen Personalismus*, GW II, S. 165ff.。

④ Max Scheler, *Der Formalismus in der Ethik und die materiale Wertethik: Neuer Versuch der Grundlegung eines ethischen Personalismus*, GW II, S. 168.

⑤ Max Scheler, *Der Formalismus in der Ethik und die materiale Wertethik: Neuer Versuch der Grundlegung eines ethischen Personalismus*, GW II, S. 175, 259.

⑥ Max Scheler, *Der Formalismus in der Ethik und die materiale Wertethik: Neuer Versuch der Grundlegung eines ethischen Personalismus*, GW II, S. 168.

⑦ 参见 Max Scheler, *Der Formalismus in der Ethik und die materiale Wertethik: Neuer Versuch der Grundlegung eines ethischen Personalismus*, GW II, S. 251 及以下，舍勒在那里写道，周围世界中的事物不是作为刺激被给予的。舍勒也提到过，环境事物"属于一个在我们的觉知内容及其对象与那些被看作是客观的对象之间的""间域"。（Max Scheler, *Der Formalismus in der Ethik und die materiale Wertethik: Neuer Versuch der Grundlegung eines ethischen Personalismus*, GW II, S. 154. 中译本参见舍勒：《伦理学中的形式主义与质料的价值伦理学：为一门伦理学人格主义奠基的新尝试》，倪梁康译，生活・读书・新知三联书店 2004 年版，第 169 页。以下同出此书的引文，均来自此译本。——译者）

梅洛-庞蒂作品中的这种对舍勒研究的吸收和融合植根于这两位作者反对单纯经验主义或纯粹观念主义的形式的统一战线中。① 大多数心理学的但同时也是哲学的对感知进行解释的尝试，只要它们将部分行为孤立出来或者将各部分之间的关系假定为一种像物理学中那样的因果关系，就都没有正确地认识到身体行为的复杂性。② 与之相对，感知——舍勒和梅洛-庞蒂这样认为——已经借助于一种内在于它的含义意向先于刺激而敞开了，行为是嵌入在环境，也就是结构之中的，人与世界的关系也不是某种依赖性，亦不是某种支配关系，而在首要的意义上是一种身体的锚定。③

（接上页）正是梅洛-庞蒂一再地将讨论对准中间场域或者中间领域，从这种中间领域出发才能充分理解感知的成就。值得注意的是，在这种背景下梅洛-庞蒂的对舍勒关于自然直观中"隐藏的机械论"之提法的援引，这种自然直观正有待被打破："确切地了解**我们所看到的东西**是最容易不过的事。'**在自然知觉中，有一种'隐藏的机械论'**，为了达到现象的存在，我们应该清除它'（接着还有一处对舍勒的《自我认识的偶像》的指涉），或者一种辩证法，通过这种辩证法感知在自身面前自行隐去。"参见 Maurice Merleau-Ponty, *Phänomenologie der Wahrnehmung*, übers. und eingef. von Rudolf Boehm, S. 82/71；舍勒的引文见于 Max Scheler, „Die Idole der Selbsterkenntnis" (1912), in Max Scheler, *Vom Umsturz der Werte*, GW III, Bern und München: Francke Verlag, 1954, S. 272。

① 例如梅洛-庞蒂这样写道："理智主义靠反驳经验主义得以继续生存下去，判断的一般用途是为了抵消感觉的可能扩散。"（Maurice Merleau-Ponty, *Phänomenologie der Wahrnehmung*, übers. und eingef. von Rudolf Boehm, S. 53/40.）并且他指出了舍勒的表述："……**休谟的本性**需要有**康德的知性**才能生存；而**霍布斯的人**则需要一种**康德的实践理性**才能生存，只要这两者与自然经验的事实相符。"参见 Max Scheler, *Der Formalismus in der Ethik und die materiale Wertethik: Neuer Versuch der Grundlegung eines ethischen Personalismus*, GW II, S. 85。

② 对此可参见 Max Scheler, *Der Formalismus in der Ethik und die materiale Wertethik: Neuer Versuch der Grundlegung eines ethischen Personalismus*, GW II, S. 72, 85。在此舍勒反驳了"神话学的假设"：好像有一种感觉的混沌被给予，这种混沌必须借助一种综合的成就才能被塑形为一个感觉的宇宙。

③ 参见例如 Max Scheler, *Der Formalismus in der Ethik und die materiale Wertethik: Neuer Versuch der Grundlegung eines ethischen Personalismus*, GW II, S. 152："人并不是他所预设的那种被动生物，即：人首先必须从事物出发获得影响以及由此而得到的感性感受状态，以便给人的意欲以一个内容，而后，人根据对这样一些内容的选择来规定自己，即它们提供最大的快乐以及最小的不快。**这些感性状态**是**被奠基的**，并且是根据人的意欲所'遭遇'的那些**被体验到的各种抗阻**才产生的……。对于我们的实践经验而言，'作用与遭受''战胜与屈服''克服与必须让步'的动态关系是**原发的内涵**，并不是实际做的成效才规定着意欲做的意图内容，而是那些在纯粹意欲中就已经（以经验方式）被体验到的各种抗阻在规定着这些意图内容。"也参见 Max Scheler, *Der Formalismus in der Ethik und die materiale Wertethik: Neuer Versuch der Grundlegung eines ethischen Personalismus*, GW II, S. 146ff.，在那里舍勒强调了作为在某种意义上不依赖于运动感觉的运动意向。

梅洛-庞蒂在这个问题域中有多么追随舍勒的研究的步伐，他对舍勒对人格概念的阐释的涉足就有多么的少。尽管《知觉现象学》的读者很快就会发现，如"体验进行中的纯粹的现时性"和"非对象性"这些舍勒在《形式主义》中归诸行为，亦即人格的这些谓项也被梅洛-庞蒂归诸身体，但是舍勒并没有明确地受到批判。梅洛-庞蒂在其上文已有所提及的讲座"人学与现象学"中补上了这一批判。梅洛-庞蒂当时已经是索邦儿童心理学和教育学所的教授，并且不久后就成了法兰西学院的哲学教授。在他于索邦所做的最后一个讲座中（那些年哲学的主题重又成为他的核心关切）①，梅洛-庞蒂谈到了胡塞尔与他的"门徒"海德格尔和舍勒的关系。

梅洛-庞蒂在此很惊讶，因为从他的视角来看海德格尔和舍勒的尝试其实"先胡塞尔一步，而将非-理性的元素……纳入到哲学之中"。"他们，"梅洛-庞蒂继续说道，"不仅着意于对认识的分析，它在胡塞尔那里还是最为优先的领域，而且还特别着意于对'心的逻辑'（舍勒语）和'在世之在'（海德格尔语）的分析。"② 追随梅洛-庞蒂，人们有理由猜测，舍勒在《形式主义》中已经预先进行了胡塞尔后期的生活世界分析。但是人们在舍勒那里却无法找到这样的东西。海德格尔和舍勒一样——如梅洛-庞蒂所指责的那样——在哲学上始终是天真的，并且在一种好的现象学意义上却并不天真。在《形式主义》中的那些论断的背景下舍勒在哲学上是天真的，一种质料的价值伦理学能够"**完全**不依赖于对象经验（更不依赖于对象对主体产生**影响**的经验）"③。

---

① 梅洛-庞蒂在索邦的那些年——彼时他最常探讨的是心理学的问题——还是会时不时地提到舍勒；参见 Maurice Merleau-Ponty, *Keime der Vernunft. Vorlesung an der Sorbonne 1949-1952*, hrsg. und mit einem Vorwort versehen von Bernhard Waldenfels, aus dem Französischen von Antje Kapust, mit Anmerkungen von Antje Kapust und Burkhard Liebsch, München 1994, S. 52, 57, 59, 61ff.。

② Maurice Merleau-Ponty, „Die Humanwissenschaften und die Phänomenologie", in Maurice Merleau-Ponty, *Vorlesung* I, übers. und eingef. von Alexandre Métraux, S. 186.

③ Max Scheler, *Der Formalismus in der Ethik und die materiale Wertethik: Neuer Versuch der Grundlegung eines ethischen Personalismus*, GW II, S. 61f., 参见 S. 166。

在一种消极的意义上他也是天真的,例如他在另一处讲道,现象学分析的本质在于,"撇开行为载体的特殊组织以及对象的现实设定不论,而去把握出建立在这些**行为种类**及其**质料之本质**中的东西",借此现象学才"区别于所有心理学和人类学,就像现象学的思维分析不同于人类思维心理学一样"。① 这一切对于梅洛-庞蒂来说尚且不是彻底的哲学②,因为这位哲学家还能够自视为他的思想的统治者并且索要一种"对哲学思考的绝对权力"③,这种权力——根据梅洛-庞蒂的看法——原则上却是不可实现的。"对一种无条件的哲学的直觉的假定",在舍勒看来,似乎"完全不是一个无法解决的困难"。④ 如梅洛-庞蒂所说,舍勒和海德格尔不假思索地坚持"哲学和人学的单纯对立性"⑤。只有当一个哲学家自己在哲学思考中考虑到,并且在身体在世界中的锚定这一事实上认识到——如梅洛-庞蒂在《知觉现象学》中所表述的那样,"最重要的关于还原的说明是"是"完全的还原的不可能性"⑥——这意味着,彻底摆脱身体在世界中的锚定是不可能的,这种哲学才能说在本真的和积极-现象学的意义上是天真的。

梅洛-庞蒂很重视舍勒对于心理学和社会学事实的广泛接受;细节上他几乎不曾怀疑任何现有的知觉分析。但是在梅洛-庞蒂眼中舍

---

① Max Scheler, *Der Formalismus in der Ethik und die materiale Wertethik: Neuer Versuch der Grundlegung eines ethischen Personalismus*, GW II, S. 84.

② 关于一种"彻底的反省"的概念,参见 Maurice Merleau-Ponty, *Phänomenologie der Wahrnehmung*, übers. und eingef. von Rudolf Boehm, S. 257/253:"彻底的反省是当我正在形成和表达主体概念和客体概念时重新控制我的反省,彻底的反省阐明了这两个概念的起源,它不仅仅是起作用的反省,而且也是在其作用中意识到自己的反省。"

③ Maurice Merleau-Ponty, „Die Humanwissenschaften und die Phänomenologie", in Maurice Merleau-Ponty, *Vorlesung* I, übers. und eingef. von Alexandre Métraux, S. 187.

④ Maurice Merleau-Ponty, „Die Humanwissenschaften und die Phänomenologie", in Maurice Merleau-Ponty, *Vorlesung* I, übers. und eingef. von Alexandre Métraux, S. 187.

⑤ Maurice Merleau-Ponty, „Die Humanwissenschaften und die Phänomenologie", in Maurice Merleau-Ponty, *Vorlesung* I, übers. und eingef. von Alexandre Métraux, S. 188.

⑥ Maurice Merleau-Ponty, *Phänomenologie der Wahrnehmung*, übers. und eingef. von Rudolf Boehm, S. 11/VIII.

勒没有能正确认识到他的本质分析的功能。它们不能服务于一种具有终极有效性的哲学的透明性，无论是观念主义所发现的纯粹自我，还是舍勒所发现的一个价值宇宙。价值和本质的存在更多地要归功于人的存在的现实并且也必须重新回指向这个事实。"就像渔网从海洋深处"——如梅洛-庞蒂所说——"带回活蹦乱跳的鱼类和藻类"，"胡塞尔的本质（人们在此也可以将舍勒的价值也补充进来）应该和本质一起带回体验的所有活生生的关系"。①

梅洛-庞蒂推测在舍勒那里还存在着观念主义思想的残余，针对这种残余舍勒所做的尚不够彻底。在恩斯特·布洛赫（Ernst Bloch）1935年出版的作品《本时代的遗产》中人们可以找到对舍勒的相似的批判：舍勒的价值分析、本质分析的"封建的观念主义"——如布洛赫所表达的那样——充其量仅仅揭示出了一个有趣的但绝不是真实的人格。②

然而，或许在人格性与身体性之间的关联这方面，梅洛-庞蒂比他所猜测的更为接近舍勒。这一点将会在下文中尤其以梅洛-庞蒂在《知觉现象学》中的表述和舍勒在《形式主义》中的研究为基础而得到考察。

二、身体的现实性和人格的可能性

那在舍勒和梅洛-庞蒂之间显然是被时代差异所决定的区别，在

---

① Maurice Merleau-Ponty, *Phänomenologie der Wahrnehmung*, übers. und eingef. von Rudolf Boehm, S. 12/X. "经由本质的必然性并不意味着哲学把本质当作对象来看待，而是意味着我们的存在过于紧密地附着于世界，以至于当我们的存在投入世界时，不能如实地认识自己，意味着我们的存在需要一些理想性的场来认识和克服我们的存在的人为性。"（Maurice Merleau-Ponty, *Phänomenologie der Wahrnehmung*, übers. und eingef. von Rudolf Boehm, S. 11f./IX）

② Ernst Bloch, *Erbschaft dieser Zeit* (1935), in Ernst Bloch, *Gesamtausgabe*, Band 4, Frankfurt/M. 1977, S. 304f.

下列寻求二者之间的相切点的尝试中不应被忽视，这一相切主要体现在关于追问人格性这一点上。它们必须被罗列出来并且被确定下来；但是在原本的哲学问题被表述出来之前，它们不应当操之过急地被当作论据而使用。这种区别部分地来自于现象学的视角本身。显然，一种以《逻辑研究》为基础的现象学进行设问[的方式]会不同于一种以《观念》或者《欧洲科学的危机》为依据的哲思。梅洛-庞蒂本质上是基于胡塞尔的晚期作品，这些作品是从生活世界出发趋近于一种现象学的超越论哲学的基础的。相应地，他回溯到胡塞尔的超越论转向的开端①，正如他同样不仅罗列了一种发生学视角的必要性，而且还借助于欧根·芬克（Eugen Fink）的立场，或者说一种黑格尔式的思想恰恰强调了这种必要性。② 相反，舍勒是从一种观念哲学出发进行哲学思考的，并且一直不断地，或许过于频繁地强调一种纯粹的和绝对的本质分析。

　　除了方法之外，那引导性的任务设置和目标设定也有所不同。梅洛-庞蒂的意图在于，正如他在《行为的结构》的开端所宣称的，"为了赢得一种对意识和自然——有机的、心理的或者社会本性之间的关系的理解"③。相反舍勒在《形式主义》中宣称一种哲学伦理学的科学

---

① Maurice Merleau-Ponty, *Phänomenologie der Wahrnehmung*, übers. und eingef. von Rudolf Boehm, S. 5/3: "回到'实事'本身意味着回到先于一切认识而存在着的世界，一切认识都是**在论及**这个世界，并且与之相关的一切科学的规定都是对它的必要抽象、编目和附属，正如面对土地的地理学，在土地上我们才学到了像森林、草原和河流这些东西到底是什么。"

② Maurice Merleau-Ponty, *Phänomenologie der Wahrnehmung*, übers. und eingef. von Rudolf Boehm, S. 153f./146f.: "只要现象学还没有成为发生现象学，因果思维和自然主义就有理由重新取得地位。"

③ Maurice Merleau-Ponty, *Die Struktur des Verhaltens*, übers. und eingef. von Bernhard Waldenfels, S. 1/1; 也参见 Maurice Merleau-Ponty, *Phänomenologie der Wahrnehmung*, übers. und eingef. von Rudolf Boehm, S. 185/180, 在那里他似乎更深地推进了他的研究目标，通过将在行为实行中的哲学思考的出发点置于发生状态（statue nascendi）中来认识："我们的一贯目标是阐明我们使空间、物体或工具为我们存在，我们接受空间、物体或工具的原始功能，以及描述作为这种占有的地点的身体。"

的基础，这种伦理学"在一种严格的伦理学绝对主义和客观主义的精神中"被理解为建立一种奠基于人格中并基于质料价值的伦理学的尝试。① 并且紧接着规定人格概念和把握人格本质的计划②，舍勒尝试在躯体、身体、意识、自我（经验的和超越论的自我）、人格和所属的相关项之间划定界限③。

与之相反，梅洛-庞蒂的兴趣首先并不在于发展出一种区别于自我或者身体的人格性的构想，或者展示一种被精确描述的人格自身的概念。④ 然而在对人格性的哲学追问面前他并没有完全地保持沉默。但是在能够有意义地谈论"人格"之前，以下这一点对于这位《知觉现象学》的作者来说更像是其关切的表明，即"如果我们用我们的身体感知，那么身体就是一个自然的我和知觉的主体"⑤。对于"身体在世界中的锚定"的现象学分析——如梅洛-庞蒂所进行的那样——揭示出一个作为次要现象的人格存在；对感知经验的分析优先展示了"人们在我身上感知，而不是我在感知"⑥。人格的行为可以回溯到先行感知的匿

---

① Max Scheler, *Der Formalismus in der Ethik und die materiale Wertethik: Neuer Versuch der Grundlegung eines ethischen Personalismus*, GW II, S. 9, 14.

② Heinz Leonardy 提供了一个对于舍勒的人格主义的十分简明扼要的描述，参见 Heinz Leonardy, *Liebe und Person. Max Schelers Versuch eines ‚phänomenologischen' Personalismus*, Den Haag 1976, 着重参见 S. 115-192。

③ Max Scheler, *Der Formalismus in der Ethik und die materiale Wertethik: Neuer Versuch der Grundlegung eines ethischen Personalismus*, GW II, S. 157f., in Anm. 1; S. 195, 334ff.

④ 舍勒和梅洛-庞蒂的差别在这一点上部分地得到确定，参见 Bernhard Lorscheid, *Das Leibphänomen. Eine systematische Darbietung der schelerschen Wesensschau des Leiblichen in Gegenüberstellung zu leibontologischen Auffassung der Gegenwartsphilosophie*, Bonn 1962, S. 130: "即使梅洛-庞蒂用无法被分解为心理之物和物理之物的身体体验切实地提出了心理、物理上无差异的身体，即使他在'被织入世界的身体'和动物的'自身-朝向-一个-世界-行止'的对比中诚然触及了这个事实，即躯体是环境的关系中心，但他也并没有成功地（几乎是与舍勒相反，作者这样认为）原本地阐明主观地被体验的身体。"

⑤ Maurice Merleau-Ponty, *Phänomenologie der Wahrnehmung*, übers. und eingef. von Rudolf Boehm, S. 243/239.

⑥ Maurice Merleau-Ponty, *Phänomenologie der Wahrnehmung*, übers. und eingef. von Rudolf Boehm, S. 253/249, 参见 S. 280/277。

名性中，并且产生了新的状态，在不能脱离身体之持存的情况下。① "个人存在"在梅洛-庞蒂眼中是"间断的，当个人存在的浪潮退却时，决定只能把一种强制的意义给予我的生活"②。这并不意味着，梅洛-庞蒂代表一种单纯现时的人格理论。人格行为在习性的身体中自身沉淀，并且在那里作为一种人的生命的风格（Stil）而先行运作。在这个意义上人们可以将梅洛-庞蒂的人格性视为人的卓越的**可能性**，这些可能性是在其**现实**的行为中借助于身体的行止作为"朝向-世界-而在"而被给予的。这种"向-世界-而在"自身允许越出自然的和身体的"在世界之中的锚定"的**现实性**，而持续不断地越向一种文化的、清楚明了的锚定，然而是在身体并不能够在一种绝对的意义上被超越的情况下。

乍一看舍勒似乎是部分地与梅洛-庞蒂相一致，但是随后却彻底地与他划清了界限。众所周知，舍勒提出了人格是"直接地一同被体验到的生活-亲历（Er-leben）的统一"并且"不是一个仅仅被想象为在直接被体验物之后和之外的事物"。③ 舍勒通过一种与身体的严格划

---

① 对此，参见梅洛-庞蒂在《行为的结构》中已经表达过的对一种关于意识的草率的观点的保留意见："因为感性内容和先验结构之间的区分是一种第二性的区分，虽然在自然客体——成人意识对其拥有知识——的世界中是合法的，但是在儿童的意识中是行不通的——因为存在特定类型的'质料先天'（此处涉及了舍勒的《形式主义》），我们所塑造的意识观念就会改变，而且是根本上的。人们不再能将意识定义为经验秩序的普全功能，这种功能使其所有对象都服从逻辑实存和物理实存的条件……并且将它的特性独独归功于内容的杂多性。"（Maurice Merleau-Ponty, *Die Struktur des Verhaltens*, übers. und eingef. von Bernhand Waldenfels, S. 197/186）

② Maurice Merleau-Ponty, *Phänomenologie der Wahrnehmung*, übers. und eingef. von Rudolf Boehm, S. 109/100.（在本文所采纳的译本中，"人格"[Person]一词被译为"个人"。——译者）对于梅洛-庞蒂的研究来说，时间的含义是显而易见的，当他在同一个地方写道："灵魂和身体在行为中的结合，从生物存在到个人存在、从自然世界到文化世界的升华，由于我们的体验的时间结构，既是可能的，也是不稳定的。每一个现在通过其最近过去和最近将来的界域逐渐把握整个可能的时间；每一个现在就以这种方式克服时刻的离散性，能把它确定的意义给予我们的过去，能重返个人存在，直至重返机体的刻板使我们在我们的有意识存在的起源中猜到的所有过去中的这个过去。"

③ 关于人格概念，参见 Max Scheler, *Der Formalismus in der Ethik und die materiale Wertethik: Neuer Versuch der Grundlegung eines ethischen Personalismus*, GW II, S. 14："一切价值……都隶属于**人格价值**"；GW II, S. 50f.："因为，人格既非本身是事物，它也不像对所有价值事物来说是本质性的一样，在自身中承载事物性的本质。作为所有仅只可能行为的具体统一，人格与可能'对象'的整个领域……**相对立**。人格仅仅实存于它的行为之实施中"；GW II, S. 103, Anm. 1："人

界对这种人格规定进行了补充。对这位《形式主义》的作者来说，每一个有限的人格都作为一个人格个体而有效——"也不是通过它所须占有的身体"①。根据舍勒，正如人格仅仅只能属于"那本质上有健全心智的成年人"②，那么作为人格的人格也必须不依赖于身体而被思考，正如体验自我必须与身体相分离："个体的体验自我为了辨认出它就是这个个体的体验自我，也不需要一个实际的、特定的身体性，甚至不需要一个特定的有机体。"③如果舍勒想要直接地反驳梅洛-庞蒂的话，他会说，"人格所指的"是某种具有**总体性**的、自给自足的东西"④，"身体**不属于人格领域**和**行为领域**，而是属于任何一个'关于某物的意识'及其种类和方式的**对象领域**"⑤，为了最终表明，人格性预设了"**对他们的身体的主宰**"："人格性的现象并不仅仅限定在这个本质上有健全心

（接上页）格是连续的现行性"；GW II, S. 371："……人格**永远不能**被想象为一个**事物**（*Ding*）或者一个**实体**（*Substanz*）……毋宁说，人格是直接地一同被体验到的生活-亲历（Er-leben）的**统一**——不是一个仅仅被想象为在直接被体验之后之外的事物"；GW II, S. 382f.："**人格是不同种类的本质行为的具体的、自身本质的存在统一**，它自在地……先行于所有本质的行为差异……**人格的存在为所有本质不同的行为'奠基'**"；GW II, S. 384："毋宁说，**整个人格**都隐藏在**每一个完整具体的行为**之中，并且人格也在每一个行为中并通过每一个行为而'**变更**'（*variiert*）"；GW II, S. 385："由于人格恰恰是在对其可能**体验**（*Erlebnisse*）的**体验活动**（*Erleben*）中进行着它的实存，因此，想要在已生活过的体验中把握它的做法是根本没有意义的……毋宁说，正是人格本身，它生活在它的每一个行为中，并且用它的特性完全贯穿了每一个行为。"；GW II, S. 389："也就是说，人格只是实存和生活**在意向行为的进行中，这属于人格的本质**。因而，它本质上不是一个'对象'"；GW II, S. 471："……（1）任何一种心理学的客体化都等同于**去人格化**。（2）人格无论如何都是作为意向行为的进行者而被给予的，这些意向行为通过意义的统一而被联结在一起。"也参见 Max Scheler, *Der Formalismus in der Ethik und die materiale Wertethik: Neuer Versuch der Grundlegung eines ethischen Personalismus*, GW II, S. 475。

① Max Scheler, *Der Formalismus in der Ethik und die materiale Wertethik: Neuer Versuch der Grundlegung eines ethischen Personalismus*, GW II, S. 371.

② Max Scheler, *Der Formalismus in der Ethik und die materiale Wertethik: Neuer Versuch der Grundlegung eines ethischen Personalismus*, GW II, S. 472.

③ Max Scheler, *Der Formalismus in der Ethik und die materiale Wertethik: Neuer Versuch der Grundlegung eines ethischen Personalismus*, GW II, S. 377.

④ Max Scheler, *Der Formalismus in der Ethik und die materiale Wertethik: Neuer Versuch der Grundlegung eines ethischen Personalismus*, GW II, S. 389.

⑤ Max Scheler, *Der Formalismus in der Ethik und die materiale Wertethik: Neuer Versuch der Grundlegung eines ethischen Personalismus*, GW II, S. 397.

智的成年人,而且也仅仅限定在这样一些人上,在他们那里直接地显现出**对他们的身体的主宰**,并且他们直接地将感受到、知道和体验到自己是他们身体的**主人**。……如果有人首先生活在他的身体意识中,以至于他将自己就认同为这个意识的内涵,那么这个人就不是人格。"①

为了充分地理解这些语句,在此应当重申舍勒所采用的视角。舍勒并**不**是说,**人**原则上与身体无关,而是说,当人格性作为人类存在的可能性而被讨论的时候,它就必须作为不依赖于实际情境和人的有机体的人格而出现;因为超越现实性恰恰是人的特征,借此他才能够将自身把握为一个人格。如果人们想要——换句话说——对人格性现象进行还原并且掠过人(的现象)的时候,人格性就会仅仅被还原到作为躯体的具体的身体之上。梅洛-庞蒂也察觉到了相似的东西,当他表明,人格存在只能**在**对身体之锚定的**超出中**被给予,人格性的萌芽只能在朝向-世界-而在的实行中被找到。在此,尚在缄默的经验得到了对其本己意义的表达。

在这种视角下舍勒的命题也将成为可理解的,这些命题在第一部分中看起来似乎与此前所引用的关于人格相对于身体的独立性的陈述是矛盾的。对于舍勒同样适用的是,在一种"质料的本质被给予性"的意义上的身体性是"作为感知的形式而运作的"②并且"'**自我**'与'**身体**'之间的关系本身"是一种"**本质关系**"③。舍勒清楚地通过下述陈述对这一点进行了又一次强调:"我们完全不必通过'经验'……才'学到',我们**不**是**天使**,而是拥有一个身体。"④如果人们将此前所

---

① Max Scheler, *Der Formalismus in der Ethik und die materiale Wertethik: Neuer Versuch der Grundlegung eines ethischen Personalismus*, GW II, S. 472.

② Max Scheler, *Der Formalismus in der Ethik und die materiale Wertethik: Neuer Versuch der Grundlegung eines ethischen Personalismus*, GW II, S. 397.

③ Max Scheler, *Der Formalismus in der Ethik und die materiale Wertethik: Neuer Versuch der Grundlegung eines ethischen Personalismus*, GW II, S. 402.

④ Max Scheler, *Der Formalismus in der Ethik und die materiale Wertethik: Neuer Versuch der Grundlegung eines ethischen Personalismus*, GW II, S. 401.

引的舍勒针对**人格**的命题理解为关于**人**的陈述的话,那么这种命题将是难以理解的。人格的本质概念是不依赖于人的本质概念的,正是因为人格和人分有同样的本质内核:人"是一个**超越自身以及他的生命和所有生命**的事物。他的本质核心——撇开所有特别的组织不论——就是那种运动,那种自身超越的精神行为!"①

在对这个思想历程的简述中可以看出,舍勒将**人**理解为一种,要超越出其身体和环境之条件去把握(Verfaßtheit)的存在者,并且人能够在这种超出**中**不依赖于身体的实际情况而向着他作为**所有**行为之统一的人格性而集聚。人是在其行为的实行中的存在者,如舍勒 1928 年在《哲学的世界观》(*Philosophischen Weltanschauung*)中所说的那样,对于人格"只能(!)主动地凝聚"②,而不能抵达一种最终的对象性或在一个人格实体中的状态性(Zuständlichkeit)。人格性据此是作为一个任务而属人的,然而是在每每无法抵达一种被对象化了的人格的情况下。③ 在这个意义上,梅洛-庞蒂的观点在向着舍勒靠近,但却止步于此,即梅洛-庞蒂首先将一种广泛的能力归之于身体,并其次避免谈及上帝和世界,而这恰恰是舍勒尤其与人格相关联起来的课题。

鉴于这些梅洛-庞蒂归诸身体的能力,人们可以这样说,这位法

---

① Max Scheler, *Der Formalismus in der Ethik und die materiale Wertethik: Neuer Versuch der Grundlegung eines ethischen Personalismus*, GW II, S. 293.

② Max Scheler, *Späte Schriften*, GW IX, S. 83.

③ 参见 Max Scheler, „Tod und Fortleben" (1913/1914), in Max Scheler, *Schriften aus dem Nachlass*, GW X, Band I: *Zur Ethik und Erkenntnislehre*, S. 46f.:"倘若在**赴死之行为**中身体停止了存在,即不再是那种作为一切行为的本身依然现实的、具体的同一体的位格,不再是这种统一的、具体的、不能依附于任何所谓'实体'(Substanz)的行为因素的理念,那么,位格之本质包含着什么?我的回答是:那样的话,位格之本质恰恰就包含着同一个东西,就是人曾经生活时已经归属于位格之本质的那个东西,亦即并没有什么新的东西,也就是说:正如在生命期间位格之行为已经逸出了身体状态,现在,位格本身也同样逸出其身体的衰退。只有这种飘逸,这种**逸离和逸出**(*Fort- und Hinausschwingen*),这种生气勃勃的行动,才属于位格之本质——唯有它才将会在,并且必然在赴死中成为位格的完全体验和**存在**。"(中译本参见舍勒:《死与永生》,孙周兴译,张志扬校,载刘小枫主编:《爱的秩序》,北京师范大学出版社 2017 年版,第 60 页。——译者)

国现象学家事实上能够在其研究中表明，身体，作为一个行动的身体，必须被赋予比舍勒所猜测的更多的东西。梅洛-庞蒂一方面拒绝了舍勒在"灵魂""躯体身体""自我"和"身体"之间做出的那些众所周知的区分，另一方面也拒绝了将所属的相关项，即"身体自我""死的身体""外部世界"和"环境"的视作为严格的、最终的——而不是作为功能性的——分离，因为他能够在其研究中表明，这些差异——既在一种纵向级序的背景下，也在一种横向关联的背景下——在本己身体的实际行为中会彼此渗透，或者说这些区别自身奠基于身体的行为中。但是这样一种观点并不表示，人格之实存的尊严在梅洛-庞蒂那里因此是岌岌可危的。完全相反，只有当例如主体性和客体性的构造都已经能够被归属于身体的行为时①，人格的实存才能够将其带入到它的本己意义表达中——不同的是，在这里还有那被舍勒归之为人格相关项的世界。

三、世界作为人格的相关项和人作为神的寻找者

以上的表述主题性地刻画了一种人格概念，它在对人之存在的现象学分析的背景下作为**人类学的**根基。人们还可以将一种**形而上学的**人格概念与之相区分，这种人格概念完全地超出了人类学的背景。当

---

① 梅洛-庞蒂从胡塞尔那里所借鉴的例子就处在这种语境之下，左手对右手的触摸与相反的〔右手对左手的〕触摸在其自身的萌芽中已经开始具有主体性的范畴。舍勒也探讨了这个例子，但是他仅仅在本己身体的同一性的视角下对此进行了讨论，而不是在范畴概念的建立的视角下；参见 Max Scheler, *Der Formalismus in der Ethik und die materiale Wertethik: Neuer Versuch der Grundlegung eines ethischen Personalismus*, GW II, S. 399: "即使需要**学习并且需**要一种逐渐的'发展'，才能把这个右手——我把它的存在、形态、手指活动当作我的内身体意识的组成部分来拥有，而且它现在使我感到'疼'——当作是我现在用左手感受到并与我的视觉图像相符的**同一个事物**……，即使如此，这个学习过程仍然只是：其一，对一个……'身体'的'各方面'的彼此**相应部分**的归序（Zuordnung）……，在此过程中，这个整体的、从内部和外部被给予的身体-对象的**直接的同一性是在先被给予的**……"

舍勒将与周围世界（Umwelt）相对立的世界（Welt）归属于作为实事关联的人格的时候，这种形而上学的方式是可以被发觉的。在此，而不是在关于人格和身体的立义中，有一个在舍勒与梅洛-庞蒂之间划定界限的决定性的命题。

根据舍勒的观点，人格只有在不同于自我或者身体的前提下才秉有一个作为相关项的世界，而被给予这种自我或身体的则是一种周围世界（Umwelt）。但这种世界只是**一个**人格的世界，而不是所有人格的世界。只有借助一个作为具体人格而一道被设定的上帝[①]，人格世界之小宇宙（Mikrokosmos）才能成为一种作为所有人格世界之统一且同一的世界的大宇宙（Makrokosmos）。

同时舍勒也将**人**定性为"神的寻找者"（Gottsucher）。人作为一个超越着的存在**仅仅**是一种"朝向神明者"的趋向的承担者[②]；在这种实行中它能够凝聚为人格。在一个更高的等级上，正是在此人类学和形而上学的方式分道扬镳，这个人格必须——如人们所见——随着一种作为一切具体人格世界之统一的大宇宙的假定，一道设定作为一个具体人格的上帝。

梅洛-庞蒂在这一点上彻底地离弃了舍勒。世界不是人格的相关项；**人不如说是作为朝向世界的人**。对于梅洛-庞蒂来说，这种设想在现象学上是不可证明的，即：当人格被确定为体验之统一，它还能够关涉它的人格世界或者一个大宇宙。人们在现实感知中既无法为此找到根据，也不能通过现象学的直观来把握这种观点。舍勒的假设从

[①] 参见 Max Scheler, *Der Formalismus in der Ethik und die materiale Wertethik: Neuer Versuch der Grundlegung eines ethischen Personalismus*, GW II, S. 396："而谁在言说并设定了'这个'具体的、绝对的世界，并在此同时不只是指他自己的世界，谁就也不可抗拒地一同设定了上帝的具体人格。"当然，在《形式主义》第三版的前言中（Max Scheler, *Der Formalismus in der Ethik und die materiale Wertethik: Neuer Versuch der Grundlegung eines ethischen Personalismus*, GW II, S. 17）舍勒也指出，他不再认同这里被列出的观点并且正是他的人类学研究会对此给出说明。

[②] Max Scheler, *Der Formalismus in der Ethik und die materiale Wertethik: Neuer Versuch der Grundlegung eines ethischen Personalismus*, GW II, S. 296.

梅洛-庞蒂的视角出发是一种单纯的、未经证明的构造。现象学上能够明见的仅仅是作为视域的世界，人在它的氛围中行动，而不是作为一个僵化的相关项。这个问题在舍勒那里却变得分明，他这样写道："唯有**人格**才永远不会是一个'部分'，而始终是一个'世界'的**相关项**，即一个人格在其中体验到自己的那个世界的相关项。"① 对此梅洛-庞蒂或许会这样回应，人格，当他在一个世界中体验自身时，显然必须同样是一个部分，人格性不是通过区别于一个世界的存在而被标识的，而是通过朝向一个作为视域的世界的存在。

人格性是人类学的常项，在这一点上梅洛-庞蒂与舍勒达成一致。他一定也能够在这一点上赞成舍勒，当舍勒在上帝没有被设定或者没有与大宇宙一道被设定的情况下，将人描述为神-**寻找者**时。然而梅洛-庞蒂反驳了舍勒的命题，即：在人的凝聚运动和身体的锚定之余——正如舍勒对此暗示过的那样——**人格**自身重又能够自身维持。②

对此，梅洛-庞蒂的理由是明显的。如果人格不能够有别于体验的统一体的话，那么它就仅仅如此别无他物了。如果人格不能够将自身客体化，那么没有任何相关项能够被归属于人格，而这在根据舍勒看来恰恰是不可能的。但依据梅洛-庞蒂这也并不意味着，人或者人格是无-价值的：人作为超越自身的存在和神的**寻找者**，在体验中始终都自身承载着世界的萌芽，即作为朝向-世界-存在，正如这个术语在梅洛-庞蒂那里技巧性地所意味的那样。人虽然可以塑造一个大宇宙或者一个人格世界作为一个自身持存着的假设，但都只是虑及朝向-

---

① Max Scheler, *Der Formalismus in der Ethik und die materiale Wertethik: Neuer Versuch der Grundlegung eines ethischen Personalismus*, GW II, S. 392.

② 参见 Max Scheler, *Der Formalismus in der Ethik und die materiale Wertethik: Neuer Versuch der Grundlegung eines ethischen Personalismus*, GW II, S. 396："……所有个体人格的本质共同体都不是建基于某种'理性合法则性'或一个抽象的理性观念之中，而是仅仅建基在这些人格与人格之人格的可能共同体之中，即建基于在与上帝的共同体中。所有那些具有伦常特征和法学特征的其他共同体都以这个共同体为基础。"

世界-存在的构造成就:"世界的问题,并首先是本己身体的问题,正相当于,**一切都存留于其中**。"①

在舍勒的《伦理的人格主义》(*Die ethische Personalismus*)中又一次出现了不同的立场。即使梅洛-庞蒂有充分的理由拒绝舍勒的形而上学的人格概念,这个问题依然存在,即:伦理学是否不需要一个超出了人类学的特征化的人格概念。对此梅洛-庞蒂没有做出明确的回应。这位法国思想家看起来似乎只是说出了弗里德里希·黑贝尔(Friedrich Hebbel)1838年在其哲学日记中所记载的东西。黑贝尔简短地草描出,哲学事实上只是一种"更高级的病理学":"必要的不是去回答所有问题,对重要的问题来说,仅仅提出它们就已经足够了。"② 显然对于黑贝尔和梅洛-庞蒂来说,必须提出的问题不仅有,究竟在何种程度上一种无答案的伦理学能够是恰切的,除此之外还有,一种伦理学如何能够通过一种病理学而被奠基,而伦理学本应考虑的是,人至少不应过早地落入病理学的手中。

(译者:吴思涵 / 德国科布伦茨 - 兰道大学;

校者:张晋一 / 中山大学哲学系博士研究生)

---

① Maurice Merleau-Ponty, *Phänomenologie der Wahrnehmung*, übers. und eingef. von Rudolf Boehm, S. 233/230.

② Friedrich Hebbel, *Tagebücher, Auswahl und Nachwort von Anni Metz*, Stuttgart, 1987, S. 58 (Nr. 1170 und 1171).

关于空间的问题:
马克斯·舍勒与汉娜·阿伦特论人的位置 *

斯蒂芬·施奈克

通过与汉娜·阿伦特的城邦概念相比较,本文考察了马克斯·舍勒的空间概念。此处所考察的空间并不侧重于拥有诸多维度的物理空间,尽管本文的主题具有一定的这类空间性的含义。本文的真正主题在于,与人之行动的可能性相关联的空间概念:自由的空间、创造力和本真性的空间、责任与权利的空间。伦理学和政治理论一般都预设空间是中立的或超越论的,本文所提出的观点与此不同。舍勒认为空间与人之行动密切相关,因此空间处于人类人格的领域。他拒绝把空间视为虚无或者无意义(outside of meaning)的观点,相反,他断言空间最好被视为人格的林中空地(clearing),有赖于人格的行动。对学院哲学家而言,"林中空地"一词无疑让人想起马丁·海德格尔(Martin Heidegger)使用这个词和类似的词——如栖居、世界、场地,或更著名的"四重整体"——的那个时期。①然而,在政治理论家

---

* 本文译自: Stephen Schneck, "A Question of Space: Max Scheler and Hannah Arendt on the Person's Place," in *Max Scheler's Acting Persons*, edited by Stephen Schneck, Amsterdam: Rodopi, 2002, pp. 144-170。——译者

① 参见 Alexandre Koyre's, *From the Closed World to the Infinite Universe*, reprinted edition, Baltimore: Johns Hopkins University Press, 1994。

看来，舍勒对空间的理解似乎在许多方面预示了阿伦特所提出的城邦概念的某些特征。由于阿伦特通过城邦这个概念意指的只是可被称为"文明空间"（civilizational space）的东西，因此阿伦特的理解与舍勒的空间概念之间的契合并不是直接的，但另一方面，将二者相提并论也是十分有意思的一件事。

我们并不知道在阿伦特与舍勒之间有过任何关键的历史性相遇；也没有任何记录表明他们有过相互交流观点的私人会晤。她在马堡师从海德格尔直到1924年，之后又跟随其至弗莱堡直到1926年早些时候。后来在海德堡，她在卡尔·雅斯贝尔斯（Karl T. Jaspers）的指导下完成了其关于圣奥古斯丁的博士论文，从1926年到1928年舍勒去世的那段时期，她一直在海德堡生活。而舍勒在这些年的大部分时间里都待在科隆。同样，没有足够的材料显示阿伦特曾经仔细研习过舍勒的著述，鉴于她早期对奥古斯丁的浓厚兴趣，这着实有些奇怪。在阿伦特的著述中，除了少数几处参考了《怨恨》[①]，对舍勒作品的引用并不太多。此外，阿伦特思想中根深蒂固的新康德主义哲学的要素无疑会使她在更大的学术架构方面与舍勒——一切康德哲学的批判者——保持一定的距离。当然，舍勒与阿伦特之间存在某些引人入胜的相似之处，这一点也是确凿无误的。

例如，阿伦特自20世纪50年代以来的许多作品都明显具有哲学人类学的背景（尽管这更多应直接归功于汉斯·约纳斯 [Hans Jonas]，他是阿伦特马堡时期的朋友和后来在新学院的同事），这与舍勒20世纪20年代中期的哲学人类学有着惊人的相似。同样，舍勒终生着迷于知识和认知的各种境况，而阿伦特也从知识论上论证了知识的文明的和实存性的境况。甚至舍勒关于人作为行动意向性之集合的概念——这或许是其最核心的思想——似乎也在阿伦特的《人之境况》一书

[①] Hannah Arendt, "What Is Existenz Philosophy?" *Partisan Review* 13, 1946, pp. 34-50.

中得到了回应或者说重申，在这本书中，真正的人类生活被称为"积极生活"（*vita activa*），行动则被理解为一个充分意义上的人（fully being human）的决定性活动。

一、舍勒论空间

首先需要注意的是，空间概念在当代思想中发挥着有趣的作用。对于那些着迷于认识论、感知、认知问题的理论家以及那些喜好物理学和形而上学的理论家而言，空间概念是一个重要的主题。但是，正如许多形而上的或认识论的概念一样，它也具有道德、伦理、美学和政治学的意义。事实上，空间对于权利问题的重要性已经得到了认可。

从权利的角度看，空间往往与闭合（closure）这一概念相对。于是，空间被描绘成闭合的对立面——**敞开**（*openness*），并因而获得了一种伦理学和政治学等所具有的规范意蕴。如此，空间便被用于意指一种自由、容忍、无偏见、未被人的利益玷污的以及未被权力关系腐蚀的境况。就伦理学和政治学而言，这种意义上的空间（约翰·罗尔斯［John B. Rawls］的"无知之幕"是新近的一个例子）意指一个未结构化的外部区域（outside location）或超越论境况，在其中，人们可以避开与目的论和存在论相关的诸多陷阱或类似的难题做出针对权利问题的程序性补救。甚至尤根·哈贝马斯（Jürgen Habermas）的"理想言说情境"有时也被描述为这类敞开性的空间，当其拥趸贬低交往的结构规范而强调批判性协商的无限品质时，便是如此。

有些不寻常的是，虚无、敞开甚至死亡——所有这些都可以被认为是空间的各种版本——吸引了20世纪的不同思想家。这里也涉及与闭合的对照，但结果有些不同。由于闭合意味着单一的完全性或同一性，（作为闭合对立面的）空间就获得了与之相反的声名——一种支持特殊性、真实性、创造性的表达和多样性的境况。于是，空间的一个版本就受到现在许多人的追捧,这些人运用诸如"差距""断裂"和"间隔"之类的观念来提高雅克·德里达(Jacques Derrida)所谓"延异"的可能性。① 因此,舍勒的论点无疑是一剂猛料,即空间的构造离不开人之人格的具体实在,并且空间具有一种反映它对之呈现的人格的独特实在的特殊结构。

易言之,他的思想代表了对空间的一种更为复杂和细致的理解。通过把空间的构造与行动相关联,他认为所谓空间总是与人的生活、人的利益和权力关系相联系的。于是,从空间中寻找自由或差异的条件至少成了一项复杂的事业,或许根本不可能。

舍勒对空间问题的专注(往往伴随着时间问题)显然贯穿于其作品当中,我们可以从他最早的到他生命最后几个月的著述中发现对这一问题的探讨。然而,就本文的关注点而言,比较有益的做法,是将其杰作《伦理学中的形式主义与质料的价值伦理学:为一门伦理学人格主义奠基的新尝试》(下文简称《形式主义》)对空间问题的处理与他1926年之后发表和未发表的作品中有些不同的处理做一比较,这些作品包括《人在宇宙中的位置》《观念论与实在论》及其《遗著》第二卷中位于《关于元科学的手稿》标题之下收集的(关于空间的)一些分散的论述。② 虽然早期和后期对空间的思考基本保持了一致,但是显然也存在一些差别,这是因为后期作品依赖于形而上学和哲学人类学,早期作品则更具有一种现象学的倾向。舍勒对于空间的这两种理解都有缺陷,然而即使存在这些缺陷,它们仍提出了一些富有挑战性的问题。

---

① 参见 John Sallis, *Spacings: Of Reason and Imagination in the Texts of Kant, Fichte, and Hegel*, Chicago: University of Chicago Press, 1987。

② Max Scheler, *Formalism in Ethics and Non-Formal Ethics of Values: A New Attempt toward the Foundation of an Ethical Personalism*, translated by Manfred S. Frings and Roger L. Funk, Evanston, Ill.: Northwestern University Press, 1973.

关于空间的问题：
马克斯·舍勒与汉娜·阿伦特论人的位置

1. 现象学的进路

《形式主义》中论及空间的部分（与当时尚未发表的《现象学与认知理论》①相似）只有几节的篇幅，包含在他对记忆和感知的讨论之中，虽非常简短却不失犀利。在这几节中，对空间的探讨是舍勒清理康德和其他形式伦理学所运用的批判概念的一部分。伊曼努尔·康德认为善既不能被认识也无法被感知，所以伦理学不能依赖于对善的真正认识。相反，康德认为，伦理学的任务在于批判地考察一个给定的实存性（existential）问题，仿佛它置于非实存的、普遍的环境之中。在这样一种超越论的、普遍的条件下（例如，理性的条件），虽然善本身仍无法被认识，但是判断至少被赋予了一种超越了偏见和实存性生活的其他迷惑的反思。②"批判"这个词指的就是这种反思的形式过程。

舍勒对批判的批评以及他在《形式主义》中对空间的理解都源自他独特的现象学。③对于任何类型的现象学，意识总是意识到某物。这种洞见是现象学主要原则的基本要旨：意向性。具体说来，对舍勒而言，现象学的"意识到某物"不是在反思或解释中而是在行动中被给予的。一个人所意识到的事物，或曰**现象**，绝不可能超出行动意向的实存性视域。此外，尤其因为外部批判空间是立基于行动之上的，所以在舍勒的意向性中它是不可能的，而不像后来埃德蒙德·胡塞尔所使用的那样。舍勒解释道：

> 人格当然是实施行动的存在，他也把自己体验为这样一种存在，并且他在任何意义上都不是"在行动的实施之后"或"在行

---

① Max Scheler, "Phenomenology and the Theory of Cognition," in Marx Scheler, *Selected Philosophical Essays*, edited and translated by David Lachterman, Evanston, Ill.: Northwestern University Press, 1973.

② 参见 Immanuel Kant, *Critique of Practical Reason*, translated by T. K. Abbot, Amherst, New York: Prometheus Books, 1996, 多处。

③ 参见 Max Scheler, *Formalism in Ethics and Non-Formal Ethics of Values: A New Attempt toward the Foundation of an Ethical Personalism*, translated by Manfred S. Frings and Roger L. Funk, pp. 221-232。

动的实施之上",就像一个静止点那样。所有这些都只是出自一个时空领域的形象说法;对于人格与行动的关系来说,这个领域显而易见是不存在的。①

舍勒在《形式主义》中的论证意味着人格不能超出意向性给定的视域(这个视域通过他或者她所**做**的事情得到界定),或者占据这之外的一个位置。甚至推理——就其可以被有意向地运用而言——也无法超越行动者。因此,与康德的思想相反,判断必然发生于行动所确定的视域**之内**,它不可能获得一个不被意向性触及的活动空间。然而,在舍勒看来,若无法进入这样一个空间,康德的伦理学就不能成立。后来在该书中,舍勒详细阐释了这个与空间及其感知相关的观点。他的开端是处理一个所有现象学都必须面对的问题:各个离散的意向性如何被整合成一个更大的意义结构?

作为回应,他拒绝了胡塞尔的超越论自我;不存在什么悬浮的自我可以在它形成整体的结构之前把所有分散的意向性环节聚合在一起。相反,舍勒断言,所需要的统一必定内在于意向性本身。意向性并非一组静止的图画,就像35毫米电影胶片的结构一样,当它在一个凝视之自我面前流过时便被视为一个整体。相反,它内在具有统一之流的特征。抑或,用本文的语词来说就是,意向性之间无空间可言。意向性不是凝固的时刻,而是无边之流。

> 由此也得以明显:并非在多个统一的意识行为中才有,而是在每个统一的意识行为中都有这样的明察一同被给予:在它之中被给予的是一条河流的部分环节,这条河流在一个方向上流动,并且既不在回忆方向上,也不在期待方向上结束,而且内直观内

---

① Max Scheler, *Formalism in Ethics and Non-Formal Ethics of Values: A New Attempt toward the Foundation of an Ethical Personalism,* translated by Manfred S. Frings and Roger L. Funk, p. 385.

涵的每个特别内容都必须在它的"相互接续"中构造自身。①

因此，如果舍勒是对的，那么空间就不可能是"边界之外"（over the edge）或意向性之间的东西。相反，它是某物的整体意识之范围内的一个参照。任何给定的空间都是由舍勒所谓的（在《形式主义》中的）"身体"的"此时–此地"构造的。他在好几处清楚地表达了这一点，他解释道：

> 关于空间性和时间性的意识与身体性处在本质联系中，与一个"此时–此地"一般处在本质联系之中，并且完全不是一个"纯粹先验意识"的内涵。②

舍勒在《形式主义》中对空间的零散的讨论其实负载了很多内容。截然不同于那些把空间设想为一种模棱两可的或悬而未决的他性和制作差异之条件的人，舍勒注意到空间是在意向性的统一之流中被构造出来的。另一些人把空间视为使公正的批判得以可能的一个敞开领域，与这些人形成对照的是，舍勒注意到空间总是关于某一特定意向性的"此时–此地"。不过舍勒似乎也意识到了自己在《形式主义》中对空间的讨论存在一些无法解决的问题。其中一大问题关乎同一与差异。如果承认意向性是统一的无边之流，那么事物之间明显的差异是如何产生的？事实上，空间与非空间如何区别开来？甚至更麻烦的是，如果承认"此时–此地"和"身体"的含义以及强调"意向性外无物"，那么就空间而言我们以什么来理解他者呢？在《形式主义》的其他地

---

① Max Scheler, *Formalism in Ethics and Non-Formal Ethics of Values: A New Attempt toward the Foundation of an Ethical Personalism*, translated by Manfred S. Frings and Roger L. Funk, pp. 467-468.

② Max Scheler, *Formalism in Ethics and Non-Formal Ethics of Values: A New Attempt toward the Foundation of an Ethical Personalism*, translated by Manfred S. Frings and Roger L. Funk, p. 466.

方，舍勒谈到了把"总体人格"（Gesamtperson）（有点像交互主体性）作为解决办法，但是一个这样"一般的""普遍的"或"集合的"人格概念如何可能契合他对空间思想的论证，这一点根本不清楚。

因此，20 世纪 20 年代中期舍勒更为系统地继续对空间的研究，也就不足为奇了；这伴随着对同一与差异问题的重塑和对人格的新的思考。就同一与差异问题而言，此时舍勒更加强烈地侧重于形而上学的方向，甚至到了可以说他与现象学决裂的地步。就他者问题而言，舍勒转向了令人着迷的哲学人类学，其中不再强调源自现象学的"总体人格"概念，转而强调一个更多地属于生命哲学的概念，即他称为"全人"（All-Mensch）的概念。结果他早期关于空间的思想也得到了实质性的修正。一方面，对空间的解释是根据与形而上学明显有关的术语，另一方面是根据人格在现实中的生命实在。此处考察的是舍勒晚期的三篇文章。《观念论与实在论》似乎是意在探讨海德格尔《存在与时间》的更大计划的一部分。尽管舍勒于 1927 年发表了《观念论与实在论》的两个部分，但他至死都未发表涉及空间概念的那部分。① 名为《关于元科学的手稿》的材料收集了舍勒从 1926 到 1927 年的著述，虽然有关空间的讨论所蕴含的反思从未在舍勒的其他著述中发现过，但由于它们从未被发表过，所以采用时也应有所保留。② 最后，《人在宇宙中的位置》（1928）使有关空间的讨论与舍勒的哲学人类学联系在一起。③

---

① Max Scheler, "Idealism and Realism," in Max Scheler, *Selected Philosophical Essays*, edited and translated by David Lachterman, Evanston, Ill.: Northwestern University Press, 1973; and Max Scheler, „*Idealismus-Realismus*", in Max Scheler, *Späte Schriften*, GW IX, hrsg. von Manfred S. Frings, Bern und München: Francke Verlag, 1976. 参见弗林斯所写的编后记，第 350—363 页。

② Max Scheler, „Manuskripte zu den Metaszienzien", in Max Scheler, *Schriften aus dem Nachlass*, GW XI, Band II: *Erkenntnislehre und Metphysik*, hrsg. von Manfred S. Frings, Bern and Munich Francke Verlag, 1979.

③ Max Scheler, *Man's Place in Nature*, translated and edited by Hans Meyerhoff, Boston: Beacon Press, 1961; 德文原见: Max Scheler, „Die Stellung des Menchen im Kosmos", in Max Scheler, *Späte Schriften*, GW IX, hrsg. von Manfred S. Frings, Bern und München: Francke Verlag, 1976.

2. 形而上学与人类学的进路

或许《观念论与实在论》是舍勒晚期三部著作中最具知性魅力的一篇。在该篇对空间的讨论的开始部分，舍勒坦言，他对于"理解'某物的实在性（Realsein）与空间性'之间存在着何种基本关系"十分感兴趣。① 他注意到，这种关系与感官体验毫无关联。空间既不能被感官所看到，也不是源自对过去感官体验的批判性反思。相反，舍勒认为空间先于对任何事物的体验——但不先于行动的"实施"（doing）。事实上，空间的被给予性是通过伴随着每一个行动的抗阻（widerstand）而获得的。譬如，他谈到了"空虚"（void）像影子一般出现在对行动之抗阻的边缘。

> 空虚的现象最为有趣。归根到底，它来自当从事固有运动的强烈渴望（Triebhunger）未得到满足或实现时所经历的体验。这种渴望最终限制着所有的感知、表现以及自发的幻觉影像，而这些都是独立于外感知的。因此，空虚现象与自我运动的力量紧密相连……它必定是作为先于所有变化的感知甚至物质的幻觉影像之稳定背景而被给予的。心灵的"空性"（emptyness）显然就是一切空性概念（虚时、虚空）的基本论据。严格地说，心灵的空性是一切空性之源。②

既然舍勒认为人是一系列行动的集合，那么（根据上述引文）行动也是所有意识的背景。他主张，存在作为行为的抗阻而显现或呈现。并

---

① Max Scheler, "Idealism and Realism," in Max Scheler, *Selected Philosophical Essays*, edited and translated by David Lachterman, p. 327; 德文原文见：Max Scheler, „*Idealismus-Realismus*", in Max Scheler, *Späte Schriften*, GW IX, S. 216。

② Max Scheler, "Idealism and Realism," in Max Scheler, *Selected Philosophical Essays*, edited and translated by David Lachterman, p. 331; 德文原文见：Max Scheler, „*Idealismus-Realismus*", in Max Scheler, *Späte Schriften*, GW IX, S. 219。

且，正是此一抗阻所造成的紧张产生了被认为是空虚的东西。舍勒解释说，对每一个人格而言，"在他看来，一种特殊类型的非存在（mê on）——虚空——作为基础先于任何一种正向确定的存在"①。因此，空虚的空性并不是存在论的。行动的人格之外不存在任何外部先天空间。相反，空间是内在的，并且反映了构成人格的行动。

当代知识界致力于把空间作为一个优先的中立的领域，舍勒在一段精彩的阐述中则把自己置于恰恰与之相对的位置上，他将西方的空间观念及其基本差错一直追溯到德谟克利特和古代原子论者那里。不同于在他之前的埃利亚学派的信徒——他们已经形成了这样的基本观念，即充盈（pleon）"是"，而空虚（kenon）"不是"。舍勒主张，德谟克利特大胆地"假设无限的空虚是一种存在，而且先于事物及其因果联系。根据这个假定，既然在这无限空间中呈现的事物不可能形成单一的相互连接的因果联系（抑或它们的本质是作为原因和结果而相互连接的），德谟克利特坚持认为，在这无限的空虚之中存在着无限系列的物质之岛。我们人类只生活在其中的一个岛上，只拥有关于这个岛的知识，我们本身处于其因果联系之中。原子论者逐渐把这些世界之间的间隔称为'中间地带'（intermundia），并把它们作为神的居所。关键在于，空间不是被理解为内在于这一世界或者是对影像的排序，而是'世界'本身被安排在已经实存的空间之中"②。

通过赋予空虚以优先地位——使它先于所有存在者并给予它一项神圣的属性——原子论者狡黠地使一个深刻却又棘手的假设渗入到西方思想的根基当中。舍勒指出，这个假设蕴含的对事物的态度不仅导

---

① Max Scheler, "Idealism and Realism," in Max Scheler, *Selected Philosophical Essays*, edited and translated by David Lachterman, p. 331; 德文原文见：Max Scheler, „*Idealismus-Realismus*", in Max Scheler, *Späte Schriften*, GW IX, S. 220。

② Max Scheler, "Idealism and Realism," in Max Scheler, *Selected Philosophical Essays*, edited and translated by David Lachterman, p. 332; 德文原文见：Max Scheler, „*Idealismus-Realismus*", in Max Scheler, *Späte Schriften*, GW IX, S. 220。

致了西方科学，而且导致了西方对世界、自然甚至对他者的态度。显然，关于空间的这同一假设与西方特有的对人格的理解相吻合：人格作为孤立的主体在它自己的"世界"中是独立自主的，并且远离"空间中所有其他岛屿"。主体与客体、人格与他者、人类与世界以及其他许多区分似乎都陷入了舍勒所揭示的西方空间的历史之中。但是，同样需要注意的是，舍勒强调原子论者把空虚本身描述为神的居所。原子论者建议人应该离开"事物本身"而在这神圣空间内寻找一个超越的判断立场，这预示了柏拉图和西方思想大致的方向。当然，后来的西方思想没有诉诸众神，但是在空间中同样准神性（quasi-divine）的立场仍是一个对事物进行批判性反思的优先的位置。

相比之下，舍勒对空间的理解几乎颠倒了古代原子论者的思想：不是世界在空间中显现，而是空间在世界中显现。更切近地说，人格不是显现为存在于先天空间里的岛屿，相反，空虚是后天的存在，它源自"生物对自我运动或自我修正的权力的体验"[①]。空间是一种相对的"虚构"，源自看似无限的行动的诱惑与有限的现实行动的实在性之间令人狂喜的差异的实现。所以它不可能是一个进行判断、批判或客观反思的有利位置。

甚至在舍勒最早的作品当中，他的哲学也是一种肯定的和（用海德格尔的话说）"泰然处之"（Gelassenheit）的哲学。在（其作品的）某一处，他称自己的思想是"开放的"（open hand）哲学。就此而言，大体上他采取了与西方思想截然不同的方法进路。从苏格拉底的"未经检验的生活不值得过"到胡塞尔的"现象学还原"，西方思想的主流态度是批判性的。真、善、美被认为是通过一个批判性检验的过程

---

① Max Scheler, "Idealism and Realism," in Max Scheler, *Selected Philosophical Essays*, edited and translated by David Lachterman, p. 333; 德文原文见：Max Scheler, „*Idealismus-Realismus*", in Max Scheler, *Späte Schriften*, GW IX, S. 221。

而加以确定的。舍勒把这个过程称为"反说"①。在他去世前不久写作的《观念论与实在论》一文中，舍勒追溯了西方批判的反说，直至原子论者及其空间观念。参照斯宾格勒在《西方的没落》中关于欧洲文明衰败的主题，尤其是关于现代"浮士德式"人类模式之特征的主题，舍勒评述道：

> 任何其他单个方面都不及以下事实更能证明（西方）人自己就是冲动（drives）的压制者和"反说"，这一事实即是，他将自己心灵总是未充分满足的空性客观化为无限空虚的存在，并使这种空性先于事物及其因果关系。那种在他面前似乎从外部裂开，并唤醒了帕斯卡以令人如此恐惧的笔触描述的畏惧，正是他自己的"反"（nay），他自己心灵的空性，这是一种理性迟迟未能发现的智慧。一旦被发现，它立刻又被人类构造之无意识冲动湮没于遗忘之中。②

如果舍勒关于空间的讨论停留在这个节点上，结果自然是对西方思想的严厉控诉，原因就在于西方思想依赖于一种独特却又存有缺陷的空间观念。奇怪的是（正如上文所暗示的那样），另一方面，舍勒又使这一富有洞察力的分析变得令人迷惑不解。譬如，他接着断言，这一引起麻烦的空间观念不仅是原子论者所开启的一个错误，同样意义上的空间也源自人类学（human anthropology）的一项特性。在后来的著述中，舍勒其实主张，人很不幸地天生就倾向于把空间视为独立自

---

① 参见 "yea-saying," in Hanah Arendt, "What Is Existenz Philosophy?" *Partisan Review* 13, 1946, p. 39。

② Max Scheler, "Idealism and Realism," in Max Scheler, *Selected Philosophical Essays*, edited and translated by David Lachterman, p. 336-337；尤其是 Max Scheler, „*Idealismus-Realismus*", in Max Scheler, *Späte Schriften*, GW IX, S. 224。

主的超越的空虚。

循着这样的思想脉络，舍勒最后一部著作把人刻画成一个经验在其人格空间（和时间）的多样性内加以组织的生物。使思考事物间差异得以可能的边缘和裂痕，以及事物在其中似乎显现为悬搁在空性中以供批判性考察的公开领域，显然都是这种多样性的一个方面。然而，倘若舍勒关于（至少是西方）空间观念的历史起源的论证成立的话，则相应的"自然"起源的论证引出了一些难题。列举三个：首先，如果原子论者及其思想的传承者仅仅是道出了人之认知的一个自然属性，要蔑视或贬低他们就几乎是不可能的；第二，如果多样性真的是人之为人的内在组成部分，那么以下断言，即空间无法成为处理权利问题的"普遍"场域，就变得更为复杂了（因为所有人都**将**可以通达自然的多样性）；最后，第三，对诸如人之本质的东西的任何运用都将反对严格意义上的意向性（正如舍勒自己在评述胡塞尔"现象学自我"时所指出的那样）。同样需要记住的是，之前关于空间的许多争论都是由实存性行动（existential acts）组成，或与之密切相连，而实存性行动又建立在舍勒对意向性的理解之上。

在其未发表的笔记"Zu den Metaszienzien"中，更重要的是在其最后发表的一部著作《人在宇宙中的位置》里，舍勒似乎预见到了这三个问题所面临的困难。作为对第一个问题的回应，他的论点是，尽管空间的构造对人类而言是自然而然的，但它只是人之为人的一个方面，西方思想过分强调了这一点。针对第二个问题，舍勒认为，空间虽然是全人（All-Mensch）所共有的并且反映了生命本身固有的某些东西，但它总是特定人格的局部构造。然而，对于第三个问题，由于他后期关于人之本质之类的观念与其早期现象学之间的联系不甚明了，因此舍勒（对这个问题）没有明确的回应。后来的学者注意到，在舍勒得以将其后期著作中的哲学人类学和形而上学融入其更为庞大的现象学哲学的结构当中去之前，他就谢世了。[①] Metaszienzien 笔记倾向于把空间解释为与对客观事物的揭示相关。与之不同的是，《人在宇宙中的位置》试图从空间的构造成了人之为人的关键特性这个角度来解释人格。虽然对这两部著述中有关空间的论证至为重要的都是舍勒关于冲动（Drang）和精神（spirit）的形而上学。

对当代知识分子的感性而言，"冲动"和"精神"这些词听起来有点古怪。当它们被二元对置起来（正如舍勒所做的那样）时，就显得更加古怪了。一些诠释者倾向于参照早期尼采哲学的狄奥尼索斯的（冲动）和阿波罗的（精神），把舍勒的形而上学观念奇怪地转化为比他的生命哲学（Lebensphilosophie）语言在现代人听来更为受用的术语。考虑到舍勒曾被称为"天主教的尼采"，或许这是一种有用的转化，尽管后期尼采哲学的"权力意志"和"同一者的永恒轮回"概念可能被证明是更为有用的比照。无论如何，舍勒认为，冲动和精神处于一种存在论意义上的对抗机制的关系之中，这种对抗机制勾画了人之为人的背景和可能性。冲动是生命成为自己、延续自己和扩展自己的生生不息的动力。精神不关注扩展或仅仅存在，而是在表达特定秩序的意义上，关注于"如在"（Sosein）。因此，空间就是被安置在冲动与精神之相互对抗中的张力。它不是缺口；存在中没有洞空。相反，作为冲动与精神所界定的张力，其流动性使行动得以可能。并且，既然人格是行动的集合，空间就是人之为人的**何所在**的一个方面。把这个论点朝阿伦特思想的方向推进一些，（就是）空间界定了"人之境况"的参数。用舍勒自己著作的术语来说，空间从根本上说就是"人的位置"。

尽管空间是定义人之境况的一部分，它本身却不是一个单一性或

[①] 参见弗林斯为 *Max Scheler's Acting Persons* (edited by Stephen Schneck, Amsterdam: Rodopi, 2002) 所写的前言，以及 Manfred S. Frings, *The Mind of Max Scheler*, Milwaukee, Wis.: Marquette University Press, 1997, pp. 251-280。

不变的一般性。在"Zu den Metaszienzien"中，舍勒强调这个场域即空间的对抗机制的、主体性的以及多元性的特质。他写道：

> 如果说客观的空间在其真实存在中就是先于并独立于实在的虚无，并且如果没有什么绝对不变的事物，那么现实中就**不存在任何固定不变的绝对空间**。它仅仅是主观的，是一种具体化了的**对形象和背景的感知的规则**的虚构……①

因此，不同于人类所易于认为的那样，舍勒在此主张空间是一个人格的表达，它是根据每个人的特性与行动而形成的。空间既不是空的也不是绝对的，它独特地反映出每个人真正是谁。在行动的呈现中被构造出来的空间随着行动的变化而变化。它的存留正如人格的生存一样，与类似于这些同样的行动的集合的东西联系在一起。人格的行动特质，冲动与精神的纠缠，意味着空间的剧烈搅动（churn）。甚至如此剧烈的搅动也没有任何外部的或超越的逻辑。舍勒怀疑任何关于辩证法从整体上支配空间的论点。

在《人在宇宙中的位置》中，比在其他任何书中都有过之而无不及的是，舍勒关于空间的论证更为强调精神的作用。他主张正是由于精神，人格"才能将环境扩展至整个世界，才能把阻抗对象化"②。动物缺乏精神，相应地就缺乏空间。由于缺乏精神对抗冲动的并置（反之亦然），动物的生活受冲动（impulse of drive）的指导，是对冲动的反应。因此，它们无法意识到世界对它们的行动的抗阻。这些生物可能会体验到疼痛、欢乐、悲伤或者恐惧，但对这些情感的体验都缺乏对

---

① Max Scheler, „Manuskripte zu den Metaszienzien", in Max Scheler, *Schriften aus dem Nachlass*, GW XI, Band II: *Erkenntnislehre und Metaphysik*, S. 136. 引文为作者所译。

② Max Scheler, *Man's Place in Nature*, translated and edited by Hans Meyerhoff, p. 40; 德文原文见: Max Scheler, „Die Stellung des Menchen im Kosmos", in Max Scheler, *Späte Schriften*, GW IX, S. 34.

每一阵当下时刻的意识。抑或,正如舍勒所言:"动物缺乏一个作为永恒背景的'世界空间',它独立于动物的运动而持续存在。动物亦缺乏人被安置于其中并且最初在其中遭遇事物和事件的时空形式。"① 由于缺乏精神及其与冲动的张力,动物没有供存在者作为存在者而显现的场域;事物以无疑问的方式向它们显现。

倘若某一存在者具有精神,那么情形就完全不同了。这一存在者就具备了行为的能力(至少就它可以利用精神而言),并且行为遵循着完全相反的路径。这场新的人类戏剧的第一幕是:它的行为受到被提升至客体地位的感觉和观念的刺激……这场戏剧的第二幕在于压抑或释放冲动和相应的反应。第三幕包括事物客观本质最终的内在变化。这种行为的路径是"世界-敞开"的,并且这种行为一旦显现,就能够无限扩展——就像实存事物世界扩展得那样远。②

易言之,冲动与精神之间的张力使此处被理解为"空间"的东西得以可能。它并非外在的空虚或空性,相反,空间是人格的,充满冲动、精神的意义,并且是一切在它们特殊的相互关系之呈现中所构造的东西。

3. 问题

现在,尤其在与阿伦特进行对比时,我们饶有兴趣地看到,通过思考精神对空间的作用,舍勒进一步详细阐述了"世界-敞开"的问题。正如上述引自《人在宇宙中的位置》的文本所暗示的那样,在

---

① Max Scheler, *Man's Place in Nature*, translated and edited by Hans Meyerhoff, p. 44; 德文原文见: Max Scheler, „Die Stellung des Menchen im Kosmos", in Max Scheler, *Späte Schriften*, GW IX, S. 36-37。

② Max Scheler, *Man's Place in Nature*, translated and edited by Hans Meyerhoff, pp. 38-39; 德文原文见: Max Scheler, „Die Stellung des Menchen im Kosmos", in Max Scheler, *Späte Schriften*, GW IX, S. 33。

这些后期作品中舍勒对有关空间的精神的处理往往都是以一种具有技术意味的理解而告终。争论的问题总是权力对世界的支配。精神被视为使空间机巧地把事物规划为**事物**的关键。因此，当从精神的角度来理解空间时，空间仍具有为舍勒所指责的古代原子论者的空间观念的意味。尽管在其著述的其他地方，舍勒把他关于精神的思考与他称为"爱"的关心之敞开联系在一起。譬如，在《同情的本质》接近结尾的部分有一节内容比较突兀，对比了亚西西的方济各对世界的精神之爱与更为典型的西方（或原子论者）观念。① 如果舍勒把这样一种思考扩展到对空间问题的探讨，可以想象的是，他所获知的空间观念或许就能超越工具性的空间观念。能不能以如下方式来认识空间，即把空间理解为揭示了某些超越了仅仅是具体化和效用的东西（或处于具体化和效用之外），同时又仍是人格的、实存的以及在行动的呈现中被构造出来的？

《人在宇宙中的位置》与"Zu den Metaszienzien"中的论点存在的问题也不容忽视。精神这个概念遭遇的困境尤为突出。它有时被解释为一个心理学原则，有时又异常清晰地被呈现出来，其方式类似于柏拉图在理解理性时把它与形式相连。某些时候，舍勒把精神定义为行动所具有的那类存在。最后，舍勒理解的精神还是神圣过程的一个方面。他所描述的精神具有一种神圣的色彩，并且他设想人格分享着精神，因为他们的"中心"不在空间内而是在超越了空间的"存在根据"内。并不清楚这一点如何避免与舍勒行动之意向性的冲突。舍勒兴许能够解决精神的这些不同含义之间的冲突以及它们与舍勒基本的现象学之间的冲突，但舍勒的文本中并没有明显的解决办法。

尽管如此，如果把舍勒后期著作中对精神存在多种理解这一问题

---

① Max Scheler, *The Nature of Sympathy*, translated by Peter Heath, New York: Archon, 1970, pp. 183-188.

搁置一旁，那么他的思想仍揭示了一种迷人的对空间的理解。内在的而非超越的、充满意义（内在于人之行动，而且空间是在行动的显现中被构造出来的）而非空虚的，空间就是一个特殊的场域（where）。一个本身是敞开的、受既往行动推动的行动**何所在**，一个刻画并表达人之为人的特征的行动得以展开的**何所在**。舍勒为《人在宇宙中的位置》一书的原始讲稿取名为《人在宇宙中的特殊位置》。显然，舍勒将空间理解为反映并规定着人之为人的专门而独特的境况——独特的空间——的一个方面。

二、汉娜·阿伦特的城邦

经过充分的研究和考察之后，我们可以发现舍勒对空间的思考与阿伦特对城邦的理解之间在智性历史方面存在着直接的联系。阿伦特探讨这个概念的主要文本是她的《人之境况》，此书出版于1958年，起因于她在芝加哥大学所作的一系列演讲。[1] 可以论证的是，这本书揭示了舍勒繁复思想遗产的若干思路。例如，其主题深受转向之后的海德格尔和汉斯·约纳斯的哲学人类学的影响——两人都（更为直接地）熟知舍勒及其作品。从约纳斯那里，阿伦特获得了一种关于人格的认知，即人格具体表现于自然力的复合之内，尽管人格通过人类学的方式可以使这些自然力客体化。阿伦特这部著作所揭示的海德格尔是《艺术作品的本源》《技术的追问》，甚至（非常奇怪地）《关于人道主义的书信》中的海德格尔。这是用"林中空地"（Lichtung）这个新词替代了"无"概念（在转向之前对此在的考察中占据突出地位）的

---

[1] Hannah Arendt, *The Human Condition*, Chicago: University of Chicago Press, 1958. 也参见 Hannah Arendt, Preface and "What Is Freedom?" in Hannah Arendt, *Between Past and Future*, New York: Penguin, 1954; Hannah Arendt, "Understanding and Politics," *Partisan Review* 20, 1953; Hannah Arendt, "What Is Existenz Philosophy?" *Partisan Review* 13, 1946。

海德格尔。同样，这同一林中空地的概念在海德格尔对"世界"（《艺术作品的本源》）、场地和城邦（在《伊斯特》中）的讨论中得到了进一步的详细阐述，并且在《技术的追问》里，海德格尔还将它与《技术的追问》中的集置（Ge-stell）进行了比较。所有这些概念都与空间概念密切相关；所有这些概念也都与阿伦特的城邦相呼应。

正如舍勒的空间观念一样，阿伦特对城邦的理解似乎也存在一些引人注目的困境。然而两位思想家的概念或许可以通过阐明各自问题可能的解决办法而得以相互补充。舍勒与阿伦特思想中的几个相似之处证明了这一点。与舍勒一样（而不同于她的老师海德格尔），阿伦特的中心问题是人的问题。作为对舍勒著名的"人是什么"的追问的一种回溯，阿伦特在《人之境况》的开篇就提出了她所谓的"人之本性问题，奥古斯丁的 *quaesto mihi factus sum*（我是否已成为我自己的问题）"。与舍勒又十分相似的是，她推断人性本身的问题必定总是一个开放性的问题——否则，人类就不可能提问。正如阿伦特所述，我们是否已成为我们自己这一问题"无论从个人心理的角度，还是从一般哲学的意义上看，似乎都是无法回答的。我们可以认识、断定和界说周遭一切事物（不包括我们）的自然本质，却绝不可能同样地去认识、断定和界说我们自己——这就像要跳出我们自己的影子一样。而且我们也无从确信人像其他事物那样具有一种本性或本质"[①]。

如果我们具有某种本质，她继续论证道："那也必定只有神能够认识和界说，而其首要前提就是他（这个神）能够把'谁'指称为'什么'。"[②]

尽管人们不可以追问人之为人的本性，但这并不是说人之为人就是没有任何本质含义的，抑或人之为人应该被设想为无比模糊的或可

---

① Hannah Arendt, *The Human Condition*, p. 10.
② Hannah Arendt, *The Human Condition*, p. 10.

塑的——在其完全由在世的相对条件所界定的意义上而言。不，阿伦特争辩道："人类生存的各种条件——生命本身、诞生与死亡、世界性、复数性以及地球——都无法'解释'我们是什么或回答我们是谁这个问题……"① 相反，人类品质的不可解决性和不可解释性——十分奇怪地——似乎也是人格本身的特征。同舍勒一样，阿伦特也指向行动以阐释她对人之为人的思考。她指出，人是能够行动的存在。并且行动是无法解释、无法具体化的。她注意到"人能够行动的事实意味着，人们可以期待从他那里发现出乎意料之事，他能做几乎不可能做之事"②。在她早期《自由是什么？》一文的一个精彩纷呈的段落中，阿伦特详细阐述了行动的特征，表明：

> 每一个行动……都是一个"奇迹"，即某些无法预见的事物。倘若行动与开端在本质上真是相同的，那么展现奇迹的能力就必然同样内在于人的能力之中。③

当然，人并非完全不可思议。女人和男人的许多行为就像星体的运动或鸟的迁徙一样是可以解释的。只有范例性的人类行为——她称为"行动"的行为，才是不可思议的。

1. 既非兽性亦非神性

以一种几近古典的方式，阿伦特考察了人类生活的三个方面。她主张，首先是完全专注于种类的需要和冲动的生物学的和人类学的人之生活。包含于这种生活之内的不仅有生物学意义上的本能和需求，而且还有种类的历史和人类学（就像现在所理解的社会性和家庭一样）

---

① Hannah Arendt, *The Human Condition*, p. 11.
② Hannah Arendt, *The Human Condition*, p. 178.
③ Hannah Arendt, "What Is Freedom?" in Hannah Arendt, *Between Past and Future*, p. 169.

中发展出来的需求。第二，在另一个极端，她指向沉思的生活，即她所谓的vita contemplativa。用舍勒的话来说，这两种考察生活的方式恰恰可以与冲动和精神联系起来。然而，阿伦特指出，真正独特的人类生活既非需求和冲动的生活，亦非沉思的生活。它们都发生于人之境况之外。阿伦特在这方面的思考是以区分兽、神和人这样一种亚里士多德式的分析为基础的。野兽的生活局限于身体的需求和本能的冲动。众神——如果他们是思想性的——也存在于一种封闭状态中，因为绝对真理和绝对善等的限制都是不可动摇的和毫无疑问的。动物性需求的生活和沉思的生活本身都是不完满的人类生活，因为它们都不属于人之行动所建构的生活。在《政治学》中，亚里士多德已经指出了，"城邦之外非神即兽"①。阿伦特同样断言，人之为人是生活于第三种境况。这第三种境况下的生活就是她所谓的积极生活（vita activa），并且她指出，其空间就是城邦。②

虽然解释有所不同，但动物性的生活被理解成一种无忧无虑的生活，十分类似于《人在宇宙中的位置》里舍勒所指的动物的"入迷"（ecstatic）的生活。同样，神性的沉思生活在其必然性中也是无忧无虑的和平静的。相比之下，积极生活正如舍勒所描述的空间一样，剧烈搅动（churn）着。

> vita activa这个术语涵盖了人类所有活动，是从沉思的绝对静寂这一观点出发而得以界定的，因此更接近于希腊语的askhoila（非静寂）而非bios politikos，亚里士多德就曾经用askhoila来标示所有活动……传统上，直至现代开端之前，vita activa这个术语从未丧失"非静寂"（nec-otium; a-skhoila）之否定义涵。于是，

---

① 参见 Aristotle, *Politics*, 1253a 25-35。

② 参见 Thomas Aquinas, *Summa Theologica*, II 2 Q. 181 4。

它便始终与希腊的一个甚至更为根本的区分密切相关,即独立存在的事物与依靠人类存在的事物之间的区别,抑或 physei 之事物与 nomô 之事物的区别。[1]

由于场域或"空间"的实在性与积极生活相关,因此它就依赖于其人格的活动并同样经受着持续不断的变化。我们或许还记得舍勒在"Zu den Metaszienzien"中指出,变化之物不可能是空虚。与舍勒的观点一样,阿伦特认为由于积极生活是剧烈搅动的,它就不可能是空虚的或无意义的。这种境况是面对人之关切所采取的人之行动持续建构和拓展的一个场域。构成积极生活的特征的这些关切包括:(1)对身体的维持、健康和繁衍的关切;(2)对相对于物质和他者的权力和安全的关切;(3)对意义的表达和持存的关切。

她解释说,人类关切的这三个基本领域相互协作,共同调整着积极生活的空间。并且,这些关切都是植根于人类学的构造性的关切,每一个都产生了一种不同类型的人类活动。她称对应于身体关切的活动为劳动;关切对世界和他者的权力的活动被称为工作;涉及意义的表达和持存的关切的人之活动——人类关切的典范——则被称为行动。劳动、工作和行动相互作用,共同塑造了某个特定的积极生活的具体特征。

劳动很好理解,它是每一个体生命为其生存和种类的延续所必须做的。劳动与舍勒的冲动一样,都是受到驱动的必需的行为。虽然劳动可能涉及机巧的运用或本能的思维活动,但劳动的必要性不允许任何惊奇(的发生)或对体验的怀疑。劳动不可能具有目的性或反思性。然而,在阿伦特看来,劳动所包含的这些个体和种类的需要之事是人之为人的空间的主要构成部分。出生和死亡、世界性以及无法规避的

---

[1] Hannah Arendt, *The Human Condition*, p. 15.

俗世要求都有力地界定着人之境况的实在。阿伦特在提出"我们是谁"以及"我们可能是什么"的问题时,指出了人的身体的重要地位,这与舍勒后期的著述十分类似。她解释说,事实上就所有人的大部分时间,抑或就大部分人类生物(human creature)的一生而言,身体和劳动是最为重要的。

相比之下,工作是一种有目的、有规划的活动。工作的展开不是在冲动和需求的领域,而是在效用和权力的领域。也就是说工作指向的是**事物**(*things*)。它需要工作者(主体)、被使用的工具性的事物(客体),以及工作活动旨在实现的目的或目标三者的疏离。工作中包含一种劳动所不具备的空间性。事实上,这与主体、客体和目的的三角关系有着惊人相似的,是舍勒在古代原子论者、在西方空间观念源头处,以及随后在精神与冲动的联系的技术含义中洞察到的空间布置(arrangement)。工作虽然不是必不可少的,却与强力、支配和控制密切相关。因此,劳动仅仅对人之境况做出回应,工作却塑造这些境况。为了控制生命的境况,根据欲望和设计,工作整理和重新整理事物——甚至人也可以被当作事物来对待。

2. 行动与城邦之空间

行动——积极生活的第三种活动——是人之为人最特别的一种活动。它既不是被引发的行为,就像劳动是由冲动和必需所引起的那样;也不能如工作那样仅仅根据权力加以理解。虽然劳动和工作都是人之境况的内在前提,行动却是界定人之境况的活动。阿伦特断言,在行动中,"人们使自己同他者相区别"并且"相互显现;不是作为物,而是作为人"。

在积极生活(vita activa)中,其他任何活动都并非如此。人不劳动可能生活得很好,他们可以强迫他者为其劳动,他们可以轻易地决定利用和享受物质世界（world of things），他们自己却不为这个世界添加任何有用的物体；虽然剥削者或奴隶主的生活以及寄生者的生活也许不合乎正义，但他们无疑是人。另一方面，没有言行的生活——用《圣经》意义上的话来说，这是唯一一种已经急切地放弃了所有显现和所有无用性的生活方式——简直就是死寂一片；它不再是一种人的生活，因为此时人不再生活于人与人之间。①

在阿伦特看来，这段文字所揭示的是行动的主要特征，而这些特征既概述了阿伦特的城邦与舍勒的空间之间的相似性，也勾勒了二者的区别。阿伦特指出，行动具有公共性、表现性，追求不朽。

行动的公共维度在很大意义上是阿伦特毕生理论架构的关键要素。对于积极生活而言，行动的公共维度对于连接行动与古典的城邦理念以及作为这一古典理念推论的那种完满人生的观点至关重要。在这一思想脉络中，公共指向一个多元人格的、权威的参与领域。然而，阿伦特的公共观念甚至比亚里士多德的更具包容性。她在某一处解释道，"公共"一词"表明了两个密切相关的现象"。

> 首先，它意味着，在公共领域中显现的任何东西都可为每个人所见所闻，具有可能最广泛的公共性。对我们而言，显现——既为他者亦为我们自己所见所闻之物——构造了实在。与来自所见所闻的实在相比，即便私人生活中最伟大的力量——心灵的激情、头脑的思想、感觉的愉悦——也只是一种不确定的、模糊的存在，除非，并且只有，将它们加以转化、去私人化以及非个体化为一种可以说是适于公共显现的形态。②

---

① Hannah Arendt, *The Human Condition*, p. 176.
② Hannah Arendt, *The Human Condition*, p. 50.

其次，阿伦特继续解释道，公共也意味着世界。世界是由旨在持存的显现所组成的意义经纬。用19世纪的哲学话语来讲，这一对世界的理解更少关注自然，而更多地关注于习俗和历史。正如阿伦特所言：

> ……就对我们所有人是共同的而言，就不同于我们在其中拥有的个人空间而言，"公共"一词表明了世界本身。然而，这个作为人类活动的有限空间和有机生命的普遍境况的世界，并不等同于地球或自然。它更多地与人造物品即人类双手的制作相连，与共同生活在这个人造世界中的人类之间的事务相连。共同生活在这个世界，这在本质上意味着一个物质世界处于共同拥有它的人群之中，就像一张桌子放在那些围坐在其旁的人群之中一样；这一世界像任何一件居间物一样，既使人们相互联系，又使其彼此分隔。
>
> 公共领域作为一个共同的世界，可以说把我们聚集在一起，却又阻止我们彼此倾倒在一起。①

由于融合了上述两个方面，阿伦特关于行动的公共特征的这一观点或许极易引起现象学家的关注。简言之，她设想积极生活的空间是所有突出的现象都可以在其中向人们显现的领域或林中空地。正如我们在前面所讨论的那样，大体上对现象学来说，一个挥之不去的问题是，什么把意向性（或现象）的各个分散因素连缀为一个更大的整体？胡塞尔的解决办法是现象学的自我——似乎是一个持存的自我集，在空间性上高于所有各不相同的现象。早期舍勒试图通过在每一分散现象内寻找事物整体本身来解决这一问题。后期舍勒诉诸其称之为存在根基的形而上学实在。阿尔弗雷德·许茨（Alfred Schütz）与之不同，他重建了从胡塞尔那里借用的"生活世界"概念（后者

---

① Hannah Arendt, *The Human Condition*, p. 52.

又是从舍勒那里借用了这一概念），指出周围意向性（surrounding intentionality）是一个常识意义（commonplace meanings）和非反思实践（unreflected practices）的客观世界，它维持和联系着意向性的多元因素。阿伦特的"公共"与许茨的"生活世界"有几分相似。但是，生活世界的变化是一个缓慢渐进的过程，阿伦特的公共则生气勃勃，有可能发生剧变。

公共领域发生剧变的可能性归因于行动的表现特质。行动表现出实施行动的难以解释的"谁"。由于"谁"无法被界定、决定或充分解释，于是，行动在表现这个"谁"时就必定总是惊人的。此外，由于其公共特质，行动对"谁"的揭示对积极生活本身的特征而言，必定总是具有不确定性和潜在的转变性的意义。他者及其行动既不是由我们的行动所引起的，也不能从我们的行动出发加以预见。不同于黑格尔和马克思，不同于政治经济学家和功利主义者，阿伦特无法想象在城邦之人的多样化行动的展开过程中辨识出任何必然性的逻辑或辩证法。行动或许可以激发他者去行动，但这种互动中没有任何必然性在发挥作用。

如果把对行动的表现特质的这种解释与目前对空间的关注联系起来，就可以在阿伦特思想中发现更多与舍勒类似的观点。因为两位思想家所关注的"空间"概念显然具有类似的私密或人格特征。在舍勒那里，空间仅仅向人格显现其存在。对阿伦特而言，空间即城邦真正的或实存的（existential）结构是对其行动者持续不断的揭示。它携带着行动者过去行动的印记并不断地由每一新的行动添加新的印记。每一个这样的印记都揭示了实施行动的这个"谁"，每一印记相互激发了对参与空间的每个人的构造和进一步的揭示。这个过程（它是一个过程，我们随后将解释这一点）产生了一个每一参与者进行自我揭示的重要背景。在阿伦特看来，行动自身的目的就是通过表达而被彰显。她指出，行动的展开是为了"在世界中显现"。而在世界中显现意味着不仅要展示行动者**是**，而且要展示她或他是**谁**。空间即城邦是表达我们是谁的媒介（在这个词的两个相互关联的意义上），因此为我们在世界中的显现提供了一个舞台。

行动的第三个特征是其对不朽的追求。这里显然存在着一个与舍勒思想截然不同的地方。阿伦特认为，行动无法偏离或超越（公共）显现的世界。因此，行动对不朽的追求很不同于舍勒所谓的"人的永恒"（eternal in man）。舍勒认为，由于精神在其实在性中所发挥的作用，行动对事物的基本维度（essential dimension）具有一种敞开。对这一维度的敞开是其现象学还原观点中的一个关键部分。在他最具神学色彩的作品《论人之中的永恒》里，他把行动的这一维度称为"永恒"，并认为它充满普遍性、形而上学的超越性以及对人生与神圣目标之可能性的信心。[①] 与之相比，阿伦特的"对不朽的追求"是尘世的。她认为不朽是当下的行动（immediate actions）在城邦中具有了持续的显现。这一持续的显现将留存在他者的记忆里，在某人过去的行动对他者的鼓舞中，在共同体的实践和制度中，以及在对事物的持久的共同理解当中。不朽就是留下某些东西——所制作的东西、我们行动的品质，这些东西即使在我们肉体消亡的情形下也继续揭示着我们是谁。

在解释阿伦特关于行动的这一特征时使用"追求"（striving）一词是很明智的。因为阿伦特的概念具有一种斯多葛式的美感。在出现不朽的每一个地方，阿伦特都明白地将它与永恒（不朽所不是的东西）相对照。因此，对永恒的渴望萦绕着行动，却得不到满足。而且某一行动是否会在世间留下任何遗产并不确定。由于行动本身不可思议的特质，任何揭示是否会激发他者的持续行动也不具有确定性。记忆、他者的生命，甚至城邦自身的存在都是脆弱的和短暂的。这一结果使得行动既悲壮又坚定。同样的斯多葛式的美感也传递给了空间，即阿

---

① Max Scheler, *On the Eternal in Man*, translated by Bernard Noble, London: SCM Press, 1960.

伦特的城邦。例如,思考《人之境况》中的这一长段文章:

> 于是,行动不仅与我们共有世界的公共部分有着最密切的关系,而且就是构成它的活动。仿佛城邦的护城墙与法律屏障早已沿着一个已然存在的公共空间被描绘了出来……当然,从隐喻和理论而非历史的意义上说,那些从特洛伊战争归来的人希望行动的空间(这一空间来自他们建立的功绩和遭受的苦难)永存,希望在他们各自疏散、返回各自孤立的家园时能阻止它随之消亡。
>
> 确切地说,城邦并非物理位置意义上的城邦国家(city-state);它是随言行一起出现的人的组织形式,它是存在于以此为目的的人们之间的真实空间——无论这些人碰巧生活在什么地方。"不论你走到哪里,你都是城邦之人":这句名言不仅成为希腊拓殖的口号,而且还表达了这么一种坚定的信念,即行动和言语在参与者之间创造出一个空间,它几乎可以在任何时间、任何地点找到自己的恰当位置。正是在这一最宽泛意义上的显现空间中,人们才不只是像其他生物或无生命物质那样生存,而是明确地显现自身。这个空间并不是永存的,尽管所有人都具有言行的能力,然而他们中的大多数……并不生活在这个空间里。更何况没有人能够永远生活在这个空间里。被排斥于这个领域之外,就意味着被剥夺了实在,因为从人性与政治的角度来说,实在就是显现。对人而言,他者的在场、世界向所有人的显现保证了世界的实在:"向所有人显现的东西,我们称之为存在"①,任何缺乏这一显现的东西都仿佛梦一般飘忽无踪,虽私密且独特,却毫无实在可言。②

---

① Aristotle, *Nicomachean Ethics*, I 172 b 36ff.
② Hannah Arendt, *The Human Condition*, pp. 198-199. 引用的赫拉克利特段落,参见 *Die Fragmente der Vorsokratiker*, 3 vols., hrsg. von Hermann Diels und Walter Kranz, vol. 2, Zurich: Weidmann 1952, S. 889。

显然，城邦是阿伦特为舍勒所谓的"人之位置"提供的论据。她把城邦作为人之为人的条件，意指（如同亚里士多德一样）城邦是人格的形成、运用以及（阿伦特的导师雅斯贝尔斯所谓的）人格的实存的构成背景。她强调城邦的空间作为一种空间不是空虚的，而是被架构出来的和充满意义的。其所假定的结构的某些方面是普遍的和必需的。呼吸、出生、死亡、地球上肉体生命的全部冲动——这些必要的实在是人之境况内无比重要的结构。我们人类所制作或发现的事物也是人之境况的主要构成要素，它们把自己的有用性印留在人的生命中。它们以系统的重要的方式塑造着人之境况。然而，在阿伦特看来，城邦的空间最重要的方面是充斥着由人之行动所镌刻和持续重新镌刻的意义。行动在一个具有共通理解的框架内持续地进行着，以此（行动者）在他者面前显现自身和表达我们是谁。因此，人格所发现的人之境况的空间并非空虚或白板（tabula rasa）。其空间所承诺的行动、反思和批判的自由取决于人之境况三个部分（劳动、工作、行动）结构，既非普遍的亦非超越论的。阿伦特会指出，任何**延异**都不可能来自这个空间的意义之维和结构的外部。因此，表面上对阿伦特而言，正如对舍勒而言一样，空间是内在的，是从人之生命具体的、活生生的实在中延伸出来的。

3. 问题

然而，阿伦特有关城邦的整个观点存在着几处令人困扰的不一致，其理论所存在的问题显而易见。这些问题促使我们重新评价舍勒对空间的认识。在阿伦特思想所标识出的斯多葛式的美感中，可以发现阿伦特的问题的迹象。她认为既然人之境况是脆弱的和易逝的，它便不是一个确定的、绝对的场域。她解释说，实在仅仅安置于公共显现活动和（某人所进行的）公共判断活动的疏松土壤之上。面对这些境况，阿伦特的建议是勇敢地尝试追求纯粹的不朽。因此，按照阿伦特的观点，人格应该通过其在世界中的显现而努力留下自我揭示的持久印记。由此，阿伦特评估了努力的伟大与崇高，而非不朽的荣耀本身。在她看来，没有什么比努力的悲剧性的崇高即"行动"更能标示出人的特殊性。鉴于一切人类事业——文明亦概莫能外——的 sic-transit-gloria-mundi（世间荣耀之逝去），城邦之内的不朽的荣耀最终意味着虚无（mean nothing）。倘若否定了人之境况的确定性和永恒性，那么人类便只有通过在城邦这一舞台（或在空间里）上展现其行动，从而勇敢地尝试在他者的记忆中赢取一席之地。

这一斯多葛式的美感也揭示出阿伦特的新康德主义根基，因为康德最终的建议也是勇敢地行动和批判。事实上，她的行动概念并未传达一种充满乐趣的意味，相反，这样的展现行动（performance）所表明的是一种绝望的特征，非常类似于马克斯·韦伯（Max Weber）称之为新教伦理——把阿伦特视为隐秘的加尔文主义者似乎十分困难——的"圣徒般的工作"。在避开了绝对性和普遍性之后，阿伦特将希望仅仅寄托于坚定（resoluteness）。她所建议的努力行动的崇高性使人联想到康德（甚至克尔凯郭尔［Soren A. Kierkegaard］）的强制义务（straining duty）。①

同样，城邦中旨在实现不朽的显现活动（行动）和判断活动归根结底似乎都与康德的批判异常相似，尽管参与式的公共反思不同于康德所希望的普遍理性内的参与式反思。如果这是正确的，那么，虽然阿伦特自己多次指涉人之生命的物质境况，但她的"空间"概念也许事实上更为形式化而更少具有世界性和私密性（intimate）。循此推理，不朽——她达致"善"的立足点——就不是一个实质性的目标，而仅仅是公共判断活动的一个形式化结果。此外，由于行动成为真正人之境况的关键特征，工作和劳动就处于从属性的地位。不受限制的、"不可思议的"行动不断扩张，最终淹没了她所理解的人之境况的其他

---

① 参见 Soren Kierkegaard, *Either/Or*, vol. 2, translated by W. Lowrie, Princeton: Princeton University Press, 1944, pp. 220-225。

方面。对亚里士多德来说，参与城邦生活具有目的论的意义并且预示了人之本性中对幸福的向往这一实质性目标。相比而言，阿伦特的行动没有任何实质性目的（也没有任何永恒性目的）；它始终都只是行动者当下的自我表现（immediate expression）。因此，尽管存在伯里克利时期的雅典这样引人注目的景象，阿伦特的城邦或许更少类似于从古至今的任何一个尘世城邦，而更多地只是一个缺乏真实人格的无实质的标准。事实上，行动一方面最终从劳动和工作的尘世重负中解脱出来，另一方面又是不受限制的和不可思议的，在这种情况下，阿伦特的城邦所界定的空间与约翰·罗尔斯"无知之幕"背后的空间的相似性，也许就比当代诸多阿伦特的仰慕者所愿意承认的要大得多。原子论者设想空间是一个虚空，其中所有的事物——甚至人自身——都在众神的批判性凝视前被悬搁。尽管阿伦特显然关切人之境况的物质实在，然而在其城邦的根源处也许是类似的空虚。

三、结论

在舍勒自 20 世纪 20 年代中后期起的充满形而上学生机的著述中，他勾勒了（却未完全详细阐述）不止一个类似于空间的概念。正如上文所提及的，他在那里谈到了他称为"存在根基"的概念。

如果空间被设想为空性的和缺乏意义的东西，那么，正如舍勒有关空间的一般的观念一样，存在根基根本就不是空间。舍勒自始至终拒绝把空间解释成空虚。虚无通常只是一种想象的可能性，它产生于对真实人之境况的存在主义反思，因此，他认为虚无只是反映了某个人的心灵的空性。[①] 舍勒所理解的空间——正如阿伦特所理解的城

---

① 参见 Max Scheler, *Man's Place in Nature*, translated and edited by Hans Meyerhoff, p. 89；德文原文见：Max Scheler, „Die Stellung des Menchen im Kosmos", in Max Scheler, *Späte Schriften*, GW IX, S. 68.

邦——是揭示特殊性与存在的介质；它是事物显现其意义的地方。然而，虽然阿伦特的城邦的本质最终表明是一个表现和评判自主行动的空虚的、不受价值约束（value-free）的舞台，但是舍勒的空间却永远不能被解释为是空虚的、不受价值约束的。据此，他所谓的存在根基必须被视为意义的绝对语境。于是，它就可以被称为绝对"空间"。

如此表达的存在根基——绝对空间——的概念可与后期舍勒所探讨的绝对时间概念联系起来。在"Zu den Metaszienzien"中，舍勒指出它"是世间有机体或上帝身体的生命时间和一生——抑或，更确切地说，它是上帝的道成肉身发展出来的形式（die Werdeform der Verleibung Gottes）"[1]。如果绝对时间与绝对空间（即舍勒所谓的存在根基）之间的那种平行关系是有根据的，那么或许存在根基所要求的绝对空间就可以被设想为是经由神圣行动（divine acts）赋予开放性和规则性的空间。倘若根据舍勒早期思想考察这一概念，则他所得出的结论也许就是：存在根基是上帝的空间——它与上帝的密切关系类同于我们的空间与我们自己的密切关系，它是在上帝的意向性范围内所构成的，它不是空虚的，而是由上帝行动的无限可能性所建构的，等等。[2]然而，在他生命的最后岁月，舍勒放弃了完满的（complete）人格上帝的概念。相反，他声称上帝是通过人格行动的神圣生成过程。

在他提出这一主张的尝试中，舍勒被引向了令人困惑的观念混乱。在这种混乱内部，他不再把这一空间（这一存在根基）仅仅设想成是意向性的，而是也把它形而上学地设想成是绝对的。他所构想的空间既是人格行动最基本的处所，又是这些行动的最高实现。更令人惊讶的是，他提出的绝对空间与神性（the divine）之间所具有的联系。在

---

[1] Max Scheler, „Manuskripte zu den Metaszienzien", in Max Scheler, *Schriften aus dem Nachlass*, GW XI, Band II: *Erkenntnislehre und Metphysik*, S. 145. 引文为作者翻译。

[2] 舍勒未发表的材料，本来打算作为„Idealismus-Realismus" 第五部分，收入 Max Scheler, *Späte Schriften*, GW IX, S. 288-289。参见 Daniel O. Dahlstrohm, "Scheler's Critique of Heidegger's Fundamental Ontology," in *Max Scheler's Acting Person*, edited by Stephen Schneck, Amsterdam: Rodopi, 2002, p. 86。

《人在宇宙中的位置》里，舍勒指出通过每一人格的行动，"人相互合作创造出上帝，上帝自存在根基中出现……"①然而同时，他继续指出，"人与存在根基间的基本关系存在于这一事实中，即这个根基直接在人之中理解和实现自身……"②

无论舍勒的神学是什么，这一切将把事物带向何处仍不明了，并且充斥着前后矛盾。然而，值得注意的是，舍勒在这点上所遭遇的问题部分来自于他对绝对空间观念的最后一刻（eleventh-hour）（对海德格尔的反动？）的追求。无论如何（正如本文所揭示的那样），阿伦特的城邦也可能因为她自己对绝对空间的理解而遭遇失败。当然，两位思想家的这些（思考）倾向听起来有些不合常理，因为他们明显都对西方思想极少反思其基础——原子论者的神圣空虚的"中间地带"——感到忧心忡忡。

于是，我们要问，舍勒的第一个，也是他几近终生致力的空间理论是否并非一个较好的理论——一个值得复兴和再加思考的理论？那种理解把空间视作行动意向性的和人格的而非形而上学的和绝对的。如今，人们普遍诉诸空间观念，期望以此获得一个探讨权利、责任、真实性、差异等问题的非正式的开放的场域，有鉴于此，先前的这种（对空间的）理解就显得特别有吸引力。与原子论者和所有其他把空间视作一个优先的、超越论的空虚的人相反，空间可能是内在的、人格的——这一可能性具有挑战性的意义。

（译者：张燕 / 华东理工大学马克思主义学院）

---

① Max Scheler, *Man's Place in Nature*, translated and edited by Hans Meyerhoff, p. 93; 德文原文见：Max Scheler, „Die Stellung des Menchen im Kosmos", in Max Scheler, *Späte Schriften*, GW IX, S. 70。
② Max Scheler, *Man's Place in Nature*, translated and edited by Hans Meyerhoff, p. 92; 德文原文见：Max Scheler, „Die Stellung des Menchen im Kosmos", in Max Scheler, *Späte Schriften*, GW IX, S. 70。

共同体与文化现象学

作为存在论差异的价值*

K. W. 斯蒂克斯

下面这段话出自胡塞尔的《观念 I》，它表明"价值"对于经典现象学来说处于中心位置：

> 这个对我存在的世界不只是纯事物世界，而且也以同样的直接性是作为**诸价值世界、善的世界和实践的世界**。我直接发现物质物在我之前，既充满了物的性质又充满了价值特性，如美与丑、令人愉快和令人不快、可爱和不可爱等等。物质物作为被使用的对象直接地在那儿，摆着"书籍"的"桌子"、"酒杯"、"花瓶"、"钢琴"等等。同样，那些价值特性和实践特性也在**结构上属于"在手边的"对象本身**，不论我是否朝向这些特性或朝向一般对象。自然，这不只适用于"纯物质物"，而且也适用于我的环境中的人和动物。他们是我的"朋友"或"敌人"、我的"仆人"或"上级"、"陌生人"或"亲友"等等。①

---

* 本文译自：Kenneth W. Stikkers, "Value as Ontological Difference," in *Phenomenology of Values and Valuing*, edited by James G. Hart and Lester Embree, Kluwer Academic Publishers, 1997, pp. 137-154。——译者

① Edmund Husserl, *Ideen zu einer reinen Phänomenologie und phänomenologischen Philosophie*, Band I: *Allgemeine Einfuhrung in die reine Phänomenologie*, 1-3. Aufl., hrsg. von Karl Schuhmann, vol.

经验结构本质上是评价性的，这是马克斯·舍勒的现象学的核心论题。他极为具体地描述了这一点。但是当代大陆思想家已经不加批判地接受了海德格尔对于作为最终理论的价值理论的全面拒绝，因此后者在这些思想家中几近消亡。

海德格尔的批评并未能包括所有的价值理论，尤其是舍勒的价值理论，这一点已为其他人清楚地表明了。[①] 因此我这里的要点就不是重复这种回应，尽管我将对此做简要概述。毋宁说，我希望考察，以何种方式"价值"能被认为是存在论差异？并想表明，当舍勒的价值理论与他后期的作为受苦（suffering）存在论的现象学联结在一起时，评价（valuation）如何将自身表明为作为存在论差异之涌现的真正的时间化过程的本质特性："价值"在"延迟运动"（deferring movement）中展现出来，而德里达将这种延迟运动描述为**"延异"**（différance）。

这样一种主张与海德格尔式的价值批评的核心观点正好相反。"那么，价值的存在在存在论上实际意味着什么呢？"海德格尔在《存在与时间》中如是问道。"价值是物的**现成的**规定性，"他这样回答。"价值的存在论起源最终只在于把物的实在性先行设定为基础层次"，因此，"价值述谓"**"只是又预先为有价值的物设定了纯粹现成状态的存**

（接上页）3, no 1, The Hague: Martinus Nijhoff, 1976, S. 58; 英译本见：Edmund Husserl, *Ideas Pertaining to a Pure Phenomenology and to a Phenomenological Philosophy*, First Book: *General Introduction to a Pure Phenomenology*, translated by F. Kersten, The Hague: Martinus Nijhoff, 1983, p. 53。（中译本见胡塞尔：《纯粹现象学通论》，李幼蒸译，商务印书馆1992年版，第91页。译文稍有改动。——译者）

① 例如 Manfred S. Frings, *Person und Dasein: Zur Frage der Ontologie des Wertseins*, Phänomelogica, vol. 32, The Hague: Martinus Nijhoff, 1969; Manfred S. Frings, "Is there Room for Evil in Heidegger's Thought or Not?" *Philosophy Today* 32, 1988, pp. 79-92; Manfred S. Frings, "The Background of Max Scheler's 1927 Reading of *Being and Time*: A Critique of a Critique through Ethics," *Philosophy Today* 36, 1992, pp. 99-111; Hans Reiner, *Duty and Inclination: The Fundamentals of Morality Discussed and Redefined with Especial Regard to Kant and Schiller*, translated by Mark Santos, The Hague: Martinus Nijhoff, 1983, pp. 146-167, 295-298; Philip Blosser, "Reconnoitering Heidegger's Critique of Value Theory,"未刊稿，1991年10月19日在 Memphis 提交给 The Society for Phenomenology and Existential Philosophy。本文的第一部分曾自由借阅并受惠于该文。

在方式"。① 这样，在这本书以及与之相伴的 1928 年的一些讲座中，海德格尔断言：作为一种持续的在场，价值忽视了 Dasein 的绽出的时间性，借此时间性，所有的存在者，包括价值，都只有"出于永远超越于在场者之范围的未来"② 才能被当场给予。对于海德格尔以及海德格尔的信徒们来说，他们已经习惯于通过攻击某一种学说的较弱的版本从而断言他们因此已经明确地拒绝了这种学说的所有版本。我们将会看到，海德格尔对舍勒的"价值"与"抗阻"（resistance）的批评就是这样的情形。

在他 1947 年关于柏拉图真理理论的著作中，海德格尔扩展了他对于价值理论的攻击：在那里他把 19 世纪的"价值"概念与柏拉图的"善"（agathon）联系在一起，宣称"价值"像后者一样仅仅是存在之真理的"展示性的前景"（presentative foreground），而不是它的基础。在其《关于人道主义的书信》（1949）中，海德格尔断言：

> 一切评价……都是一种主体化。一切评价都不是让存在者存在，不如说，评价只是让存在者作为它的行为的客体而起作用。要证明价值之客体性的特别努力并不知道它的所作所为。……**在评价行为中的思想……是面对存在而能设想的最大的渎神**。所以反对价值来思考，并不是说要为存在者之无价值状态和虚无缥缈大肆宣传，而倒是意味着：反对把存在者主体化为单纯的客体，

---

① Martin Heidegger, *Being and Time*, translated by John Macquarrie and Edward Robinson, Oxford UK & Cambridge USA: Blackwell, 1962, Para., 21. 黑体为原文所有。Macquarrie 和 Robinson 的英译本在此有点误导。（中译本见海德格尔：《存在与时间》，陈嘉映、王庆节合译，熊伟校，陈嘉映修订，生活·读书·新知三联书店 1999 年版，第 116 页。译文稍有改动。——译者）

② Parvis Emad, *Heidegger and the Phenomenology of Values*, Glen Ellyn, IL: Torey Press, 1981, p. 144; Martin Heidegger, *Sein und Zeit*, Para. 48; and Martin Heidegger, *Metaphysiche Anfangsgründe der Logik im Ausgang von Leinz*, hrsg. von F. W. Von Herrmann, GA 26, Frankfurt am Main: Klostermann, 1978; Parvis Emad, *Heidegger and the Phenomenology of Values*, pp. 23-48.

而把存在之真理的澄明带到思想面前。①

进而，海德格尔在《林中路》（1950）中断言，"价值"是"对作为目标的需要的对象化"，源于把对象还原为表象：被如此还原的物导致存在的丧失，"价值"被赋予对象以补偿这种丧失，于是这样的价值就被具体化。"价值"就是"任何存在物的对象性的虚弱陈腐的伪装"，是"存在的可怜的替代"。"没有人只为价值而死"②。（但有任何人曾仅为存在而死吗？）

曼弗雷德·S.弗林斯、汉斯·莱纳和菲利普·布洛瑟已经有力地表明，海德格尔的论断在现象学上是如何站不住脚。胡塞尔也已勾勒了"价值"经验的不同层次，同时把事物的价值性质的被给予性与作为这种性质之对象化的"价值"区分开来。③一如舍勒表明的那样，在独立于人的主体的意义上，"价值"被"直观"或"感受"**为**"客观的"，而且确切无疑的是，它不被经验为由人的主体的强力意愿的任何一种行为所"设定"。的确，在他的《伦理学中的形式主义与质料的价值伦理学：为一门伦理学人格主义奠基的新尝试》（下文简称《形式主义》）中，舍勒系统地和逐一地拒绝了所有为人熟知的主观主义价值理论——快乐主义、情感主义、功利主义、唯名论、相对主义——总之任何一种使价值依赖于意愿自我的理论。然而，不像胡塞尔把"价值"置于与感性性质相同的现象学的被给予性的层次上——如本文开头引文所暗示的那样，舍勒主张，在现象学的被给予性秩序中，"价

---

① Martin Heidegger, "Letter on Humanism," translated by Frank A. Capuzzi, in Martin Heidegger, *Basic Writings*, edited by David Farrell Krell, New York: Harper & Row, 1977, p. 228. 黑体是引者所加。（中译本见海德格尔：《路标》，孙周兴译，商务印书馆2000年版，第411—412页。——译者）

② Philip Blosser, "Reconnoitering Heidegger's Critique of Value Theory," 未刊稿，p. 3.

③ Edmund Husserl, *Ideas Pertaining to a Pure Phenomenology and to a Phenomenological Philosophy, First Book: General Introduction to a Pure Phenomenology*, translated by F. Kersten, pp. 231-232.

值"**先于**所有的感性性质:"价值-把握先于感知。"① "价值先于其对象;它是它的特殊本性的第一个'信使'。"② 比如,在疼痛的负面价值与我不小心抓到的热锅的感性性质的任何联结之前,它就已先行呈报自身;热锅只是在反思中才被确认为我疼痛的"原因"。或者举一个舍勒的例子:"我对落日余晖中的雪山之美的感受"先于那些"引起"(cause)这样一种感受的被感知到的性质。③

由于汲取尼采甚多,海德格尔似乎想把"价值"的所有形式都还原到**怨恨**上。但是在**怨恨**行为中的各种败坏了的评价之间的同一化本身,却指示着另外一种评价模式,这种模式并非如此植根于单纯自我中心的强力意愿——[这就是]④ 舍勒在实际的(factual)爱的秩序和观念的爱的秩序之间所做的区分。甚至尼采也在扭曲了的和"真正的"价值秩序之间进行了区分⑤,而并没有像海德格尔那样把所有的价值都还原为"利己主义的(self-interest)设定,这些设定通过为存在提供一种必然的恒量、一种替代而使强力意愿确保自身,并由此服务于强力意愿"⑥。实际上,正如尼采和舍勒都表明的那样,拒绝一种价值秩

---

① Max Scheler, *Der Formalismus in der Ethik und die materiale Wertethik: Neuer Versuch der Grundlegungeines ethischen Personalismus*, 3. Aufl., hrsg. von Maria Scheler, GW II, Bern und München: Francke Verlag, 1954, S. 216; 英译本见: Max Scheler, *Formalism in Ethics and Non-Formal Ethics of Values: A New Attempttoward the Foundation of an Ethical Personalism*, translated by Manfred S. Frings and Roger L. Funk, Evanston, Ill.: Northwestern University Press, 1973, p. 201。

② Max Scheler, *Der Formalismus in der Ethik und die materiale Wertethik: Neuer Versuch der Grundlegungeines ethischen Personalismus*, GW II, S. 41; 英译本见: Max Scheler, *Formalism in Ethics and Non-Formal Ethics of Values: A New Attempttoward the Foundation of an Ethical Personalism*, translated by Manfred S. Frings and Roger L. Funk, p. 18。

③ Max Scheler, *Der Formalismus in der Ethik und die materiale Wertethik: Neuer Versuch der Grundlegungeines ethischen Personalismus*, GW II, S. 271; 英译本见: Max Scheler, *Formalism in Ethics and Non-Formal Ethics of Values: A New Attempttoward the Foundation of an Ethical Personalism*, translated by Manfred S. Frings and Roger L. Funk, p. 256。

④ 本文方括号内的文字为译者所补。下同。——译者

⑤ Friedrich W. Nietzsche, *The Birth of Tragedy and The Genealogy of Morals*, translated by Francis Golffing, Garden City, NY: Doubleday, 1956, p. 188.

⑥ Philip Blosser, "Reconnoitering Heidegger's Critique of Value Theory," 未刊稿, p. 3。布洛瑟错误地把这样一种来自于海德格尔的观点接受为尼采自己的观点。

序而不是某人自己的自我中心的偏爱,这种努力本身就是**怨恨**的特征,因此海德格尔对于所有价值理论的如此激烈的明确谴责正暴露了他自己的**怨恨**。

舍勒对其价值理论与任何一种柏拉图主义的艰难区分始终贯穿着他的全部著作,但是这样一种区分一再地被海德格尔轻易忽视。在他1897年的博士学位论文中,舍勒就已经清楚地写道:

> 至于"什么是价值"这一问题,我提供下述回答:就"是"这个词在这个问题中指向实存(而不只是一个单纯的系词)而言,价值根本就不"是"["或"存在"]。就像存在概念一样,价值概念也不允许任何定义。①

舍勒在他的《形式主义》中再一次坚持,价值不享有不同于具体的人的行动的存在论的地位②:价值骑"在"这些行动的"背上"③。正如现象学家们通常把柏拉图的形而上学的艾多斯(eidos)与任何一种现象学的艾多斯(eidos)区分开来一样,我们也必须要把柏拉图的善(agathon)与一种舍勒式的"价值"概念区分开。

舍勒在《认识与工作》(*Erkenntnis und Arbeit*)中对于美国实用主义尤其是威廉·詹姆斯(William James)的实用主义的采用,使他能

---

① Max Scheler, *Frühe Schriften*, GW I, hrsg. von Maria Scheler and Manfred. S. Frings, Bern und München: Francke Verlag, 1971, S. 98.

② Max Scheler, *Der Formalismus in der Ethik und die materiale Wertethik: Neuer Versuch der Grundlegungeines ethischen Personalismus*, GW II, S. 19-21; 英译本见:Max Scheler, *Formalism in Ethics and Non-Formal Ethics of Values: A New Attempttoward the Foundation of an Ethical Personalism*, translated by Manfred S. Frings and Roger L. Funk, pp. xxvii-xxx。

③ Max Scheler, *Der Formalismus in der Ethik und die materiale Wertethik: Neuer Versuch der Grundlegungeines ethischen Personalismus*, GW II, S. 49; 英译本见:Max Scheler, *Formalism in Ethics and Non-Formal Ethics of Values: A New Attempttoward the Foundation of an Ethical Personalism*, translated by Manfred S. Frings and Roger L. Funk, p. 27。

够令这样一种区分尤为明显，并使他的理论与柏拉图主义保持更远的距离。在存在论上，价值仅仅留驻于、发生于、"功能化"于具体的行动中：它们既不是 *ideae ante res*（先于物的理念）（柏拉图），也不是 *ideae post res*（后于物的理念）（亚里士多德），而是 *ideae cum rebus*（与物一起的理念）（詹姆斯）①。正如弗林斯所描述的："于是道德的善（与恶）是在偏好（prefering）（或拒绝）的情形中'功能化'自身……"②

而且，舍勒对于从快乐到神圣这个专门的价值领域所做的广为人知的描画和等级化，在舍勒的理论中也不是最重要的。毋宁说，这里最为本质的乃是价值-等级的观念本身，亦即价值本质上显现在一个偏好与牺牲的秩序中。宣称某物是有价值的但却不优先选择［或偏好］它或不愿意为它牺牲任何东西，这是在表达一种公然的悖谬，是在无意义地道说。（再一次强调，我们用"偏好"与"牺牲"并不是意指主体的意愿行为，而是作为前主体的、在现象学上被给予的意向活动。）

进而，我们必须在舍勒后期的作为受苦存在论的现象学语境中重新解释他的价值理论，而这就意味着要把"价值"与舍勒的"抗阻"（resistance）概念本质地联系在一起来理解。在这样做时我们将更深入地看到，海德格尔对价值理论的批评是如何糟糕地错失了舍勒本人的理论的标志，因为海德格尔糟糕地误解了舍勒的"抗阻"概念；以及对于舍勒而言，基础存在论如何包含了"价值"。这就是说，这里的策略是把"价值"理解为"抗阻"，然后展示出海德格尔对"抗阻"的批

---

① William James, *Pragmatism*, Cambridge: Harvard University Press, 1975, pp. 104-106; Max Scheler, *Vom Ewigen im Menschen*, 4. Aufl., hrsg. von Maria Scheler, GW V, Bern und München: Francke Verlag, 1954, S. 198-208; 英译本见：Max Scheler, *On the Eternal in Man*, translated by Bernard Noble, Hamden, CT: Archon, 1972, pp. 200-211. Max Scheler, *Schriften aus dem Nachlass*, GW XII, Band III: *Philosophische Anthropologie*, hrsg. von Manfred S. Frings, Bonn: Bouvier Verlag, 1987, S. 146. Manfred S. Frings, *Philosophy of Prediction and Capitalism*, Dordrecht: Martinus Nijhoff, 1987, pp. 66-87.

② Manfred S. Frings, *Philosophy of Prediction and Capitalism*, p. 86.

评是如何不适于舍勒,并借此表明他对"价值"的批评是如何没有切中舍勒的说明。

胡塞尔的现象学和舍勒的现象学的最一般的区别乃在于:对于前者来说,现象学植根于"设定的"(thetic)的**意识**并且是对这种意识的揭露;对于后者来说,现象学是植根于**生命冲力**(*Lebensdrang*)的冲动之中并且是对这种冲动的揭露。[①] 对于胡塞尔来说,现象学是一种反思行为,它切断正常的意识之流去揭示和描述它的本质结构,亦即它的意向性的本性,后者乃是一切思维、一切无论什么样的心灵活动,尤其是科学活动的可能性的主观条件;对于舍勒来说,现象学则是一种奠基于"非抗阻之心理技艺"的"态度",一种专门的精神行为,这种行为悬置抗阻的核心,以便一方面揭示生命冲力之生长着的、斗争着的和变易着的趋向,另一方面揭示着"世界"的被给予性。

现象学对于舍勒不像对于胡塞尔那样是一种方法,而是一种"精神观看的态度",因为舍勒认为,"方法是思考某些事实的思维的一种朝向目标的程序,比如归纳或演绎。然而在现象学中,现象学首先是关于一些新的事实本身的事件,在这些事实被逻辑固定之前;其次是关于**观看**的程序的事件"。[②] 于是现象学就不是一系列的步骤,在笛卡尔的传统中,人们沿着这一系列的步骤而达到一种决然的确定性。它是观看世界的一种特殊方式,而"态度"就指示着观看的这种非朝向

[①] Manfred S. Frings, "Foreword" to *Max Scheler (1874-1928) Centennial Essays*, edited by Manfred S. Frings, The Hague: Martinus Nijhoff, 1974, pp. vii-viii; Manfred S. Frings, *Max Scheler: A Concise Introduction into the World of a Great Thinker*, Pittsburgh: Duquesne University Press, 1965, pp. 23-24; Lewis Coser, "Max Scheler: An Introduction," in Max Scheler, *Ressentiment*, translated by William W. Holdheim, New York: Free Press of Glencoe, 1961, p. 10.

[②] Max Scheler, „Phänomenlogie und Erkenntnistheorie", in Max Scheler, *Schriften aus dem Nachlass*, GW X, Band I: *Zur Ethik und Erkenntnislehre*, hrsg. von Maria Scheler, Bern und München: Francke Verlag, 1957, S. 380; 英译本见: Max Scheler, "Phenomenology and the Theory of Cognition," in Max Scheler, *Selected Philosophical Essays*, edited and translated by David Lachterman, Evanston, Ill.: Northwestern University Press, 1973, p. 137。

目标的方式。

由于被设想为一种态度而不是一种方法,对于朝向世界的所有其他态度而言,现象学就不像在胡塞尔那里那样是基础性的。现象学不是所有其他科学必须奠基其上的彻底无前设的科学;它不是如胡塞尔所主张的那样是前哲学的。① 毋宁说,在舍勒看来,必须要在与其他认知模式的辩证关系中看待现象学,因此现象学就占据了一个更谦虚的位置,尽管它为我们提供了一种的确是特殊类型的明察。正像对于海德格尔来说现象学不得不成为解释学,因为它必须要说明人们的文化语境,同样,对于舍勒来说,现象学也必须要被"知识社会学"语境化。这样,"价值"在舍勒的现象学的伦理学中就不是非历史的、持久的在场,如海德格尔指责的那样。实际上,在把他自己的价值理论与尼古拉·哈特曼的价值理论区分开时,舍勒就强调:"我们不能把知识论与关于人类精神结构之**历史**的重大问题割裂开来……,也不能把伦理学与**伦理形式的历史**割裂开。"② 而且,作为非-抗阻的心理技艺,现象学被舍勒置于与形而上学的本质关联中来加以思考③,或者与他后来称为"元生物学"的本质关联中加以思考④。

在胡塞尔那里,给予的意识现象是在意向活动与意向相关项的两

---

① Edmund Husserl, *Ideen zu einer reinen phänomenologie und phänomenologischen Philosophie*, S. 39; 英译本见: Edmund Husserl, *Ideas Pertaining to a Pure Phenomenology and to a Phenomenological Philosophy*, pp. 33-34。

② Max Scheler, „Vorwort zur dritten Auflage", in Max Scheler, *Der Formalismus in der Ethik und die materiale Wertethik: Neuer Versuch der Grundlegungeines ethischen Personalismus*, GW II, S. 22; 英译本见: Max Scheler, "Preface to the Third Edition," in Max Scheler, *Formalism in Ethics and Non-Formal Ethics of Values: A New Attempttoward the Foundation of an Ethical Personalism*, translated by Manfred S. Frings and Roger L. Funk, p. xxx。

③ Max Scheler, *Der Formalismus in der Ethik und die materiale Wertethik: Neuer Versuch der Grundlegungeines ethischen Personalismus*, GW II, S. 22; 英译本见: Max Scheler, *Formalism in Ethics and Non-Formal Ethics of Values: A New Attempttoward the Foundation of an Ethical Personalism*, translated by Manfred S. Frings and Roger L. Funk, p. xxxi。

④ Max Scheler, *Schriften aus dem Nachlass*, GW XI, Band II: *Erkenntnislehre und Metaphysik*, Bern und München: Francke Verlag, 1979, S. 156ff.

极中被构成；而在舍勒那里，世界的实在性是在展示着不断增长的精神化趋向的生命冲力（Lebensdrang）和世界抗阻的两极之间被给予。舍勒拒绝在生物与非生物之间、有机存在与无机存在之间的尖锐区分，他主张有一种唯一富有生机的、生长着的和变易着的趋向（普遍生命）渗透于所有自然之中，并且认为这种趋向在亚原子微粒的脉动中就已经能发现。① 这种冲动性的生命冲力在其变易的运动中并不是任意的或混乱的，毋宁说，在其不断增长着的精神性的展示活动中，它在它自身作为幻影似的图像之前就投射出自己的可能性，自己的**能-存在**，就像从一个自动前灯中射出的锥形光柱一样。② 生命冲力寻求那些最充分地实现其关切的对象相关物。"我们感知到的任何东西，在我们感知到它之前就必定以某种方式满足和吸引着我们的生命动力"③，就是说，必定将其自身作为有价值的东西呈现出来，或被感受为有价值的。因此，一方面，只有当某物在一个阻滞或抗阻冲力之实现的世界境域中或相对着这个世界境域而呈现自身时，我们才能把该物经验为"实在的"，经验为实存着的。相反，另一方面，生命冲力源初地将自身经验为、给予为、构成为**对于**它所不是之物、它的它者，亦即"世界"的侵犯的**抗阻**和**阻滞**。"实存，或者某种意义上的实在性，"舍勒写道，

---

① 只是在第二步，这种唯一的变易着的趋向才区分为力量中心和生命中心，后者分别对象化为有机自然和无机自然。Manfred S. Frings, *Max Scheler: A Concise Introduction into the World of a Great Thinker*, p. 33; Manfred S. Frings, "Max Scheler: A Descriptive Analysis of the Concept of Ultimate Reality," *Ultimate Reality and Meaning* 3, 1980, pp. 138, 140. 这样一种观点最近得到了 1969 年诺贝尔生理学和医学奖获得者 Max Delbrueck 的支持。参见 Max Delbrueck, *Mind from Matter*, Palo Alto: Blackwell, 1986; Max Delbrueck, "Mind from Matter?" *The American Scholar* 47, 1978, pp. 339-353。曼弗雷德·S. 弗林斯指出，在舍勒与 Delbrueck 之间有一种惊人的平行性。参见 Manfred S. Frings, *Philosophy of Prediction and Capitalism*, p. 46。

② Max Scheler, *Späte Schriften*, GW IX, hrsg. von Manfred S. Frings, Bern und München: Francke Verlag, 1976, S. 230; Max Scheler, "Idealism and Realism," in Max Scheler, *Selected Philosophical Essays*, edited and translated by David Lachterman, p. 344; Manfred S. Frings, *Philosophy of Prediction and Capitalism*, pp. 48-56。

③ Max Scheler, *Späte Schriften*, GW IX, S. 239; Max Scheler, "Idealism and Realism," in Max Scheler, *Selected Philosophical Essays*, edited and translated by David Lachterman, p. 354.

"是从对于一个已被给予的当前世界中的抗阻的经验中引出来的,而这种对于抗阻的经验是**内在于**(亦即不是外在的)生命动力的,是内在于我们的存在的核心生命冲力的。"他接着写道:"这种作为抗阻之经验的对于实在性的原本经验,**先于**任何意识、理解和感知。"① 对实在性的经验发生在生命冲力与世界的共相关的抗阻中,而且这种抗阻经验先于对存在者的任何如在(Sosein)和实存(Dasein)的经验以及对本质的认识。正如舍勒所说:"因此,我们在被给予性的秩序中对于某个不定之物(即抗阻)的实在**存在**(Realsein)的理解**先于**对它的**如在**的理解。"②

舍勒完全同意赫拉克利特的格言"战争是万物之父":如果没有不同动力之间的紧张和战争,没有对于生命冲力之实现(coming-to-be)的"世界"抗阻,没有对于"世界"之入侵的生命的抗阻——在生命中也就没有"实在性"被给予,既没有"世界"的实在性,也没有生命的实在性。因此,价值的实在(Realsein)是在抗阻的这种源初现象中被给予的:抗阻把生命冲力的实现具体化为感受到的"价值"。"价值"**是**对于那作为真正的"不定之物"的抗阻的原本的前概念经验,那种不定之物首先自行宣告于生命关切的光亮之中。此外,价值的这种宣告就可以不是一个意愿主体的单纯的投射,因为它在任何类似于"自我"或"主体"的东西的构造之先而得以展示。或许我们可以想象一个像 16 世纪佛兰德画家老勃鲁盖尔(Pieter Bruegel)所描绘的德国童话《安乐乡》中那样的被幻想的世界,在那里任何一种人类欲望——无论是口腹之欲、性欲,还是权力欲——都立即得到满足:

---

① Max Scheler, „Die Stellung des Menschen im Kosmos" (1928), in Max Scheler, *Späte Schriften*, GW IX, S. 43; 英译本见:Max Scheler, *Man's Place in Nature*, translated by Hans Meyerhoff, New York: Noonday, 1961, p. 53. 第一处黑体字是引者所加,第二处是原来就有的。

② Max Scheler, „Erkenntnis und Arbeit", in Max Scheler, *Wissensformen und die Gesellschaft*, GW VIII, Bern and München: Francke Verlag, 1980, S. 372. 第一处黑体是补充的,其他是原有的。

这样一个世界必定是一个想象的世界、一个"非实在的"世界、一个其中没有什么具有实在价值的世界，恰恰是因为它是一个没有战争、没有对于生命冲力的抗阻的世界。而且对于舍勒来说，现象学是建立在悬置或取消生命冲力中的抗阻因素的精神能力之中的："实在性"因此被"加上括号"，被"观念化"（ideated），由此现象学的观看才可能形成。

在黑格尔和胡塞尔的现象学中，舍勒批评最多的就是它们缺乏恰当的抗阻概念；而在海德格尔《存在与时间》的"基础存在论"中，舍勒发现最让人反对的也是这一点。这就是说，在精神展开为历史的过程中，在先验主体性中，以及在 Dasein 的在世之中存在的方式中，都没有恰当的抗阻因素。这种缺乏恰恰解释了海德格尔没有能力把握"价值"之于基础存在论的适当性。

即使胡塞尔根据抗阻来描述知觉之意向对象的被给予性，但是世界的客观性还是被构造**为**抗阻活动。"Eidos"作为对于想象变更的抗阻而熠熠生辉。抗阻是构造活动的一个**特征**，而非这种客观性于其中得以构造的意识本身的本质结构的因素。而且，对于胡塞尔来说，抗阻严格说来是心灵的，而对于舍勒而言，抗阻则完全是生命的、被感受到的，先于意识的任何一个特定对象的被给予性，并且是这种被给予性的条件。

在海德格尔那里，情况要更为复杂。因为，尽管海德格尔没有用［抗阻］这个术语，但是在海德格尔根据工具的已经上手状态（readiness-to-hand）和现成在手状态（presence-at-hand）而对工具的存在所做的描述中，某种像"抗阻"一样的东西还是处于这种描述的中心，亦即工具之非上手状态作为工具之被给予 Dasein 的现成在手（present-at-hand），本质上就是抗阻情形，一如《存在与时间》中的下面这一段话所表明的那样：

操劳交往不仅会碰上在已经上手的东西**范围之内**的不能用的东西，它还发现根本短缺的东西。这些东西不仅不"称手"，而且它根本不"上手"。这种方式的缺失又具有某种揭示作用，即发现某种不上手的东西；它在某种"仅仅现成在手的存在"中揭示着当下上手的东西。在注意到不上手的东西之际，上手的东西就以**窘迫**的样式出现。我们愈紧迫地需要所缺乏的东西，它就愈本真地在其不上手状态中来照面，那上手的东西就变得愈窘迫，也就是说，它仿佛失去了上手的性质。**它作为仅还现成在手的东西暴露出来。如果没有所短缺的东西之助，就不能把它推进分毫。**①

尽管舍勒无疑会用不同的语词来表达这里的关键点，但我相信他从根本上会同意海德格尔。他们的不同点在于：海德格尔指责把对实在的经验植根于"抗阻"之中，认为这种做法忽视了 Dasein 于其中显现的"指引整体"，亦即 Dasein 的在世之中存在。这正是他将之与价值理论对立之处。此种价值理论亦即：被预设的"指引整体"是"存在的丧失"，而存在，他认为被具体化为"价值"。海德格尔写道：

如果不是现身在世的存在已经指向一种由情绪先行标画出来的、同世内存在者发生牵连的状态，那么无论压力和抗阻多么强大都不会出现感触这类东西，而抗阻在本质上也仍旧是未被揭示的。**从存在论上看，现身中有一种开展着指向世界的状态，与我们发生牵连的东西是从这种指派状态方面来照面的。**②

---

① Martin Heidegger, *Sein und Zeit*, 15. Aufl., Tübingen: Max Niemeyer, 1979, S. 73; 英译本见：Martin Heidegger, *Being and Time*, translated by John Macquarrie and Edward Robinson, Oxford UK and Cambridge USA: Blackwell, 1962, p. 103. 最后一处黑体是引者所加，其他黑体皆为原文所有。（中译本见海德格尔：《存在与时间》，陈嘉映、王庆节合译，熊伟校，陈嘉映修订，第86页。——译者）

② Martin Heidegger, *Sein und Zeit*, S. 137; 英译本见：Martin Heidegger, *Being and Time*, translated by John Macquarrie and Edward Robinson, p. 177. 黑体为原文所有。（中译本见海德格尔：《存在与时间》，陈嘉映、王庆节合译，熊伟校，陈嘉映修订，第161页。译文稍有改动。——译者）

——[这与我们发生牵连的东西]也就是作为有价值的某物。他又写道：

> 向着某某东西汲汲以求撞上抗阻而且也只能够"撞"上抗阻；而这个汲汲以求本身已经**寓于**因缘整体性。因缘整体性的揭示则奠基于意蕴的指引整体的展开状态。**在存在论上，只有依据世界的展开状态，才可能获得抗阻经验，也就是说，才可能奋争着揭示阻碍者。**阻碍状态描述出世内存在者的存在。抗阻经验实际上只规定着世内照面的存在者的揭示广度和方向。并非这二者的总和才刚导致世界的开展，它们的总和倒是以世界的开展为前提的。"阻"和"对"在其存在论的可能性中是由展开的在世来承担的。①

而且，由于在世界之中的存在的展开状态发生在处于操心现象之中的Dasein那里，所以"实在回指到操心现象上"。②

舍勒对于海德格尔的回应有几处，它们值得在这里加以概述，因为它们有助于澄清他后期的价值理论奠基其上的抗阻概念；因此对抗阻概念的辩护构成了对价值理论的辩护的一个重要部分。

首先，舍勒指出，当海德格尔把舍勒的抗阻概念与狄尔泰的抗阻概念混在一起时，海德格尔严重地误解了他的抗阻概念。③ 确实，纵观《存在与时间》对于"抗阻"的讨论，海德格尔都把狄尔泰和舍勒放在一起甚至互相替代着来谈，没有把他们各自的概念区分开来。在回应

---

① Martin Heidegger, *Sein und Zeit*, S. 210; 英译本见：Martin Heidegger, *Being and Time*, translated by John Macquarrie and Edward Robinson, pp. 253-254. 黑体为原文所有。（中译本见海德格尔：《存在与时间》，陈嘉映、王庆节合译，熊伟校，陈嘉映修订，第 242 页。——译者）

② Martin Heidegger, *Sein und Zeit*, S. 211; 英译本见：Martin Heidegger, *Being and Time*, translated by John Macquarrie and Edward Robinson, p. 255.

③ Wilhelm Dilthey, „Beitrage zur Lösung der Frage vom Ursprung unseres Glaubens an die Realität der Außenwelt und seinem Recht" (1890), in *Die geistige Welt: Einleitung in die Philosophie des Lebens*, pt. 1, *Abhandlungen zur Grundlegung der Geisteswissenschaften*, 4. Aufl., *Gesammelte Werke*, Band 5, hrsg. von Georg Misch, Stuttgart: B. G. Teubner, 1964, S. 90-138.

海德格尔于那本书中对抗阻概念的打发时，舍勒评论道："这种批评也许有其意义，但它不适于我。"① 对抗阻的经验并没有被等同于对实在的经验和对世界内的可对象化的存在者的经验，如海德格尔所做的那样。对于舍勒来说，"抗阻"不要求像在狄尔泰那里样的存在者层次上的地位。而且，抗阻的源泉不是外在于生命（Lebensdrang）的，一如对于狄尔泰那样，而是生命的本质特征。因此，当海德格尔把抗阻经验重构为对于世内存在者的揭示，"对那阻碍我们之努力者的揭示"，海德格尔就完全错了。正如舍勒相当清楚地表明的那样，抗阻经验**先于**对存在者的任何如在或实存的经验并且是这种经验的一个**条件**，而且情况当然不是这样：抗阻经验预设了 Dasein 的指引性的意蕴整体，亦即它的在世存在的被揭蔽状态。相反，"抗阻"描画了这样一种方式，凭借这种方式，Dasein 发现它自身已经源初地处于这样一个"意蕴脉络"之中，亦即价值之网、偏好之网中；是这样一种方式，凭借这样一种方式在世存在先于任何世内存在者的构成而向 Dasein 揭示自身——因此［抗阻］是由在世存在预设的。

而且，那经验抗阻者把"世界"经验为它自己的实现的阻碍，把它自己经验为对于"世界"的阻碍——也就是说，生命冲力绝没有被舍勒赋予存在者层次上的地位：亦即，在抗阻经验那里还没有一个主体。他写道：

> 当我在实在存在论的意义上把实在存在规定为由生命冲力设定的图像时，我并不意味着要进一步把 realitas 强加于生命冲力自身之变易的状态上。对于实在存在的"欲望""渴望"本身根本不是实在的，这恰恰是因为它不是可对象化的而首先是"寻求"实

---

① 转引自 Manfred S. Frings, "The Background of Max Scheler's 1927 Reading of *Being and Time*: A Critique of a Critique through Ethics," *Philosophy Today* 36, 1992, p. 112.

在化（Realsein）。我完全同意海德格尔下述观点：现在是时候最终停止把那些在狭窄的物理存在范围中发现的存在范畴和存在模式转移到生命、意识、自我等等之上了。①

毋宁说，生命冲力是一种纯粹的变易趋向（Werde-sein）或者变化之流（Wechsel），是在行动中存在（being-in-act），它完全是非对象化的，不是那种正在"变易着的某物"（Sein-werden）。

其次，更严重的是，舍勒指责海德格尔的 Dasein 概念在像生命冲力这样的东西中没有基础，因此这个概念缺乏相应的统一性并代表了一种"唯我论"学说。简单地断言 Dasein 把自身首要地和源初地经验为"在世界之中存在"并不足够，因为舍勒说道："这里的'在之中'被认为是意味着某种像'被束缚于……中'或'被卷入于……中'之类的东西。除非那个'solus ipse'［单独的自我］也把自身经验为独立于世界——某种海德格尔不会承认的东西，否则这种［关于'在之中'的］观念能从根本上有意义吗？"② "抗阻"比"在世界之中存在"更恰当地描述了存在论差异的环节。我们把我们的存-在（Be-ing）的特出方式不是经验为一种模糊的"在世界之中存在"，而是更源初地经验为一个统一性的变易；抗阻的充满生机的活动-中心——舍勒将之标示为"人格"而非"Dasein"③——不是**在"世界"中**，而是与**"世界"相对抗**。反之，所有关于"实在性"的认识都奠基于其上的世界的被揭蔽性④，都被置于"对于动力中心之统一体的抗阻的统一体

---

① Max Scheler, *Späte Schriften*, GX IX, S. 260.
② Max Scheler, *Späte Schriften*, GX IX, S. 260.
③ Manfred S. Frings, *Person und Dasein: Zur Frage der Ontologie des Wertsein*, The Hague: Martinus Nijhoff, 1969. 该书是对舍勒和海德格尔的这些术语的最为广泛的比较。也参见 Mandred S. Frings, "Heidegger and Scheler," *Philosophy Today* 12, 1968, pp. 21-30。
④ Martin Heidegger, *Sein und Zeit*, S. 202; 英译本见：Martin Heidegger, *Being and Time*, translated by John Macquarrie and Edward Robinson, p. 246。

中"①。海德格尔未能把 Dasein 植根于某种像统一的生命冲力的东西之中，这一点意味着他不仅不能说明 Dasein 的统一性，而且意味着他不能说明——但是仅可以断言——世界的动力学的统一性，Dasein 是在这个世界之中的（Being-in）。② 舍勒写道：

> 与单个的动力中心和生命中心相对抗的抗阻，在产生所有个别的实在性之前产生了实在范围的统一体，因为这些个别的实在性以一种次一级的方式受惠于感性的这种存在功能和性质……。我很抱歉地说，一种作为现象（不是作为"理念"）的"世界情调"对于我来说是绝对未知的。"意蕴的指引整体"（《存在与时间》德文版第 210 页）在我看来似乎是一个非常模糊和未明确规定的概念。简直没有证据表明动力冲动是海德格尔称为"操心"的那种非认知模式的行为举止的"变样"，也没有证据表明抗阻把存在预设为我们为之操心的那种东西（或者把我们常人的存在预设为我们为之忧心的东西）。③

的确，海德格尔无法说明缺乏统一的生命行动中心的 Dasein 的"被抛状态"和 Dasein 本身，这个 Dasein 既抗阻着"世界"又被"世界"所抗阻。

而且，或许除去极少的瞬间之外，生命冲力在其对抗着"世界"之抗阻、追求精神之不断增长的实现过程中，总是忍受着缺乏满足之苦：生命冲力的实现是不完全的。受苦是我们日常状态的最基本模式。就是说，受苦是与"实在性"一道被共同给予的，而实在性乃是处于生命冲力之实现范围内的世界-抗阻的发生中：受苦是抗阻经验中的

---

① Max Scheler, *Späte Schriften*, GX IX, S. 262.
② Max Scheler, *Späte Schriften*, GX IX, S. 261, 266-267.
③ Max Scheler, *Späte Schriften*, GX IX, S. 263.

"实在性"的主观相关项。① 这样，价值也就而且相应地只发生于受苦之中：价值是生命中的绽出的剩余，由于这种剩余，在世界之中存在的受苦就是"值得"忍受的，亦即海德格尔（错误地）主张的真正的绽出的时间性否定了"价值"：Dasein 在世界之中存在的方式本质上是评价性的。

舍勒把抗阻/受苦的发生描述为"Wechselphänomen"［交替现象］，就是说，描述为一种纯粹的、非对象化的变更运动或变更之流，这条流在一种动力学的张力中把一些基本的二元对立——实存与本质、存在与变易、变易与非变易、生命（有机）与机械（无机）、在场与不在场、同一与他异、部分与整体、存在者的与存在论的、空间与时间——结合在一起，他又把最后一组还原为可逆性趋向和不可逆性趋向。这样一条流逃避了同一化和命名：正如我们已经看到的那样，它是一个不定的"那"（that），对象化的意识将它捕获为"事物"和"概念"，捕获为对象化的"价值"。

我相信，舍勒会把德里达的解构奠立其上的"延异的经济"（economy of différance）视为他的"交替现象"的相似物。对于德里达而言，"经济"意味着一种"交换"模式，一如德语的"Wechsel"所意味的——比如在"Geldwechsel"（货币兑换）中。"延异"包含着一种双重的运动，既是主动的也是被动的，这种双重运动把当前的瞬间从其自身内部分裂出一种时间化和空间化的运动。作为本源的时间化，延异是一种"延迟(deferring)活动……，一种对时间进行考虑、估量的活动，它迫使时间进入一种运作，这种运作意味着一种经济的计算

---

① Max Scheler, „Die Stellung des Menschen im Kosmos", in Max Scheler, *Späte Schriften*, GW IX, S. 16-17; 英译本见：Max Scheler, *Man's Place in Nature*, translated by Hans Meyerhoff, p. 14。Max Scheler, *Schriften zur Soziologie und Weltanschauungslehre*, 2. Aufl., hrsg. von Maria Scheler, GW VI, Bern: Francke Verlag, 1963, S. 43-44. Max Scheler, "The Meaning of Suffering," translated by Daniel Liderbach, S. J., in *Max Scheler (1874-1928) Centennial Essays*, edited by Manfred S. Frings, pp. 129-130.

(亦即一张要付的账单),一种迂回、暂缓、延宕、保留、再现……"这种延迟或延宕乃是时间化自身,"是把'欲望'或'意愿'之实现的完成悬搁起来,或以一种消灭或缓和其效果的方式来实现欲望或意愿的迂回的中介"①。在作为延迟的延异内部,"时间在与自身的关系中把自身打开为本原(亦即'欲望'或'意愿')之延宕"②。这种延迟源起于一种"本性中的缺乏"③;用舍勒的话说,亦即生命"受苦"于它自己的内在的抗阻,"受苦"于欲望和意愿的没有实现,从中就产生了延异的延迟运动,一如德里达所刻画的。延异的延迟运动作为基本的时间化,**是**对"价值"的源初偏好:它描述了价值化的本质结构和"价值"的涌现。④

延异也是差异化,并因此是所有标志着我们的语言的对立概念的源泉,正如在舍勒的"交替现象"中的情形一样。延异是差异的生产和源初构造,这些差异是"通过 polemos(战争、冲突)内部的一个敞开、之间和深渊而发生的"⑤。因此延异也是基本的**空间化**:"在'差异化'中,间隔、间距、**空间化**必然地发生于不同的环节之间,而且是主动地、动力学地、伴随着某种对重复的坚持而发生。"⑥

而且,延异是在延迟化和差异化之间并对之进行综合的"变更着的差异"⑦,是在时间化过程和空间化过程之间并把它们统握在一起的

---

① Jacques Derrida, *Speech and Phenomena*, translated by D. B. Allison, Evanston, Ill.: Northwestern University Press, 1973, p. 136.

② Jacques Derrida, *Margins of Philosophy*, translated by Alan Bass, Chicago: University of Chicago Press, 1982, p. 290.

③ Jacques Derrida, *Marge de la Philosophie*, Paris: Editions de Minuit, 1972, p. 149.

④ 弗林斯提供了一种对于价值的时间化的不同的说明,尽管是一种我相信可以与上文表明的内容相容的说明。Manfred S. Frings, „Einleitung" to Karol Wojtyla und Johannes Paul II, *Primat des Geistes, Philosophische Schriften*, Stuttgart: Seewald Verlag, 1980, S. 19-33.

⑤ Rudolphe Gasche, *The Tain of the Mirror: Derrida and the Philosophy of Reflection*, Cambridge: Harvard University Press, 1986.

⑥ Jacques Derrida, *Speech and Phenomena*, translated by D. B. Allison, pp. 136-137. 黑体为原文所有。

⑦ Jacques Derrida, *Margins of Philosophy*, translated by Alan Bass, p. 290.

流动之流，正如舍勒在"交替现象"中所描述的。这样一种运动，无论对于舍勒还是德里达，都为作为"对象"的对象构造留下余地，因此为概念构造留下余地：它是文本化本身。"交替现象"和"延异"都指向胡塞尔在其关于时间意识的讲座中已描述为基本的"不可命名的"运动的东西，这种运动为所有那些向意识本身当场呈现的东西的可能性奠基。① 德里达声言，这种"运动"，时间化和空间化的这种更替着的、难以捉摸的敞开，是一切形而上学概念性的本质条件，并且正因为如此而不能在形而上学中得到表达。作为一切逻辑对立的基础，它自身不能被逻辑所把握：绝对理性没有能力思考延异。舍勒会同意这一点，并且因此对于他来说，对延异、对交替现象的思考要求一种特殊的直观技艺，亦即：无抗阻的心灵技艺，他会在解构中看到这种技艺的范例，正如他在现象学中看到的一样。

结　语

因此，"价值"，至少是作为舍勒理解的价值，就不是"持久的在场"，如海德格尔认为它应该是的那样：毋宁说，"价值"于其中发生的偏好是真正的延迟运动，是本源的时间化，是时间性自身，生命的变易之流就在这种时间性中受苦。在存在论差异的澄明中，Dasein 忍受着（suffer）存在的丧失和弃绝，不是因为对于"价值"的任何一种主观的设定，如海德格尔主张的那样，而是因为延异的时间性本身，亦即延异的经济和延迟着的运动的展示。在这种受苦中，我们把存在的意义、"存在的真理"经验为价值，亦即存在的化合价（valence）或吸引性的强力，由于这种化合价或强力，对于延迟的忍受得以持续。

---

① Edmund Husserl, *The Phenomenology of Internal Time Consciousness*, translated by J. S. Churchill, Bloomington: Indiana University Press, 1964.

"价值"远不是对"存在之真理"的模糊,如海德格尔所谴责的那样。"价值"就是它自己的倾听和揭蔽本身;不是"对于存在的最大的侮慢",而是标志着存在的最基本的、本真的召唤。

(译者:朱刚／中山大学哲学系)

自由的经验[*]

海因里希·罗姆巴赫

一、自由经验

　　自由能否成为经验是一个问题。如果这是可能的，它不再需要任何学说或空洞的术语，而是也许仅仅要唤起一种以自由为目的的感受性。也许甚至必须说，在不存在自由的直接经验能力的一切场合，自由的经验自身事实上并不存在，它是偶然的产物，它一定消失得和它以可能的方式被建立起来时一样快。当人类的自由还没有成为天性时，无论这种自由自身的合法性证明是多么的出色，自由就不是自由，而是任意。当人类不再被强迫去思考自由，而是有能力去经验自由时，自由才成为了人类的天性。

　　最糟糕的不自由是伪装成自由的不自由。人对人是狼——只有当人们发现人狼总是披着羊皮的伪装出现时，这句话才包含真理。最精巧的诡计被编织进羔羊绒毛。在真假羔羊之间，人们不能借助某种"批判的理论"进行区分，而只能借助于它们散发出的气味进行区分。

---

[*] 本文译自：Heinrich Rombach, „Die Erfahrung der Freiheit Phänomenologie und Metaphysik in Widerstreit und Versöhnung", in Paul Good (Hrsg.), *Max Scheler im Gegenwartsgeschehen der Philosophie*, Bern/München, 1975, S. 57-78。——译者

正如托马斯·阿奎那（Thomas Aquinas）以应总是令人信服的方式所表叙的，绵羊不是通过教育来认识狼的，而是通过开始就有的、生死攸关的基本经验。

如果人类和绵羊有着根本的不同，那么这主要是因为人类能**学会**经验的直接性——因此人类也的确**必须**学会这一点，那么在假定自由经验存在的情况下，自由的经验看起来又会是什么样子呢？

二、现象学和经验的形而上学

在长期传统中，哲学一直教导我们，自由不能成为"对象"。对象性知识从外面指向它的客体，与此同时也存在只能被"从内在方面"认识的"现象"，例如"善良意志"就属于这类现象，人们常常只能信仰它，只能以之为前提，却没办法证明它，无论是通过言辞还是通过行为。即使是最崇高的行动也能从简单的机械论中产生，不仅是他人，就连行动者自身都遭到机械论的欺骗。

在很大程度上这类情形适用于自由。因此看起来在任何情况下，自由都不能毫无异议地得到证明。从某决定要素出发，任何一个行为都可以同样有效地得到解释。当一个心理学家不能成功地揭示机械机制，使之起澄清意义的作用来解释带着自由意识而被完成的行动，他就一定无能得很。由此可以理解，自由和与它相关的一切，被移居于一个思维的宇宙，其中没有任何感知，对之"经验"也没有判断力。因此在根本意义上没有现象学存在，只存在一门自由的形而上学。谁不能纯之又纯地思考自由，就不能对自由有任何言说。谁只是"体验"自由，谁就是他"活该的不成熟状态"的可悲牺牲品。众所周知，是康德抓住了自由的形而上学特征，并给哲学打上形而上学烙印，以致此后任何和功利主义或幸福论虚假形式的混淆，尤其是与社会幸福论虚假形式的混淆不再应是可能的。但正如政治舞台，以及今天的自由与解放意识形态所展现于我们眼前的那样，这种混淆在事实上不仅是可能的，而且是不言而喻的。这些事实也许不会让一个康德主义者不安，因为对他来说，数百年的历史并不决定什么，他可以充满信心地指望，自律的纯粹思想所得以最终实现的"世界公民时代"必然迟早会开始。至于其他的哲学家，人们能够加以忽略，因为他们不具有这一希望原则；或者人们能够忽略他们，只要不存在这样一种令人为难的想法，即：一种适应时代的自由根据这种自由观的概念本身根本不是什么自由。

现象学家们也处于这群门外汉之列，他们似乎抱着"前批判"的信仰不放，认为自由是显现的。自由不仅能现象学地得以描述，而且也能成为人类经验的责任内容。问题只是在于，这是如何可能的？很明显，对自由可经验性和可感知性的证明，可行性并不让人信服，否则在政治舞台上就不会有适当自由秩序的争论，在哲学领域中也不会有一门特殊的和公认的自由形而上学的存在。因而现象学家不仅陷入了证明困境中，也陷入了明显的矛盾境地，因为这一极少被严肃对待的矛盾将明见性的断言——它对现象学家们至关重要——证实为谎言。

无疑这一回合是形而上学家赢了，但是在这一个争论层面上，形而上学者用以攻击现象学家的矛头轻而易举倒过来伤及了自身。如果人类对自由的认识既不能通过感性感知，也不能通过思维推论的方式，那么一般就需要对自由的原初直观来负起对它的义务。无论人类与自由本质的遭遇以何种方式发生，或在哪里发生，遭遇的特点必须是经验性的，如果它应让人类在无条件的意义上，或超出人类和其自然存在状态的（也即"形而上学的"）意义上承担起义务。没有对自由的经验，自由的形而上学家也毫无办法。

这听起来也许形式化了些——也的确是。但如果人们探究这种经验的内容之物（准确地说，此"内"容的"其内"），它自身就能得到证实。因为显然在这里，能把自由直接理解为一个概念，是针对从内在方面出发来理解某一人类行动而言的。如果行为应被理解为自由的，采用下面我们将关注的马克斯·舍勒的话，人们因而就必须从它"内在生成"的意义上看待这一行为。"内在生成"是"外在发生"的对立概念。根据后者，事实被看作纯粹的"事件"，被看作一个在自身中从一开始就已经被规定、被固定并且"完成"了的总过程的完成了的被构造物。相反"内在生成"中的直到流逝结束的每一阶段都处在不定中，而且是处在这样一种不定中，以致不仅是过去物，而且是将来物都处于不定的风险中。早先的行动阶段现在是否仍是那个东西，那个为我们曾思考和处理过的东西，并保持不变，基本上取决于后来发生了什么——的确有可能出现这样的情况，行动改变了它的趋势，并最后在所有的细节上都含有一种另类的、令其十分不适的意义。这种正如舍勒所说的"行动的戏剧性"，当然也能具有正面的趋势，按照这一趋势，原初的行动阶段经由意义过程的上升曲线得以提高，并与变化了的目的相应，导向更高的要求。行动可以达到自身超越的地步，在其中它不仅可以向前也可以向后回溯地来改善自身，从其开端中汲取比这开端最初看起来包含的更多的东西。这不是疏远或歪曲开端，这一点从令人高兴的经验中可以得到揭示，这一经验便是，改善开端的发生根本不是对开端置之不理，而是返回到它起始就深藏着的根据中。这种再发现和"改变"毫无关系，相反，而是与同一性的获得有关，在那里它得以从异化状态向更高的自身获得状态转化。自身超越很难说是超出自身，这由倒过来思考这一事实得到证明，即：不是以此方式进行自我超越，而是固执于自身的自我，迷失在所固执的一切中。在这里，持存就是流逝。自我超越因此不仅是可能的，而且是被要求的，它的确是那个纯粹持存思维上的必然先决条件。自我提高的运动有正当理由被称作"**内在生成**"，因为它在发展的任何一点上都重新产生发展的整体。这样——且只有这样——那自行发展的整体才在发展中的每一点上在此，并且"自己"行动着，整体行动着，甚至当它只是做这或做那时。"内在生成"是自由的运动方式,也就是说,在这种运动方式中,"自身"(与自身的同一性)**形成了,与此同时**来自如此形成之自身的行动也形成了。当行动中行动着的自身还在形成时,行动才仅仅出自于自身(自发的、自由的)。如果自发行动所产自的那个自身被看作仍然持存着的东西,自发性的本质就完全被误解了。自发性要么彻底是自发的,要么它仅仅是深陷客观化泥潭中且因而总是独自自为地迷失着的此在的欺骗诡计。

"内在生成"犹如横向流逝的时间,它是这样的形成过程,其中事件的任何发展阶段都出于以前(出于自身),也即是说,在其中"出于以前"和"出于自身"就是总的过程的运动类型。为了能感知内在的生成,它需要完全属己的时间观点,尽管这个时间观点一般首先是自然的时间观点,但它却不能被当作自然而然的和显而易见的前提。人们必须已从自有的经验出发认识到时间的流逝形式,以便在面对事物时能够重新认识到它。从舍勒对自己作品的评论中可以看出,舍勒拥有这一经验并使之在某种意义上成为自己作品的基础。他说,他的哲学活动,正如其他人的哲学活动一样,终究会导致系统的统一性,即使在每个新主题中都会重新赢得此统一性。这才是真正获得的自发性的作品形式和运动形式。

一个"内在生成"的行为是一个自由的行为。自由行动因此只有通过内在观点才能变得清楚起来。从外部看,剩下的是事物的过程,其中任何被作为对象的阶段和先行阶段如同原因和结果一样联系起来。这里没有自因性或自发性的容身之地。然而如果利用描述过的内在观点细致地观看某事件,它就显现于它的自身过程中,它的自由中。所以,从内在的观点看,它就是"现象",因为它纯粹出于自身。因此不存在任何值得认真对待的对自由现象的异议,因为作为"现象"的自由只有通过那种自由的观看才能在场,也即这样一种观看,它伴生于自身过程的全程。

"但是那种反对意见缺少这样的目标。因为它根据实在性的和因果性的思考反对**现象**——这种思考作为这样一种思考从未证明过任何反对现象的东西——我或其他的什么人也许会在我或他的自由的具体情况下自欺:但存在着自由这一点,甚至在欺罔中也成立。"①

因此基本上存在着两种不同的看事物的可能性:要么将事物看作对象因而是从"外面"的观点看事物,这被称为客观的;要么"从内在"观点出发将事物看作为现象,这被称为主观的,但它意味着人性的。对于前者,联系的普遍媒介是因果性;对于后者,是自由。自由不是因果性的对立情况,而是在另一维度中特有的关联形式,这一维度必定对人类是开放的,只要人类想要经验和亲历自由。

"我们在第一种情况中打算注意'事实'的起源、自身构成和内在生成(这些事实对于其他的考察而言是作为'完成了的'而被给予的),在第二种情况中则有一个过程摆在我们眼前,它的各部分经历过为我们所瞩目的各形成阶段。""这第二种观看事物的方式从来不会导致一种被给予性,这被给予性能够以任何一种方式符合'自由的'的意义,而且也不能符合它的反面,即'强迫'的意义。如果我们是一些这样的存在,它们只作为理论观察者来看待世界,那么不论自由还是强迫的观念都不会出现在意识中。"②

如果现象学说明内在观点,这种内在观点自身实又为自由的显现方式,那么现象学和形而上学一开始的对立就消失了。两者结合为统一体,此统一体直接规定双方是互为前提的。只有那是现象的东西,可以要求形而上学的有效性;要求形而上学的有效性的东西,必须作

---

① Max Scheler, „Zur Phänomenologie und Metaphysik der Freiheit", in Max Scheler, *Schriften aus dem Nachlass*, GW X, Band I: *Zur Ethik und Erkenntnislehre*, Bern und München: Francke Verlag, 1957, S. 162. 黑体为舍勒所加。

② Max Scheler, „Zur Phänomenologie und Metaphysik der Freiheit", in Max Scheler, *Schriften aus dem Nachlass*, GW X, Band I: *Zur Ethik und Erkenntnislehre*, S. 158.

为现象出现,也即作为纯粹内在观点中的现象出现。现在"显现"的意思不再是和理性和理念相对立的,而是它们本身的实在形态。现象学植根于和借助于经验实在科学来阐明形而上学。现象学是形而上学的经验,或者说是被带向"显现"的,亦即一般地首先在其本质中被把握的世界之存在原则。如果现象学超出了人们通常所说的那些东西以及在任何一种意义上主观地所理解的东西,那么这将首先在这一点上体现出来,即:普遍本体论不再依赖于特殊的经验,而是成了源出地给予意义的。这意味着,在形而上学名下处理的基本主题不再被看作生物(人类、精神)特定类别的一个特例,而是作为一般存在者之存在的基本特征出现。面向我们的问题,这就是说,自由成了一般存在者的原则。"世界仅从自由出发才是可理解的",在从形而上学向现象学的转向中这是不可避免的主题,与此同时它也说明了从现象学向形而上学的转向。

因此的确存在着自由的经验,虽然仅是具有特有维度的经验。如果自由的经验要得以充分实现,那就必须在自由的经验上显示出:自由乃是存在之最终的和本真的意义。

三、舍勒的自由理论

因为舍勒是从自由的经验出发的,他又是个诚实的思想家,他发展出了一套以经验原则为基础的自由理论。出于深刻的理解,《遗著》的女编者非常成功地给予了关于自由问题的不同手稿以"论自由的现象学和形而上学"的标题。其中所发展出来的、有时的确精细的命题和分析在描述"动机"时达到了顶点,它们以下列命题为基础,即自由是事件,而不仅是理念。舍勒开始描述自由的不同显现方式,但未让自己受到自由的可证明性和可能性这类有争议的形而上学问题的困扰。他虽然也认真研究了这类争议问题,但这只是在作为自我呈现现象的自由事件基础准备妥当，而且在分析的考察中可能提出的事实和事实差别得到可靠保障以后。

影响一切的经验首先能作为统一的经验，或者更恰当地说，能作为单一性的经验而被理解。它表明，自由行动必须来自一切行动的结构关联体，并必须将行动的统一性作为"充盈"包含于自身。一个自由人的行动是可转化的，任何行动都为了其他所有行动而存在。因此"一个人越自由，他就越可被估量"，而且他的行为展现了"行动和趋求的结构"，它在单个个体上反映了人格的统一性。自由仅在这种关联中才是可能的。一个孤立的行为和任意行为没有区别——任意是自由的对立概念。

"自由是这样的词汇，它至少总是含有这样的意义，关联体中的成员在它**关联体整体的关系**中具有特定性质。将不具有一切关联的任何独立存在物想象为'自由的'，是不可能的。"① 询问自由就是在询问行动结构关联体的可能性。其中当然也含有这个问题：是否这样的结构关联体已经能独自为自由奠基？

从结构关联体的概念设想中产生了舍勒自由学说的其他要素。这将会在主要特征中看出来。

作为原始形式的所能

舍勒的自由理论不是来源于选择现象。选择自由是自由的派生的和有可能已经败坏的形式，它不再具有自由的基本特征，或者仅以难以捉摸的方式包含着这些特征，以致任何以之为发端的理论都注定失败。所以舍勒将选择现象置于"所能"现象的对立面，后者说的是，一个支配其行动，并因之创造自由事实的行动主体与他行动的那种特有关系。当

---

① Max Scheler, „Zur Phänomenologie und Metaphysik der Freiheit", in Max Scheler, *Schriften aus dem Nachlass*, GW X, Band I: *Zur Ethik und Erkenntnislehre*, S. 165.

一个生命不仅怀有行动,而且"为所能为",因而与行动远距离相对时,只有这样的生命才能够在发动行动的同时又与其保持距离,以便不同的行动作为它能从中进行选择的"可能性"出现在它眼前。

"当我'**为所能为**',当我具有做特定某事、做出决定、实施行动的意愿力时,我也能够以其他方式行动。意欲的力量不是随着选择的发展而发展,而是选择随着意欲选择的力量(在选择自由的意义上)的发展而发展。"① 所以"所能的体验"是自由的"实证"观念,也是一切自由思考的根源。

选择预设了可能性的开放空间。开放空间的创造是在所能体验中进行的,这只是说,一个行动不仅简单地发生,而且是特意实施的。此所能一开始仅是形式意义上的,并没有实际支配可能性的内容上的意义。这个行动也可能失败,但失败只证明,失败是根据基础性的所能才得以尝试并实现的。问题仅仅是,所能和可能性就自身而言在哪里得以奠基,必须从何种视域出发得以理解呢?对此海德格尔的话是恰当的,"作为生存……的可能性是此在的最源初的,也是最终的积极存在论规定"②,此话明显不是和舍勒没有关系。

动机理论

适合于所能的是,它不是可以理论上推导出的,而仅是能以与生活相应的方式开显的。"什么是自由的问题,我们仅**在我们的意志生活自身中**理解,而绝不能通过理论的观察。"③ 这不是说,自身经验不能从它的可能性条件出发得到查明。实际上很明显,舍勒称为"动机关联体"的东西,具有开显所能的功能。舍勒发现此基本维度,不是通过

---

① Max Scheler, „Zur Phänomenologie und Metaphysik der Freiheit", in Max Scheler, *Schriften aus dem Nachlass*, GW X, Band I: *Zur Ethik und Erkenntnislehre*, S. 157.

② Martin Heidegger, *Sein und Zeit*, Tübingen, 6. Aufl., 1949, S. 143-144.

③ Max Scheler, „Zur Phänomenologie und Metaphysik der Freiheit", in Max Scheler, *Schriften aus dem Nachlass*, GW X, Band I: *Zur Ethik und Erkenntnislehre*, S. 157.

我们这里所走的思想道路，而是通过对具体自由现象的描述。通过毫无偏见的观察，他发现，所有的自由行动都出自他称为行动动机的统一体，这个观察不是事先接受的假定。在这里动机描绘的是意义的前给予，意义的前给予在于对某确定"价值"的"在先感受"，在将在先感受向前关涉到目前所有价值体验的集合体的同时，它也将生活连接为"意义关联体"。

"但是如果在这里看到的不是计划的客观价值，而是看到**从意欲者出发**对这些价值的**感受**，以及这里对这些价值为何，何种优先规定引导着感受者，以什么方式内容意欲与以其价值感受为媒的其他意欲的**意义关联体**相适应，意欲才**得以理解**。这里即使是价值认识中可能产生的**假象**也发挥非常重大的作用，必须通过理解发现它们。"

因为迄今为止，在动机中此在的整体发挥着作用，它固有的条件关联体或基础关联体，既不能归结于因果的单向次序，也不能归结于机械的次序，或生物的刺激关联体和反应关联体间的次序："这里第一个必然的洞识是，动机事件是不能还原为一般的实在原因的，无论是何种形式的原因，具体而言，既不能还原为机械的原因，也不能还原为心理原因，正如纯粹冲动行为中的一样。"①

关联体在整体和部分之间起中介作用，并预设着固有的但常被误解的"理解"之认识论模式，只有给出这样的关联体，自由才存在。"**自由是来自动机引发的一般意欲的行动**，它和**不带有动机引发意欲的行为**不同，或者说，自由是基于意欲所发生的行为，而意欲的计划又**具有**与其**驱动根源**相应的**意义关联体**。"②

动机引发行动只能从整体上理解。同样，一个动机引发的行为只

---

① Max Scheler, „Zur Phänomenologie und Metaphysik der Freiheit", in Max Scheler, *Schriften aus dem Nachlass*, GW X, Band I: *Zur Ethik und Erkenntnislehre*, S. 168.

② Max Scheler, „Zur Phänomenologie und Metaphysik der Freiheit", in Max Scheler, *Schriften aus dem Nachlass*, GW X, Band I: *Zur Ethik und Erkenntnislehre*, S. 167.

能在整体中完成。只要整体从它的内在结构方面显现，就只能从内在观点出发理解自由行动。而从外面看，"整体"总还是更开阔视野内的一个部分，因为单单这个视野就引进了外部观点所必要的"外面"。所以"整体"属于那另一种关联体，其实除了描述现象学或只有实现现象学转向后的各门科学外，没有其他科学能达到该关联体。

动机是不违反自由观念的唯一基础形式。别的什么原因都会要么导致外在的自然关联的机械论，要么由于它存在于现象界中的分散行动，而导致非自然实体的非决定论。第一种情况下，根本谈不上自由；第二种情况下，自由成了神秘假定，它不能被说明也不能被设想，因为分散的行动只能被想作为任意性的行为，也就是说，行为的发生取决于各自的场景，取决于任性无常，也因而总处于没有觉察到的某一决定因之下。与此相反，动机是这样的行动基础，它将主体整体引入行动，并且与此同时使得该行动既不直接依赖于同一主体的其他行动，也不依赖于作为自身的其他动因本身。

为了看到这一点，人们必须将自己从心理学的动机概念中解放出来，这个概念故意将自己囿于自然因果性的层面，虽然它没有意识到是这样。如果动机仅被理解为行动的驱动者，那么它就滑向了舍勒称为纯粹本能行动或冲动行动的东西。这给出了通常可能的"实在的因果解释"，但从未能触及人类行动的自由特征。本能范围和天性范围内的冲动同样都是外因，它们并不起源于人类自发性的内部。自发性不处于"实在的"因果之链中，而是来自于通过发动"具有关联意义"的行动而赋予自身以统一性的行为中心。

这种意义的关联并非自己凭空产生，主体必须对此负责。如果主体不以描述过的动机方式掌控自己，主体的显现就分裂为"情绪乖张的任意""感触"和"冲动"等不同原因，即便这些原因用某个本能场景来解释行为，它们仍使得主体行为成为非关联性的。

"一个人及其生活越是可以解释的，它就越发不能被理解。"① 对舍勒而言，具体的、完全受动机引发的自由的基本经验体现在决定论和非决定论的辩证法上。这一辩证法在非此非彼中使那无法直接言说的动机的自由形式显现。非此非彼源于一方面，人类不能被外因规定而不因此直接彻底丧失自由；也源于另一方面，人类不可能没有任何诱因，因为人类在一种彻底冷漠的状态中只能任意行动，这一任意把个别行动间接地交给了作为不自由的原因的各个冲动。当人们根据自然原因的模式来思考行为间的枝干关系，而不是以动机本有的、只馈赠给人类的因果类型为基础，上述辩证法就会产生。**从辩证法观点看**，在相互排斥的决定论和非决定论可能性中的动机自由类型仅是停留于单纯的假设，但**从现象学的观点看**，动机自由类型获得了积极的规定，在个体的生命之流中它汇合成人格的统一性和持续性（单一性），人格从每个动机的内在的融贯性出发，也就是说，从以生存方式充实着的意义关联体整体出发，进行行动。只要自由出于内在进行行动，自由的本质规定就取决于动机关联体的结构状况——只要我们自始至终地坚持这一想法，自由就存在，只要我们作为每个有限而具体的自由形态，作为每个"生命"去这样想。根据某次发现的，然后加深和加固的意义，每个生命行动的确定性都提高了，而且因为在这里行动只受个体构建的意义所规定，它的行动才唯一属于它自己。不能认为自发性来自自身的其他根据，除了充实生命的这种具体的、自我建构的意义根据外。

选择范围

自由因而表现为具体的存在。不存在人作为人才得以附赠的自由，

---

① Max Scheler, „Zur Phänomenologie und Metaphysik der Freiheit", in Max Scheler, *Schriften aus dem Nachlass*, GW X, Band I: *Zur Ethik und Erkenntnislehre*, S. 160.

而且这是怎么发生的，在哪里发生的，人们是一无所知的。而只存在着具体的动机关联体，它或多或少是统一的，或多或少是自由的，也就是作为各个生活和各个人自身的自由，只要人找到了自身。自由的发现既不是自动发生的，也不是偶然发生的，发现自由来自于自由行动的经验。大致说来，在自由敏感性和统一意愿的力度达到充足程度时，以自身为对象的试验行动就会越来越向动机之路转变，该动机之路使得道德上的一致性成为可能，也使自相吻合、自行证实和证明的行动成为可能。

这里行动空间和选择活动空间自然要限制自己。形成了能大能小的"选择范围"（也即动机范围），它在任何情况下都意味着对"意欲所能的限制"。对舍勒来说，下列说法是适当的，"更广的"选择范围制造"更大程度的自由"，而"一般被称为自由感"（同时每次还有相应的"压迫感"）的东西完全取决于自己特有的选择范围和一般行动秩序的关系。根据"选择范围大小"的不同，预先给定的秩序被感觉为自由或压迫。"当选择范围大小受限制时，当直接体验的作为之所能同时是不活跃的时，这时对权力和权限范围的缩减也根本不会被感受和感觉为'压迫'。相反，在具有很宽的选择范围和活跃的作为之所能的体验时，哪怕是最少的对人格自由的限制，都已经可以激起强烈的压迫感受反应。"[1]

因此始终只有一种有限的自由形态，它根据它的边界不同程度地和强迫相交。舍勒描述内在自由和外在压迫联系的方式，也许有点令人吃惊。读者本期待一种正好成反比进行着的关系：选择范围越窄，它面临的压迫就越严峻。而选择范围越宽，人类就越有可能绕开行动的障碍和推延目标，并允许寻找别的道路，从而最终能达到了自己的

---

[1] Max Scheler, „Zur Phänomenologie und Metaphysik der Freiheit", in Max Scheler, *Schriften aus dem Nachlass*, GW X, Band I: *Zur Ethik und Erkenntnislehre*, S. 171.

源初目标，并保持自身的同一性。因此自由教育必须考虑的是，让人类获得尽可能多的选择范围的活动空间，为的是不再无情地让人类屈服于历史和社会赋予秩序的束缚下。在动机方面狭隘地培养出来的人必然相互冲突；他们的选择范围并不交叉，或只是交叉很少的部分，因此他们常常给对方带来痛苦。他们很难达到一种共同的自由秩序。相反，具有广阔选择范围的人类，毫不费力彼此相遇在从他人那里发现自我的共同平台上，他们不会让对方失望，也不会伤害对方；他们的适应性确实是如此之强，以致在遇到其他人和不同文化的人的时候，他们能感受到动机的一致性，能共同体验一切预期之外的、完全**不一样的**可认同事件，并且格外典型地能够把上述事件作为同一事件及自由事件来共同经历。这种适应性和开放性并不意味着形式上的宽容，而是内容上的共同体验和共同经受。适应性和开放性是"文化"（也是"教育"）的应有之义，是人性的基本意义。人性的基本意义在此在的普遍外化中越来越被遗失，外化说的恰恰不是所谓的"从社会的压迫中解放出来"，而是社会摩擦可能性的增加、共同生活的野蛮化，以及自由活动空间的压缩和经历认同的困难化。

然而舍勒的现象学并没有深入下去，深入探讨这里所描叙的、关于选择范围和规范范围的可能认同路线，它仍在停留于稍显外在的冲突层面。通过这种冲突，所有那些针对着社会中必须得到实现的自由的问题，针对着"法律、政治、社会和宗教之自由的巨大问题领域"，都落到了外在自由还是外在强迫，即单纯的"行动自由"的方面去了。舍勒关心的是作为人格性的自由发现问题，他没有看到，还存在着政治、社会、宗教的自由经验，对于人类的自律化而言，它们同样必须视为主要责任机制。

自由的等级结构

因为对舍勒而言，自由概念不再受制于实体自由的想法，作为行动的进行方式它表现为"功能性的",也能在另一存在领域发现它,它表现为完全不同的程度——这对于例如康德的自由概念就是不可能的。自由成了普遍的存在论原则,在一切层面都发挥作用,"它真实地存在于世界中"①,甚至原子都具有不确定性的程度,正如不确定性关系所表现的那样。这种不确定性向更高的存在层次上升,直到可支配区域(选择范围),最终包括我自身的整体(人类)在内。有限的自由虽然总在一定的限度中,通达的却是"绝对自由"的观念,它不再面临任何外在的压迫,也不再在自身中包含自身的整体,而是包容世界的整体(上帝)。

"从决定论的立场看,人们有理由对此理念表示反对,所有一切都是受到决定的,只有人类意志拥有自由。这种例外事实上是**难以理解的**。而问题是,在一切实现了的东西中,是否存在着一种类似的,即使是削减了的自由?单一的决定论只是绝不能达到的作为理念的理想界限;对事实的选择和概念构建来说,它仅具有引导作用。"② 这种想法有几分说服力,但需要修正,其目的在于,不能仅仅将自由看作为真实的存在意义,还要看作为唯一的存在意义。这等于是说,决定论只是非决定论的特例,它是自由自身的丧失,是自身的异化。创造的等级就是自身发现的等级。显而易见,人类身上的自由是作为自身发现发生的,而且自由也必须如此发生。这里也可以理解的是,为什么在人类的自由史中自然的存在决定和束缚了人类的存在。自然的存在不是与自由要求相对立的异物,而是在最内在层面与其相适应,并且因而也让自己为自由自筹之行动的意志服务,只要意志没有破坏该举动。人类身上的本能和冲动完全不是与自由为敌的;自由行动的实施也不

---

① Max Scheler, „Zur Phänomenologie und Metaphysik der Freiheit", in Max Scheler, *Schriften aus dem Nachlass*, GW X, Band I: *Zur Ethik und Erkenntnislehre*, S. 161.

② Max Scheler, „Zur Phänomenologie und Metaphysik der Freiheit", in Max Scheler, *Schriften aus dem Nachlass*, GW X, Band I: *Zur Ethik und Erkenntnislehre*, S.164.

是**反对**本能和冲动的，而是**凭借它们得以实现**。因而普遍性的自由学说必须回到席勒的要求上：道德行动发生绝不能只凭义务，它的发生常常也来源于"禀好"，起码在它是现实的自由的行动的情况下。

舍勒的自由形而上学遵循这一原则，并将"精神"看作十分依赖于本能和自然的东西，以致精神对发生事件的干涉只能是操控性的，而不通过自身行动。因此精神常常被迫"牵扯"自然于其身，实施自我克制的行为，其目的在于使得自然和精神相似，这同时也就是说，使自然和它自己的最内在的意愿和渴望相一致。精神不是**从自然中**解放出来，而是**向自然**释放自身。精神是整体回返自身的中介，整体在根本上只有在人类的开放性上才能成为它自身。

然而，舍勒的自由形而上学并没有达到它的完全清晰性。① 舍勒没有把自由看作**某种**存在意义，而只是看作众多存在意义之一，这从关于世界被描述为决定因素和非决定因素的混合物中的引文中可以看出来，文中非决定因素当然具有存在论的优先性——非决定因素几乎可以说是正常事件了。因为所有的混合思想都最终植根于思想的统一体中，如果人们只以舍勒自己的风格推进舍勒的思想，舍勒的思想就必须以达到上述预演了的信念而结束。

四、真正的控制论

因为舍勒是一个活跃的思想家，所以他反对下列做法：以预先给定精神计划的呆板观念为起点，计划将一切都决定好了且只待实现该计划；或者相反接受自然的机械论，根据保证可靠的规定，在后者从在先者中产生。同时也很显然的是，对任何哲学家来说，要反对的也

---

① 在我们称为"结构存在论"的尝试中，自由的形而上学首次表达了一种哲学的发端，这不言而喻就是作为"自由的现象学"的东西。参见 Heinrich Rombach 的 *Strukturontologie*（Freiburg/München: Verlag Karl Alber, 1971）的做法。这里所提供的解释在那里得到了细致发挥。

是一种盲目的混沌的思想，这一混沌在没有意义也没有思想的偶然中抛出这物那物。舍勒的思想在一种更强烈的意义上朝向现实并因而要求着一种事件，在其中一切都悬而未决，并且事件的进程决定什么是现实的。无疑，只有沿着这条路线才能思考现实性，人们甚至可以称之为存在之**强度**的路线，因此可以在一定强度的基本经验中看待舍勒的哲学活动。

和那种从自身中形成的存在（某种**戏剧性的**存在概念）相比，一切单纯在场的存在，或依据预先规定的必然性接受整理的存在都变得苍白，成为平淡乏味的摹本。然而究竟应该怎样考察现实的**强度形态**？这里首先出现的是辩证法，它起初表现为非此非彼的否定形态，然后表现为对立原则的肯定形态——它因此是一场斗争。任何戏剧性的计划都是冲突的计划，从而在某种意义上必定近于古典的设想，尤其对于"驾驭"和"引领"这种适宜的思维形象是如此。控制论思想（自然不是指它目前可怜的流行形式）因而描述的是某种如同"冲突"的东西，通过这个东西，一个与低等但更强的原则相对立的高等然而更弱的原则得到实行。弱原则的实现通常是通过"狡计"，一种理性手段实现的，通过利用理性手段，上位的原则使得低级原则的力量背弃低级原则自身为自己服务。对此的神话象征是足智多谋的奥德赛，他使得优势力量相互冲突，或聪明地给它们套上更高的目的。在人类历史中，这种思维形式形象地表现为驭手，他把他的智慧套在充满生命力的运动机能上，由此到达巨大的历史影响力。上驭者使卑微者臣服，即使后者多不胜数，文化杰出。驭者，也包括驾车者，当然必须明白，**逆**马而为他将什么都不能做，他能做的一切只能是**顺**水推舟。前提条件自然是，驭者让自己的目标和马的意愿及所能相关，并且从作为意志和渴望相结合可能性的一般和具体经验中，制定出目标来。如果他走的是具体化的和经验的道路，他就会同时增加渴望的可能**性**和增强意愿的决定力；他不是从自身获得目标的，它来自他自身和生命力的共同作用，驭者自己和生命力的统一不仅仅是工匠式的，而在某种程度上是艺术家式的。

正如在记录下人类基本经验的神话中半人马的画像所表达出的，当驭者和马匹一起形成一个新的结构，仿佛成了一个新的有机生命体时，驭者和马匹才成为它们所是的那一个东西。人头马的神话（类似的还有飞马的神话）、关于诸神的驾车者或诡计多端的航海者（航行就是"乘风而行"）的神话等等，都是对更高层次的存在论控制论的寓意深刻和准确的把握，但可惜的是这种控制论已处于遗忘状态。舍勒仿佛是盲目地回到了这个思想领域，他为自己从中建立了一门形而上学，但它其实是一门原形而上学，因为它回溯到一种思维模式，该思维模式为静态工作的形而上学所遗忘，直到现在，它才以后形而上学和残缺不全的方式重新发挥效力（"控制论"）。

"正是**精神**已经**开启**了对本能的抑制，这是通过如下方式进行的：为理念和价值所引导的精神'**意志**'，一方面对于本能生活中反理念和反价值的冲动，拒绝给予对本能行动而言必要的表象，另一方面对于潜在的本能，摆出符合理念和价值之表象的诱饵，以便和本能冲动调和，以致本能冲动**实施的是受精神规定的意志计划**，并将其转变为现实。我们将这个过程称为'**驾驭**'，它在于通过精神意志'束缚'（不允许）本能冲动或为其'解缚'（允许）。而'引领'则是——仿佛——事先保持之后才通过本能活动来实现自己的那些理念和价值。"① 这个在舍勒那里明显以自身经验为基础的思维形象被塑造成一种包含着精神原则和现实原则之斗争的形而上学设想。精神自身是无力的，然而富含理念，它必须从事和源初混沌的斗争，混沌起始包含的不是别的，只是"任意力量统一体之间的相互作用"。精神仿佛驯服了

---

① Max Scheler, „Die Stellung des Menschen im Kosmos", in Max Scheler, *Späte Schriften*, GW IX, S. 49.

混沌，并且经此才一般上升至具有影响力的地步，正如通过臣服于精神，混沌得到了秩序等级，秩序等级使得混沌到达了保持形态不变性的地步，并因而使混沌才一般得以真正地存在。这关系到"**精神的活跃化**"，与此同时它也是一种"**困境中的精神化**"。① 在这种统一和"彼此交融"中，思想的统一性需要得到了满足，形而上学计划得到了完成。——但是当人们进一步超出它，思考到底为什么需要统一的问题时，当两个绝对的"属性"、精神和生命"原始争执"的整个过程得到开始时，给予我们的回答因而只能是我们曾暗示的那样，存在源初地意味着**强度**，所以精神和混沌仅就其自身而言必然是不够的。在形而上学的意义上，它们仅能看作为那个"原初张力"的后来代表，它分化为这两个原则（属性），以便在两原则相互的建构过程中，占有自身和**认识**自身。

舍勒当然没有就这种原初张力自身进行思考，他没有完全清楚地意识到他的基本存在论概念，而是通过属性概念让人回忆起了斯宾诺莎（Baruch de Spinoza），斯宾诺莎相信已经用他的统一体系回答了这个问题。实际上斯宾诺莎对解答此问题是负有责任的，因为他没有回答"属性"到底说的是什么的问题，也没回答是否已经必须要预设一个中介（就是说"属性"），从而将绝对的统一体分裂为两个、多个以至无限个属性的差异性的问题。因此一定存在着属性的属性，而属性又一定属于实体的实体性，它是属性统一的条件。但是此类的解说在斯宾诺莎那里并不存在——而此后即使在舍勒处，我们的寻找也是徒劳无功。

舍勒关心的是克服静态的形而上学。他在古老的控制论经验的思想领域中做这件事，这一点对他自己甚至都是隐藏着的。如果他追查

---

① Max Scheler, „Die Stellung des Menschen im Kosmos", in Max Scheler, *Späte Schriften*, GW IX, S. 55f.

这种限制，他就会得到一些有价值的指导：例如在生动的现实概念的范围中，就不会存在"理念"的观念。因此精神不能被界定为理念的拥有者，而且只是后来它才负责为理念从混沌的生命渴望中获得实现能力。奥德赛没有任何航海计划，任何去往某地的船票。他是个健忘的航海者，他总是在瞬间迷途，并因而依靠众神的帮助。他的控制论不是取决于意图，而是取决于时机和"恩宠"中所产生的指示。然而其中有一个更高的本原经验的引领，本原经验导向的不是任意的目标，而是导向唯一的目标，即自由。因为没有理念，奥德赛可以被称为一个反柏拉图者——除非柏拉图那里没有"神灵般的人"的观念，因为"神灵般的人"的"狂热"正好说明了更高力量的恩宠，和目前各倾向共同引导之作用力的实现状态，并且是狂热才让奥德赛成为奥德赛。这种元控制论思想其实没有随形而上学消灭，而是潜在地保留着效力，它酝酿和孕育着许多东西，并且在思想史的某些时期，比如说在谢林、舍勒和海德格尔那里表现出来。

　　戏剧性的世界理解，虽然不能真正地说明对立事件的原因，无论是现在还是早先，但是它其实也不认识任何"理念"，而是只认识"经验"，不认识"绝对"，而只认识"自由"。这种核心思想对整个自然画像而言，是一个巨大的变化，并提出了新问题：原存在是如何分裂为精神和生命的对立的？精神从哪里又是如何获得它"理念"中展现出来的秩序的呢？"力量""欲望""冲动"说的是什么？为什么这个区域给出了"现实"的尺度，这个尺度潜在性地占统治地位，与此同时其他的区域应当依赖于"被现实化"呢？精神自身当真需要何种力量去推迟充满冲动的生命的原始目标呢？任何对于"渴望"的本质而言是外在物的东西，是从哪里来到生命的？通过诸如"混合"和"渗透"之类的概念就能切中作为最终目的思考的精神和生命的统一体吗？这种过程向度属于哪里呢？是属于精神区域，抑或生命区域，还是属于仍然未知的第三种区域呢？

这一切都处于晦而不明中，即使是"升华"概念也不能说明什么，它大致是说，精神通过制服一些力量（升华它们）使自己有能力制服其他的力量。它只是为古老的问题设置的新词，并强迫我们回到舍勒思想得以发端的原点。"但在这种情况下，并未排除在所有世界事件上形式化'升华'概念的可能性。低级存在区域的力量，在世界的成形过程中，逐渐服务于所形成的高等的存在和生成，升华就发生于每一个这样的过程中。例如就像在电子间作用的力量为原子**构造**服务，或者在无机世界中活动的力量为生命**结构**服务一样。人类的生成和精神的生成因而必须看作为**自然目前最高的升华过程**——同时也表现为，有机体吸收的外在能量越来越多地流向最复杂的过程，即我们所知的大脑皮层的兴奋过程，还表现于类似的、作为本能能力向精神活动转化的本能升华的'心理'过程中。"①

当在过程中所涉及的不是已经存在着的能力的应用，而是在其中一般能力初次得以唤起的那个"提升"时，这种思想会获得更多的说服力。——在（生动的）过程中唤起的诸能力是为过程而生的，因此是直接为过程服务的。它不需要一种事先通过精神而来的改变。如果这个过程在这个意义上成为它自身的力量之源，成为在证实和确证自身中自我展开的力量之源，那么即使是"精神"也仍然出自于该过程。它随之表现为自律的一个要素，而过程作为自律，根据它的成功经验赋予自身以目标和法则。过程"出自于自身"，这里的意义不仅是说，它的每一步都是从前面的一步推出来的（既不是从上而来的理念，也不是从下而来的事先给予的渴望），也是说，它从自身中产生目的和发动开端。"源初性"指的是这样一个无法形而上学地对之加以思考的开端之发动，然而可能是这样理解的，在过程展开的进程中，过程才成

---

① Max Scheler, „Die Stellung des Menschen im Kosmos", in Max Scheler, *Späte Schriften*, GW IX, S. 53.

为是其所是的东西；这也适用于目标，它同样是在过程中才产生，力量、能力以及扩展的一般可能性也是如此，以致结果是，过程（作为**这个**过程）的开端随着自身影响力的提升而才逐渐显现。总而言之，自身赋予自身以可能性。

我们必须用这个过程（其准确的分析只能在结构存在论的意义上给出）给自由的经验奠基，但自由经验表明，过程只有作为自身经验并在自身经验中才是可能的。只有通过这种方式，自律性和本真性才在严格意义上是可能的，因为既不需要从外面引入起因和目的，引入中介和目标，也不需要安排在先的推动者。尽管如此自律性和本真性所说的不是自身锁闭，而恰恰是对潜能的开发、升级和实现，在潜能的脊背上（就驭手的比喻而言）发生着经验的展开过程。在这个向前突入和向后兑现的展开中，现实的整体就出现了——无论它是以成功的"恩赐"的形式，还是作为这种生产中"全"新的不可思议者。过程是现实自身中的现实之"显现"，是现实之上升——因而也就是含糊的"强度"一词所想表达的意思。

这里关系到的不是升华，而是"强化"，因为在结构过程中每次新成功的存在馈赠，在向唤起性和激活性之经验的无条件具体化的回溯中，使得人们可以回想起它自身的整体。提升、活化、升级、成功、强化，甚至还有升华和期待都是强化的可能形式，强化绝不能不限制在一个完全规定好的形式中。强化所辖的正是不恰当地被称为"发展"的东西和从结构存在论的角度称为"上升"的东西。[①]

五、肉身化

舍勒以精神的肉身化为目标。世界是上帝的身体。"事物的根

---

① 请比较 Heinrich Rombach, *Strukturontologie*, S. 155, 160ff.。

据……必须在某种程度上容忍世界过程，以便在这个过程的时间流逝中并通过这个流逝，实现它的本质……只有在自身的尺度中，作为我们称为世界的东西，这个——在自在意义上无时间的，但对有限体验表现为时间性的——过程，才能接近于它的目的，即神性的自我实现，当我们称为'世界'的东西，最终成为永恒实体的完美身体时。"①——我们用"肉身化"一词所指的东西，只在诸如"相互渗透"或"使存在形式的等级及价值等级与事实上发挥作用的诸力量相适应，并倒过来使后者与前者相适应"②之类的表达式中得到并不充足的表达；与其这样，远不如说，精神**和**质料原则从人们所认为的存在之自发形成的同一（而不是统一化着的）过程中产生。肉身化不能是以后的共生或完全仅是适应，而是意味着同源性，也即诸生产要素和生产力的产生都来自于同一个源泉，且作为同一个身体。

但是神性的观念没有因此丧失，而是根据新的产生形式和历史形式思考它。只有在错误意义下希腊化的思想才会对这种存在论和（真正基督教的）神学之间的相近视而不见。（当然这种希腊主义在基督教神学自身中才成为有效的，既然这样，那么就不能从中对存在论提出任何神学的反对意见，而只能获得在哲学上对浅薄神学持保留意见的结果。）舍勒走在通向肉身化、强度、结构和形成是其本质要素的思想之路上，但他的思想却陷入了范畴之中，这些范畴不是来自于精神的，并且导致实体主义的囚栏，沉思不能通过自己的力量从中解脱出来。

通过反过来认为张力两极的起源，不是来自于在张力空间之内展开的发展，而是已经给出的两极和预先假定的原初张力空间中的发生事件，形而上学的二元论体现出来。这种思维形式贬低了开端，把开端的

---

① Max Scheler, „Die Stellung des Menschen im Kosmos", in Max Scheler, *Späte Schriften*, GW IX, S. 55.

② Max Scheler, „Die Stellung des Menschen im Kosmos", in Max Scheler, *Späte Schriften*, GW IX, S. 55.

前提留在黑暗中并且自己陷入了矛盾。但将这种思想上的游移说成是应受到指责的罪过，则是错的。应当这样理解它，虽是历史上尚未发展成熟的思想形态，但它仍是完整的，也就是说它表现为矛盾性的。

正如在形而上学中，在人类学中二元论同样攫取了地位。它歪曲和挪走了自由经验的富饶开端，所以在动机现象中，"价值"和"冲动"是作为彼此的对立面出现的，价值阐明并不是从自由经验中产生的，相反自由经验产生于价值的明晰性（"先行感受""价值明示"）。事后理解着的意识把自己与这种"价值实在主义"隔离并且坚决反对一种对客观价值实在进行神秘的直观的想法，这是有道理的。但这种做法对开端并不适用。在真理中关键在于对一个出自其自身的某个特定阶段的过程的展示。在自我形成（对此，结构存在论必须通过对"构形法则"的详细描述给予回答）的某个确定点上，出现了在过程自身中发展出的过程精神，它是如此地直接具体，以致它同时使自己既绝对地又"质料性地"形式化出来。"价值领域"就是这么形成的，它不再意识到自己的有效性是与情境和历史相关的，而是被理解为不可分割的"结构"，它理应要求无条件的有效性。

但是撇开历史视角，因而也撇开自发产生的价值结构的具体条件，留下来的就是"规范领域"，它虚浮于世界之"上"，并试图通过"意识形态"掩盖容易被识破的历史和社会局限性。"意识形态批判"因此正当时，而当人们在这方面没有成功地使自己比每条智慧都要聪明并且能够把每一个规范条目都拿来审判，他们肯定是没有头脑。只可惜这种聪明认识不清自己，没有理解它不得不形成的背景，聪明对精神进程的有限用处只在于它的视角性。所以价值实在主义和意识形态批判都犯了同样的错误；它们都局限在只用于说明人类自由自我发生过程之某个阶段的统一形象上。超越这个阶段是我们的符合人类自由形态的这个历史阶段得以出现的条件，并且这两者都包含了对这个方向的指示。价值实在主义指向作为自由唯一可能形式的具体自律，意识形态批判指向一切历史形态的消解，这些历史形态是存在强度"提升"（存在阶次的"升华"）的可能性条件，从而为发生过程服务，而只有通过发生过程，本真性和同一性，也就是说自由才能够形成。

人类学的二元论和形而上学的二元论相应，不仅在舍勒那里，而且在以人类学的二元论为基础的"法兰克福学派"那里都出现了，并且出现在一种处于个体和社会、规范和自由之间的貌似的辩证对立中。规范化很少能独立于自由的自身经验之外出现，社会同样很少在个体的自我解释之外形成；反过来，没有规范化的自由也很少是可能的（没有规则的制定，没有要求，没有索求），同样没有构成一定的社会意识的个体也很少可能。自由和规范化构成了**一种**结构，"自由"的结构，正如个体和社会形成了一个结构，一个不能从两个要素的结合或它们"辩证的"相互关系中得到解释的结构。这个结构的进程和发展是哲学的真正问题，人类的真正问题。历史既不能通过具有形而上学起源的、外来给予的假设得到说明，也不能通过表面上与之不同的、内在历史进程的"辩证法则"得到说明，而只能解释为，具体的、通向迷误与发现的"经验"之路，和从中作为进程之合法则性而凸显出来的自由。

自由只有以自由**经验**的形式，经验也只有以**自由**经验的形式才是可能的。在它们内在的统一性和交织性中，自由和经验两者表现为历史和自然、精神和生命、社会和个体、规范和实在的解释基础。自由经验导致的对现实自由本质的洞察在于，对立的两极既不是问题的也不是解决问题的出发点和源泉，而只是源初统一性的每个具体行程总体的后来的外推物。作为对"过程"的某确定点的自身误解，它们形成了，而当它们和各自的意识形态成为问题的基础，并成为自由实现之实践努力的起点时，它们就在根本上使过程成为不可能的。与此相反，我们所熟知的自由经验将过程汇集在真实的统一性中，也就是说汇集在过程自身认同的产生中，这统一性并不是借此赢得自由，而是一开始就并未失去自由，而且是这样的自由，它不是自然的反例，而是构成了自然的最内在面，用来揭示涌动着的本质。经验和自由在其中合而为一。仅当人拥有自由时，人才能经验自由；而只有以体验经验过程一致性（和指示）的方式去跟紧自由，人们才能拥有自由。只有通过这种在经验主体和客体貌似基本的差异之下潜在流逝的程序，不预制新事物意义上的"发展"才是可能的——在最严格的概念意义上经验意味着对不能预制者的把握。倘若如此，自由经验才真的是唯一根本性的经验。相反，所有有限的或有条件的经验，只有在为一切经验奠基的自由经验（历史中的自我发现）的光芒和视域中，才是可能的。这样就达到了那个论点，从它出发精神和存在在它们的尽管不同但却仍然统一的制约性中出于共同的根据变得可以理解。

　　舍勒追逐着这个思想。他以系统和历史的方式沿着这个思想前进，一直进入到从该思想中形成了陌生新问题的迷宫中，因此为所有后来的探索者和尝试者勾勒出了该种思想的草图。如果探索者和尝试者的种种思想转换，达到更为清晰和明澈的地步，他们应将之归功于——除了时机和更高力量的"恩赐"外——一位思想家思想的强度。这位思想家对于当代哲学思考的意义比目前人们敢于揭示的程度大得多。

（译者：陈志远／四川大学哲学系）

舍勒的爱的秩序：洞见与失察[*]

菲利普·布洛瑟

在这篇论文里我试图论证：舍勒的爱的秩序的思想——一种不依赖于理性和逻辑之秩序的帕斯卡式的思想——有效地防御了思想史上各种各样的还原论倾向，但这一思想的某些成分还没有得到充分的展开，从而未能要么根据对价值理解（各种感受状态、功能和行为）的主体能力[①]的分析，要么根据对各种价值客观方面的相互联系的分析达到足够的清晰性。在充分地意识到某些将要提出的问题之争论实质的同时，我将这些问题恭呈于您的考察，并恳请您对正在进行的有关澄清舍勒之于我们认识的贡献实质这一工作加以指导。

尤其是我要论证这三个论点：

第一，在他关于客观意识内容的现象学中，舍勒通过对一种完全不依赖于逻辑的客观价值现象秩序之存在所进行的帕斯卡式辩护，反

---

[*] 本文译自：Philip Blosser, "Scheler's Ordo Amoris: Insights and Oversights," in Chri. Bermes, W. Henckmann und H. Leonardy (Hrsg.), *Denken des Ursprungs, Ursprung des Denkens. Schelers Philosophie und ihre Anfänge in Jena*, Würzburg: Königshausen u. Neumann, 1998, S. 160-171。——译者

[①] 这里用"能力"我并不是意指任何属于自然科学态度的东西，比如从特滕斯（Tetens）至康德的经验"官能心理学"，而是指在舍勒对爱的秩序的主观方面所做的现象学分析里面可以发现的各种感受状态、感受功能、主动和被动的意向性、偏好、爱和恨。

驳了还原论者的逻辑绝对论[①]、逻辑主义和某种我们今天称为"逻各斯中心主义"的东西，但他在"非逻辑感受"对象的名义下对所有质料价值所做的分类，并没有充分说明这些价值的丰富的多样性，没有充分说明逻辑和非逻辑的价值体验领域之间的关系，没有充分说明这些逻辑联系本身是一种"价值现象"这一事实。

第二，在他关于意识的主观样式现象学中，他通过对不依赖于理性的规范化价值体认的主体能力（各种被动和主动的意向性、偏好、感受活动等）的出色辩护，有效地批驳了理性绝对论[②]，但他对统一在"情感"或"感受"（相对于理性理解来界定）的心灵结构下面的这些能力的不适当的分类，本身就接近一种可能的还原论，也无法充分地说明价值体验（包括那些他通常似乎要从爱的秩序中排除出去的价值的感受——其中有对数学和逻辑价值的感受）的主观样式的多样性。

第三，在他的伦常经验现象学中，他引人注目地为一门目的论伦理学说提供论证，依照这门学说，"善"的价值只是作为意愿或其他质料价值存在之现实化活动的副产品而出现的，但他的分析由于这一事实而受到影响：并非每一种"善"的价值都像他所暗示的是一种严格的伦常价值，而这就意味着伦常善只是相应于经验的质料领域的一种"善"，这种质料的经验领域的价值-内容能够成为（与舍勒相反）意愿和现实化活动的对象。

我将首先对舍勒的爱的秩序概念的背景做一些历史评述并简短地分析这一概念的主要特征，然后把前两个命题放在一起继续我的论述，最后回到第三个也是最后一个命题上去。

舍勒于耶拿前现象学时期发表的最早的学术作品已经表明，他敏

[①] 我用"逻辑"来意指逻辑学家们所论及的那些客观的分析性结构以及构成逻辑科学和概念分析科学的质料领域的那些客观意识内容。相反，我用"理性"或"理性理解"意指主体能力、意向以及那些逻辑结构由之得以理解和分析的行为。

[②] 参见前注。

锐地注意到要分别把逻辑和伦理的质料领域当作自身就有其自主的、不可还原的法则的领域框限出来并加以定义。这在他 1897 年的博士学位论文和 1899 年的任教资格论文里面表现得很明显，前者显示出他沉浸于那些区分和描绘逻辑和伦理法则领域的问题之中，后者则表明了他对伦理学问题，特别是与劳动相关的伦理学问题的关注，以及对用于解决这些问题的那些先验的心理学方法越来越不满。① 这一时期他的许多思考的武断框架在后来都被抛弃——比如他的康德主义和他导师鲁道夫·奥伊肯（Rudolf Eucken）的"精神学方法"（noological method），前者是他在耶拿的新康德学派教授奥托·李普曼（Otto Liebmann）等人的影响下暂时信奉的，后者曾被他短暂地视为先验的心理学方法的一种可能替代品。② 但是，如果说这些早期著作显示了康德的"建构主义"（这种影响大约持续到 1906 年他未出版的手稿《逻辑学 I》）和奥伊肯哲学的影响的话，那么它们同样也表现出对这些影响越来越不满（并逐渐从中解脱出来），与此同时，针对心理主义和自然主义的还原论倾向，他形成了越来越独立的研究策略来为伦理和逻辑法则的自主性辩护。③ 所有这些因素集中在一起表明了舍勒的现象学

---

① 舍勒的博士学位论文（1897）是在鲁道夫·奥伊肯的指导下完成的，其题目是"论逻辑与伦理原则之间关系的确定"。他的任教资格论文题为"先验方法与心理学的方法：对哲学方法论的一种原则性探讨"。两者都可以在《舍勒全集》第一卷找到。

② 值得注意的是，李普曼是舍勒在耶拿的老师之一，他的《康德及其追随者》（1865）和著名的口号"回到康德"最终给他博得了"新康德主义之父"的称号，并且舍勒是在奥伊肯的指导下完成博士学位论文的。参见 Herbert Spiegelbert, *The Phenomenological Movement: A Historical Introduction*, The Hague, 1971, vol. 1, p. 235；也参见 Harold J. Bershady 为他自己编辑的舍勒论文选 *On Feeling, Knowing, and Valuing* 所写的"导言"部分（Max Scheler, *On Feeling, Knowing, and Valuing*, edited by Harold J. Bershady, Chicago and Lond: University of Chicago Press, pp. 6ff.）。

③ 对康德的"建构主义"的论述贯穿舍勒对康德的讨论（尤其是在《形式主义》中），但是莫里茨·盖格（Moritz Geiger）也把这种对康德"建构主义"的论述归给早期的舍勒，而且一般指的是有关康德立法的、赋予秩序和强加结构的先验主体观念。（Moritz Geiger, „Zu Max Schelers Tode", *Vossische Zeitung* 1, 1928, 转引自 Herbert Spiegelberg, *The Phenomenological Movement*, p. 236）新康德主义者比如赫尔曼·柯亨（Hermann Cohen）就认为逻辑产生其自身的形式和内容，而舍勒早期对逻辑的看法也没有什么不同，这可以从他未完成的论逻辑的手稿（大约在 1906 年）那里

转向和他对有关爱的秩序问题特别强烈的关注之必然性。

就像戴维·拉赫特曼（David Lachterman）说过的，"完全不夸张地说，'爱的秩序'这一主题一直是舍勒思想的主旨"①。尽管他的著作反映出许多转变，但他基本的立场——"人，在他是思之在者或意愿之在者之前，是个爱之在者"②——没有动摇过。爱作为所有认识和意愿的活力原则这一确信在舍勒著作中到处可以发现，最充分地体现在《伦理学中的形式主义与质料的价值伦理学：为一门伦理学人格主义奠基的新尝试》（下文简称《形式主义》）（1913—1916）和他的重要论文《爱的秩序》中。在后者那里，他详细论述了支撑着《形式主义》原则的关键：存在一种不依赖于理性的认知情感的意向性，通过这种意向性，价值被先天地理解。《爱的秩序》这篇文章仍是未完成的片断，而且舍勒对爱的秩序的思考没有在系统的论文中体现出来，但他的思考轮廓是不言而喻的，我将不对它们做细节的叙述。

对爱的秩序，首先要注意它是两个方面，既是主观的又是客观的。用罗格·方克（Roger Funk）的话来说，"它既是以爱和恨的形式从人格出发的一切之根源，同时也是一个先天价值秩序的缩影"③。因此，曼弗雷德·弗林斯得以把它看作是人格的客观价值世界的"情感协调"

（接上页）看出来，在这一手稿里面他反对洛采和胡塞尔的"客观真理自身""符合"的观点，更确切地说，就是强调思想产生它自身的真理。（Max Scheler, *Logik* I, Elementa, 3, hrsg. von by R. Berlinger und W. Schrader, Atlantic Highlands, 1975, S. 140-165）舍勒后来记述，他阻止了这份手稿的出版，因为他已不满于康德哲学。（Max Scheler, „Deutsche Philosophie der Gegenwart", in *Deutsches Leben der Gegenwart*, hrsg. von P. Witkop, Berlin, 1922, S. 197-198）虽然如此，在这一手稿里面我们还是可以发现，他针对19世纪末盛行的心理主义和自然主义还原论倾向，对逻辑思想的自主性的引人注目的捍卫，这与他在其他地方对伦理学和价值感受自主性的捍卫是相一致的。

① David R. Lachterman, "Translator's Introduction," in Max Scheler, *Selected Philosophical Essays*, translated by D. Lachtermann, Evanston, Ill.: Northwestern University Press, 1973, p. xxxi.

② Max Scheler, „Ordo Amoris", in Max Scheler, *Schriften aus dem Nachlass*, GW X, Band I: *Zur Ethik und Erkenntnislehre*, Bern und München: Francke Verlag, 1957, S. 356; 英译本见：Max Scheler, "Ordo Amoris," in Max Scheler, *Selected Philosophical Essays*, translated by D. Lachtermann, pp. 110-111。

③ Roger L. Funk, "Thought, Values, and Action," in *Max Scheler (1874-1928): Centennial Essays*, edited by Manferd S. Frings, The Hague: Martinus Nijhoff, 1974, p. 51.

或"结构对应",而舍勒本人才能够认为这些价值"说明了爱的秩序的客观方面"①。这种二元性通过舍勒对爱的秩序在"规范"和"描述"的意义上的区分,以及这一主张——这种秩序能够要么"客观正确"地,要么"混乱"地在人格身上得到例示——得到更进一步的强调。② 总之,爱的秩序存在着主观和客观两个方面。有时("爱的秩序")指的可能是个人的主观结构和有关价值体认(value-awareness)、各种意向性、感受、偏好等的能力;有时指的可能是客观的价值或者人格可能会关涉到的相应活动领域,比如宗教、审美、社会等。但这两方面都体现在爱的秩序之中。

爱的秩序的这种双面性(two-sidedness)有时会产生某种混淆,因为舍勒所意指的是爱的秩序的哪一方面,或者他是否把这整个两极的复合看作包含在一个整体之内,并不是始终清晰的。例如,当他把"心"的秩序与"逻辑"的秩序相对照,或者把"先天"与"感受"或"情感"相联系的时候,可能会令人迷惑的是,舍勒这里要意指的是客观方面理解的价值呢,还是主观方面对意向感受的理解能力?当然,这两方面通过彼此需要而相互关联,而这恰恰是这种独特的模糊性之根源,这仅只是一个有关清晰性的问题。

另一个与这种双面性相关的问题是,关于爱的秩序的命令原则处在什么位置?也就是,为人类经验提供合法性和结构的命令原则其位置何在?舍勒所强调的重点是显而易见的。相对于康德把经验的命令原则归属于立法的理性主体,舍勒则强调人类经验展示了一种客观

---

① Manfred S. Frings, "The 'Ordo Amoris' in Max Scheler: Its Relationship to His Value Ethics and to the Concept of Resentment," in *Facets of Eros*, edited by F. J. Smith and Erling Eng, The Hague: Martinus Nijhoff, 1972, p. 43. Max Scheler, *Vom Ewigen im Menschen*, GW V, Bern: Francke Verlag, 1954, S. 348; 英译本见:Max Scheler, *Selected Philosophical Essays*, translated by D. Lachtermann, p. 100。

② Max Scheler, *Vom Ewigen im Menschen*, GW V, S. 347-348, 350-351; 英译本见:Max Scheler, *Selected Philosophical Essays*, translated by D. Lachtermann, pp. 98-99, 103。舍勒关于"怨恨"的论文完全可以看作是"心的混乱"的一个个案研究。

的被给予而且独立于人类机体的合法性。相对于康德的建构论理性主义——依照这种理性论,人类经验中合法性的基本原则是由理性主体所赋予的——舍勒强调这种合法性是在经验自身的本质结构内部客观地被给予的。① 如果说经验的命令法则在康德那里属于理性的主观能力,对舍勒来说则属于客观清晰的经验形式,那么剩下的问题就是:如何将主观的能力与客观被给予关联起来?依照舍勒的说法,对康德而言就只有感性和禀好的"混乱无序"被给予;由此理性与被给予的经验材料的关系是一种片面的强加秩序、进行结构立法的能力的关系。②

另一方面,对舍勒而言,这种相关性并非仅仅是单向的。价值的客观秩序反映在爱的秩序之中。就像罗杰·方克所说的:"心灵并非是混乱的,而毋宁是价值领域的有序对应。"③ 舍勒的观点并非是康德观点的简单对立。心灵在主观方面来说,并没有呈现给我们一种要用客观价值来赋予秩序的"无序的混乱"。就如舍勒所说"心灵在自己的领域拥有一种严格的逻辑类似物——它没有沿袭知性的逻辑";而后他补充:"法则铭刻在心灵之中"。他又说:"帕斯卡的格言的重点在于'它的'(ses)和'理'(raisons)。心灵有它的根据(reason),对于'它的'(its),知性一无所知也永远不可能知道任何东西……"④ 无论透

---

① 舍勒并没有思考这些客观被给予的结构之最终根源。在对爱的秩序的"规范"意义的讨论中,他注意到爱的秩序"并不依赖于上帝存在这一命题"。(Max Scheler, *Vom Ewigen im Menschen*, GW V, S. 347, Anm. 1; 英译本见:Max Scheler, *Selected Philosophical Essays*, translated by D. Lachtermann, p. 99, n. 3)

② Max Scheler, *Der Formalismus in der Ethik und die materiale Wertethik: Neuer Versuch der Grundlegung eines ethischen Personalismus*, GW II, Bern und München: Franke Verlag, 1966, S. 86; 英译本见:Max Scheler, *Formalism in Ethics and Non-Formal Ethics of Values: A New Attempt toward the Foundation of an Ethical Personalism*, translated by Manfred S. Frings and Roger L. Funk, Evanston, Ill.: Northwesten University Press, 1973, p. 66。

③ Roger L. Funk, "Thought, Values, and Action," in *Max Scheler (1874-1928): Centennial Essays*, edited by Manferd S. Frings, p. 52.

④ Max Scheler, *Vom Ewigen im Menschen*, GW V, S. 362; 英译本见:Max Scheler, *Selected Philosophical Essays*, translated by D. Lachtermann, p. 117。

过人格的爱的秩序如何去反映或者扭曲客观的价值秩序，对舍勒而言心灵就是规范化的有序之物。如其所言，"法则铭刻在心灵之中"。它本来就不是混乱的。因此，即使它的无序也并非是不可思议的，而是完全可以理解的，这正如他在对怨恨的分析中所说明的。不但价值的客观秩序，而且理解它们的主观能力，也有其内在结构的合法性。与康德的"感性"（它的材料本身就是不可理解的）不同，舍勒的价值感受能力能够把握先天秩序和价值等级。同康德的"理性"一样，舍勒的"价值感受"是一种导向性和引证规范的能力（a guiding, norm-adducing faculty），它阐明着我们的经验。事实上，价值的客观等级秩序只是在主观的偏好行为中被给予。

然而，对舍勒来说毫无疑问的是，命令原则最终存在于反映在爱的秩序客观方面的价值先天秩序上面，后者构成了规定着他称为"真正的爱的秩序"——人的价值感受、偏好、爱和恨的客观正确性——之物的最终标准。他公开而坚决地拒绝了康德的"建构主义"。

这就将我引入一个我视之为有关爱的秩序的第一个真正的问题之中。这个问题表现出某些模糊性，这不仅涉及它的双面性方面，同时也涉及舍勒如何理解理性和非理性、逻辑和非逻辑的关系。它是一种属于爱的秩序范围之内的模糊性。我用"范围"一词意指的是它的广度（extent）：它包含什么又排斥什么？它涵盖哪些经验维度？它包含哪些类型的主观行为和客观事实？根据舍勒所做的帕斯卡式的类比，最直接的回答就是它包含感受和价值，排斥理性和逻辑。[1] 舍勒毕竟说过，心灵"没有沿袭理性的逻辑"，心之"理"是"客观的，而且明白地洞见到知性所盲目的东西——其'盲目'就像瞎子之于颜色，聋子之于声音"。[2] 这清楚地表明爱的秩序排斥理性和逻辑，但涵盖了从情

---

[1] 参见本书第355页注1。

[2] Max Scheler, *Vom Ewigen im Menschen*, GW V, S. 362; 英译本见：Max Scheler, *Selected Philosophical Essays*, translated by D. Lachtermann, p. 117.

感上感受和理解这些价值的整个情感能力和质料价值级序的整个质料领域之范围。然而,当我们考察舍勒对客观价值等级及其相应的情感体验的层次的分析时,情况就开始复杂起来。

众所周知,舍勒将质料价值主要分成相应于它们各自的情感意向性的四种等级模式。这些价值由高到低包括:(1)宗教价值,例如"神圣的"和"世俗的";(2)精神价值,例如"美的""正当的"和"真的";(3)生命价值,例如"高贵的"和"庸俗的";以及(4)感性价值,例如"愉悦的"和"痛苦的"。(弗林斯教授区分了第五种样式,即"实用"[pragmatic]价值,例如"有用的"和"无用的",它处在舍勒的第三和第四等级之间,尽管他承认舍勒并没有把它们分成一种单独的等级。)① 这些样式和它们相应的感受——由舍勒构思为稍微变化的等级图式——构成有关爱的秩序的基本双极结构。②

---

① Manfred S. Frings, *The Mind of Max Scheler*, Milwaukee, Wis.: Marquette University Press, 1997, p. 28.

② 舍勒在《形式主义》的第五篇中对感受做了两种不同的分类,第一种分类体现在第二章(Max Scheler, *Der Formalismus in der Ethik und die materiale Wertethik: Neuer Versuch der Grundlegung eines ethischen Personalismus*, GW II, S. 269-275;英译本见:Max Scheler, *Formalism in Ethics and Non-Formal Ethics of Values: A New Attempt toward the Foundation of an Ethical Personalism*, translated by Manfred S. Frings and Roger L. Funk, pp. 255-261),他区分了感受状态、情感、被动性反应(reactive response)、意向感受功能、偏好行为以及爱和恨。第二种分类体现在第八章(Max Scheler, *Der Formalismus in der Ethik und die materiale Wertethik: Neuer Versuch der Grundlegung eines ethischen Personalismus*, GW II, S. 344-356;英译本见:Max Scheler, *Formalism in Ethics and Non-Formal Ethics of Values: A New Attempt toward the Foundation of an Ethical Personalism*, translated by Manfred S. Frings and Roger L. Funk, pp. 332-344),他区分了感性的、生命的、精神的和神圣的情感等级。按照昆廷·史密斯(Quentin Smith)的说法,这些分类是奠基于内在的不同标准上的,第一个分类是建立在客体关联的差异上,第二种分类是建立在自我关联的深度上。(Quentin Smith, "Max Scheler and the Classification of Feelings," *Journal of Phenomenological Psychology* 9 [1], 1978, pp. 114-138; Quentin Smith, "Scheler's Stratification of Emotional Life and Strawson's Person," *Philosophical Studies* 25, 1977, pp. 103-127)

在《形式主义》中,舍勒的价值等级和相应的情感层次序列也存在着术语的差别。前者在第二篇 B 部分第五章(Max Scheler, *Der Formalismus in der Ethik und die materiale Wertethik: Neuer Versuch der Grundlegung eines ethischen Personalismus*, GW II, S. 125-130;英译本见:Max Scheler, *Formalism in Ethics and Non-Formal Ethics of Values: A New Attempt toward the Foundation of an Ethical Personalism*, translated by Manfred S. Frings and Roger L. Funk, pp. 104-109),在这里他区分

这里第一个需要注意的事情是，"审美的""法律的"和"哲学的"价值存在于舍勒所讨论的"精神"价值和感受之中。并且从他对此讨论的上下文可以知道，存在着各种通过依赖关系而作为价值的存在与"审美的""法律的"和"哲学的"价值在现象上关联在一起的"后继"（consecutive）价值。比如他说，"科学价值"是有关"纯粹真理认识"的哲学价值的后继价值，"文化价值"是有关善（艺术财产、科学机构、成文立法等）之价值领域的精神价值的后继价值，法律价值是正当秩序的司法价值的后继价值。① 这表明，在他的四个（或者五个）价值样式的基本序列之外，还有一整套多样的相关价值和相应感受，包括审美的、司法的、法律的、哲学的和科学的，以及许多可能有的其他价值。

舍勒对这一组精神价值的讨论，引发了一些我认为是有关爱的秩序范围的令人感兴趣的问题。特别是他所提到的"哲学"和"科学"的价值是很有争议的：人们就禁不住问，这些价值与"知性逻辑"或者"理性逻辑"究竟是什么关系（爱的秩序具有与这种"知性逻辑"或"理性逻辑"本身相对等的东西）？例如，"对真理的认识之价值"是如何与逻辑效力或者逻辑说服力（cogency）的认识价值（如果允许这样说的话），或者理性理解的价值相联系的？是不是可以谈及"逻辑价值"呢？如果可以的话，在知性逻辑和心的逻辑之间帕斯卡的类比

（接上页）了宗教的（religious）、精神的（spiritual）、生命的和感性的价值样式；后者在第五篇第八章（Max Scheler, *Der Formalismus in der Ethik und die materiale Wertethik: Neuer Versuch der Grundlegung eines ethischen Personalismus*, GW II, S. 345-356; 英译本见：Max Scheler, *Formalism in Ethics and Non-Formal Ethics of Values: A New Attempt toward the Foundation of an Ethical Personalism*, translated by Manfred S. Frings and Roger L. Funk, pp. 333-343），则区分了精神的（spiritual）、心理的（psychic）、生命的和感性的情感层次。在其他地方（Philip Blosser, *Scheler's Critique of Kant's Ethics*, Athens: Ohio University Press, 1995, p. 122, n. 29），我除了论及舍勒"精神的"感受是不是感受状态的矛盾性说明之外，还简要地谈到了这些差别。

① Max Scheler, *Der Formalismus in der Ethik und die materiale Wertethik: Neuer Versuch der Grundlegung eines ethischen Personalismus*, GW II, S. 128-129; 英译本见：Max Scheler, *Formalism in Ethics and Non-Formal Ethics of Values: A New Attempt toward the Foundation of an Ethical Personalism*, translated by Manfred S. Frings and Roger L. Funk, pp. 107-108。

将会是什么呢？是否有对确定"价值"概念的质料领域在数目上的任何限定？暂且撇开所有的"后继"价值，有什么理由去说明为什么我们不能正确地区分除了舍勒所特别区分的价值组列（宗教的、审美的、司法的、生命的、感性的等）之外的这些不可还原的价值领域，比如经济的、语言的、社会的、历史的、精神的、生物的、物理的、空间的，甚至数字和逻辑的价值？① 是不是可以谈及数学方程式的"数字价值"或者命题演算的"逻辑价值"？

进而，如果没有对此做出根本的反驳，那么有什么理由去说明为什么我们同样无法正确地区分那些价值得以被感受和被领会的价值体认的相应情感能力？毕竟，除了真正的精神之外，在其他质料领域之中还存在着许多类似于情感感受的东西。② 如果能够谈及一个心理学家的情感敏感性以及对他人感受的移情（empathy），同样在心理学特有的领域之外就有许多类似于这一感受的东西。例如，人们可能会谈及伦常领域的"感受意识"、经济领域敏锐的"生意感"、审美领域的"美感"、司法领域的"公正感"，等等。的确，人们甚至还会谈及一种"数学感"或"逻辑感"！但精神感受的这些类比无一是完全相同的。每一种精神感受都具有一种不可还原地相区分而样式上限定的特征，如果将这一特征仅仅归在我们通常用"精神"或"情感"感受所意指的东西的名义之下，就会对其意义造成损害。

---

① 参考有关样式价值的 15 层等级（the fifteen-tiered scale），参见 Herman Dooyeweerd, *A New Critique of Theoretical Thought*, translated by D. H. Freeman and W. S. Young, Amsterdam & Philadelphia, 1953-1956, reprinted in Jordan Station, Ontario: Paideia Press, 1984, vol. 1: *The Necessary Presuppositions of Philosophy*, p. 3，也参见 vol. 2: *The General Theory of Modal Spheres* 各处。

② 杜耶威尔德一方面坚持不同经验样式的"原子意义"之不可还原性，另一方面指出在具体的经验中存在着样式的交错，他把这种交错称为样式的"类比"或意义的"预期"和"反预期"（retrocipation）。例如，当感受通过它的精神的"原子意义"得到特有的限定时，这种感受就有在其他的经验样式中（例如审美的、宗教的、伦常的等等）的"类比"。因此才能谈论"审美感受""宗教感受""伦常感受"等等。参见 Herman Dooyeweerd, *A New Critique of Theoretical Thought*, translated by D. H. Freeman and W. S. Young, vol. 2: *The General Theory of Modal Spheres*, pp. 74-78。

但在这种情况下帕斯卡式的类比会遭遇到什么呢？"心的逻辑"是一种独特而截然不同的"逻辑"呢，还是有许多"逻辑"就像有许多质料价值领域一样？是否有一些为各个领域及其各自学科（比如美学、经济学或者语言学）所特有的不可还原的原则，并且这些原则能类似地被称为其各自领域的"逻辑"？相应地，是否有多样的、不可还原的价值体认能力（即便这些能力在其领域之内都具有一种类似于"感受"的东西）？如果逻辑能够被称为构成一个价值感受对象的质料领域，那么有什么理由将知性逻辑从爱的秩序范围之内排除出去呢？问题很激烈，但却是必需的。舍勒的帕斯卡式的论点：（心的）秩序有其"理"——也就是心自身对这样的事情的清楚洞见，而理性对这样的事情仍然如同瞎子对于颜色那样"盲目"——还有基础吗？我认为是有的。舍勒的洞见在我看来根本上是可信的。然而我也认为我所提出的这类问题是需要澄清的，若不澄清它们，舍勒的根本洞见就无法得到恰当的评价而且必定和现象学行为事实的清晰结构的某些方面不相称。通过不断地反思在帕斯卡那里被认为与"心"类似的那个"理"来说明这一点是尤其有帮助的。

　　基本的逻辑推理行为是分析的，它们将逻辑看作其固有的领域，并包含着一个进行分析性区分的过程。但并非我们所进行的所有分析本质上都是逻辑的或逻辑上是分析的。就像我们能够谈及在其他质料体验领域（例如"美感""生意感""数学感"等）的精神感受的类比一样，我们也能够谈及有分析区分的类比。因此我们不但做逻辑的区分，我们还做美的、数学的、社会的、历史的、语言学的、司法的、伦常的、宗教的——甚至精神和情感的区分。但这些区分没有一个本质上是分析的或推理的。例如，有关何种颜色为"适宜"或"协调"的审美区分涉及存在于精神感受的审美类比与逻辑分析的审美类比之间错综复杂的相互作用。但它不能转化为一种纯粹的逻辑区分，就如同"审美感受"也不能转化为一种严格的精神或情感感受活动一样。

毋宁说，它是一种为审美的价值体认样式所特有的区分类型。

这就将我引向前两个论点：

首先，在客观方面，舍勒通过对一种完全不依赖于逻辑的客观价值现象秩序的存在所做的帕斯卡式辩护反驳了逻辑还原论的绝对主义，但他在"非逻辑感受"对象的名义下对所有质料价值所做的分类并没有充分说明价值体验的逻辑和非逻辑领域之间的关系，或者说没有充分说明逻辑关系本身是一种价值现象。舍勒正确地认识到质料价值是一种不同于逻辑价值的存在，但使质料价值得到区分的并不仅仅是质料价值作为"非逻辑感受"对象对逻辑的独立性，而且还是质料价值作为其各自的经验（例如审美的、社会的、宗教的、语言的，以及情感的体验）样式所特有的体认对象区分于其他价值的那些不可还原的差异性。

在爱的秩序的客观方面，舍勒的主要洞见是他认识到不可还原的非逻辑价值样式。他主要失察在于其重新乞灵于感性和思想领域之间的传统二元论，在这里这种二元论特征是通过作为理性理解对象的"逻辑"和作为感受客体的价值之间的区分表现出来的。这就使得他不能恰当地说明逻辑价值和非逻辑价值之间的关系。从而，目前执教于圣母大学的芬兰哲学家塔皮奥·波利马特卡（Tapio Puolimactka）接受舍勒的这一主张：价值原则并非仅仅是逻辑原则对价值的"应用"。但是，他拒斥舍勒如下的极端论点：价值原则完全独立于逻辑原则。[①] 质料领域并非是与外界隔绝的密封舱，即便它们本身不可还原成其他领域，也还是互相联系的经验领域。这一失察也使舍勒无法充分解释非逻辑价值之间的不可还原的差异性和相互联系。还原主义的威胁不仅来自逻辑方面（以逻辑主义的形式），而且也来自被舍勒认定为爱的秩序的质料领域方面，比如精神的、审美的和生命的方面——以心理主义、审美主义、生命主义等形式。因此，预防精神的、审美的或生命

[①] Tapio Puolimatka, *Moral Realism and Justification*, Helsinki, 1989, p. 163.

的绝对主义与预防逻辑绝对主义是同样重要的。

第二，在主观方面，舍勒通过对不依赖于理性的规范化价值体认的主体能力（各种被动和主动的意向性、偏好、感受活动等）的出色辩护，有效地批驳了理性绝对论，但他对统一在"情感"或"感受"（相对于理性理解来界定）的心灵结构下面的这些能力的不适当的分类，本身就接近一种可能的还原论，也无法充分地说明价值体验（包括对这些他通常似乎要从爱的秩序中排除出去的价值的感受——其中有对数学和逻辑价值的感受）的主观样式的多样性。一方面，我们的各种价值体认能力之所以能够包含着精神体验样式的类比，就在于这些能力在某种意义上都是"可感知的"，就如同它们包含着那些形成分析性区分能力的类比一样；另一方面，就如同将每一种做区分的能力还原为理性分析活动是不恰当的一样，将所有价值体认还原为精神感受也是不恰当的。

舍勒关于爱的秩序的主观方面的主要洞见，在于他对不可还原的价值体验的非理性样式的认识。他主要的失察在于他仍旧诉诸思想和感性的传统二元论来分析爱的秩序。就如让·拜林所言："就在［舍勒］似乎就要弥合现象的人和实体的人之间的断裂的时候，他又重新求助于感性领域（此时这一特征通过帕斯卡心的秩序表现出来）和思想领域的区分，每一个领域都是独特而不可还原的。"① 这不仅使得他无法注意到在价值体认的非理性样式之间除了相类似外还有明显的差异，也使得他无法察觉到我们价值体认的理性和非理性样式是与我们体验中的跨样式类比（比如在"审美敏感性"中的精神类比，或"法律区分"中的逻辑类比）复杂地交织在一起，相互之间不能进行还原。

因此，汉斯·莱纳强调说，价值感受行为"并不存在于与整个人

---

① Ronald F. Perrin, "A Commentary on Max Scheler's Critique of the Kantian Ethic," *Journal of the History of Philosophy* 12, 1974, p. 359.

格相孤立或分离的感受之中",而是一种完整的自我行为,其中"自我的感觉和理智要素尽可能紧密地彼此联结在一起,形成一个统一体"。① 另一方面,依照荷兰哲学家杜耶威尔德的说法,我们的经验样式(无论是伦常的、心理的、逻辑的……)没有任何一方面是完全脱离于经验中的其他方面的,即便在思想上经分析可能区分开来。② 彼得·斯佩德甚至认为理性在有关非伦常价值所要实现的伦常评判中发挥着有效作用。③ 总之,对与逻辑和各种非逻辑的价值领域相关联的(尽管是类比地关联)、不可还原地相区分的价值体认样式做细致的区分是很重要的。

至于我的第三个论点,由于我已经基本上在其他地方展开过论证,所以在这里我将扼要说明它,补充一些我最近在这一问题上的思考概要。④ 大体上,我将对舍勒的目的论学说提出异议,这一学说认为伦常价值仅只是作为对非伦常价值的现实化活动之意愿的副产品才产生的。⑤ 对这一观点我将通过现象学的证明——并非每一种现实化的

---

① Hans Reiner, *Duty and Inclination: The Fundamentals of Morality Discussed and Redefined with Especial Regard to Kant and Schiller*, translated by Mark Santos, The Hague: Martinus Nijhoff, 1983, p. 135.

② Herman Dooyeweerd, *A New Critique of Theoretical Thought*, translated by D. H. Freeman and W. S. Young, vol. 2: *The General Theory of Modal Spheres*, pp. 74-78.

③ Peter H. Spader, "The Primacy of the Heart: Scheler's Challenge to Phenomenology," *Philosophy Today*, 1985, p. 228.

④ Philip Blosser, "Moral and Nonmoral Values: A Problem in Scheler's Ethics," *Philosophy and Phenomenological Research* 48, 1987, pp. 139-143; Philip Blosser, *Scheler's Critique of Kant's Ethics*, pp. 65-68, 84-88; Philip Blosser, "Scheler's Theory of Values Reconsidered," in *Phenomenology of Values and Valuing*, edited by James G. Hart and Lester Embree, Dordrecht, 1997, pp. 155-167, 尤其是 pp. 161-166。

⑤ 目的论伦理学的这一特征在威廉·弗兰克纳(William K. Frankena)的《伦理学》(*Ethics*, 2nd. Editon, Englewood Cliffs, NJ, 1973, p. 17)中受到广泛的注意。就舍勒的理论来说,注意到这一点是很重要的:伦常价值的实现并不完全依赖于一个人将肯定的非伦常价值载体实际成功地创造出来,而(就像康德所正确强调的)仅仅在于通过实际对它的意愿而去实行的尝试。值得注意的是,舍勒在他的晚年不再认为价值可以通过意愿——一种"精神"(Geist)的行为——得到实现,而是只能通过偶然的"冲动"(impulse; Drang)可能来实现。在英语世界,对这一转变的探讨没有人做得比彼得·斯佩德更透彻了,参见 Peter Spader, "The Non-formal Ethics of Value of Max Scheler and the Shift in His Though," *Philosophy Today* 18 (3), 1974, pp. 217-223; Peter Spader, "A New Look at Scheler's Third Period," *Modern Schoolman* 51 (2), 1974, pp. 139-158。

"善"的价值都表现为一种伦常善的价值——来反驳。如果此时我们撇开人的意愿的作用,那么将清楚地看到的是,诸多肯定的[①]非伦常价值载体的形成包含着还不是伦常善的一种"善"的现实化活动。例如,农田急需一场降雨来实现丰收,丰收就承载着"善"的肯定价值。但这种"善"显然还不是一种伦常价值,其中的原因之一就是这种"善"还没有涉及个人意愿的作用。

但即使在涉及意愿的地方,出现在肯定的非伦常价值所意愿的现实化活动"背后"的那一种价值就是一种伦常善,也未必是显而易见的。例如,众所周知的是,布莱兹·帕斯卡(Blaise Pascal)的父亲艾基纳(Etienne)一天发现他的小儿子正秘密地在他屋后的沙地上进行几何演算——秘密地,因为艾基纳已经把他的所有数学书籍藏起来并禁止他的孩子涉猎数学,因为这样一种令人入迷的学科可能会分散他们在其他方面的学习注意力而阻碍他们正常的教育发展!当小帕斯卡在大约11岁的幼年,在没有任何帮助之下自己就发现了毕达哥拉斯定理的时候,就开启了他的数学天才,并实现他超凡的理智价值。但被实现的"善"是理智的,而必然不是伦常的。事实上,如果这件事情包含着对其父的逆反行为,那么有关理智善之肯定的非伦常价值就可能已经通过一种伦常上的否定价值之实现化活动而在某种程度上得以形成。

这表明了两件事情。(1)它表明存在着非伦常价值,这些非伦常价值的现实化活动导致了各种非伦常"善"(比如语言的、审美的、经济的或者逻辑的善等等)的共生,而看起来这种共生无一适宜被称为"伦常"善的。这也适用于"应该"(ought),我们"应该"培养通顺的文理、审美的趣味、经济上的俭朴、逻辑上的有效思维等等。但这

[①] 我使用的"肯定的"(与"否定的"的相对)也包含"更好的"(与"更低的"相对)的意思。

些"应该"无一明确地是伦常的,即使它在其他非伦常的方式上是合乎规范和令人信服的。(2)它表明伦常善仅只是善的一种类型,相应于一个其价值内容能够成为(相对于舍勒)意愿和现实化活动的对象的伦常经验领域。这意味着"伦常善"必然不是通过肯定的非伦常价值(比如"效用""俭朴""雄辩""高贵"或"神圣")的现实化活动而产生,而是通过肯定的伦常价值(比如"忠诚""悔罪""原谅""尊敬""正直""仁爱""利他主义"等)的现实化活动而产生的。

莱纳也提出过类似的观点,他认为,虽然一些伦常价值确实是通过在个别客观价值的现实化(以舍勒所宣称的方式)过程中得到引导的意愿行为而产生的,但是伦常价值并不限制在这些"定向价值"(Richtungswerte)上。也就还有(例如)"忍受价值"(Haltungswerte),这种价值不是通过个别的客观价值的现实化活动而产生,而是由于其自身(诸如勤奋、坚持、勇敢、自制、忍耐和坚忍)之故得以实现的。①

在这里最可能产生的异议是,伦常价值不能以一种非伦常价值可能进行的方式成为意愿和现实化活动的直接对象,因为就像舍勒指出的,伦常价值是原初就为行为人格(acting persons)所固有的,而且无论人格还是他们的行为都不能作为对象被给予。② 但是这看起来并不是很确切的。无疑,价值的载体要么作为主体要么作为客体被给予,

---

① Hans Reiner, *Duty and Inclination: The Fundamentals of Morality Discussed and Redefined with Especial Regard to Kant and Schiller*, translated by Mark Santos, p. 237.

② 舍勒把伦常价值说成是这些的价值:"它们的载体绝不能(原初地)作为'对象'被给予,因为它们在本质上属于人格(行为-存在)的领域。因为不管人格还是行为都始终不能作为'对象'被给予。"(Max Scheler, *Der Formalismus in der Ethik und die materiale Wertethik: Neuer Versuch der Grundlegung eines ethischen Personalismus*, GW II, S. 105-106; 英译本见:Max Scheler, *Formalism in Ethics and Non-Formal Ethics of Values: A New Attempt toward the Foundation of an Ethical Personalism*, translated by Manfred S. Frings and Roger L. Funk, p. 86) 彼得·斯佩德在他的论文里面展开了这一论证,参见 Peter Spader, "Aesthetics, Morals, and Max Scheler's Non-Formal Values," *The British Journal of Aesthetics* 16 (3), 1976, pp. 231-233。

而且主体并不是以与客体相同的方面被给予的。同样无疑的是，行为人格是原初作为主体而不是作为客体被给予的，而且一个人格的意向、感受和内在行为不是原初客观被给予的。同样无疑的是，人格是作为主体被给予的伦常价值的唯一载体。只有人格才是伦常主体。动物和植物都不是。动物是意识主体，也即是一种拥有对愉快和痛苦的价值进行体认的主观能力的感觉生物，这些价值在诸如食物、食肉动物等这些客观的价值载体中被给予。动物具有感性感受和生命的感受。而植物是对光线敏感的主体，有一种朝向太阳的趋光反应。但无论是动物还是植物都不是伦常主体。它们都没有伦常感受或意向。

但是，并不能说伦常价值的唯一载体是人类主体。客体也可以承载伦常价值，即便不是作为原初内在于人类主体中的伦常价值，而毋宁是通过归因的方式客观地承载的伦常价值。例如，象征着夫妻间道德忠诚的结婚戒指承载着一种伦常价值——不是主观上的，而是以符号化归因的方式客观的。作为一个主体，它只是一枚没有生命的金纹圈，只是承载着它的合成物以及其他等等的物理-化学价值。但作为客体，它承载着许多被客观地归因的价值（例如，美的、经济的、宗教的、历史的）——其中之一是这一伦常价值象征着忠诚。如果无生命的客体能够承载被归因的伦常价值，这对人而言当然也是可能的。人格不仅能够作为伦常主体或伦常行为人格被给予，而且能够作为价值的客观载体被给予。例如，一个因为伦常罪责而得到他人宽恕的人就已经是一个宽恕的客体，同时客观上也承载着被归因的有关宽恕的伦常价值。

此外，即使在伦常价值的载体是人类主体的情况下，也没有理由去说明为什么伦常价值本身不能成为意向体认和感受的对象。就像莱纳所指出的，赋加于他人行为上的伦常价值是容易辨别的，也是能够在现象学上得到正确分析的；因此他反对舍勒的这一主张：将伦常价值当作意愿的直接对象的企图必然导致自我欺罔和"法利赛主义"。①就像尼古拉·哈特曼所认为的那样,即便在个人自身行为的情形下,在一个人的行为中的对伦常价值的追求也是一种完全自然而正常的伦常抉择。②莱纳也争辩说,舍勒对伦常价值的定义使得他既无法认识到由意志附加于判断上的伦常善,也不能认识包含在那些支撑着业已存在的价值之现实的行为之中的伦常善。③

就这里所提出的问题来说,舍勒的主要洞见在于他正确地看到,"善"的价值本身不能成为所意愿到的现实化活动的直接对象,而且义务"应然"的内容只有通过质料价值载体所意愿的现实化活动才能得到实现。但"善"本身不能直接被意愿,其原因并不是在于所意愿到的现实化活动的直接对象只能是非伦常的,或者伦常价值仅从属于绝不能作为"对象"被给予的人格的领域。毋宁说,那是因为"善"的价值除了作为一种从属于特定的质料价值领域——比如,作为一种审美的善、经济的善、社会的善等等——的"善"之外,永远也不能作为某些真实或者可认识的东西而呈现自身。而且义务"应然"的内

---

① Hans Reiner, *Duty and Inclination: The Fundamentals of Morality Discussed and Redefined with Especial Regard to Kant and Schiller*, translated by Mark Santos, pp. 172-173. 舍勒对"法利赛主义"的论述,参见 Max Scheler, *Der Formalismus in der Ethik und die materiale Wertethik: Neuer Versuch der Grundlegung eines ethischen Personalismus*, GW II, S. 22;英译本见:Max Scheler, *Formalism in Ethics and Non-Formal Ethics of Values: A New Attempt toward the Foundation of an Ethical Personalism*, translated by Manfred S. Frings and Roger L. Funk, p. 14。

② Hans Reiner, *Duty and Inclination: The Fundamentals of Morality Discussed and Redefined with Especial Regard to Kant and Schiller*, translated by Mark Santos, pp. 172-173. 塔皮奥·波利马特卡仅仅是在如下这种意义上认可舍勒关于"法利赛主义"的评论:人们不要在一种自我满足的意义上试图将自身表现为善。但他坚持认为,"这并不意味着试图成为或变成乐善好施者是不真实的"。参见 Tapio Puolimatka, *Moral Realism and Justification*, p. 147。

③ Hans Reiner, *Duty and Inclination: The Fundamentals of Morality Discussed and Redefined with Especial Regard to Kant and Schiller*, translated by Mark Santos, p. 238. 莱纳也注意到舍勒对伦常价值的定义使得他无法意识到,带着一种荣誉感去行动的那些人更关注的是要避免反面价值的实现,而不是去寻求肯定价值的实现。(参见 Hans Reiner, *Duty and Inclination: The Fundamentals of Morality Discussed and Redefined with Especial Regard to Kant and Schiller*, translated by Mark Santos, pp. 171-172)

容仅只通过所意愿到的质料价值载体的现实化活动才能得到实现,并不是因为只有义务"应然"才是伦常的。毋宁说,那是因为我们有关义务"应然"的经验永远都和一种潜在或现实的意愿行为相关联,在这一行为中我们试图产生伦常价值的载体,无论这种价值是伦常的还是非伦常的。那么这表明,舍勒的价值现象学除了需要关于伦常价值的特定质料领域之外,还需要关于"善"的非伦常价值和非伦常义务"应然"的附加范畴。

总之,舍勒的"爱的秩序"针对智识史上的还原主义倾向所进行的回击虽然是非常重要和极其深刻的,但它通过舍勒还无法充分地发挥功效从而未能达到足够的澄清。特别是,这一构想需要得到更细致的展开以便对价值-体认的各种主观能力之间的区分进行充分的分析,而不管所领会到的这些价值是情感的,或者逻辑的,或者数学的;并且以便获得一种对逻辑价值和非逻辑价值以及伦常价值和非伦常价值之间的客观内在联系的清晰的分析。

(译者:钟汉川 / 南开大学哲学院;
校者:李国山 / 南开大学哲学院)

通过榜样性的人格间的注意*

安东尼·施泰因博克

本文讨论了关于注意的人格间关系的一系列问题。这是通过以下几个方面来完成的：(1) 对作为被给予方式的展示（presentation）和启示（revelation）的区分；(2) 把情感生活作为人所特有的特征，并认为人本质上是人格间的；(3) 通过以下几点清楚地说明榜样性现象，即（a）与引领关系的区别，（b）榜样的效用，（c）榜样的类型，以及（d）它们如何相互联系；(4) 最后，通过详细说明感知的和认识的注意与人格间的注意的区别，并把前者植根于后者而总结全文。

导　论

大街上的某人是孤独的或受惊的：一个正专心于事务，另一个则上前搭讪。两个人正观看当地新闻中的战争画面：一个担心它将如何影响明天的股市，另一个则因爱国精神而兴奋不已。某人说了一个笑话：一个人不好意思地窃笑，另一人则带着共鸣的会意而狂笑，似乎

---

* 本文译自：Anthony J. Steinbock, "Interpersonal Attention through Exemplarity," *Journal of Consciousness Studies* 8 (5-7), 2001, pp. 179-196。——译者

已超出了笑话可笑的程度。在一间候诊室中，某人因痛苦而哭泣：一个人静静地听着，另一个继续读报，还有的人则忙于付款。

这些被描述的境况是独一的，不仅因为它们涉及以一种特别的方式转向他人，而且因为每一种情况中都包含着一定的价值，这些价值指导着我们用以接近他人的方法。它们占据了我称之为人格间的注意的领域。

对注意现象的探究，一般以与世界上的事物相关联的意识的本性为出发点。这条基本途径为经验-心理学的与哲学-现象学的这两种途径共同拥有。在前者中，注意被看作对一个客体方面的刺激的精神回应，这个客体也同样照亮了一个主题域。① 在后者中，注意被描述为一个生活亲历的过程，它是由对我们进行诱惑的客体的感触力"激发"的，而不是以其为原因引起的。这一注意导致了一种对于一个典型的感知者而言的前景和背景间的共生关系。②

我们将分析：我们如何把注意转向某物；世界如何吸引我们朝向这个或那个方向；某事物如何能改变我们感知的或认识的朝向性；思想的对象如何能被诱导而成为判断的明晰主题；感知对象如何在其他对象都退入背景时成为焦点；一些事物或事物的一些方面如何能通过竞争而在场；以及另一些事物如何能结合在一起形成一个突出的图像。这样的分析将有助于注意现象的展现。

---

① G. Th. Fechner, *Elemente der Psychophysik*, Leipzig: Breitkopf & Härtel, 1860/1889; W. James, *The Principles of Psychology*, vol. 1., Cambridge, MA: Harvard Press 1890/1981; T. Lipps, *Grundtatsachen des Seelenlebens*, Bonn: M. Cohen, 1883, Kap. IX und XXIX; Wilhelm Wundt, *Grundriß der Psychologie*, Leipzig: Wilhelm Engelmann, 1896; Carl Stumpf, *Erscheinungen und psychische Funktionen*, Berlin: Königli, Akademie der Wissenschaften, 1907.

② A. Gurwitsch, *The Field of Consciousness*, Pittsburgh: Duquesne University Press, 1964; A. Gurwitsch, *Studies in Phenomenology and Psychology*, Evanston, Ill.: Northwestern University Press, 1966; Edmund Husserl, *Analyses Concerning Passive and Active Synthesis: Lectures on Transcendental Logic*, translaged by Anthony J. Steinbock, Dordrecht: Kluwer, forthcoming 2001; Maurice Merleau-Ponty, *Phénoménologie de la perception*, Paris: Gallimard, 1945.

本文并不关注事物如何以这样或那样的方式影响并触动我们，我的兴趣在于：我们如何能够谈及一个正被另一个人或事物（别人喜爱的事物）所吸引的人；一个人如何能够以明确的或不明确的方法获得或保持我们的注意；某人如何能引起我们的行动或行为（behavior）；某人如何能激起我们人格的成长和转化，或激励我们生活的使命。这些问题并不属于感知和认识生活，而主要属于经验的情感领域。这些问题甚至也建构了事物（感知的和认识的）由之而成为吸引人的或使人反感的方式，因此这一方式指导着什么将在感触上对注意的这些其他方式而言会成为重要的。相应地，人格间注意的领域不仅与感知的和认识的注意相区别，而且还为后者奠基，并最终对什么会成为感知上和认识上重要的东西产生影响。

在这篇文章中，我将讨论关于注意的人格间关系的一系列问题。讨论将通过以下几个方面来完成：（1）描述作为被给予方式的展示和启示的区别，并借此以现象学术语设立问题；（2）把情感生活作为人所特有的特征，并把人描述为本质上和原初地是人格间的；（3）在与引领现象的区别中，根据榜样性现象的效用，并参考榜样的类型以及各类型榜样间的相互联系，来清楚地说明榜样现象；（4）通过对感知的和认识的注意与人格间注意的区别的详细记述，以及表明后者对于注意现象学的重要性而总结全文。

一、展示和启示

无论是涉及世界上的事物、人类以外的其他存在物，还是涉及人，注意问题在传统上一直受到一种特殊的被给予形式，即我这里所谓的"展示"的主导。展示是这样一种方式，通过它，当对象或对象的各方面在与一个感知者或认知者的关系中进入现象时，它们就被诱入现象。当它们被给予，它们就进入一个相对于一个背景的感触突显

(relief)之中,并且它们的意义只在一个"情境"之内被决定。这个情境恰恰就是感知者和被明确或不明确地感知到的对象之间的相互作用。由于对象的被给予方式或意义是根据显现和隐藏的相互作用来决定的,所以当其他对象在视域中消失的同时,脱颖而出的这些对象就具有了"深度"(depth)的结构。① 在此,事物为获得它们明确具有的意义而从属于解释。

而且,被"展示"的对象是通过这种被给予的秩序本身所特有的功能和行动被给予的,即通过感知、感动、思考、相信、记忆、期望等被给予的。每一种情况下,对象都在与感知者或思考者的联系中被展示。感知者或思考者组织起一个关于可能展示的图式,这些可能的展示转而又与那些已被展示的方面或对象相协调。当它们相互协调时,我们就具有一种关于一个被给予的和随着时间而被如此肯定的同一事物的经验;我们就具有一个"正常的"感知;当它们不协调时,它们在相关的意义构造上就不正常。② 这里,对象的同一性意义可以凭借展示的发生类型而被理解,一如它在视角的变形中并通过这种变形而保持同一一样。如我们所知,这并不是单方面的作用,因为对象自身就有吸引我们的功能并在情感上推动我们转向它们,以致它们能被引入现象。事实上,某物为了成为突出的存在,它必须在感触上是重要的,并且能对感知者或思考者施加一种触发性的吸引力,无论它实际上是否作为明确的主题而存在。③ 这种凸显和转向既可以是渐进的,也可以是突然的。

---

① 梅洛-庞蒂在《感知现象学》中写道,深度最具"存在的"维度;(Maurice Merleau-Ponty, *Phénoménologie de la perception*, p. 296)在《可见的与不可见的》中,他提出深度正是存在的结构。(Maurice Merleau-Ponty, *Le visible et l'invisible*, Paris: Gallimard, 1964, p. 272)

② 参见 Anthony J. Steinbock, "The Phenomenological Concepts of Normality and Abnormality," *Man and World*, 28 (3), 1995, pp. 241-260。

③ 参见 Edmund Husserl, *Analyses Concerning Passive and Active Synthesis: Lectures on Transcendental Logic*, translaged by Anthony J. Steinbock, 尤其是第二部分第三篇。

在这里没有必要进一步描述这个结构，因为，至少通过胡塞尔的发生现象学研究、海德格尔对此在和**无蔽**结构的描述、格式塔心理学的早期著作以及梅洛-庞蒂的感知现象学，这已经被人们熟知。就相关的被给予秩序而言，它自身就是合理的。

困难在于且继续在于，"展示"被认为是被给予的独一方式。这就产生了两个令人遗憾的后果。其一，如果一个人对于事物给出自身的方式上的任何不同都不注意，他或她就可以试图把展示应用于任何有潜力被给予的东西。因此，例如，不同于人的动物、他人、上帝等就会被描述为可展示的、可相信的，并且为了获得其意义就会从属于一个解释关系；它们就会被理解为易受到我们在感知对象的情形中所发现的同一种意向或充实、证明和失望的影响。

其二，如果某人注意到了被给予中的区别，他就会认为有些"事物"原则上不适合这种被给予，或有些事物原则上不会被感知或思想所通达（如猩猩、他人、上帝的心灵）。这种情况下，这些事物将被描述为以一种不可通达性的方式而可通达的存在，被作为不能被给予者而被给予，不能被经验者而被经验；因此，它们的特征就会是处在现象的被给予性的"界限"上。① 那么，如果还有人想谈论这些事物，他或她就会被指责为"思辨""神学""教条的形而上学""本质主义思想""基础主义""在场的形而上学"，或对"本原哲学"的怀旧，等等。

尽管，在从传统现象学到后现代哲学的绝大多数研究中，展示的主导地位和对其他被给予方式的抹杀是那么明显，但对被给予整体秩序——要么包括一切，要么**通过否定**去定义不能当作被给予的东西——的坚持，在当代思想中已经受到质疑。

最初的尝试可以在扩展明见性领域的努力中看到。它要把道德和

---

① 参见 Anthony J. Steinbock, "Limit-Phenomena and the Liminality of Experience," *Alter: Revue de phénoménologie* 6, 1998, pp. 275-296。

宗教经验包括进来——虽然其先决条件是有人扩展了展示领域以使之能覆盖当今宗教或道德主题，只有这样才有可能触及对这种研究的各种限制。这一研究的典范是阿道夫·莱纳赫（Adolf Reinach），他写道："宗教经验，尤其是突然的那种，是不能被'理解'的。它们不是'被激发'的。"因此，他要求我们首先尊重这一观念：宗教经验是自愿的，"即使（他们的感觉）导向神秘"①。在这一大致的类型中，我们还发现了让·海林（Jean Hering）关于宗教意识的独一本性的现象学研究②，以及克特·斯塔文哈根（Kurt Stavenhagen）对相对于绝对领域的一个绝对人格表现的可能性的研究③。

这些尝试应该与其他那些仅仅从经验上描述各种宗教和宗教经验的尝试相区别——无论这些其他尝试是对它们的类型进行分类，还是促进一种宗教哲学——因为这些其他尝试不仅预设神的性质，而且也无法询问神或他人如何能被给予。情况就是这样，尽管事实是如果这些其他研究产生（或将产生）一种对于被给予方式的探究，它们甚至可以提供一个真正的起点。这一类的例子还有像威廉·詹姆斯④和莱乌（G. van der Leeuw）及其《宗教现象学》等。

最终，这两种努力都不能令人满意，因为它们都明确或不明确地坚持展示，即使在它们试图挑战展示的界限时。

不过，还有另一些人已经能以一种更有力、更清楚的方式发起对

---

① 写于 1916 年。Adolf Reinach, *Sämtliche Werke*, hrsg. von Karl Schuhmann und Barry Smith, Munich: Philosophia, 1989, S. 593.

② Jean Hering, *Phénoménologie et philosophie religieuse*, Paris, Felix Alcan, 1926, 尤其参见 pp. 87-140。

③ Kurt Stavenhagen, *Absolute Stellungnahmen: Eine ontologische Untersuchung über das Wesen der Religion*, Erlangen: Philosophischen Akademie, 1925. 格林德勒（Otto Gründler）的工作是早期现象学中企图把展示的现象学完全运用于"宗教"现象的一个很好的例子。参见 Otto Gründler, *Elemente zu einer Religionsphilosophie auf phänomenologischer Grundlage*, Munich: Kösel & Pustet, 1922。

④ William James, *The Variety of Religious Experience: A Study of Human Nature*, New York: Random House, 1999.

展示的统治地位的挑战。最突出的是那些区分了作为启示的被给予和作为表明（manifestation）或揭蔽（disclosure）的被给予的思想家的著作，例如，米歇尔·亨利（Michel Henry）的巨著《表明的本质》，它把这种对向着一种存在的被给出的限制（=一元论）批评为"本体论的一元论"，并把表明的真正本质理解为启示。① 我也记得伊曼纽尔·列维纳斯（Emmanuel Levinas）的著作《整体与无限》，尽管它把他者限定为不可被给予的，但却明确区别了作为揭蔽的被给予与绝对被给予或作为启示的被给予，这样它就把他者明确地描述为"教师"。② 跟随这一传统的还有让-吕克·马里翁（Jean-Luc Marion），在他的著作《没有存在的上帝》中他做了一个类似的区分，把表明和启示区别开来。

但是，对这个问题最有力的阐述已经由现象学家舍勒在他20世纪头20年的著作中提供了。③ 对舍勒来说，启示和表明的区别是从他的人格的概念中拣选出来的，人格则通过作为情感生活之一种行动的爱被最深刻地限定为人格（我将在下一个部分继续他的人格概念）。尽管他的写作风格和术语对今天的我们而言有些陌生，但他以如此深刻而一致的方式阐述这些问题，所以值得我们花时间去整理这些材料；此外面对我们当今后现代的（甚至后后现代的）感性，对于我们来说也有必要去担起他对问题的言说方式的重担。

---

① Michel Henry, *L'essence de la manifestation*, Paris: PUF, 1990. 参见 Anthony J. Steinbock, "The Problem of Forgetfulnesss in Michel Henry," *Continental Philosophy Review* 32 (3), 1999, pp. 271-302。也参见 Michel Henry, *C'est moi la vérité: Pour une philosophie du christianisme*, Paris: Seuil, 1996。

② Emmanuel Levinas, *Totalité et infini*, The Hague: Martinus Nijhoff, 1961. 毕竟，列维纳斯自己写道，不是每一个超越的意向都有意向行为-意向相关项的结构！（Emmanuel Levinas, *Totalité et infini*, p. xvii, 也参见 p. xvi）参见 Anthony J. Steinbock, "Face and Revelation: Teaching as Way-Faring," in *Addressing Levinas*, edited by Eric Nelson, Evanston, Ill.: Northwestern University Press, 待出版。

③ 例如 Max Scheler, *Der Formalismus in der Ethik und die materiale Wertethik: Neuer Versuch der Grundlegung eines ethischen Personalismus*, GW II, hrsg. von Maria Scheler, Bern und München: Franke Verlag, 1966; Max Scheler, *Wesen und Formen der Sympathie*, GW VII, hrsg. von Manfred S. Frings, Bern und München: Francke Verlag, 1973; Max Scheler, *Vom Ewigen im Menschen*, GW V, hrsg. von Maria Scheler, Bern: Francke Verlag, 1954。

二、情感生活和爱：将人呼唤向人格

舍勒通过诉诸作为人的本质的情感生活（不是认识的或感知的生活），提出一种不同的被给予方式的独特性；他又通过把爱理解为情感生活最深刻、最具体的行动，即理解为一种人格在其中被限定和启示为绝对的运动，进一步提出这一点；他通过描述榜样性的人格间的动态关系——它最终植根于爱中——而对注意问题（尽管他不会用这个词来表达）有所贡献。

古代的成见坚持认为人的精神被理性与感性间的对置所耗尽，或每一事物必定要么从属于理性，要么从属于感性。在这些成见的摇摆不定中，我们将会迷失。主张情感生活与感性相等，进而主张意义和明见性是理性生活的领域，最后主张任何属于情感生活的事物（不管是如何设想的）都只是与理性生活"相反的"——所有这些主张与非理性、困惑、不清楚、盲目、"主观"以及没有意义和方向同样有害。

与此相反，舍勒借用了帕斯卡的一个明察，他主张有一个与众不同的"心的秩序"，一个为人格的被给予所特有的**爱的秩序**，一个拥有自己的明见性、错觉、欺骗、充实、明察、"清晰"、阴暗等风格的秩序。它并不涉及感知和判断的功能和行动——它们自身具有完整性，而是涉及情感生活的功能和行为，像同情、共感、爱、恨等。只在思维的情形中总结舍勒，进行哲学研究，以及把精神的剩余部分交给心理学，这完全是一种不公平的武断行为。[1]

---

[1] Max Scheler, „Ordo Amoris", in Max Scheler, *Schriften aus dem Nachlass*, GW X, Band I: *Zur Ethik und Erkenntnislehre*, hrsg. von Maria Scheler, Bern und München: Francke Verlag, 1957, S. 362-365; 英译本见：Max Scheler, "Ordo Amoris," in Max Scheler, *Selected Philosophical Essays*, translated by David R. Lachtermann, Evanston, Ill.: Northwestern University Press, 1973, pp. 118-122。也参见 Max Scheler, *Der Formalismus in der Ethik und die materiale Wertethik: Neuer Versuch der Grundlegung eines ethischen Personalismus*, GW II, S. 82-84；英译本见：Max Scheler, *Formalism in Ethics and Non-Formal Ethics of Values: A New Attempt toward the Foundation of an Ethical Personalism*, translated by Manfred S. Frings and Roger L. Funk, Evanston, Ill.: Northwestern University Press, 1973, pp. 63-65。

在属于情感生活的许多行动和功能中，如可怜、仁慈、共感、同情等，爱最深刻，因为正是在爱中并通过爱，人格才能被启示为人格。对于爱，舍勒的意思并不是多愁善感、一种无目的的过分动情、某些被动地发生在我们身上的事情，如"坠入爱河"。而是他所谓的与"功能"明确区别开来的一种"行动"，因为这是精神层面特有的**运动**；它是被定向的、有意义的、"自发的"和原初的，不是在进行控制的、实行选择自由的和对另一个人施以权力的意义上，而是在有创造力的，或者说即兴创作的意义上，就是说，在不受理性法则规范的支配的意义上。

当人格在情感生活行动中完全地但又非穷尽地被给予时，人格绝不是一个对象，而是一个动态的朝向，他在行动中并通过行动而生活，并且作为内在一致性创造性地、历史性地发展。① 因为整个人格完全存在并生活于每一行动中，而不必在一个行动或这些行动的总和中耗尽他或她自身，所以没有一个行动的施行不增加或减损人格存在的内容。② 进一步说，恰恰因为人格在对象的秩序上不可以被给予并不意味着人格不能被给予，而是意味着人格不能像一块手表、一个椅背、一个过去的事件、一个数字、一个几何图形等一样，以展示的方式被给予，所以只要我们企图使某人"对象化"，他或她的人格就将继续逃避我们的掌控。（因此，在道德领域中就有了列维纳斯所谓的谋杀的不可能性。）这样的人格只能以启示的方式被给予，由此人格的绝对性（本质上动态的）或独一性（舍勒所谓的**"不可说的个体"**［individuum ineffabile］）——它不能用概念描述——只能在爱中被完全启示。③

---

① 参见 A. R. Luther, *Persons in Love*, The Hague: Martinus Nijhoff, 1972。

② Max Scheler, *Der Formalismus in der Ethik und die materiale Wertethik: Neuer Versuch der Grundlegung eines ethischen Personalismus*, GW II, S. 525-526; 英译本见：Max Scheler, *Formalism in Ethics and Non-Formal Ethics of Values: A New Attempt toward the Foundation of an Ethical Personalism*, translated by Manfred S. Frings and Roger L. Funk, p. 537。

③ Max Scheler, *Wesen und Formen der Sympathie*, GW VII, S. 163; 英译本见：Max Scheler, *The Nature of Sympathy*, translated by Peter Heath, Hamden, CT: Archon Books, 1970, p. 160。

人格在两重意义上在爱中被启示。严格地说，没有先于爱的行为的"爱人者"或"被爱者"。在这一意义上，人格在爱中被启示，并且爱可以被说成是"创造性的"：它在爱中并通过爱把爱人者和被爱者限定为它们本身。其次，被爱者不能像爱人者一样，被诱导成自身被给予、宽容等等，就像一个对象可以被引入显现，即当我开灯并招呼一个朋友注意烟灰缸时。但是，对一个人来说，引起作为人格的他人的被给予是可能的。不过，这就有了在道德或宗教经验领域秩序上的吸引的意义。启示的明见性、失望、错觉等内在于情感生活本身的经验，而且就是它所是的那种被给予（例如，绝对的而非相对的，直接的而非间接的）。这就是为什么为以下问题——为什么一个人爱另一个人或不爱另一个人？——陈述理由（或借口）总是在爱、不爱、恨等等的经验之后。超出以下这种行动是不可能的，在这种行动中，某人为了从展示的秩序中证明那种被给予而被启示。最后，说人格在启示方式中是绝对的和被给予的，这就是说作为绝对的人格不向讨论、历史的解释和解释学敞开（这不是说我们不能描述人格状态的结构）。但是，坚持作为单个人格的人的解释学的可能性，将使人格的绝对性要么变成专断的，要么变成相对的：相对于一个事物在其中出现并变得有意义的情境；相对于我和我的支配，如果它以食物或工具为幌子的话。列维纳斯获得了这一明察，因为他说，面孔参与它自己的表明（毋宁说，启示），而事物或文本却不或不能参与：面孔会"教"；一个对象可以被解释但却不能教。

作为一种运动和有朝向的行动，爱当然能被引向任何事物。于是，一个人可以爱思想、知识、美；一个人可以爱荣誉和高贵；一个人可以爱动物（如我们的宠物仓鼠）、树（如古老茂密的丛林），甚至车和用具（如我喜爱的自来水笔）。正如我们会看到的，这对理解榜样性角色很重要。在每一种情况下，爱都是向着这个"他者"的一个动态的朝向，这使得"他者"的内在价值并没有在爱中耗尽；毋宁说，当允许爱显露自身时，它向无限如此敞开，以致这个"他者"实现了属于它自身存在的最高可能价值。但爱这样做，恰恰是在这一"更高价值"的特点还没有或不能被"给予"之处。① 更高价值绝不能预先"被给予"，因为它只能在**爱的运动**中并通过**爱的运动**被启示。我们在事物和人之所是的充实中爱着他者，这个充实同时也是各种可能性的开端和一个"去成为"的邀请。相应地，爱不是他者中更高价值之提升（这应被正确理解为保护或支配）的一个诱因，而且它不在他者中"创造"更高的价值。②

尽管爱可以被引向任何事物，但爱的最高形式是与那种承载了神的内在价值的东西相关。且这是**人格**领域特有的。

人格作为人格间的直接的被给予。我们惯常用下面这种表述去表示某些事情，比如，人在社会上总是相互在一起，我们内在地依赖于其他人，"没有人是孤立的"等。然而，**在现象学上**，这种表述表达了一种基本的人格间关系，即我们作为有限的人，**被给予**我们自身，并且在这个自我被给予中，我们直接处在与无限的人格或神的关系（一种绝对的关系）中。相应地，自我发现也总是人格间的。在这点上，以一个孤立的个体开始是不可能的。基本的人格间关系是个体的自我意识的基础，它可原初地被理解为"召唤"（任命），理解为"为我的自在的善"（good-in-itself-for-me）。这种原初的人格间关系恰恰是人

---

① Max Scheler, *Wesen und Formen der Sympathie*, GW VII, S. 164, 191; 英译本见: Max Scheler, *The Nature of Sympathy*, translated by Peter Heath, pp. 165, 192。

② Max Scheler, *Wesen und Formen der Sympathie*, GW VII, S. 151, 161ff; 英译本见: Max Scheler, *The Nature of Sympathy*, translated by Peter Heath, pp. 148, 158ff.。（当然，对列维纳斯来说，说动物或事物拥有一张"脸孔"[**面孔**]是荒谬的，因为它们拥有的只是"表面"[**脸**]。但这就指出了列维纳斯分析的局限，或至少指出了他的目的的限制。在我看来，为了理解有别于人格或他人之"面孔"的爱所特有的无限的运动，我们将不得不为从人格到人格的被给予[它全然是**道德的**]保留"启示"这样的表达，并描述被给予的不同方式，即我所谓的"揭露"和"表明"，它们是动物和地球元素与文化事物各自独特的被给予方式。）这就是我在目前的研究《垂直性和偶像崇拜》中要做的。

格间"注意"和"感触力"的主要例证——现在它不得不凭借生成的爱以及作为一种道德吸引力（invitational force）的爱的召唤，被最深刻地理解。

这种关系本质上是人格间的，这一点被具有人格间性的情感生活所特有的独一行动所证明。爱是生成的，所以它是这样一种运动：它没有任何明确限制地延伸到现在被给予的东西之外，以致从被爱者的方面来看，甚至那些至今为止曾被经验为"最高"或最充实、最饱满的（saturated）东西都会在朝向一个还要高的、当下是"最高"、最充实、最饱满等等的东西时被超过。举例来说，这就是神秘主义经验上帝之"在场"或被给予的方式。更特别的是埃维拉（Avila）的圣特丽莎（St. Teresa），她把这种经验比作水的过度或火焰的强度，后者把个体引向超越所有界限的独一人格所特有的"完善"。作为与被经验的人格的在场强度相关的人格，一个人在深度上（in depth）发展[自己]。①

通过这种与神的关系，我被给予我自身。这种关系凭借一种向我并仅仅向我发出的"应然"，把我作为我置于这个直接的关系中；这种关系是一个"召唤"，一个"天职"，就与我相关而言，这种"召唤"或"天职"作为被经验者被经验为自在的**为我**的善。② 例如，在《圣经·雅歌》（Shir HaShirim）中，这种密切的、独一的关系这样被表达出来：所罗门/以色列对他的神耶和华（Hashem）说，"良人属我，我也属他"（2.16），或另一种说法，"我是为你的，你也是为我的"。这

---

① 参见 Max Scheler, *Schriften aus dem Nachlass*, GW X, Band I: *Zur Ethik und Erkenntnislehre*, S. 358-359；英译本见：Max Scheler, *Selected Philosophical Essays*, translated by David R. Lachtermann, pp. 112-113。也参见 St. Teresa of Avila, *The Collected Works of St. Teresa of Avila Volume One*, translated by Kieran Kavanaugh O. C. D. and Otilio Rodriguez O. C. D., Washington D. C.: ICS Publications, 1976。

② Max Scheler, *Der Formalismus in der Ethik und die materiale Wertethik: Neuer Versuch der Grundlegung eines ethischen Personalismus*, GW II, S. 482；英译本见：Max Scheler, *Formalism in Ethics and Non-Formal Ethics of Values: A New Attempt toward the Foundation of an Ethical Personalism*, translated by Manfred S. Frings and Roger L. Funk, p. 490。

个关系是绝对的,因为它不局限在过去或现在,或某一时段,而是无条件的、永恒的。只有爱与这种无条件性相称。因此,我们可以把这一运动刻画为一种与一个绝对的绝对关系(an absolute relation to an absolute)。在这个绝对关系中,这种绝对性既不可能是数字上单一的,也不可能是多重的。恰恰因为这种关系的独一性,而不是它的普遍性,所以这种关系是**每一个**作为人格的人都拥有的。这就是人格间的凝聚(solidarity)的领域。

用舍勒的术语,这个"召唤"对我而言变成了"理想的",因为它不仅存在于对神的爱的朝向中,而且存在于这个神圣的、**向我**发出的**被给予性**的朝向中;结果是,这把我置于道德秩序中的一个独一的(再强调一次,不是数字上的独一)位置上,并就行动、劳绩和工作来逼迫我。① 人类成为人格,亦即绝对、独一的人格的程度,就是有限的人相区别的程度。按照这个独一的人格"理想",每一个人格都在伦理上表现得各不相同,而且是在其他方面都相似的情况下在人格上各不相同。这个被给予的凝聚的发展,在天职的本质多样性和绝对区别性中并通过它而发生。正是这种精神的或人格的多样性需要真正的民主,以为行动中的每个天职的实现提供物质条件。以这个方法,独一人格的绝对区别就将不会被各种相对而有限的善强制隐藏。②

而且,既然通过我的行动和人格生活,我继续历史地"去完成"

---

① Max Scheler, *Der Formalismus in der Ethik und die materiale Wertethik: Neuer Versuch der Grundlegung eines ethischen Personalismus*, GW II, S. 482, 483 Anm.; 英译本见: Max Scheler, *Formalism in Ethics and Non-Formal Ethics of Values: A New Attempt toward the Foundation of an Ethical Personalism*, translated by Manfred S. Frings and Roger L. Funk, pp. 490, 491fn.。

② Max Scheler, *Der Formalismus in der Ethik und die materiale Wertethik: Neuer Versuch der Grundlegung eines ethischen Personalismus*, GW II, S. 499-500; 英译本见: Max Scheler, *Formalism in Ethics and Non-Formal Ethics of Values: A New Attempt toward the Foundation of an Ethical Personalism*, translated by Manfred S. Frings and Roger L. Funk, pp. 509-510。Max Scheler, *Wesen und Formen der Sympathie*, GW VII, S. 136; 英译本见: Max Scheler, *The Nature of Sympathy*, translated by Peter Heath, p. 129。

这个个体化，那么这个独一性就不仅仅是作为时间中的一点或一个单一的起源而被给予。为此，就不是身体、感觉本质、时空秩序等在个体化，而是作为具有生成密度的**人格**定向的"精神"在个体化。由于前面提到的绝对关系源自作为爱的情感生活，同时，由于是情感生活而且最深刻的就是爱把人类规定为人格，所以这一关系不是被限定为躯体间的或甚至交互主体的关系，而恰恰是被限定为人格间的（也因此被限定为基本上是宗教的和道德的）关系。

一方面，一个人不能"把握"爱的行动的意义；另一方面，他又仅仅这样表现自己，仿佛这种意义没有被体验到。从某种角度说，我必须肯定或否定任何对被感受之爱的回应。例如，当我体验仁慈的行动时，我同时共同体验到一种对属于这一行动本性的爱的某种回应的要求。[1] 但这并不意味着在爱中有一个意向朝向一种对应的爱，因为爱不能被命令，这属于爱的本性；如果这一**意向**出现了，它就将破坏对于回应的真正邀请性的"需要"，而我们正在谈论的也就将不再是爱了。同样地，对爱的自动回应将是完全不充分的，因为爱是"原发的"（initiatory）而且不是被来自外部的逼迫所规定的。

就这一奠基性的人格间关系而言，以神秘主义为例，我们的人格表现将是：像上帝之爱那样去爱，不仅朝向对上帝的爱，同时朝向神圣的被给予——包括他人的爱和一种自身的真爱，于是他或她在自己的爱的行动中就将体验到神和有限之人的爱的交汇。[2] 这个爱是由他人的在场引起的，而不是，比如从想要做某件好事的我引起的。于是，爱预备着（instores）或表达了体验的道德领域，并为同样是人

---

[1] Max Scheler, *Der Formalismus in der Ethik und die materiale Wertethik: Neuer Versuch der Grundlegung eines ethischen Personalismus*, GW II, S. 524-525；英译本见：Max Scheler, *Formalism in Ethics and Non-Formal Ethics of Values: A New Attempt toward the Foundation of an Ethical Personalism*, translated by Manfred S. Frings and Roger L. Funk, p. 536。

[2] Max Scheler, *Schriften aus dem Nachlass*, GW X, Band I: *Zur Ethik und Erkenntnislehre*, S. 347；英译本见：Max Scheler, *Selected Philosophical Essays*, translated by David R. Lachtermann, p. 99。

格的行动进行奠基：无论这些行动是社会的、政治的、经济的还是性爱的。

这一整个的动力学关系属于人格间的经验领域，被赋予宗教和道德色彩。如果刚才所描述的交互联系是一元论的或泛神论的话，这一动力学关系就不会是一个问题。理由如下：

首先，爱的发生特性并不需要上帝在人类中思想、意愿、爱等，正如人类的意志行动不仅仅服从神圣规则和命令。因此，作为无限人格的进行爱的上帝，在发生的爱中把我们给予我们自身，却不能与我们结合。这只是因为可以有一个经验的道德领域和道德活动。

第二，这样的人格是绝对的，也就是说，一个人不能把上帝假定为某种绝对，而把**作为**人格的人类假定为相对的。这是绝对与绝对（人格与人格）的关系，而不是绝对与相对的关系。因此与米歇尔·亨利相反，在绝对生命与相对自身感触之间**不可能**有区别：前者作为自身感触把自我给予自身，后者则**只是**自身感触的绝对生命[①]；毋宁说，它必将表达为无限的绝对自身感触与有限的绝对自身感触之间的关系。

第三，因为个体化原则是**作为**情感生活的精神，而不是感觉本性或时空秩序，所以我们能够有意义地谈论个体的和集体的人格。

这里所描述的人格与人格间的关系使我们现在能够在一个人格间框架中提出注意现象，而不是仅仅把它限制在感知或智力所特有的展示方式中。我说"仅仅"，是因为最终甚至是感知的和认识的注意都将着上人格间经验、无限-有限（infinite-finite）和有限-有限（finite-finite）的色彩：人格间注意是感知注意的基础。第三节的任务就是通过对榜样性现象的论述表明这一情况。

[①] Michel Henry, *C'est moi la vérité: pour une philosophie du christianisme*, pp. 212-215.

三、榜样性

我们与榜样一起以其爱或恨的方式，爱榜样所爱，恨榜样所恨。对我们而言，什么是重要的，甚至什么使我们吃惊，什么冲昏我们的头脑，都可以通过我们爱或恨的方式来了解。所以，舍勒这么写道：无论谁拥有了一个人格的**爱的秩序**，就拥有了这个人本身。"如果没有人的**爱的秩序**的共同作用，诱发价值（依据该价值的种类和大小）就不会在任何既不依赖于人又作用于人的自然之作用上留下印迹。"①

我们在我们的榜样中了解我们的**爱的秩序**。榜样不是规范，而是"人格样式"——以榜样内容中所见的价值为基础。然而，榜样是前判断地，并先于选择范围而被给予的，它表达了一个特殊的价值维度（如神圣、精神、生命、有用性、适意），以及那些价值如何被安排。

因为榜样性是理解人格间注意现象的基础，所以我把榜样现象分为几个层次。首先，我把榜样性与引领现象（人格间注意的另一个方式，但它最终植根于榜样性）进行对比，以此说明榜样的独一性；其次，详细说明榜样的效用；再次，描述榜样的秩序和层级；最后，提出榜样性的不同样式间的关系。

1. 榜样性和引领：榜样性的意义。在德国国家社会主义兴起前20年左右，舍勒对引领问题进行了反思，他看到了澄清引领现象对所有生活领域的重要性，这不仅仅与政治状况有关，还与宗教、经济、伦理、美学、市民生活等有关。他对引领者与追随者关系的分析不仅预示了许多明察——后来法兰克福学派在他们关于引领者-追随者关系的重要著作中提出的明察，同时也指向个体和共同体生活所特有的"权力"和效用的另一种形式，它比引领形式要基本得多。权力的这另

---

① Max Scheler, *Schriften aus dem Nachlass*, GW X, Band I: *Zur Ethik und Erkenntnislehre*, S. 348; 英译本见：Max Scheler, *Selected Philosophical Essays*, translated by David R. Lachtermann, p. 100.（此处所引文字的英译文有误，现根据德文原文译出。——译者）

一种形式就是榜样性。① 在与引领问题的关系中榜样性更为基本，因为榜样决定了我们选择的引领者。我不会深入舍勒对引领的分析，尽管引领是人格间注意的一种方式。我只会提及它的一些基本特征，以便把榜样性与引领充分区别开来，以及表明引领关系是如何植根于榜样性中的。

（1）引领关系是相互的，而榜样性关系却是不对称的。追随者通过知识和意志回应引领关系。如果引领者要成为引领者的话，他必须有追随者，而追随者必须同意追随，即便是不明确的。情况就是这样，尽管引领者经常试图伪装这一关系的相互性（这里我们只要想一下极权主义的逻辑以及它的伪装政治）。② 于是，引领者就只能是引领者，如果同时有愿意追随的追随者。

为了使一个引领者成为一个引领者，他或她必须认识到他或她自己是一个引领者。没有这一自我承认，引领者就不能像一个引领者一样起作用。而且，追随者方面也必须以某种方式承认这个引领者是引领者，即使他们不喜欢这个特殊的人或人们，不赞成他们所代表的立场，不喜欢他们的生活方式，等等。于是，一个警官可以"引领"一个排，但他仍然会被他的追随者们所厌恶。

最后，引领者必须想要引领。这并不意味着引领者要明确地宣布成为一个引领者；他或她可能曾经或甚至现在就不情愿"站在聚光灯下"，但作为引领者，他或她必须扮演自己的角色。在这个意义上引领是靠意志的。

与引领相反，榜样性不是相互的；榜样没有"追随者"，有的是效法（Gefolgshaft）关系中的"效法者"。下面将会讨论追随者和效法

---

① 参见 Max Scheler, „Vorbilder und Führer", in Max Scheler, *Schriften aus dem Nachlass*, GW X, Band I: *Zur Ethik und Erkenntnislehre*, S. 255-344。

② 参见 Anthony J. Steinbock, "Totalitarianism, Homogeneity of Power, Depth," *Tijdschrft voor Filosophie* 51 (4), 1989, 尤其是 pp. 621-630。

者的不同。在这里，让我陈述一点，引领者必须认识到他或她是一个引领者，而榜样不必认识到这个事实，而且他们通常也认识不到；无论如何，认识到或认识不到都不构成榜样性关系。这不是一个建立在知识之上的关系，这一事实在两方面起作用。第一，榜样不必为了像一个榜样那样起作用而认识到他或她是一个榜样。一个人可以把另一个人作为榜样，而那个榜样却不必认识到这一点。第二，某人可以效法一个榜样，而他或她自己却不必意识到这个人或人物正像一个榜样一样起作用。这就是舍勒说榜样性关系比引领关系神秘得多的部分原因。事实上，舍勒说，我们很少把榜样看作一个我们能清楚地描述的肯定的思想；而我们越少承认之，榜样就越是有力地对我们的生活起作用。①

（2）引领是一种现实的、社会的关系，而榜样性关系，用舍勒的话来说，却是一个"理想"的关系。为了起引领者作用，引领者必须是一个现实的人，而且他必须此时此地地显现。教皇约翰·保罗二世可以像一个引领者一样起作用，但作为一个引领者，他必须存在，必须对他的追随者显现，尽管他发挥引领者作用的"这里"可能远远超出了梵蒂冈的范围。

和引领者不同，榜样可以不受时空条件限制地起榜样的作用。例如，某个生活在我们之前某个时代的人可以成为我们的榜样，如恺撒、苏格拉底、耶稣、佛、甘地，或现在的家长、老板，甚至比尔·盖茨或迈克尔·乔丹。而且，一个榜样不必是一个真实的历史人物；他可以是一个文学作品中启示或表达了某种特殊价值模式的人物，如歌德的浮士德、莎士比亚的哈姆雷特、但丁的比阿特丽斯（Beatrice）、陀思妥耶夫斯基的阿辽沙·卡拉玛佐夫、托妮·莫里森的秀拉（Toni Morrison's Sula）、安德烈·塔科夫斯基的安德烈·卢布列夫（Andrei

---

① Max Scheler, *Schriften aus dem Nachlass*, GW X, Band I: *Zur Ethik und Erkenntnislehre*, S. 267.

Tarkowski's Andrei Rubelov），更不要说《星际旅行》的"克科船长"（Star Trek's "Captain Kirk"）或西尔维斯·史泰龙的"洛基·巴尔博"（Silvester Stallone's "Rocky Balboa"）。①

（3）引领是一个不受价值制约（value-free）概念，而榜样性则负载价值。例如，引领者可以是一个救世主或一个不正义的政治家；他或她可以引领着一群善良人，也可以引领着一群唯利是图者；一个引领者可以以积极的方式引领，拥有"正面"价值，也可以是一个骗子、一个"**误导者**"（*Ver-führer*），他把人引入歧途。无论如何，在这个"社会的"意义上，他或她是一个引领者。

但某种爱和某种有关价值的肯定的表现把人与他或她的榜样联系在一起。在人格中心要成为此一或彼一中心之前，爱便已经塑造着它了，我们的意愿和行动**最终正是通过爱而被**决定。② 只要某人效法他或她的榜样，他或她就把榜样看作是好的。一个人可以厌恶引领者，即使后者在引领，但却不会厌恶自己的榜样。当然，"客观地说"，榜样可以是好的，也可以是坏的；也能够出现一个与普遍榜样相对的反面榜样。但是人们能够喜欢坏的模型，只是由于某种与价值秩序相关的

---

① 托妮·莫里森，美国黑人女作家，1993年获诺贝尔文学奖。《秀拉》是其代表作之一。作品以1919年至1965年的美国为大背景，描写了秀拉（反传统美国黑人妇女形象代表）寻求自我的复杂历程以及寻求自我失败的原因。

安德烈·塔科夫斯基，俄罗斯现代最重要的导演之一。《安德烈·卢布列夫》（1966）被喻为史诗作品，影片描述了俄罗斯15世纪著名画僧卢布列夫的故事——他遍历战乱和生死离散后无心创作，幸被铸钟少年的热情所打动，重拾画笔，画下骄人力作。塔科夫斯基的影片强调心灵的力量、自我提升的重要，通过加入诗化的独白，以电影探讨人生及道德等问题。

《星际旅行》是由Gene Roddenbery于1966年开始创作的一部电视电影系列片，构思精妙，思想深邃，堪称有史以来最为伟大和传奇的科幻巨著。它以星际飞船"企业号"（Enterprise）为主线索，描述其在广袤宇宙中探寻各种文明、与各种生命形式接触的奇幻之旅。

西尔维斯·史泰龙，美国著名影星，创作并主演影片《洛基》（1976），该片演绎了一位出身卑微但不甘失败，为了尊严而勇于挑战的业余拳手洛基，他成为越战后一代美国青年的代言人，正是有了这种"洛基"精神，美国人才从创痛中走了出来，为了美好的生活而重拾信心。——译者

② Max Scheler, *Schriften aus dem Nachlass*, GW X, Band I: *Zur Ethik und Erkenntnislehre*, S. 267-268.

心的无序或欺罔。不过，无论哪种情况下，对榜样的朝向始终是一种肯定、热情的关系。①

（4）引领者在行为层面上影响追随者，而榜样则唤起"人格"的状况。② 引领者要求行动、成就、行为或直接行动，可以是好的或坏的。对引领者而言，关键不是让追随者改变他们的生活等，而是让他们做某些事：例如，对环境有益的行动或事，或者相反，可以不被环境控制者抓住而极大获利的行为或事；为葡萄农和移民生活得更好而工作，或者不顾工人们的健康或普遍精神福利而要求最高的产出。无论如何，引领者是朝向改变行动，并获得某些结果。

一个引领者要求行动的显示，而榜样则作为人格，即作为启示，对人起作用。榜样恳求人的改造；意志、行为和成就的独特行动将在这一改造基础上产生。③ 既然榜样的力量明确或不明确地对我们所做的选择和承诺指导性地起作用，那么引领者的力量就奠基在榜样的力量之中。

（5）最后，追随者处在一种通过努力和意愿的行动模仿或摹仿引领者的关系中，而效法者则以效法榜样的方式生活——这奠基于对榜样的爱。这一特征与引领者和榜样的**被给予方式**有关。

就引领者而言，人们摹仿他所做的或他所想要的；并且模仿关系关涉外部行动和结果的显示。这里追随者可以"**像**"引领者一样行动，可以做得"像"引领者一样，等等。意愿和选择朝向服从和摹仿，而在榜样情况下，人则是"自由地"投身于人格的价值内容——这一内

---

① Max Scheler, *Der Formalismus in der Ethik und die materiale Wertethik: Neuer Versuch der Grundlegung eines ethischen Personalismus*, GW II, S. 569-570（原文此处所标德文本页码有误，现改正。——译者），561；英译本见：Max Scheler, *Formalism in Ethics and Non-Formal Ethics of Values: A New Attempt toward the Foundation of an Ethical Personalism*, translated by Manfred S. Frings and Roger L. Funk, pp. 583-584, 575-576。

② 或者用舍勒的术语："存在"的状况。

③ Max Scheler, *Schriften aus dem Nachlass*, GW X, Band I: *Zur Ethik und Erkenntnislehre*, S. 263.

容必须是他或她亲眼看到的。所以，就榜样而言，没有什么心理传染、认同、服从等等。效法者在生命的朝向或朝向中**如同榜样一样生活**，或者变成**以榜样的方式**生活。他们效法生命的**意义**，在他或她的人格中心保持榜样的精神或人格的"状况"。① 对人的朝向和感觉的修正、人的道德趋向的形成、个体道德趋向的改造（我们所谓的"皈依"，积极或消极的），与其说植根于教育的指导、命令、建议，不如说只是人对榜样不断适应的结果。②

简言之，我们如榜样一样意愿，而不是意愿他或她所意愿的；我们变得像榜样一样，而不是榜样所是的。效法者也许是以完全不同的"外部"工作和行动，在不同环境和历史状况中，用不同的能力、责任等，创造性地或有创造力地运用榜样的各个意义，这样效法者他或她自身就成为榜样的方式方法的一种启示。然而，效法并不是仅仅做一个人喜欢的事情，如果这意味着忽视榜样的意义或榜样意义的方法的话；在启示性的效法必须得到"言说"这一意义上，效法并不是从历史行动中被解放。但在启示的核心可以以无数种方法得到"言说"这一意义上，效法确实意味着榜样性关系从对这些特殊行动的摹仿中被解放。榜样性的"如同"或"方法"是敞开的，而引领的"像"却有被限定的场所。

2. 榜样的效用。由于榜样的真正被给予，榜样被经验为一种"应该是"，被经验为**在榜样中**产生的一种**吸引**，或牵引力，或"引诱"

---

① Max Scheler, *Schriften aus dem Nachlass*, GW X, Band I: *Zur Ethik und Erkenntnislehre*, S. 273.
② Max Scheler, *Der Formalismus in der Ethik und die materiale Wertethik: Neuer Versuch der Grundlegung eines ethischen Personalismus*, GW II, S. 566; 英译本见：Max Scheler, *Formalism in Ethics and Non-Formal Ethics of Values: A New Attempt toward the Foundation of an Ethical Personalism*, translated by Manfred S. Frings and Roger L. Funk, pp. 580-581. 引领以这种方式奠基于榜样性关系中。榜样为了爱会导致奋斗及意愿的行动，而且只有在这个情况下我们可以"追随"我们所爱的榜样，或甚至一个包含了那些价值的引领者（使这个引领者在这种情况下构成一个榜样）。但要把这个个体限定为一个值得爱的榜样，仅仅通过奋斗和意愿的行动追随引领者是不够的。

(Lockung)。一个人并不是主动地向榜样移动,而是榜样把人们吸引向自己。榜样并不是某人奋斗的目标,而是榜样起了决定目标的作用。处于人格生成中心的榜样性的吸引性质与未来的时间维度和希望的经验相一致。但这种引诱并不像在引领关系中那样是逼迫的或通过暗示力量获得,而是通过让他或她自己通过榜样亲眼看到来起作用。否则,榜样性的效用就被破坏了。①

尽管榜样被经验为一种应然或吸引,但绝对的和独一的人格榜样不可能等同于一个规范,一个由于其有效性和内容而是普遍的规范。根据舍勒,所有普遍规范的基础就在于作为绝对价值的人格价值。他的意思也就是,没有一个义务规范不带有设定它的人格,没有一个义务规范的合理性不带有设定它的人格的本质善良。如果没有对其而言规范应该是有效的人格,并且如果他或她缺乏**亲自**看到什么是善的明察的话,就不可能有义务规范。如果一个规范或道德法则不奠基于对起榜样作用的人格的爱,就不可能有对它的"敬重"。榜样的效用不是在合乎规范的行动的层面上有效,而是关于一个人格的存在(或去存在)。效法者经验到一种吸引或要求(它以被认为是在榜样中得到示范的价值为基础),在这个意义上,效法者趋向于与榜样一起爱,从而以榜样的方式**去生成**。而做到这一点,并不需要在"改进"另一个人意义上的"教育"的意向,而且必须没有这一意向才能做到这一点。②

尽管事实是效法者被榜样的人格所指导并以某种方式"被要求",

---

① Max Scheler, *Der Formalismus in der Ethik und die materiale Wertethik: Neuer Versuch der Grundlegung eines ethischen Personalismus*, GW II, S. 564; 英译本见: Max Scheler, *Formalism in Ethics and Non-Formal Ethics of Values: A New Attempt toward the Foundation of an Ethical Personalism*, translated by Manfred S. Frings and Roger L. Funk, pp. 578-579。

② Max Scheler, *Der Formalismus in der Ethik und die materiale Wertethik: Neuer Versuch der Grundlegung eines ethischen Personalismus*, GW II, S. 558-560; 英译本见: Max Scheler, *Formalism in Ethics and Non-Formal Ethics of Values: A New Attempt toward the Foundation of an Ethical Personalism*, translated by Manfred S. Frings and Roger L. Funk, pp. 572-574。

但他或她仍保有自主权，因为与引领关系不同，效法基于一种明察的自主权。而且，通过在爱的朝向上的改变（alternation），榜样性就成了人格改造的主要手段，如果这些改造是道德的、宗教的等等。这样，榜样就成了皈依经验和现象的基础。

3. 榜样的类型和秩序。榜样包括价值领域的整个范围，包括圣人（神圣的价值样式）、天才（精神的价值样式）、英雄（生命的价值样式）、引领的精神（有用的价值样式）以及艺术家（适意的价值样式）。[1] 这些榜样性的不同类型不仅存在，而且以相互奠基的秩序存在。榜样性的最深刻方式是神圣榜样，其他类型都直接或间接依赖于统治性的宗教榜样。原因如下：所有榜样都拥有同样的"形式"（见上文提到的与引领关系相区别的榜样性的特点及关于榜样性的效用），而只有神圣榜样的形式是与它们运动的"内容"一样，仿佛"形式"与"内容"相一致。榜样性的其他类型可以按照从神圣榜样性的维度中"下降"或"抽象"的程度来理解。在详细阐述这一点之前，让我先描述一下榜样性的这一范围中各自的特征。

神圣榜样和神圣的样式。在神圣榜样领域中，舍勒区分了所谓的原初的圣徒——成为各自宗教的原初人格偶像或奠基人的人格和圣者或圣洁的人格——与既效法"原初"圣徒又凭本身的能力起榜样作用的人。[2] 和所有榜样一样，神圣榜样也有爱的朝向。就神圣的人格而言，原始的朝向是面向爱中的神，即面向人格。这一情况下，从有限人格的观点来看，面向神的爱的朝向使这个人格朝向于一个新的启示，并

---

[1] Max Scheler, *Schriften aus dem Nachlass*, GW X, Band I: *Zur Ethik und Erkenntnislehre*, 尤其是 S. 269, 274ff.。也参见 Max Scheler, *Der Formalismus in der Ethik und die materiale Wertethik: Neuer Versuch der Grundlegung eines ethischen Personalismus*, GW II, S. 493-494；英译本见：Max Scheler, *Formalism in Ethics and Non-Formal Ethics of Values: A New Attempt toward the Foundation of an Ethical Personalism*, translated by Manfred S. Frings and Roger L. Funk, p. 502.

[2] 相关讨论，参见 Max Scheler, *Schriften aus dem Nachlass*, GW X, Band I: *Zur Ethik und Erkenntnislehre*, S. 278-287。

且使他朝向于神的本性的"扩展"。

神圣榜样不是作为众中之一而被给予（和天才的情况一样），而恰恰是通过与神的特别关系作为**独一**被给予，而且还作为根据仁慈、智慧、启蒙等被理解的那种关系的榜样被给予。在榜样性的这一层面，对于圣者人格来说没有普遍的标准，没有关于他或她的行动和效用的规范。这些都仅仅是根据事实并以关于他们的"信仰"为基础建立起来的。德性、行动、工作、行为都只是这个人格的存在和神圣的表达。同样，他或她做的事不是证物，而是他或她的独一性的见证。人格"遵从"的是生活方式、人格状况，而不是规则或法则；或毋宁说，在后者是获得自身自由的爱的投入之方式的范围内，人格才"遵从"后者。

进一步说，因为神圣榜样直接或间接地包括并"引起"所有其他榜样，同时它所形成的规范和法则（即，例如"宗教"的规范和法则）在创造性的人格运动基础上包括并"引起"其他规范和法则，所以它们奠基了文化生活，并且既不局限于也不还原到文化生活。

神圣榜样作用于那些人格——他们并不是不通过圣人的作品（如在作品中出场的天才）或行为（如英雄，他的行为必须相关）来效法圣人，而是通过与他或她的效法者一起出场的他或她的人格。或毋宁说，人格状况、他或她的作品和行为都在圣者的人格中统一。神圣榜样的"实质"是人类（他或她）自身的**人格**；所以神圣榜样通过化身在那样一些人中而出场，这些人以现在正生活着的人们的**人格的形式**而出现。神圣的人格只能存在于现实的人物中；他或她只是间接通过权威或传统被给予，这一点依赖于人在过去中的历史现象。这一关系不是通过摹仿圣者而被实现，而是通过与榜样一道在同一朝向中生活而实现，等等。这就是神圣榜样如何能为所有人召集（evoke）一个爱的共同体（Liebesgemeinshaft）的方式。

天才和精神的样式。对天才而言，爱的指向性**不是**像圣者一样

直接地指向神圣，而是**径直地**指向世界的存在和**逻各斯**。[①] 因为他或她拥有朝向世界的精神之爱的表现，所以天才没有创造或不创造的自由；哲学家被对智慧的爱所"操纵"，艺术家被使世界存在的爱所"操纵"，等等。通过天才对世界的创造之爱，我们经验到事物的敞开，经验到允许这一领域特有的、越来越新的价值不断闪现这样一个无穷无尽的过程。他或她以一种必不可少且无可替代的方式使文化的精神之善实现，并且没有用有意识规则和方法就做到了。

整个世界通过每一项作品（一个艺术作品、一本哲学书、权利系统的一部分等）被给予。在这一意义上，作品自身就是一个微观世界。于是，凡是天才们所爱的东西就成了这样一种事物——整个世界可以通过它而被包含在一种爱的方式中。在上面这种详细说明了的意义上，圣者是作为"独一"被给予的，而天才则是在他或她的看的方法的独特性中作为"个体"被给予的。作为个体，艺术家、哲学家、立法者等可以作为在作品中被给予的众中之一。

但作为个体，天才的效用比圣者的受到更多限制。圣者的内容是跨越时空世界及"永恒"与"无限"的。天才则受限于无限的时空，在这一意义上，天才是世界性的（cosmopolitan）；天才不指向一个可能的人格的**爱的共同体**，而是指向精神人格领域，只要他们在世界的统一中出现。

最后，神圣榜样的"实质"是人格状况——它作为绝对是不可解释的（严格地说，没有这种人格的解释学），而天才的实质是作品——它作为整体恰恰需要解释以便让作品说出其意义。我们解释作品的任务是为了以一种创造性的和人格的方式再发现作品的意义，而完成对作品"精神"的再看和共看。如此一来，它就向无尽的历史解

[①] 着重参见 Max Scheler, *Schriften aus dem Nachlass*, GW X, Band I: *Zur Ethik und Erkenntnislehre*, S. 290-297, 307-308, 324-326。

释学敞开了。

英雄和高贵的样式。神圣榜样的爱的朝向是神圣即人格，天才榜样朝向于对作为精神文化的世界的爱，而英雄榜样的爱和责任则指向他或她的人民的生命和存在以及对其周围世界（Umwelt）的促进。①根据舍勒，英雄在两种可能的样式中被给予：就"高贵"而言，则促进生命的发展；就"福利"而言，则朝向于技术价值和维持。

这里我们并不具有作为向恩宠敞开的精神行为的过量发挥，也不具有超越单纯生命需要的过量的精神思维和观察，但是确实具有面对其生命冲动表现出来的过量的精神意志。英雄就是意志的和权力的人格。

文明的引领精神和生命的样式。引领的精神也有一种爱的朝向，但现在爱被指向"人类"或人类社会。这里我们可以看到这些人：技师、研究者、科学家或医生。②这里，重要的亦即被当作榜样的东西，并不是人格存在的状况，而是他或她的行动和成就。在榜样性的这个层面上，我们才真正首次谈到"进步"。天才特有的作品中没有进步，但对技师或科学家而言有进步。

而且，一个人，比如作为医生或技师，起作用时可以朝向神圣的或精神的人格。尽管如此，这个朝向还是间接的，因为直接的朝向是作为社会存在的个体的福利。所以，美国食品药品监督管理局（FDA）在规划和分配疫苗接种及实施免疫政策时，可以认为自己推动了进步。这些政策在某些情况下对某些人有害，但"总体上"似乎可以根除某种疾病（如小儿麻痹症），所以可以促进作为社会整体的人类的"健

---

① 参见 Max Scheler, *Schriften aus dem Nachlass*, GW X, Band I: *Zur Ethik und Erkenntnislehre*, S. 306-307, 311-313, 340; Max Scheler, *Der Formalismus in der Ethik und die materiale Wertethik: Neuer Versuch der Grundlegung eines ethischen Personalismus*, GW II, S. 568-569; 英译本见：Max Scheler, *Formalism in Ethics and Non-Formal Ethics of Values: A New Attempt toward the Foundation of an Ethical Personalism*, translated by Manfred S. Frings and Roger L. Funk, pp. 585-586。

② 参见 Max Scheler, *Schriften aus dem Nachlass*, GW X, Band I: *Zur Ethik und Erkenntnislehre*, S. 314-316。

康"。因此，我们可以把这种被认为是"必要的冒险"者的人评价为并当作是治疗者，但却没有一个把他或她自己的孩子看作**独一人格**的（不只是作为社会成员）父母会得出同样的结论。

艺术家和适意的样式。艺术家是爱适意之物的人，他把对适意之物的享受当作最高的善的艺术。①他或她不是朝向需要的充实，因为需要只是从某些适意之物最初在享受中被给予之处产生的。那么，奢侈和豪华就先于需要。在艺术家对适意的爱中，他或她扩展并发现了适意之物超出不适意之物的新价值。

4. 榜样类型间的关系。正如我上面提到的，这些榜样性层面间的不同在一种涉及人格本身的内容和形式间的下降中被表达出来。所有刚刚讨论的榜样类型都有一种爱的朝向——这是人格的本质，而且**作为**榜样，他（她）凭借他或她人格状况等对效法者进行改造。按照我们所谓的榜样性的"形式"，这在与引领的区别中我们简略地谈到过，所有起榜样作用的人格都对人格核心起作用或"在人格上"作为独一、绝对等等而起作用。但当我们从一个层面移到另一个层面时，所发生的改造根据榜样的价值层级而根本不同。

所以，就圣者而言，有一个直接朝向于作为神圣的**人格**的**人格**之爱，在其中榜样作为"独一"被给予，根据人格的存在被见证；就天才而言，有一个直接朝向于**世界**的**人格**之爱，在其中榜样作为"个体"被给予，根据工作、行为和行动被见证；就英雄而言，有一个直接朝向于**周围世界**的**人格**之爱，在其中个体作为与历史情况的相关的被给予，根据意志、权力和福利等等被见证。据此，我们可以看到侍奉神的神圣生活与艺术家的生活是相矛盾的。埃维拉的圣特丽莎写道："某一天上帝告诉我：'女儿，你认为价值在于享乐吗？不，它在于工作、

---

① 参见 Max Scheler, *Schriften aus dem Nachlass*, GW X, Band I: *Zur Ethik und Erkenntnislehre*, S. 317-318。

受难和爱中。'"①

然而，这是一个重要限定：尽管我们见证某物似乎从一个层面下降到另一个，尽管这些层面本质上相区别，但我们仍然**间接地**以一种爱的方式朝向作为神圣的人格，不论在榜样性的哪种样式中。榜样所表达的方式成为我们参与神的运动的方法。根据相关的榜样性层面，我们可以说"我爱**这个**"和"这不是我所爱的"。所以，舍勒才会这么写道：榜样的**被给予性**在不同层面中被经验为一个"界定"，一种特别的方法或对整个神圣的发生运动的指向性（或多或少地包含着）。②于是，我们参与神圣的运动，**好像**与之极其相关，像一个免疫学者所为等等。这意味着，作为一种爱的方式的指明的界定因此成为**去界**（*delimitation*）——作为一种向神圣的敞开。

作为发生的神圣是无限的，并包含或"奠基"所有价值经验的其他领域。相应地，圣者不是榜样性的最普遍形式，而是最深刻的"方法"。神圣榜样为其他所有的榜样性方式、所有"召唤"（任命）奠基，同时保持不可还原为它们，因为它的指向方法最深刻地"启示"无限；榜样性的这一类型以含蓄地包含榜样性的其他层面的方式来最突出地效法。从它的角度看，榜样性的其他方式是在更多或更少的程度上进行"启示"：如英雄、艺术家等，不过这仍然是"启示"。

当我们要限定刚刚提到的参与，即通过把技术领域**仅仅**限制为**技术领域**，不允许它在指向神圣时超出自身，即像它现在所做的一样，这时问题就产生了。当对一种方法的界定不能同时被意识为一种去界的时候，也会有问题产生。例如，生态学运动最终朝向（或应该朝向）

---

① St. Teresa of Avila, *The Collected Works of St. Teresa of Avila Volume One*, translated by Kieran Kavanaugh O. C. D. and Otilio Rodriguez O. C. D., p. 336.

② Max Scheler, *Der Formalismus in der Ethik und die materiale Wertethik: Neuer Versuch der Grundlegung eines ethischen Personalismus*, GW II, S. 564-565; 英译本见：Max Scheler, *Formalism in Ethics and Non-Formal Ethics of Values: A New Attempt toward the Foundation of an Ethical Personalism*, translated by Manfred S. Frings and Roger L. Funk, p. 579.

对神圣的爱，但这种对神圣的朝向恰恰是**作为**对雨林的爱，或**在**对雨林的爱**中**，并**通过**对雨林的爱而朝向神圣。否则，它将只会变成"环境保护主义"。

四、榜样性和注意

这篇文章以人格间注意的各种例子开始，并通过大量对注意的分析提出：问题在于它们排他地关注于对象的感知或认识的展示，而只间接地提到经验的人格间领域。经验的人格间领域是属于注意现象的，为了更好地理解它，有必要分清展示和启示，以及描述榜样性的结构：与引领的关系、榜样性的效用、类型和秩序以及榜样性的各个层面的关系。

在最后这几页中，我要描述的是人格间注意的主要特点，这可以从对榜样性的叙述中总结出来；为了显出它的特殊性，我把它与感知注意的结构相对比：

◆事物和观念以**展示**的方式被给予，而人格则以**启示**的方式被给予。

◆当注意与展示相关时，它的意义是**感知的和认识的**，而启示特有的人格间维度则既导出注意问题的**宗教和道德**趋向，又导出一个感知和认识的趋向作为结果。

◆对对象或像对象的事物而言，这一点是特有的，即它们在一个背景下**主题性地**被展示，并伴随着内部的或外部的时空境域而被给予，以致不清晰的东西原则上会变得清晰或显现。而在精神特有的行动中，人（格）**完全但非穷尽地**生活，就像一个最深刻的生成的运动。

◆感知和认识注意可以容许不同**等级或程度**的注意和突出，而涉及人格间注意之处则没有程度之分；毋宁说，一个人好像**"一下子"**（*in one stroke*）被人格吸引。

◆ 在**显现和遮蔽**的结构（economy）中，现象的变迁展示了可以从对象原初和谐或**一致性**（Einstimmigkeit）中被了解的对象的意义。而作为一个生成运动的人格是一种动态朝向，通过它内在的一致性或**同义性**（Einsinnigkeit），以一种未完成的方式绝对地被给予。但它是以**自我启示**的方式被给予的，不是借助于显现或遮蔽的相互作用。

◆ 对象的主题的展示作为**感触上的**（affectively）意义出现，而人格的自我启示则是在**情感上的**（emotionally）富有意义。

◆ 特殊的感知和认识对象是与一普遍的（共相）、**一个情境相关**，且恰恰在解释学领域中得到其意义。而人格则被启示为**绝对的独一**，以致他们的意义和价值不能像展示一样在一个情境中被决定（没有这种人格的解释学），而是在人格间的**凝聚**（solidarity）中被决定。

◆ 对象或对象各个方面的主题性在一个背景下的感触**突显**方式中出现，而人格的存在的充实则以情感生活——最深刻的是爱——特有的**宣称**（annunciation）的方式，作为绝对独一被给予。

◆ 对象的感触突显**诱惑着**感知者或思考者，而人格在其榜样价值样式中的宣称则起到一种**怂恿或唤起的"应然"**的作用。

◆ 一种诱惑可以"**引发**"一个感知或一个思想，而一个宣称则"**要求**"一种爱或恨，或者基于爱或恨的人格表现方式。

◆ 一个对象通过其感触力是被看的**目标**，而一个榜样作为一种吸引力通过它的"牵引"而成为去看的**方式**。

◆ 我能够**促进或引发**（虽然不是"原因上地引发"）某物的显现，但我却绝不能强迫或促进或引发另一个人的启示。一个人的启示是自由地**自身给予运动**，它至多只能通过爱的行动被**激发或唤起**。

◆ 在感知领域中，我们主动地或被动地**转向**（turn-toward）某物，要么延续，要么激起现象或行动的新的趋向。而在人格间领域中，我们的人格状况被改造。与其说转向，不如说是**回转**（turning-around），从字面来说，即一种通过共爱或共恨"心"的**皈依**或大变革。

让我们通过总结来指出注意的这两种方式——感知/认识的注意和人格的注意，不是注意仅有的两种不同方式。榜样性作为一种人格间注意的方式，是感知注意的基础，并且在意愿和行动的每种情况之后，构画了感知和认识的吸引及排斥的基本轮廓。最终，事物仅仅是通过我们所爱和所恨的东西的排序，作为感触上的突显而出现，因为这个排序首先为这一突显打开了空间；并且这一排序关涉人格经验的情感领域。某物可以对我们进行感触上的诱惑并促使我们以这一特别地方式转向它，"因为"我们已经以这种而不是那种方式回转了。

（译者：张任之/中山大学哲学系；

校者：朱刚/中山大学哲学系）

当代伦理学与舍勒的共同体现象学*

艾德沃特·万希克

一、难题

我认为,当今西方的伦理学发生着一场深刻的转变。启蒙运动与资本主义的过失超出其贡献。没谁会否认启蒙运动的积极成果。个人永不再会仅仅由于其属于"错误"的家庭、种族或性别而被剥夺自由或进步[的权利]①。马克斯·舍勒在他自己的时代以及我们在我们的时代仍然面临的问题是:在这种种歧视能被克服的同时是否可以避免剥夺人们的群体、身世以及人格的(personal)②和习俗的附属物? 正如约翰·纽浩斯(John Neuhaus)提出的:"启蒙运动同时既是极端个人主义的,也是极端普遍主义的。什么是应做的……只能被自主者发现,且理性个人的历史位置之特殊性对他'无碍'……这种启蒙运动的规划……在约翰·罗尔斯闻名遐迩的《正义论》中被精致地道出。"③我

---

* 本文译自:Edward Vacek, "Contemporary Ethics and Scheler's Phenomenology of Community," *Philosophy Today* 35 (2), pp. 161-174。——译者
① 本文方括号内的文字中译者系中译者为补足语义所增加的。——译者
② "person"一词一般译为"人格";当意指"神"时,译为"位格"。——译者
③ John Neuhaus, "After Modernity," *The Religion and Society Report* 5, 1988, pp. 1-2.

们会记得，在罗尔斯的书中，人们在不知其自身历史或特定际遇［的情形下］选择一种社会契约。

没有谁会否认资本主义生产财富的能力，这些财富有助于克服贫穷并能导向一种更高的生活水准。不过其劣势已变得明显。D. 布鲁宁（Don Browning）如此表述这种紧张［关系］："在理性资本主义中创立的生活形式，在赢得个人主义、决断性、独立性和灵活性这些方式中塑造着社会生活。另一方面，这种生活形式也消解着由忠诚性、乡土性、相互依赖性及所有类型的誓约关系［形成的］共同体。"① 密尔顿·弗里德曼（Milton Friedman）对美国天主教的大主教所发布的关于经济的公开信的否定性反应，恰好为布鲁宁的立场提供了例证。他极力反对大主教关于一个民族拥有道德义务的论点。对弗里德曼而言，"一个'国家'或'社会'是诸个人的集合；……只有诸个人才能具有道德义务……人们在其个人能力［的范围内］并且通过他们个人性地形成的那些组织而负责"②。舍勒认为伦理学中的这种"个人主义"与真相完全相反。然而，他同时也严厉反对使个人人格的价值屈从于一个组群。③ 对舍勒而言，这些解决方式中的每一种都是归约论的（reductionistic）。

对一系列实践问题的回答取决于一个人的社会生活观。有值得为之牺牲的"民族"这种东西吗？教会成员应当忠诚于其传统吗？个人能让其家庭蒙羞吗？我应为祖上实行的奴隶制而负责吗？缔约［过程］

---

① Don Browning, *Religious Thought and the Modern Psychologies*, Philadelphia: Fortress, 1987, p. 239.

② Milton Friedman, "Good Ends, Bad Means," in *The Catholic Challenge to the American Economy*, edited by Thomas Gannon, New York: Macmillan, 1987, p. 105.

③ Max Scheler, *Formalism in Ethics and Non-Formal Ethics of Values: A New Attempt toward the Foundation of an Ethical Personalism*, translated by Manfred S. Frings and Roger L. Funk, Evanston, Ill.: Northwestern University Press, 1973, pp. xxiii-xxiv, 510, 542; 也参见 Max Scheler, *Schriften zur Soziologie und Weltanschauungslehre*, 2. Aufl., GW VI, Bern: Francke, 1963, S. 262-267; Max Scheler, *On the Eternal in Man*, translaed by Bernard Noble, Hamden: Shoe String Press, 1972, p. 384。

中自身利益在伦理上是正当的吗？我们能为偏爱辩护吗？抑或是人们通常应当珍爱一个且只珍爱这一个？如果所有孩童都应平等地受到照料，父母们偏爱他们自己的孩子在道德上能得到辩护吗？

启蒙运动的哲学以诸如自主、平等及人性这些强有力的观念来面对上述问题。这种观念在神学上的对应物是新教的两组观念：作为平等注视之圣爱（Agape）① 及个人良知自由。相比较而言，古代与中世纪的世界沾沾自喜地沉迷于区分、偏爱及社会盲从。阿奎那认为去追问一个人是否应比爱其父母更爱其妻这样的问题没什么特殊 [意义]。② 舍勒既从启蒙运动中也从这种早先传统中学到了许多东西。他的综合试图克服上述每一种 [立场] 的缺陷。③

从根本上看，这些主题属哲学人类学问题。正如乔治·卢坎斯（George Lucas）所指出的：

> 譬如，佛斯（Firth）、罗尔斯和内格尔（Nagel）的基本立场局限于有关理性及合理性这种在实质上未经检验的形上假设。出自"原初立场"或某种"阿基米德点"的命题假定，个体的道德行为者既是完全理性的，也是在根本上被私密的自身利益所启动的，并且其个体性在逻辑及存在论上优先和重要于其在一个社会母体中的限定性和相互依赖性。④

舍勒对这些未经检验的假设提出了挑战。无疑，他关于特定社会

---

① Gene Outka, *Agape: An Ethical Analysis*, New Haven: Yale, 1976, pp. 257-312.

② Thomas Aquinas, *Summa Theologica*, translated by Fathers of the Dominican Province, New York: Benziger, 1947. II-II, 26: 11.

③ Max Scheler, *Formalism in Ethics and Non-Formal Ethics of Values: A New Attempt toward the Foundation of an Ethical Personalism*, translated by Manfred S. Frings and Roger L. Funk, p. 542.

④ George Lucas, "Moral Order and the Constraints of Agency: Towards a New Metaphysics of Morals," in *New Essays in Metaphysics*, edited by Robert Neville, Albany: State University of New York Press, 1987, pp. 121-122, 参见 p. 132。

组群（groups）——诸如教会和国家——的一些立场是内在不一贯的，并且[具有]历史上的局限性。不过，舍勒揭示道德因素的共同体现象学在当代伦理学中还是大大被忽视了。我这里要探讨的正是这种——特别是在其现象学著作①中展开的——广袤的视角。

百老汇的歌剧《屋顶上的小提琴手》揭示了当孩子们开始维护其独立时所带来的一种生活共同体的解体。它所刻画的不仅是一个家庭的没落，而且还是现时代的开启。伴随着对法国革命闻名遐迩的口号——自由（liberté）、平等（égalité）、博爱（fraternité）的反思，舍勒指出，现时代的起点即个人自由与平等导向对人类生活的贫乏理解。舍勒主张我们应当从这三个口号的最后一个开始：是博爱（fraternité）或博爱（Brüderlichkeit）奠定了个人自由的基础并且保护了个人的命运。②

在当代作者中，两个生物伦理学的文本阐明了可供选择的见解。备受关注的 T. 贝奥喳姆（Tom L. Beauchamp）和 J. 邱拽斯（James F. Childress）的生物伦理学文本分别代表了道义论与功利论的传统，不过在作者强调个人[可以]做出自主决断上，他们的分歧消失了。他们写道，特定的关系由于"自愿行为"而发生。③ 作为对照的 R. 迈考密克（Richard McCormick）关于天主教医治伦理学的文本从下述假定出发，即：诸人格从根本上说属于团体主体，他们根植于历史，且被卷入建制和位格关系特别是家庭与神的关系中。对迈考密克，也是对舍勒而言，如果充分理解的话，人格包含着诸多前意愿的境遇。④

---

① 参见 Edward Vacek, "Scheler's Evolving Methodologies," Annalecta Husserliana, vol. 22: *Morality within the Life- and Social World*, edited by Anna-Teresa Tymieniecka, Boston: Reidel, 1987, pp. 165-183。

② Max Scheler, *Politisch-pädagogische Schriften*, GW IV, Bem: Francke, 1982, S. 683-686; 也参见 Max Scheler, *Formalism in Ethics and Non-Formal Ethics of Values: A New Attempt toward the Foundation of an Ethical Personalism*, translated by Manfred S. Frings and Roger L. Funk, pp. 519-522。

③ Tom L. Beauchamp and James F. Childress, *Principles of Biomedical Ethics*, New York: Oxford, 1979, p. 201.

④ Richard McCormick, *Health and Medicine in the Catholic Tradition*, New York: Crossroads, 1985, pp. 16-18.

在主流哲学中，有那些从社会单元开始且以组群成员来理解个人成员的学者；也有一些从个人出发且试图构建整体的学者。这两种取向的两极是纯粹集体主义的斯凯拉（Scylla）和纯粹个人主义的卡瑞巴第斯（Charybdis）。每种立场在历史中都不断地吵吵嚷嚷，因为它们每一方都有话要讲。对于舍勒而言，人类的诸人格是从紧密编织的生活共同体演进到个人生存，并从这种生存演进到人格共同体。我们从"社会"中的个人生存开始（第二部分）；随后我们将考察这些共同体（第三、四部分）。

二、社会

让我们先来看通过个体的自愿缔约而创造的一种社会（Gesellschaft）或"社会"（society）。这种社会"自由联合"（free-as-sociations），以自主、平等及自身利益为标示。虽然舍勒常常对社会持一种否定性的见解，但他最终还是发展出一种肯定性的见解。他批判启蒙运动贬抑生活共同体而褒扬由个人构建的社会。另一方面，他批判反弹的浪漫主义贬抑社会而褒扬生活共同体。对舍勒而言，社会并非生活共同体的历史蜕变形式。[在他看来]社会是交往关系的持续本质形式，只是这些形式有时不怎么突出——比如在我们这个时代——有时则较为突出。①

---

① Max Scheler, *Formalism in Ethics and Non-Formal Ethics of Values: A New Attempt toward the Foundation of an Ethical Personalism*, translated by Manfred S. Frings and Roger L. Funk, pp. 529, 539-541, 561; 也参见 Max Scheler, *Schriften aus dem Nachlass*, GW X, Band I: *Zur Ethik und Erkenntnislehre*, Bern und München: Francke Verlag, 1957, S. 265-266; Max Scheler, *Die Wissensformen und die Gesellschaft*, GW VIII, Bern und München: Francke Verlag, 1960, S. 120; Max Scheler, *Ressentiment*, translated by W. W. Holdheim, New York: Schocken Books, 1972, pp. 165-168; Max Scheler, *Frühe Schriften*, GW I, Bern und München: Francke Verlag, 1971, S. 184。

1. 自主与平等

社会永远是重要的，因为"正是通过社会，人才开始变得**自由**、成熟、自觉和胜任个人生存。正是在这里他才开始从生活共同体之流中昂起了其个人精神的头颅"①。社会之个人比生活共同体之成员更富人格性，但其人格化程度逊于"集体人格"（Gesamtperson）——我也会称之为"人格共同体"——之成员。对于舍勒而言，作为自主人格的个人在生活共同体中是缺乏的，不论这种共同体是家庭、氏族还是人类的自然种群。个人人格在社会中开始成熟，这从而为人格共同体奠定了基础。②

根据舍勒［的看法］，在社会中没有像在共同体中觉察到的直接共同经验（co-experiencing）。每个社会人格必定"为他自己"或"基于她自己"着想。不存在生活共同体中通过信任、虔敬、同情、习俗等［形式的］结合。不存在通过共同感受、共同思想、共同爱恋等诸如此类的方式［而形成的］人格共同体单元。毋宁说，每一人格都是个单独、自主的行为者，他们只是通过或明或暗的约定与他人一道进入各种协定中。在舍勒的判断中，"现代道德是'社会性道德'"③，我认为，这种社会性的个人主义在不少当代的伦理学中仍然是出发点。

个人在一个社会中作为平等者彼此对待，这些平等者缺乏人格的

---

① Max Scheler, *Schriften zur Soziologie und Weltanschauungslehre*, GW VI, S. 336; 也参见 Max Scheler, *Schriften aus dem Nachlass*, GW X, Band I: *Zur Ethik und Erkenntnislehre*, S. 266。

② Max Scheler, *Formalism in Ethics and Non-Formal Ethics of Values: A New Attempt toward the Foundation of an Ethical Personalism*, translated by Manfred S. Frings and Roger L. Funk, pp. xxiii-xxiv, 529-543; 也参见 Max Scheler, *The Nature of Sympathy*, translated by Peter Heath, Hamden: Shoe String Press, 1973, p. 219; Max Scheler, *Schriften aus dem Nachlass*, GW X, Band I: *Zur Ethik und Erkenntnislehre*, S. 266。

③ Max Scheler, *Ressentiment*, translated by W. W. Holdheim, p. 166; Max Scheler, *Schriften zur Soziologie und Weltanschauungslehre*, GW VI, S. 335-336; 也参见 Max Scheler, *Formalism in Ethics and Non-Formal Ethics of Values: A New Attempt toward the Foundation of an Ethical Personalism*, translated by Manfred S. Frings and Roger L. Funk, pp. 529-530; Max Scheler, *Politisch-pädagogische Schriften*, GW IV, S. 380-381。

独特性及其个人化的历史。成年人被看作单独的人,他被看作一[个人]且只被看作一[个人]。社会成员间可承认的差别仅仅被归于其成就,而非在其人格状态上的任何差异。他们在社会-经济阶层中的成员关系靠他们所拥有的财产数量建立,而非依于其所分享的经验。①

由于预定了另一个人格的内在生活是不可进入的,社会的人格就用类比推理来看待他人。这就是说,他们察看每个他人的行为、话语及表达,由此试图推断他人真正意欲什么。在进入与他人的共同活动前,他们先通过合同或承诺确保这种合作。在社会的人格间能有任何共同的认识、享用等[行为]之前,不得不预先就什么应被当作真、什么应被当作美的标准达成共契。价值——而非对好与坏的形式区分——被看作是相对于个人而言的。思想的社会形式是唯名论的,其伦理学是主体主义的,并且其世界观是机械论的。②

2. 自身利益

社会颠转了生活共同体的倾向,例如家庭将个人的利益置于整体之下就属于这种倾向;这就是说,社会只为服务于个人而存在。人们进入社会是因为他们的自身利益[需]通过与其他个人一起行为[才

---

① Max Scheler, *Formalism in Ethics and Non-Formal Ethics of Values: A New Attempt toward the Foundation of an Ethical Personalism*, translated by Manfred S. Frings and Roger L. Funk, pp. 529-532; 也参见 Max Scheler, *Politisch-pädagogische Schriften*, GW IV, S. 383; Max Scheler, *Ressentiment*, translated by W. W. Holdheim, p. 168。

② Max Scheler, *Formalism in Ethics and Non-Formal Ethics of Values: A New Attempt toward the Foundation of an Ethical Personalism*, translated by Manfred S. Frings and Roger L. Funk, pp. 528-531; Max Scheler, *The Nature of Sympathy*, translated by Peter Heath, pp. 213-264; Max Scheler, *Vom Umsturz der Werle*, 4. Aufl., GW III, Bern und München: Francke Verlag, 1972, S. 349-350; Max Scheler, *Die Wissensformen und die Gesellschaft*, GW VIII, S. 24-26, 53, 121, 131, 438; 也参见 Max Scheler, *Schriften zur Soziologie und Weltanschauungslehre*, GW VI, S. 336-337; Max Scheler, *Selected Philosophical Essays*, edited and translated by David Lachterman, Evanston, Ill.: Northwestern University Press, 1973, pp. 177-178, 239; Max Scheler, *Schriften aus dem Nachlass*, GW X, Band I: *Zur Ethik und Erkenntnislehre*, S. 266。

能]得以满足。在一种社会化的时代,甚至婚姻与家庭这种基本的生活共同体也被看作属于内部契约,它们仅仅被当作自愿的合同而非真正的单元。因而这种生活形式可随意改变,只要这种改变双方认可或做出补偿。①

进入社会所要求的全部是,具有做出约定的能力,即:有成熟的年龄,智力上正常且具有自身掌控的需求和利益。利他主义是不合规矩的:如果某人说"我将付你要价的两倍,因为你比我更需要钱",立即就会引发猜疑。自身利益——包括分离的个人相互间的自身利益——在社会的生活中是驱动力和主导的伦理准则。当提升到诸如霍布斯或罗尔斯的社会理论水平时,其结果就是一种社会契约哲学。②

基本的不信任精神渗透到社会生活的所有领域,这[种状况]无法被契约形式所挽救。这种失信的原因在于,他人的个人性被经验为异在的,而不是被经验为可分享的。他人被假定拥有不同的经验与自身利益,因而他们就被以与隐私权相适应的可敬距离来对待。甚至当自然在不被摆布与掌控时,它也是不被信任的。③

---

① Max Scheler, *Ressentiment*, translated by W. W. Holdheim, pp. 166-167; Max Scheler, *Politisch-pädagogische Schriften*, GW IV, S. 63, 381; 也参见 Max Scheler, *Formalism in Ethics and Non-Formal Ethics of Values: A New Attempt toward the Foundation of an Ethical Personalism*, translated by Manfred S. Frings and Roger L. Funk, p. 530; Max Scheler, *Schriften zur Soziologie und Weltanschauungslehre*, GW VI, S. 336。

② Max Scheler, *Schriften zur Soziologie und Weltanschauungslehre*, GW VI, S. 334-336; Max Scheler, *Formalism in Ethics and Non-Formal Ethics of Values: A New Attempt toward the Foundation of an Ethical Personalism*, translated by Manfred S. Frings and Roger L. Funk, pp. 529-530, 539; 也参见 Max Scheler, *Politisch-pädagogische Schriften*, GW IV, S. 381; Max Scheler, *Ressentiment*, translated by W. W. Holdheim, p. 166; Max Scheler, *The Nature of Sympathy*, translated by Peter Heath, p. 232; Max Scheler, *On the Eternal in Man*, translaed by Bernard Noble, pp. 376-377。

③ Max Scheler, *Ressentiment*, translated by W. W. Holdheim, p. 143; Max Scheler, *Formalism in Ethics and Non-Formal Ethics of Values: A New Attempt toward the Foundation of an Ethical Personalism*, translated by Manfred S. Frings and Roger L. Funk, pp. 67, 529-531, 564; 也参见 Max Scheler, *Vom Umsturz der Werle*, GW III, S. 349-350; Max Scheler, *Die Wissensformen und die Gesellschaft*, GW VIII, S. 131; Max Scheler, *Politisch-pädagogische Schriften*, GW IV, S. 574; Max Scheler, *On the Eternal in Man*, translaed by Bernard Noble, p. 390; Max Scheler, *Schriften zur Soziologie und Weltanschauungslehre*, GW VI, S. 48-50。

摆脱了历史或人格间的相互关系,社会的诸个人被理解为只被他人的平等意欲(will)所限定的无羁绊意欲。在这种概念中,人权只是对下述条件的置定,即在这种条件下,一个人的自由与所有他人的自由相融洽。权利成了确保与他人平安相处的方式,而非与他人交往的方式。只要他人是一个能表赞同的成人,[那么]任何协定都是合法的。作为一种结果,"单纯的经济主体(被看作)是自私和平等的某某,鉴于市场的进程,他也被看作无所不知者和连贯行为者"。在市场中,一个人不会由于其竞争者的局限性或其社会关系而做出让步。一个人买一辆车,并不是因为这车是"美国制造"的,或是由少数党商人出售的,而是因为它更便宜或更适用。社会性的人们通常处于相互竞争中,这是因为他们只对不能当下共享的货物感兴趣,这就是说,他们只对有用或能带来感官快适的货物感兴趣。①

3. 个人道德领域

对舍勒而言,社会实存(Gemeinschaft Existence)有其自身的价值。它能够也应当被认可和促进,因为在这里诸个人作为自由人格照面。不过,社会只是群体交互作用的一种形式而已。将伦理学建基于下述不完备观点上则是一个错误,即:人类个体只是在根本上彼此分离的简单原子,它们只能人为地或通过某种意欲行为才能进入组群。即使人被类比为原子,构成人的各种共同体以及人所构成的东西看来必定仍会拥有其自身的实在性与价值。

为了把握舍勒的组群现象学,就必须理解 —— 作为其哲学的基本模式 —— 他着手于可被区分的部分构成的诸单元。一种心理学经验作

---

① Max Scheler, *Politisch-pädagogische Schriften*, GW IV, S. 381-383, 574-575; Max Scheler, *Formalism in Ethics and Non-Formal Ethics of Values: A New Attempt toward the Foundation of an Ethical Personalism*, translated by Manfred S. Frings and Roger L. Funk, pp. 511, 529-530, 555; 也参见 Max Scheler, *Schriften zur Soziologie und Weltanschauungslehre*, GW VI, S. 336.

为经验之流的部分而被给予（is given）；一个对象最初在一种无限延展的境遇或世界里被给予；相似地，自我在一系列包罗万象的组群中被给予。于是构成社会的个人就必须被看作来自包罗万象的生活共同体，并且在本质上被看作注定要参与到人格共同体之中。社会实存是重要的，但它必须被看作处于公共生活之中。①

三、社会实存

时下无论是强调人格的自身实现（通常受可普遍化原则限定）的倾向，还是强调人权的倾向，都使个人主义毫发无损。不过人的存在从根本上看是共同存在。如果缺失了这种社会性维度，人就不会被充分理解。人们通过卷入各种"和"与"相互"的行为与机制而为他人及与他人一起生活。对舍勒而言，这种社会关系包含多种形式，例如国家、家庭、氏族、种族、人民、民族、教会、宗派、学派、政党、阶级、阶层等等。这种社会单元的每一种都可成为更高单元的一个要素；并且只有当生活在与所有其他共同体和神共处的共同体中时，人类精神才能完备。②

在伦理学中，那些针对个人主义而为共同体辩护的学者往往引进一种在更高程度上无差别的共同体观念。与此不同，舍勒区分了前人格共同体与人格共同体，并且在这两种类型中他又发现了多种组群。

---

① Max Scheler, *Formalism in Ethics and Non-Formal Ethics of Values: A New Attempt toward the Foundation of an Ethical Personalism*, translated by Manfred S. Frings and Roger L. Funk, pp. 519-522; 也参见 Max Scheler, *The Nature of Sympathy*, translated by Peter Heath, pp. 229-230。

② Max Scheler, *Politisch-pädagogische Schriften*, GW IV, S. 273; Max Scheler, *On the Eternal in Man*, translaed by Bernard Noble, pp. 328, 375, 389, 426; 也参见 Max Scheler, *Formalism in Ethics and Non-Formal Ethics of Values: A New Attempt toward the Foundation of an Ethical Personalism*, translated by Manfred S. Frings and Roger L. Funk, pp. 519-521; Max Scheler, *The Nature of Sympathy*, translated by Peter Heath, pp. 230-231, 245-250。

指出以下一点是重要的，即每种类型［的共同体］在某种程度上都呈现于每个**实在**的社会单元。因而，虽然舍勒将家庭作为一种单纯的前人格组群来进行现象学描述，但是实际上我们日复一日经验中的家庭会包含一种混合。正如"人类存在的每种实在行为当下都是精神的和被驱动力决定的"，所以实在共同体绝不会排他地建基于"生命"或"人格"①之上。作为这种混合的例子，我们可以考察耶稣隶属于其中的犹太教人群。在这种生活共同体中，"良知"（conscience）意味着"共知"（thinking-with-others），而非个人的自身决定。②这个例子表明良知在一个生活共同体中与在一个社会中的差异。像其他先知一样，其实真实的耶稣即使在保持其犹太教传统下，也能够区分自身［之知］与群体之知。因而，在历史中，各种类型与它们所采取的各种可观的具体形式间就有大量的混合。当［能够］帮助澄清道德责任 —— 任何时刻一个人都处于这种责任下 —— 的多重种类时，舍勒对各种共同体区分的尝试才恰到好处。③

四、通过共同经验构建

为了理解共同体的意义，我们将考察五个方面：1. 作为主体的组群；2. 通过被分享的经验形成组群；3. 不同的组群同一性；4. 组群主体与其成员主体间的关系；5. 组群的经验内容。当然，这五个方面被不可分离地相互关联着。没有明确主体的经验或在其中不指涉世界的经验是不存在的。

---

① Max Scheler, *Schriften zur Soziologie und Weltanschauungslehre*, GW VI, S. 18.

② 参见 Bruce J. Malina, *The New Testament World: Insights from Cultural Anthropology*, Atlanta: John Knox, 1981, pp. 51-73。

③ Max Scheler, *Schriften zur Soziologie und Weltanschauungslehre*, GW VI, S. 334, 350; 也参见 Max Scheler, *Formalism in Ethics and Non-Formal Ethics of Values: A New Attempt toward the Foundation of an Ethical Personalism*, translated by Manfred S. Frings and Roger L. Funk, pp. 540-542。

1. 主体

舍勒运用两个标准划分社会组群：其一，根据一同经验的方式；其二，根据组群自身主要指向（direct）的价值。要言之，这种划分就是他所谓的：（1）"大众"（mass）通过情绪的感染和身份确认而被一体化，它指向感官价值（例如刺激）。（2）"生活共同体"通过一种纯粹的"共在"（with-one-another）经验而被一体化，它指向生命价值（例如营养）。（3）正如我们所看到的，"社会"由被自愿一体化的个人组成，它依照并指向快适（agreeable）及有用价值。（4）"集体人格"（collective person）有三种基本形式：（4a）"国家"通过意欲而被一体化，它指向根据正义组织起来的生命价值；（4b）"文化圈"或民族被理智和情感的共同经验一体化，它指向精神价值（即美）；以及（4c）"教会"被精神行为的整个领域一体化，它主要指向宗教价值。①

"集体人格"或人格共同体都同样建基于生活共同体与社会，但又超出了后两者。舍勒以"集体人格"命名社会生活中共同经验的各种核心，只要这些核心与他对人格的基本描述相符。人格是由自在自为地指向一个世界的所有精神行为构成的一个单元，这个世界包含着全部价值领域。根据舍勒，为了使一种真正的集体人格得以构建，共同经验的单元就必须成为包含所有可能行为种类的单元。完满的集体人格也必须指向所有价值层级，而非仅仅指向一种价值。②

奇怪的是，舍勒［所讲的］的大多数——即使不是全部——集

---

① Max Scheler, *Schriften zur Soziologie und Weltanschauungslehre*, GW VI, S. 334; 也参见 Max Scheler, *Formalism in Ethics and Non-Formal Ethics of Values: A New Attempt toward the Foundation of an Ethical Personalism*, translated by Manfred S. Frings and Roger L. Funk, p. 525; Max Scheler, *The Nature of Sympathy*, translated by Peter Heath, pp. 15-25。

② 参见 Edward Vacek, "Max Scheler's Anthropology," *Philosophy Today* 23, 1979, pp. 238-248; 也参见 Max Scheler, *Schriften zur Soziologie und Weltanschauungslehre*, GW VI, S. 336-337; Max Scheler, *Formalism in Ethics and Non-Formal Ethics of Values: A New Attempt toward the Foundation of an Ethical Personalism*, translated by Manfred S. Frings and Roger L. Funk, p. 543。

体人格都没能满足其对人格的理解。国家并未实施所有行为，而主要只是实施意欲行为；民族和文化圈缺乏意欲；一个民族-国家不需将自己指向宗教价值；教会只是将自己间接或否定性地指向较低级价值。而且，当舍勒说国家缺少理智和情感行为时，他就弄错了；并且如果一个民族要创造一种文化，那它无疑必定实施一种意欲。看来最好把这些看作是事实上完满的人格共同体，虽然它们在特征上强调了不同种类的行为、功能和价值。事实上，舍勒对这些组群的实际描述通常是顺着这条思路的。①

2. 共同经验

共同体如何形成呢？在《同情的本质》中，舍勒开始了其对作为组群单元基石的各种共同经验进行基础性研究的历程。构成共同体的是可被分享的经验。世界大战的经验大大增强了舍勒对集体经验之为事实与力量〔的确信〕。他写道，所有德国人都经验了同样的悲痛、同样的希望及同样的恐惧。尽管在所有行为和功能中都能够存在一个单元，但是可被分享的情感的一体化力量是最为清楚的。对舍勒而言，无论是在身份的认同中还是在仁爱（love）中，情感的联系都是原初的。②

在其经验的总体单元中，诸人格实施诸如自爱或自查这些构成其个人存在的独特化行为；诸人格以同样的原初性实施舍勒所谓构造了其共同体的"相互经验"（experiencing-with-one-another）及"共同经验"。性质上不同的经验种类向人格中不同的领域敞开。有一种在自身经验中被给予的私密人格领域，这个领域完全不同于与社会有牵连的

---

① Erhard Denninger, *Rechtsperson und Solidarität*, Berlin: Metzner, 1967, S. 269-272.

② Max Scheler, *The Nature of Sympathy*, translated by Peter Heath, pp. 8-36, 219, 参见 chap. 6 and 11; Max Scheler, *Formalism in Ethics and Non-Formal Ethics of Values: A New Attempt toward the Foundation of an Ethical Personalism*, translated by Manfred S. Frings and Roger L. Funk, pp. 519-525; 也参见 Max Scheler, *Politisch-pädagogische Schriften*, GW IV, S. 273, 684; Erhard Denninger, *Rechtsperson und Solidarität*, S. 155-169。

领域。这种私密领域是一个独自的处所,在这里只有上帝和个人居留在一起。社会领域是在社群或共同体中与他人共同生活的地方。原本的或真正的人格既不是单独的灵魂也不仅仅是社会的自我。①

(1)生活共同体。虽然舍勒的术语在变化,[不过]对他而言大体上[还是]有两种共同体的基本类型:生活共同体和集体人格。一个生活共同体是一种前人格组群。家庭或族群(Volk)是这种组群的基本例证。生活共同体致力于所有那些促进和保护其自身福利[的活动]。舍勒认为这些社会单元被一种相互经验所标示,这种经验至少表明出于其成员方面的一些理解(因而与大众区别开来)。然而,家庭的成员不具有一种先天的独立理解;毋宁说他们只在被分享的经验行为中进行理解。这就是说,他们只是通过组群而非作为分离的个人来经验。发生在一个人身上的事情也发生在所有人身上。每个成员所经验的东西与他或她以及另一个成员所经验的东西没什么区别。他们作为一个"我们",而非作为分离的诸个人来经验。②

因而,一个家庭或一种传统的成员说他们从彼此的身上得到什么时就不会追溯其思想的源头。如果他们试图寻觅是谁最早拥有现在被分享的经验,那么只能通过回忆或描绘谁先说了什么,而非通过一种**当下**的觉知,以至于说他们自己的经验与其他成员的经验是分离的。因此,一个孩童重复她父母的洞见而无须承认她自己没有那些洞见得以建立的经验。家庭在追随传统这件事上都是千篇一律的。参与到家

---

① Max Scheler, *Formalism in Ethics and Non-Formal Ethics of Values: A New Attempt toward the Foundation of an Ethical Personalism*, translated by Manfred S. Frings and Roger L. Funk, pp. 511, 519-525, 561-565.

② Max Scheler, *Schriften zur Soziologie und Weltanschauungslehre*, GW VI, S. 335; 也参见 Max Scheler, *Formalism in Ethics and Non-Formal Ethics of Values: A New Attempt toward the Foundation of an Ethical Personalism*, translated by Manfred S. Frings and Roger L. Funk, pp. 102, 526, 545-546; Max Scheler, *Ressentiment*, translated by W. W. Holdheim, pp. 165-166; Erhard Denninger, *Rechtsperson und Solidarität*, S. 155-169; Benezet Bujo, "Solidarity and Freedom: Christian Ethics in Africa," *Theology Digest* 34, 1987, pp. 49-50。

庭生活中不仅意味着成员们彼此相互照料。毋宁说,有一种被分享的经验在所有成员间流动。①

生活共同体的经验对于每位成员都是"一样"的,并且这种经验发生于整体中,而非对分离的个体经验相加。任何爱、恨、思想、希望等作为相对内在的经验之流在家庭、氏族等适当主体的成员间流传。偏见、习俗、观点等被共享,且这些均属臆断。因而,被共享的经验并非建基于推断、准则、协定或承诺上,而是建立于信赖及信念的一体化生活上。家庭经验追求或拒斥与造就其好生活相关的东西;然而,根据舍勒,在这种情况下没有在道德上可对其负责的个人意欲,而只是存在一种可被分享的责任性。② 我们会记得在**实在**家庭与生活共同体**现象**之间有种差别。尤其在我们的时代,实在家庭非常鼓励独立性;其后果是"家庭"的紧张。

(2)集体人格。与人格共同体不同,集体人格的单元是一种精神的行为核心。正如一个社会的人格,一种人格共同体实施着认知、感受以及意欲等这些精神行为;它意欲一个自在自为的人格与对象世界。集体人格的单元就存在于这些行为中;它并非首先通过区域、传统及世系而一体化。这些行为的单元意味着一种人格共同体展现了生活共同体的标示性团结,并且这些行为的精神性意味着它展现了社会的标示性人格状态。③

---

① Max Scheler, *The Nature of Sympathy*, translated by Peter Heath, pp. 245-250; 也参见 Max Scheler, *Formalism in Ethics and Non-Formal Ethics of Values: A New Attempt toward the Foundation of an Ethical Personalism*, translated by Manfred S. Frings and Roger L. Funk, pp. 478-479。

② Max Scheler, *Formalism in Ethics and Non-Formal Ethics of Values: A New Attempt toward the Foundation of an Ethical Personalism*, translated by Manfred S. Frings and Roger L. Funk, pp. 526-530, 560; Max Scheler, *Ressentiment*, translated by W. W. Holdheim, pp. 165-167; Max Scheler, *Schriften zur Soziologie und Weltanschauungslehre*, GW VI, S. 49, 335; Max Scheler, *The Nature of Sympathy*, translated by Peter Heath, p. 247; Max Scheler, *Die Wissensformen und die Gesellschaft*, GW VIII, S. 437.

③ Max Scheler, *Formalism in Ethics and Non-Formal Ethics of Values: A New Attempt toward the Foundation of an Ethical Personalism*, translated by Manfred S. Frings and Roger L. Funk, pp. 539-545; Max Scheler, *Schriften zur Soziologie und Weltanschauungslehre*, GW VI, S. 336-337.

作为"集体人格"的一个例子，我们可以简要考察一下民族。与大众、生活共同体、社会（主要是国际的而非国家的）及国家不同，民族是实在的精神性人格。根据舍勒，民族与集体人格的区别在于，前者是一个为创造一种文化财富的集体世界而具有的独立、具体的精神行为核心。民族精神并不仅仅是个人成员精神的叠加；毋宁说，这些个人精神——至少在其社会行为中——交互塑造，且被爱、恨以及构成民族精神的价值偏好的结构所造就。[①]

3. 伦理

这些组群拥有其自身的同一性吗？对舍勒而言，每一组群有其自身价值，这种价值不单单是其个人成员价值的总和。这种价值在作为被实现的经验中被给予；这就是说，这种价值具有伦理上的相关物。个人成员对其共同体的参与使他们能够促进共同体本质的实现，即使他们自己做出些牺牲。不过每个组群都是不同的，这意味着每个组群都具有将被充盈的独特本质。每一个人人格都具有被这个人格的爱之位序（ordo amoris）所构造的独特本质。[②] 舍勒以"伦理"（ethos）这个词来表达民族、人民、氏族及文化圈等的爱之位序。伦理在舍勒那里意味着一个组群有关价值的爱与恨、偏爱与偏恶的特殊结构。伦理支撑且引导着一个组群的观念及理想；伦理不应与组群有关自己的言论（例如其神学）及其成员的实际所为相混同。[③] 指向这些价值的不同

[①] Max Scheler, *Schriften zur Soziologie und Weltanschauungslehre*, GW VI, S. 338-342; 也参见 Max Scheler, *Politisch-pädagogische Schriften*, GW IV, S. 60-63。

[②] 参见 Edward Vacek, "Personal Growth and the 'Ordo Amoris'," *Listening* 21, 1986, pp. 197-209。

[③] Max Scheler, *Formalism in Ethics and Non-Formal Ethics of Values: A New Attempt toward the Foundation of an Ethical Personalism*, translated by Manfred S. Frings and Roger L. Funk, pp. 301-306; Max Scheler, *Selected Philosophical Essays*, edited and translated by David Lachterman, pp. 98-99; 也参见 Max Scheler, *Schriften zur Soziologie und Weltanschauungslehre*, GW VI, S. 117-119, 197-198, 346; Max Scheler, *Schriften aus dem Nachlass*, GW X, Band I: *Zur Ethik und Erkenntnislehre*, S. 266; Max Scheler, *On the Eternal in Man*, translaed by Bernard Noble, pp. 180-181; Max Scheler, *Frühe Schriften*, GW I, S. 386。

方式构成可能组群的不同类型，也构成每一组群的个体性。例如教会的恰切领域是救赎之爱；它拥有其自身的价值领域，也拥有它自己的并非导源于其他领域的宗教意识形式。在这一范围内，个体性的教派或宗派就会产生。①

因而每个诸如部落或氏族的生活共同体都具有其生态结构，这种结构建基于价值偏好与所追求的目标上，并且这些共同体被其习惯、祭祀及风俗所标示。每种生活共同体都有其标示性的思想形式，这种思想形式以教理的形式保存共同体的传统知识，并且这种思想形式也以概念化的实在论和有机的世界观体现共同体的自然态度。② 相似地，每一集体人格也有其自己的世界观，也就是说有其历史地发展着地看待及评价世界、精神与生活的方式。每一组群都产生出范导性的楷模作为其伦理的主导性表达。组群的所有成员都被作为这种主导性伦理标示的爱、恨等的特定结构所浸透。例如工业时代的世界观体现在工程师及资本家的世界观中。当伦理学家没有反映其共同体及其历史时代的伦理时，他们就是在无的放矢。③

各种伦理都是相对不充分和不足够的。这并不意味着它们是"主

---

① Max Scheler, *Formalism in Ethics and Non-Formal Ethics of Values: A New Attempt toward the Foundation of an Ethical Personalism*, translated by Manfred S. Frings and Roger L. Funk, pp. 543-561; 也参见 Max Scheler, *Schriften zur Soziologie und Weltanschauungslehre*, GW VI, S. 244-245, 337; Max Scheler, *On the Eternal in Man*, translaed by Bernard Noble, pp. 317-327; Max Scheler, *Schriften aus dem Nachlass*, GW X, Band I: *Zur Ethik und Erkenntnislehre*, S. 277-278。

② Max Scheler, *Die Wissensformen und die Gesellschaft*, GW VIII, S. 33-34, 437; Max Scheler, *Schriften zur Soziologie und Weltanschauungslehre*, GW VI, S. 335; 也参见 Max Scheler, *Formalism in Ethics and Non-Formal Ethics of Values: A New Attempt toward the Foundation of an Ethical Personalism*, translated by Manfred S. Frings and Roger L. Funk, pp. 168-209, 239; Max Scheler, *The Nature of Sympathy*, translated by Peter Heath, p. 257。

③ Max Scheler, *Formalism in Ethics and Non-Formal Ethics of Values: A New Attempt toward the Foundation of an Ethical Personalism*, translated by Manfred S. Frings and Roger L. Funk, pp. xxx. 301-309, 580-590; Max Scheler, *Schriften zur Soziologie und Weltanschauungslehre*, GW VI, S. 7-8, 117-119, 187, 197-198, 342-347; 也参见 Max Scheler, *Ressentiment*, translated by W. W. Holdheim, p. 162; Max Scheler, *Vom Umsturz der Werle*, GW III, S. 350-353; Max Scheler, *Politisch-pädagogische Schriften*, GW IV, S. 683-684。

观"的和错误的；毋宁说，这些伦理具有不完全的结构，这种结构使组群向从整个世界遴选出的东西开放。这个世界只被神知晓；或许即使神对这个世界的知晓也暗淡不明。每种伦理并非从普遍理性中得出；毋宁说，它达到了超出普遍性的价值。舍勒时常批判康德及整个启蒙运动不加批评地设定18世纪的伦理达到了一种普遍、超历史的特征。毋宁说，每个个人人格及组群都应当促进及加强、帮助及塑造其他人格及组群的伦理，以至于整体的价值位序可以被更彻底地实现。①

因此，每个民族像每个个人人格一样有其自身独特的伦理。各民族具有自己的哲学、艺术，甚至具有自己的科学方法、伦理理想等等。一个民族伦理必然带有的片面性与不完备性需要被其他民族的伦理所补正。就［伦理］整体而言必定是多样化的，因为一个民族的文化个性是不可取代的。每个民族在追求其自身理想的过程中能够对真与善的总体有所贡献。②

一个组群的伦理能够而且也会变化。正如个人人格一样，每个组群都有一种历史；组群的伦理就是其"核心历史"。当一种较高的（或较低的）评价或认识系统被一些"天才"发现后，而这些天才又对此身体力行，并由此成为他人的楷模，那么组群伦理的变化就会发生。当不完备的认识与评价变得更加完备时，或社会的幻象被克服时，一种伦理就会变化。这些变化或许是渐进的，或许伴随着革命的巨变发

---

① Max Scheler, *Schriften zur Soziologie und Weltanschauungslehre*, GW VI, S. 344-347; 也参见 Max Scheler, *Die Idee des Friedens und der Pazifismus*, 2. Aufl., Bern: Francke, 1974, S. 47; Max Scheler, *Formalism in Ethics and Non-Formal Ethics of Values: A New Attempt toward the Foundation of an Ethical Personalism*, translated by Manfred S. Frings and Roger L. Funk, pp. 266, 300-305, 554; Max Scheler, *Selected Philosophical Essays*, edited and translated by David Lachterman, p. 111; Max Scheler, *Politisch-pädagogische Schriften*, GW IV, S. 385; Max Scheler, *On the Eternal in Man*, translaed by Bernard Noble, pp. 387-388。

② Max Scheler, *On the Eternal in Man*, translaed by Bernard Noble, pp. 420-421; Max Scheler, *Schriften zur Soziologie und Weltanschauungslehre*, GW VI, S. 244-245, 344-346; 也参见 Max Scheler, *Formalism in Ethics and Non-Formal Ethics of Values: A New Attempt toward the Foundation of an Ethical Personalism*, translated by Manfred S. Frings and Roger L. Funk, pp. 542, 554。

生。一个共同体的伦理能够堕落也能够提升,伴随着这种变化,组群错失或达到其自身的天命。对舍勒而言,终极的伦理任务是,对包括神在内的所有天意的个别地或共同地实现。①

4. 成员与组群的相互关系

如果询问组群与其成员的关系,我们就会说组群"内在"于其成员,却"超越"于任何既定的成员。就是说,个人参与在组群中。个人会死去,而组群持存;不过组群需要成员存在。舍勒把个人比作树的枝叶,不过他又说,这些叶子具有永恒的生命,而树的生命是现世的和有限的。集体人格在持存性、内容及作用上超出任何特定的成员,虽然前者需要依赖于后者。不过,在成员的经验中有个单元,这种单元既构建了组群,也构建了作为组群成员的人们。②

集体人格与其他核心相关。因而不仅个人人格属于共同体,而且共同体也能够成为其他共同体的成员。与一个作为个人的人格的身体相似,例如家庭这样的生活共同体可以充当像国家这种集体人格的集体**生-体**(*lived-body*);生活共同体是支撑人格组群的前人格组群。这种——作为其成员及自身的好生活和成长〔所必需〕的——生-体的任务比精神的任务具有更根本的紧要性和优先性。③ 另一方面,练习

---

① Max Scheler, *Formalism in Ethics and Non-Formal Ethics of Values: A New Attempt toward the Foundation of an Ethical Personalism*, translated by Manfred S. Frings and Roger L. Funk, pp. 301-306, 549; Max Scheler, *Schriften aus dem Nachlass*, GW XII, Band III: *Philosophische Anthropologie*, Bonn: Bouvier-Verlag, 1987, S. 218-219; 也参见 Max Scheler, *Ressentiment*, translated by W. W. Holdheim, pp. 80-81; Max Scheler, *Schriften zur Soziologie und Weltanschauungslehre*, GW VI, S. 342-347; Max Scheler, *Frühe Schriften*, GW I, S. 373。

② Max Scheler, *Formalism in Ethics and Non-Formal Ethics of Values: A New Attempt toward the Foundation of an Ethical Personalism*, translated by Manfred S. Frings and Roger L. Funk, pp. 520-523; 也参见 Max Scheler, *Politisch-pädagogische Schriften*, GW IV, S. 520; Max Scheler, *Schriften zur Soziologie und Weltanschauungslehre*, GW VI, S. 337。

③ Max Scheler, *Formalism in Ethics and Non-Formal Ethics of Values: A New Attempt toward the Foundation of an Ethical Personalism*, translated by Manfred S. Frings and Roger L. Funk, pp. 520-521, 541-545.

控制生活共同体是国家的任务。这种控制意欲（will-to-control）既延展到生活共同体的保持，也延展到他们的外延及内涵的增长。作为凌驾于多种生活共同体之上的积极意欲，国家的控制覆盖了特定的区域，即：覆盖了属于其生活共同体共同境域的那块领地。舍勒认为："国家在对生存意欲的合理规划及对生命财产的合理分配中达到其实存的最高意义。"①

相似地，虽然教会是一个纯粹精神的集体人格，但它也不会忽视世俗的事务。舍勒拒绝了路德对两个王国的划分。毋宁说，教会可以并且必定会接触所有世俗事务。不过，教会的角色只是限制那些会妨害集体救赎的东西的发展，这种救赎［的结果］被理解为为所有人而爱所有人的王国。舍勒认为教会永不应试图对民族文化指手画脚，也不应直接干预国家事务；毋宁说，教会只应通过影响其成员而［对其他领域］间接地作为。②

5. 世界

每一共同体都具有其知晓、热爱及感受等等的那一组"对象"。这些**内容**会在组群个人成员的经验中不断地得以更新。生活共同体具有一种群体心理，其内容是神话、传说、俚语、宗教习俗等等。集体人格具有一种组群精神，它不断地再造其律法、国家结构、科学及哲学等这些文化内容。这种共同的思想、信念和意欲唤醒了新鲜而积极的内

---

① Max Scheler, *Formalism in Ethics and Non-Formal Ethics of Values: A New Attempt toward the Foundation of an Ethical Personalism*, translated by Manfred S. Frings and Roger L. Funk, pp. 511, 545-546, 557; 也参见 Max Scheler, *Schriften zur Soziologie und Weltanschauungslehre*, GW VI, S. 244; Max Scheler, *Politisch-pädagogische Schriften*, GW IV, S. 35。

② Max Scheler, *Formalism in Ethics and Non-Formal Ethics of Values: A New Attempt toward the Foundation of an Ethical Personalism*, translated by Manfred S. Frings and Roger L. Funk, pp. 547-561; 也参见 Max Scheler, *On the Eternal in Man*, translaed by Bernard Noble, pp. 388, 442; Max Scheler, *Schriften zur Soziologie und Weltanschauungslehre*, GW VI, S. 263-264。

容。这些内容属于不同的领域,而不属于那种装有任何个人经验的东西或任何个人经验的总和。它们属于那独特的境域或每一组群的世界。①

一种人格共同体世界的诸内容不需要,实际上也不会被其所有成员所知晓。毋宁说,每一个人人格只在集体人格行为这种性质独特的方向上必然地共享。在这种意义上才可能说,集体人格具有一种与每一成员人格的"所知"和"世界"不同且独立的"所知"和"世界",当然这并不是说具有一种超出和凌驾于个人人格之上的某种形上、超个人的我。②

五、组群的实在与价值

这些组群是实在的吗?据舍勒之意,社会缺乏其他关系形式的实在性。社会在相互约定中出现,并随着约定的终结而解体。只要成员们这样做,他们就联结在一起。[社会是]约定而非共同的纽带,是现时而非历史的延展。一个社会的单元并非相互共在的连续、自然的单元,而是自觉决定的人为单元。③

---

① Max Scheler, *Formalism in Ethics and Non-Formal Ethics of Values: A New Attempt toward the Foundation of an Ethical Personalism*, translated by Manfred S. Frings and Roger L. Funk, pp. 521-23; Max Scheler, *Die Wissensformen und die Gesellschaft*, GW VIII, S. 54-55; Max Scheler, *Politisch-pädagogische Schriften*, GW IV, S. 273, 284; 也参见 Max Scheler, *Schriften zur Soziologie und Weltanschauungslehre*, GW VI, S. 118, 342。

② Max Scheler, *Formalism in Ethics and Non-Formal Ethics of Values: A New Attempt toward the Foundation of an Ethical Personalism*, translated by Manfred S. Frings and Roger L. Funk, pp. 521-25; 也参见 Max Scheler, *On the Eternal in Man*, translaed by Bernard Noble, p. 313; Max Scheler, *Die Wissensformen und die Gesellschaft*, GW VIII, S. 54。

③ Max Scheler, *Schriften zur Soziologie und Weltanschauungslehre*, GW VI, S. 336; 也参见 Max Scheler, *Formalism in Ethics and Non-Formal Ethics of Values: A New Attempt toward the Foundation of an Ethical Personalism*, translated by Manfred S. Frings and Roger L. Funk, pp. 528-532, 544, 559-560; Max Scheler, *Ressentiment*, translated by W. W. Holdheim, pp. 165-166; Max Scheler, *Politisch-pädagogische Schriften*, GW IV, S. 380-383。

1. 共同体的实在

共同体（Gemeinschaften）的情况如何？它们是实在的吗？这些组群能够合法地对我们提出伦理要求吗？舍勒声称一个共同体具有一种实在性，但他并不很清楚其具有的是何种实在性。他说，组群心理或精神不应被看作是绝对独立于构成它们的个人心理或精神的形上实体，虽然前者并不因此就仅仅成为其成员的总和。他认为个人人格自身就是真正实体性的实在。他写道，一个民族"在形而上学上是如此渺小的一个东西"。一个组群的实在并非一个体人格实在的扩展。看来毋宁是下述情况，即：只有当一个组群存在于其成员中或涵盖着其成员时，它才有实在性。①

组群的成员会把组群经验为比组群自身更伟大的东西。一个共同体实在的个人成员可以进来和离去（比如通过死亡）而不损坏整个实在共同体。组群是一个被经验到的实在，它凌驾于其成员的任何［形式的］总和之上。组群与其成员的关系并非抽象与具体的关系或普遍与特殊的关系。这就是说，共同体与其成员各具特色。② 这些组群的实在可以在经验中被发现，这种经验在自愿的社会之外，它是组群的成员不能随心所欲地构造一个组群的经验。这些组群虽然可以改变，但它们却拒斥意欲。拒斥意欲也经常被舍勒作为实在的一种标志，共同体拥有这种实在。

舍勒终其一生摇摆在下述两种［立场］之间，即：否认还是承认个人人格是实体。他一般会这样写：人格最好被描述为行为单元而非

---

① Max Scheler, *Formalism in Ethics and Non-Formal Ethics of Values: A New Attempt toward the Foundation of an Ethical Personalism*, translated by Manfred S. Frings and Roger L. Funk, pp. 522-523; 也参见 Max Scheler, *Politisch-pädagogische Schriften*, GW IV, S. 380-381, 520; Max Scheler, *Schriften zur Soziologie und Weltanschauungslehre*, GW VI, S. 337。

② Max Scheler, *Schriften zur Soziologie und Weltanschauungslehre*, GW VI, S. 336-337; 也参见 Max Scheler, *Formalism in Ethics and Non-Formal Ethics of Values: A New Attempt toward the Foundation of an Ethical Personalism*, translated by Manfred S. Frings and Roger L. Funk, pp. 522-525。

实体单元。我想，这种立场就使我们更容易理解，他怎么会认为组群是"人格"。组群是行为的单元，也是组群成员的机制。这种组群在这些人格之外就不再具有其实在性；毋宁说，这些组群在其成员社会行为的单元中被组建。这种社会行为的单元具有一种向度，这种向度不只是把个人作为个人而自由处置。它还具有其自身的意义单元与实践单元。①

2. 个人与组群各自的价值

具体个人人格的价值并非源于组群。事实上，"共同体与历史的最终意义与价值恰恰在于它们所提供的条件，在这种条件下，最有价值的人格单元才会凸现出来"②。个人人格的存在在其组群中出乎其类，且永不会被组群穷尽。虽然人格价值仍然保留着最高价值［的地位］，但舍勒也不会使集体人格附属于个人人格，而是使二者都附属于神。"人格与（共同体）整体自身持存，也彼此互为，不过绝非仅仅彼此互为，因为二者都为作为位格的神而存在，并且只有在'神'中它们也才能成为彼此互为的存在。"③

由于主张个人人格的优先性，舍勒把自己［的立场］与某种亚里士多德主义和托马斯主义的立场区分开来，后种立场会将个人附属于组群，就像部分附属于整体［那样］。他写道：

---

① Max Scheler, *Formalism in Ethics and Non-Formal Ethics of Values: A New Attempt toward the Foundation of an Ethical Personalism*, translated by Manfred S. Frings and Roger L. Funk, pp. 113, 522.

② Max Scheler, *Formalism in Ethics and Non-Formal Ethics of Values: A New Attempt toward the Foundation of an Ethical Personalism*, translated by Manfred S. Frings and Roger L. Funk, p. 505; 也参见 p. xxiv.

③ Max Scheler, *The Nature of Sympathy*, translated by Peter Heath, p. 231; 也参见 Max Scheler, *Formalism in Ethics and Non-Formal Ethics of Values: A New Attempt toward the Foundation of an Ethical Personalism*, translated by Manfred S. Frings and Roger L. Funk, pp. xxiv, 510-511, 524-525; Max Scheler, *On the Eternal in Man*, translaed by Bernard Noble, pp. 374-375。

因为我将所有对共同体及其形式的关怀纳入**个人人格**的活的**核心**中……我才可以拒绝……一种将人格的价值设定为原初地和本质地**依赖于**与共同体的关系的伦理学……整个世界的终极意义和价值最终只能以此得到彻底衡量……即人格最为丰富的充盈和最为完满地展开,所有的世界力量都在不时地向着它们集中和喷涌。①

不过,以此断言可以突出,对舍勒而言,生活共同体和集体人格都具有其自身价值。这种价值使其成员和他者都具有一种价值本质,从道德上讲,这种价值本质将会实现。

六、责任

最后,我们回到开篇的主题上来。有许多共同体关系的形式,而且关系能够也的确对我们提出了重要的道德要求。对舍勒而言,对多种共同体的责任就像对人格观念组建那样是一种自身责任。在讨论社会责任性的过程中,一般会提出两种截然不同的立场:"一方主张所有集体道德责任的归属都可归约到个人的道德责任(分配观);另一种立场是,在一种合法的意义下,一个集体可被认为是有罪的,而个人却可以没罪(非分配观)。"② 舍勒持有这两种(以及更多)立场:他通过区分适合于各种社会组群的不同责任类型来达到这一点。

---

① Max Scheler, *Formalism in Ethics and Non-Formal Ethics of Values: A New Attempt toward the Foundation of an Ethical Personalism*, translated by Manfred S. Frings and Roger L. Funk, pp. xxiv, 524; Nonnand Paulhus, "Uses and Misuses of the Tenn 'Social Justice' in the Roman Catholic Tradition," *Journal of Religious Ethics* 15, 1987, pp. 263-265.(此段译文参照了倪梁康先生的中译。参见舍勒:《伦理学中的形式主义与质料的价值伦理学:为一门伦理学人格主义奠基的新尝试》,倪梁康译,生活·读书·新知三联书店2004年版,第10页。——译者)

② Kenneth Himes, "Social Sin and the Role of the Individual," *Annual of the Society of Christian Ethics*, Washington: Georgetown 1987, p. 196.

分配（distributive）立场之于社会中的个人而言是对头的。社会的个人只有在已经自由地承担了这种责任的程度上才会对他人负责。他们没有真实地经验到与他人共在。他们只对自己的社会行为负责。一个人私下里做的事情不会考虑他人，甚至不会考虑"道德性"。因而社会的诸人格彼此外在地关联。他们的责任是单方自顾的，并且只是派生性地顾及那些已经与他们做出约定的人。在这些约定之外，他人的成败与他们的责任无关。①

非分配（non-distributive）立场对于生活共同体是对头的。一个生活共同体中个人的责任只是总体责任的一份。就是说，生活共同体的每位成员都会感到他或她的血液是在整体中循环的血液。因此，他或她的个人兴趣、欢快或苦难都恰当地被感受为是从属于整个生活共同体之生活的。因而，家庭中一个成员的爱或牺牲会被经验为在整个家庭的价值背景中起作用的东西。另一个例子是，一个氏族的成员会通过伤害入侵氏族的任一成员来为自己受伤的同伴复仇。②

精神病学者格林（Willard Gaylin）提供了一个现代的例证：一个老于世故的犹太妇女对于杀手所呼喊的"撒姆之子"这个事实的反应是，他是犹太人："有罪的人是犹太人，那么她也是有罪的，在这两个分离的人之间唯一可想象的联系是……在异教徒面前蒙羞……意味着……组群每位成员间的认同，通过其行为可以反映出，他们将这个群体作

---

① Max Scheler, *Formalism in Ethics and Non-Formal Ethics of Values: A New Attempt toward the Foundation of an Ethical Personalism*, translated by Manfred S. Frings and Roger L. Funk, pp. 496-498, 528-533, 564-565; 也参见 Max Scheler, *Politisch-pädagogische Schriften*, GW IV, S. 380-382, 683-685; Max Scheler, *Ressentiment*, translated by W. W. Holdheim, pp. 165-166; Max Scheler, *Schriften zur Soziologie und Weltanschauungslehre*, GW VI, S. 336。

② Max Scheler, *Formalism in Ethics and Non-Formal Ethics of Values: A New Attempt toward the Foundation of an Ethical Personalism*, translated by Manfred S. Frings and Roger L. Funk, pp. 361-362, 526-528, 530, 533-534; Max Scheler, *The Nature of Sympathy*, translated by Peter Heath, p. 194; 也参见 Max Scheler, *Schriften zur Soziologie und Weltanschauungslehre*, GW VI, S. 335-337; Max Scheler, *Ressentiment*, translated by W. W. Holdheim, pp. 165-167。

为一个整体。"① 因而，一个犹太人的行为会使所有犹太人蒙羞，这不是在个人意义方面[蒙羞]，而是在整个生活共同体的意义方面蒙羞。

在集体人格中，有多种责任类型。与生活共同体相比，每个个人人格都对他或她自己负责。与社会相比，每个成员都对集体人格的其他成员和集体人格自身共同负责。而且，集体人格为自身负责，为其每个成员负责并且为与其有关的其他集体人格负责。舍勒称这种负责之网为团结性（solidarity）原则；对他而言，这是社会伦理的最高原则。每个人格都对他人的道德丰盈或贫困，对历史的方向，以及对世界万物的境域负有责任。②

让我们来考察这种团结性。在必然会引发反应的意义上，人类的许多行为都是社会性的。一声需要帮助的请求，一个引发服从或不服从的命令，等等[都是社会性的]。仁爱是舍勒[所举出]的基本例证。③ 仁爱的基本意义包含着对以仁爱回应的一种激发。面对仁爱，无动于衷的状况不得不变得活跃起来，因为仁爱激发了回应仁爱的前自愿反应。仁爱因而具有道德意义，这不仅对施爱者如此，对受爱者亦然，因为这将增强受爱者的力量。通过对仁爱的回应，受爱者的德行得以提升；她或他因而就有力量去爱其他人。相反，对他人之爱的缺乏就褫夺了他人激发和发展仁爱的机会。因而，对舍勒而言，我们部分地对所有他人负责，这不仅是在社会构造的层面[讲的]，而且也是在其德行的层面[讲的]。这就是被舍勒描述为"这伟大而神圣之原

---

① Willard Gaylin, *Feelings: Our Vital Signs*, New York: Harper & Row, 1979, p. 59.
② Max Scheler, *Formalism in Ethics and Non-Formal Ethics of Values: A New Attempt toward the Foundation of an Ethical Personalism*, translated by Manfred S. Frings and Roger L. Funk, pp. 495-498, 533-538, 543-544; Max Scheler, *On the Eternal in Man*, translaed by Bernard Noble, pp.376-386; Max Scheler, *Politisch-pädagogische Schriften*, GW IV, S. 418-419, 517-518; 也参见 Max Scheler, *Schriften aus dem Nachlass*, GW X, Band I: *Zur Ethik und Erkenntnislehre*, S. 266; Max Scheler, *Schriften zur Soziologie und Weltanschauungslehre*, GW VI, S. 337。
③ 参见 Edward Vacek, "Scheler's Philosophy of Love," *The Journal of Relixion* 62, 1982, pp. 156-177; Edward Vacek, "The Schelerian Perspective," *Phenomenoloxy Information Bulletin* 8, 1984, pp. 48-57。

则"的团结性律令。①

康德的自主概念排除了这种团结性意义。自主要求一个人只对并且只为他的自我负责;没人对他人的道德生活负责。我们想起康德有关告诉潜在的谋杀者真相的经典例子:自主不仅表现出对受害者的漠不关心;对杀手的道德状况显然也少有问津。相比较而言,团结性原则主张:首先,所有人对他们自己负有责任,并且对他人负有共同责任;其次,共同体承担着一种集体性的功劳和罪欠。②

在多数具体情况下,第一种共同责任性的"程度"是微薄的。我们需要考察实际事务、实际关联和参与类型,为的是辨明这种一般对他人负责的程度。不过,即使当直接的责任性难以确定时,我们通常还可以问自己,他人是乐意如此无动于衷呢,还是如果我们不同地作为,他们的情况就会好些呢。在第二种责任性中,作为个人,我们或许不会对例如奴隶制这样的事情负责,但我们对那些其意义和影响仍然延续到现在的过去的罪孽负有责任。由于其集体的罪欠,组群的忏悔与重生就是必要的。因为在那些过去犯错的个人成员逝去很久之后,组群还在延续,这就需要对那些甚至是过去的罪行忏悔。③

总之,我们在我们参与各种组群的过程中经验伦理责任。仅关注个人的伦理学体系难以顾及这些责任。然而,舍勒不充分,也不完备地提供了一种对我们道德责任的扩展性解释。不论是现代对个人的强

---

① Max Scheler, *Formalism in Ethics and Non-Formal Ethics of Values: A New Attempt toward the Foundation of an Ethical Personalism*, translated by Manfred S. Frings and Roger L. Funk, pp. 535-539; 也参见 Max Scheler, *Ressentiment*, translated by W. W. Holdheim, pp. 87-88; Max Scheler, *On the Eternal in Man*, translaed by Bernard Noble, pp. 376-379。

② Max Scheler, *Formalism in Ethics and Non-Formal Ethics of Values: A New Attempt toward the Foundation of an Ethical Personalism*, translated by Manfred S. Frings and Roger L. Funk, pp. 494-498; Max Scheler, *On the Eternal in Man*, translaed by Bernard Noble, pp. 376-378.

③ Max Scheler, *Formalism in Ethics and Non-Formal Ethics of Values: A New Attempt toward the Foundation of an Ethical Personalism*, translated by Manfred S. Frings and Roger L. Funk, pp. 497, 534; Max Scheler, *On the Eternal in Man*, translaed by Bernard Noble, pp. 33ff.

调,还是前现代家庭的范例都不足以穷尽道德讨论。舍勒试图表明的是:道德生活包含着各种在性质上具有种类差异的责任。将[这些具有种类差异的责任]归约为仅仅一种类型会简化对道德生活的思考,但这也会付出巨大代价。在其由始至终的哲学生涯中,舍勒都坚持且痴迷于增强人类生活的无尽复杂性。

(译者:郝亿春/中山大学哲学系)

人格的被给予与文化诸先天[*]

安东尼·施泰因博克

引 论

本文所论的是有关作为跨文化经验的文化建制的问题。更明确地说，该问题关注的是：面对当今世界在后现代"文化多元论"的口号下对跨文化关系的重视，以一种**决定性的**（*decisive*）但**并非限定的**（*not definitive*）方式来描述人格间的关联，如何不但是可能的而且是必要的？

像哈贝马斯那样诉诸生活世界的多元性的做法是徒劳的[①]，因为摆在我们面前的仍是关于在一定标准下可被化约的诸多世界的一种主观相对主义，这种主观相对主义可为观念化的过程（通过主体间的或其他的方式）所克服——这也是胡塞尔的《危机》早已指示出的一种解决方案。必定不只是如麦金太尔（Alasdair MacIntrye）所说的那样，

---

* 本文译自：Anthony J. Steinbock, "Personal Givenness and Cultural A prioris," in *Space, Time, and Culture*, edited by David Carr and Cheung Chan-Fai, Springer Scinece and Business Media B. V. 2004, pp. 159-176。（中译文首次发表于《哲学分析》2010 年第 4 期。略有修订。——译者）

① 参见 Jürgen Habermas, *Theorie des kommunikativen Handelns*, vols. 1 und 2, Frankfurt am Main: Suhrkamp, 1987。

在**合理性**之性质方面有着根本的分歧，即：理性探究的观念体现于某种传统之中，理性证明之**种种标准**亦出自这种传统。① 在此存在着一些错误的预设：首先，将"合理性"当作基本论题；其次，将标准或规范视为关键因素；再次，假设规范源自过去；最后，用一种不明显的却更为阴险的粗暴方式，假定历史性会受到历史的限制。②

要解答上述问题需要对文化之诸先天（cultural a prioris）有一种恰当的理解。因为受到本质的诸先天结构之指引——这些先天结构并不一定就是普遍性的，历史上的各种文化浮现出来，并将特殊的且不可化约的微差赋予那些引领性的明察。我们所面临的挑战不在于缩短或者克服文化之间的距离，而是要用一种必然的、决定性的方式对诸本质的先天领域做出说明，这种方式并不将决定性的方面化简为仅在历史或文化上的差异（即文化多元论），亦非通过被其他考察方式所质疑的某一种考察方式来解决根本的紧张关系。另外，必定会牵涉到这样一种可能：纵然是坦然面对质疑的**完备的**方式，其本身也是有问题的。而在某种意义上这种类方式仍不失为决定性的。

为了获得对文化诸先天之理解，我将论及现象学的被给予概念，特别是在有关文化的问题上重视人格的被给予之必要（第一节）。我还将考察人格的概念并且据总体人格来描述文化（第二节）；接着，提出文化诸先天的观点（第三节）。最后，我将通过一个东西方之间的跨文化关系的例子，分别依据人格的世代生成性（Generativity）结构与空（emptiness）来展开跨文化先天的问题（第四节）。

---

① 参见 Alasdair MacIntyre, *Whose Justice? Which Rationality?* Notre Dame: University of Nortre Dame Press, 1988。

② 参见 Anthony J. Steinbock, "Temporality and the Point: The Origins and Crisis of Continental Philosophy," in *Self-Awareness, Temporality, and Alterity: Central Topics in Phenomenology*, edited by Dan Zahavi, Boston: Kluwer Academic Publishers, 1998, pp. 151-167; Anthony J. Steinbock, "Totalitarianism, Homogeneity of Power, Depth: Towards a Socio-Political Ontology," *Tijdschrift voor Filosofie* 51 (4), 1989, pp. 621-648。

一、被给予与人格的被给予

现象学将经验视为反思的试金石，并给我们有关这种经验的预设加上括号；它所描述的不仅仅是经验之中有**什么**，为了理解那些有意义的经验之结构，它还要说明意义是**如何被给予的**。对现象学而言，**被给予的方式**是个极有争议的问题。①

对被给予性的关注是现象学的特别之处，这更要求我们：不能简单地随意设定被给予的类型或模式，或者武断地排除掉其他可能的被给予方式。

在被给予的诸方式中，有一种主要的方式——我称之为"展现"（presentation）。展现是对象或对象某些方面在与感知者或认知者的关系中凸显出来时的显现方式。事物或对象都是或多或少地相对于某个背景而进入到感触凸显之中的，故其意义唯有在某一"情境"中才能得以确定。情境就是感知者与那些被明显地或隐约感知到的对象之间的相互作用，其意义乃是依据显现与隐匿之相互作用而定的。

"展现出的"对象通过这一被给予的种类所特有的功能和行为，也就是说，通过感知、感动、思考、相信、记忆以及期待等而被给予。在每一种情形中，对象和感知者或思者一同展现出来；感知者或思者勾画出有关可能的展现的某种图式，而那些可能的展现又是与已展现出来的部分或对象相和谐的。但展现的东西并未被还原为主观目的，这是因为对象本身起着诱因的作用，并在感触方面促使我们转而朝向它们，以使其可被迎入显现之中。事实上，某物要得以凸显，它必须

---

① 并不一定是"主体""超越者""他者"等。参见 Edmund Husserl, *Die Idee der Phänomenologie*, hrsg. von Walter Biemel, Husserliana 2, The Hague: Martinus Nijhoff, 1958；以及 Edmund Husserl, *Erste Philosophie*, hrsg. von Rudolf Boehm, Husserliana 8, The Hague: Martinus Nijhoff, 1959。参见让-卢克·马利翁（Jean-Luc Marion）在 *Étant donné: Essai d' une phénoménologie de la donation*（Paris: PUF, 1997）中的类似观点。

在感触方面具有重要意义，并对感知者或思者施以感触上的牵引力，而无论它是否实际上作为一个明晰的课题出现。① 就这种被给予的种类而言，它乃是凭其自身的性质而具有合理性的。

将"展现"设定为唯一的被给予方式已然是有争议的，这种争议还将继续下去。这样的限制意味着：或者，（1）展现适用于任何事物以及每个潜在地会被给予的东西——人类以外的动物、其他人格、文化、上帝等，它们都具有与我们在感知对象那里所发现的相同的"明见性"和变式；或者，（2）那些与展现的被给予不相符合且原则上为感知或思想所不可及的"东西"，它们只被看作是以不可及的方式而成为可及的，作为不能被给予之物而被给予的，并因而处于现象的被给予的"界线"上。②

如若文化是我们将要探讨的主题，我们还得问：它所特有的被给予方式是什么？它如何给出自身？它可以在展现的方式中被给予吗？我认为有可能通过两种相互关联的途径来理解"文化"。其一，人们可以将文化理解为一种观念的系统、一种文学和美学作品的历史脉络。这样看来，文化就不是可被展现的，而是我另外所指出的"表现的被给予"(manifest givenness)。在表现的被给予中，事物可以"给出"或者表现一种绝对（无限的绝对，即神圣者；或者有限的绝对，即人格存在的人）；在这种给出之中，事物自身仍然是相对于历史语境的。其二，我们也可以用文化来意指某种地理-历史的公共背景，人格在其中作为人格共同体的一员被给予他或她自身——无论我们是否

---

① 参见 Edmund Husserl, *Analyses Concerning Passive and Active Synthesis: Lectures on Transcendental Logic*, translated by Anthony J. Steinbock, Dortrecht: Kluwer Academic Publishers, 2001，特别是第二部分，第 3 项。

② 参见 Anthony J. Steinbock, "Limit-Phenomena and the Liminality of Experience," *Alter: Revue de phénoménologie* 6, 1998, pp. 275-296。

认为这种共同体存在于世代的延续或现存人格的共时性之中。① 在第一种情况下，人们可以谈论"文化之物"，在第二种情况下则不可能这么说了。文化主要被体验为一种人格间的经验区域，因此，文化还有一种不同的被给予方式——我称之为"启示的被给予"（revelatory giveness）。启示的被给予是这样一种被给予方式：有限的人格在其中作为绝对（从而不再作为相对）而被给予，这样，他在无限的绝对的自行启示之中，并通过此自行启示呼唤着无限的绝对。为了说明作为人格间的经验的跨文化经验之动力，有必要扼要地阐明人格之本性。

自马克斯·舍勒的观点来看，据情感生活（至深处乃是通过爱的行为）而言，"人"被看作是一种人格的存在。进一步说，人格在行为之中并通过行为而存在，他作为一种动态趋向的内在一致性而创造性地、历史地展开着。②

与"功能"不同，爱是一种"行为"——因为爱是精神层面上所特有的一种运动，人格在这种运动中被给予、"被启示"为绝对的、独特的（不是相对于语境的或者可还原为语境的）存在。爱的行为是原发的、"自然而然产生的"、表达性的并且有定向的，其意义不在于控制、行使选择的自由或对他者运用权力，而是创造性的、即兴的。爱是一种朝向价值载体的动态趋向，载体的固有价值是不会在爱的行为中枯竭的；爱让价值载体自身得以展开，爱的行为也就向无限敞开着，它所指向的"他者"也就能实现其所特有的、最高的可能价值。但是，这样的爱的行为恰恰发生在"更高的价值"之质性未被也不能被先行"给予"之处——因为更高的价值之质性只有在爱的运动之中并通过

---

① 这也是胡塞尔在其世代生成的现象学——有关家乡世界和陌生世界——的语境中理解文化的意义的方式。这种理解仍是在感知的和认识的被给予性的（即"展现"[presentation]）的基础上进行的，他认为陌生世界是以不可及和不可理解的方式而成其为可及的。参见 Edmund Husserl, *Zur Phänomenologie der Intersubjektivität. Texte aus dem Nachlass*, Dritter Teil, hrsg. von Iso Kern, Husserliana 15, The Hague: Martinus Nijhoff, 1973。

② 参见 A. R. Luther, *Persons in Love*, The Hague: Martinus Nijhoff, 1972。

这种运动才能被揭示。① 在事物或人成为其所是的充实过程中，也就是在一种可能性的开启、一种"去成为"（to become）的邀约之中，我们爱着他者。

另外，人格是作为人格间的存在而直接被给予的。这一说法所指的不只是诸如我们总是群体的一部分以及从来就没有孤立的人之类的素朴事实。在现象学上，它表明了：我们作为有限的人格而被**给予**我们自身；并且在这种被给予之中，我们直接置身于一种与无限人格的关系（一种绝对的关系）当中。② 我们是通过无限人格来理解本质上是自身给予的人格，这样的自身给予（被至为深刻地理解为爱的行为）是无条件的。我们通过无限人格来理解具体人格——那些"能够"颠覆这种给予，换言之，会崇拜偶像的具体人格。通过与神圣者的关系，我被给予我自身，并按照一种"应然"被独特地置于这种直接关系之中——此"应然"临到并且只临到我一个人面前，它不能因另一种"应然"而被替换，也不能转移到另一个人头上；它是一声"呼唤"、一种"使命"或道路。对我而言，"这条"所经之路实际上是作为一种"**为我的**自在的善"（a good-in-itself-*for-me*）而被体验到的；它的被给予不依赖于我对它的认识，并且是如此被给予的：我能够对我的人格有一种前反思的、**本质的**"价值明察"，这种明察虽是明确的和必然的，但并不因此而是普遍的。③ 这种应然一旦被接受，就只能在那个特

---

① Max Scheler, *Wesen und Formen der Sympathie*, GW VII, hrsg. von Manfred Frings, Bern und München: Francke Verlag, 1973, S. 164, 191; 英译本见：Max Scheler, *The Nature of Sympathy*, translated by Peter Heath, Hamden, CT: Archon Books, 1970, p. 165, 192。

② 只有当我们将"关系"理解为生成运动，才有可能将这种纵向的关系（verticality）看作是"与绝对者的绝对关系"。

③ Max Scheler, *Der Formalismus in der Ethik und die materiale Wertethik: Neuer Versuch der Grundlegungeines ethischen Personalismus*, GW II, hrsg. von Maria Scheler, Bern und München: Francke Verlag, 1966, S. 482; 英译本见：Max scheler, *Formalism in Ethics and Non-Formal Ethics of Values: A New Attempt toward the Foundation of an Ethical Personalism*, translated by Manfred S. Frings and Roger L. Funk, Evanston, Ill.: Northwestern University Press, 1973, p. 490. （中文本参见舍勒：《伦理学中的形式主义与质料的价值伦理学：为一门伦理学人格主义奠基的新尝试》，倪梁康译，生

定的人格之上并作为独特的生命历程而实现。

这也许就是下文所要说的"本质明察的功能化（operative dynamic of eidetic insights）"（也作用于文化的总体人格层面）的最基本的情形。这种力量引导我们以一种独特的、不可还原的方式把握实在，并构建起我们的爱的秩序（在总体人格的层面上，即"伦常"）。也正因为人格所特有的经验之维是原发的或即兴的，这种功能化过程才会"失序"，并且无缘无故地就会这样。

因为原初就是被**给予**他或她自身的，有限人格在成为"自我"或"主体"之前是一个"我自身"（myself）。相应地，人格是绝对的、独特的，并获得如此规定，一方面是由于它被给予他或她自身。另一方面，人格在他或她"创造性地"承担起来的生活的指向之中，并通过这种指向而成为独特的、绝对的。因为这样的人格是由情感行为构成的，所以人格的"个别化"（individuation）原则是"精神性的"，而非物质性的或时空性的。因此，我们谈论个别人格和总体人格才可能是有意义的。①

二、个别人格和总体人格

当被**给予**他或她自身时，人格内在地就是人格间的存在，因此也早已发现他或她自身处于一种面向无限的绝对人格的运动之中。我们可以在无限人格与有限人格这种原本的人格间的关系的框架中讨论总

［接上页］活·读书·新知三联书店 2004 年版。本文所涉及的舍勒哲学术语，如 Person 等关键概念，主要参照此本译出。——译者）参见 Martin Buber, „Ich und Du", in Martin Buber, *Das dialogische Prinzip*, Heidelberg: Lambert Schneider, 1965, S. 112.

① 虽然胡塞尔关于家乡世界和陌生世界的"世代生成的"意义上的理解意指这样一种看法（参见 Anthony J. Steinbock, *Home and Beyond: Generative Phenomenology after Husserl*, Evanston, Ill.: Northwestern University Press, 1995），但是一般说来，至少就其单子论而言，个体性原则被看作是时空性的。

体人格和个别人格的构造与被给予。

个别人格和总体人格之分异在于具体的**有限**人格方面,而不在于其中一者是另一者的基础。譬如,总体人格不是一种观念(如人性的观念),它不是在个体的总和,也不是其实存可被还原为个体之多样性那种意义上的由个别人格所组成的东西。总体人格亦不是更宽泛意义上个别人格或者个体的更高的综合——仿佛个体是总体人格的初级阶段。另一方面,个别人格并非源自总体人格,它不是从预先存在的公共生活当中提取一番便可获得的东西,那样做意味着除了成为共同体的一员以外,个体根本就没有自己的价值。由此可见,个别人格并没有被囊括进某种笼罩性的普遍人格之中。毋宁说,有限人格既作为个别人格又作为总体人格的一员而被给予。①

倘若个别人格和总体人格之分异不是基于生命机体之差别,也不是基于具体化了的灵魂-实体之观念;那么,我们如何解释这种差别以及个别和总体人格之间的关系呢?从现象学上来看,我们必须追问个别人格和总体人格是如何被给予的?它们如何会有这般构造?

通过特殊的单个化(singularizing)或自我中心化的行为,如真正的自爱、反省、良心的拷问、自大、骄傲等等,有限人格作为个别性的东西而被给予,并由此分异为某种个别人格。② 但即便是上述行为,它们也不是发生在有限人格的充盈之外的。通过固有的(并不是附带性的)社会性行为——这些行为(如爱、同情、共感、怜悯、允诺、

---

① Max Scheler, *Wesen und Formen der Sympathie*, GW VII, S. 188; 英译本见: Max Scheler, *The Nature of Sympathy*, translated by Peter Heath, p. 189。Max Scheler, *Der Formalismus in der Ethik und die materiale Wertethik: Neuer Versuch der Grundlegungeines ethischen Personalismus*, GW II, S. 511-514; 英译本见: Max scheler, *Formalism in Ethics and Non-Formal Ethics of Values: A New Attempt toward the Foundation of an Ethical Personalism*, translated by Manfred S. Frings and Roger L. Funk, pp. 521-525。

② Max Scheler, *Der Formalismus in der Ethik und die materiale Wertethik: Neuer Versuch der Grundlegungeines ethischen Personalismus*, GW II, S. 511; 英译本见: Max scheler, *Formalism in Ethics and Non-Formal Ethics of Values: A New Attempt toward the Foundation of an Ethical Personalism*, translated by Manfred S. Frings and Roger L. Funk, p. 521。

命令、恭顺等）只有在某种可能的人格或人格共同体中才能完成——有限人格作为人格间的存在而被给予。所以，严格地讲，即使某人的确是形单影只，这个人也绝不能被看作是孤立的或与世隔绝的（虽然他有被群体所排斥或放逐的体验，但事实上孤立本身已预设了一种针对他人的意向）。① 因为单个化的行为（甚至出现在生命机体层次上的功能）是发生在具体的有限人格之内的，即使这些行为并未完全摆脱某种社会意义。

行为，特别是情感生活所特有的行为，它们所固有的社会性特征意味着：在人格的共同经验过程中，总体人格依靠这种共同经验的力的动态**趋向或指向**而被给予。因此，总体人格本身完整地被给予了，但其行为还没有充分地被给予，故其所有行为之进行无不增益或减损着总体人格的存在之内涵。②

总体人格以这样一种方式被给予：总体人格所受的指引是与个体的行为一同被给予的。③ 总体人格的定向使其成为独特的和绝对的，这种定向及共同经验并不必然会在一种意识或反思的方式中被给予个体。毋宁说，总体人格的定向或所受的指引可以借舍勒所说的"伦常"（ethos）来加以标识。伦常是一种具体的价值定向之系统，就像爱与恨、价值偏好和价值贬抑那样。伦常的根基规定着人们的世界观以及

---

① Max Scheler, *Der Formalismus in der Ethik und die materiale Wertethik: Neuer Versuch der Grundlegungeines ethischen Personalismus*, GW II, S. 511; 英译本见：Max scheler, *Formalism in Ethics and Non-Formal Ethics of Values: A New Attempt toward the Foundation of an Ethical Personalism*, translated by Manfred S. Frings and Roger L. Funk, p. 521。

② Max Scheler, *Der Formalismus in der Ethik und die materiale Wertethik: Neuer Versuch der Grundlegungeines ethischen Personalismus*, GW II, S. 525-526; 英译本见：Max scheler, *Formalism in Ethics and Non-Formal Ethics of Values: A New Attempt toward the Foundation of an Ethical Personalism*, translated by Manfred S. Frings and Roger L. Funk, p. 537。

③ Max Scheler, *Der Formalismus in der Ethik und die materiale Wertethik: Neuer Versuch der Grundlegungeines ethischen Personalismus*, GW II, S. 511; 英译本见：Max scheler, *Formalism in Ethics and Non-Formal Ethics of Values: A New Attempt toward the Foundation of an Ethical Personalism*, translated by Manfred S. Frings and Roger L. Funk, p. 521。

有关世界的认识与思考的结构和内涵；然而，它并非我们能够认识到的事物或特性，而是引导人们看待世界以及他或她的行为和活动的爱恨之秩序。这种爱恨之秩序，或者说爱的秩序（ordo amoris），会因时而异、因群体而异，也会陷入情感生活的欺罔或价值关系的颠覆之中。它不一定（事实上也很少）与某种类型的爱之评判系统相符，它也不会为了能在总体或个别人格方面行之有效而要求人们刻意地反思这种秩序。即使有某种伦理学与伦常完全相符，它也不可能排除伦常构成之中价值欺罔的可能性。①

在表现出来的愿望、欲求、需要、风习和成就之下，爱的秩序揭示出个别或总体人格的"核心"，以及人格是如何穿越其伦常独特的历史而在时间的流逝中道德地存在着的。爱的秩序支配着人格的行为以及人格的生机与情感；它激励着人格，甚至那些在感知和认识方面具有感触意义的东西也在一定程度上为爱恨的秩序所引领。②

下面我将说明：就跨文化的诸先天而言，这种共同经验与所受的指引是如何展开的。在此我们要注意到：个体虽是总体人格之一员，但总体人格是作为某种超出个体的东西而被给予的；因此个别人格总不能完全经验到总体人格。一方面，总体人格延伸到处于同时代的个体之中，个别人格投身于总体人格并在其中消亡——这既是写实的也

---

① Max Scheler, „Ordo Amoris", in Max Scheler, *Schriften aus dem Nachlass*, GW X, Band I: *Zur Ethik und Erkenntnislehre*, Bern und München: Francke Verlag, 1957, S. 347; 英译本见：Max Scheler, "Ordo Amoris", in Max Scheler, *Selected Philosophical Essays*, edited and translated by David Lachterman, Evanston, Ill.: NorthwesternUniversity Press, 1973, pp. 98-99。参见 Max Scheler, *Der Formalismus in der Ethik und die materiale Wertethik: Neuer Versuch der Grundlegungeines ethischen Personalismus*, GW II, S. 312f.; 英译本见：Max scheler, *Formalism in Ethics and Non-Formal Ethics of Values: A New Attempt toward the Foundation of an Ethical Personalism*, translated by Manfred S. Frings and Roger L. Funk, pp. 308f.。

② 参见 Anthony J. Steinbock, "Interpersonal Attention through Exemplarity," *Journal of Consciousness Studies*, 2001（中译文刊于《中国现象学与哲学评论》第七辑《现象学与伦理》，上海译文出版社2005年版，张任之译。——译者）。参见 Max Scheler, *Schriften aus dem Nachlass*, GW X, Band I: *Zur Ethik und Erkenntnislehre*, S. 348; 英译本见：Max Scheler, *Selected Philosophical Essays*, edited and translated by David Lachterman, p. 100。

是象征意义上的：它以人生的阶段性仪式、就职仪式或反抗与代沟的方式表现出来。在此，总体人格能够接替个体的生与死。

另一方面，总体人格还具有一种"世代生成性的"密度（"generative" density），它可以用这样或那样的形式将那些已过世的个别人包括进来，他们似乎是被逆向划入总体人格之中的。因为总体人格并没有其生物学意义上的起源，所以像家庭这样的总体人格既可以包括已经去世的父母或祖父母，也可以包括收养的子女。人们可以进一步谈论不局限于此时此地的"犹太人的总体人格"，因为它可以世代延伸。[①] 另外，一个当代的组织（比如美国医药协会）也可以在其定向方面与生活在不同时空中的前人（如希波克拉底[Hippocrates]）联合起来，让他从属于同一个医药团体的总体人格（即使希波克拉底现在不可能被接纳为美国医药协会的成员）。

由此看来，总体人格之持存并不与个别人格完全一致，它也不会因后者的"陨落"而衰竭。另外，同一个别人格可以同时归属于不同的总体人格，如党派、阶层、等级、职业、民族、社交圈、国家，等等。尽管这些总体人格或许可被看作是层层包含的关系（就像越来越大的同心圆——市镇、城市、国家），不同的总体人格也不一定总处于这样的包含关系中，它们之间甚至会在某时相互冲突，而在另一时期内相安无事（如德国犹太人、同性恋的共和党人等等）。[②]

最后，并非因为共同体具有高于个体的价值（抑或反之），而是因为既是个别的又是总体的人格具有绝对价值，且价值之高低不在

[①] 因为犹太教将"选民"理解为那些与他者以及上帝一起为创世负责的人，"犹太人"不可被理解为种族意义上的概念：作为总体人格，这一概念易于转向这种共同负责性，因而不可以被看作是"排他性的"。

[②] 例如可参见 Max Scheler, *Der Formalismus in der Ethik und die materiale Wertethik: Neuer Versuch der Grundlegungeines ethischen Personalismus*, GW II, S. 512；英译本见：Max scheler, *Formalism in Ethics and Non-Formal Ethics of Values: A New Attempt toward the Foundation of an Ethical Personalism*, translated by Manfred S. Frings and Roger L. Funk, p. 523。

其大小；所以爱家不是天生就小于爱国，自爱也不逊于友爱。舍勒写道，对最大数值的爱实际上是一种恨：对负载着肯定价值的各种形式的总体人格的恨。将所谓对"人民大众"的爱置于任何其他总体人格之先，这样做是恶的、不道德的，这实际上是一种价值颠覆的结果，即：精神价值低于群体之为群体的数量上的价值，或人格的独特性臣服于某种观念的一般性。让我们回忆一下陀思妥耶夫斯基的《卡拉马佐夫兄弟》中关于一位医生的故事："我爱人类，但是自己觉得奇怪的是我对全人类爱得越深，对单独的人，也就是说对一个个个别的人就爱得越少。"①

通过人格在特定指向上的"相互认同"，在爱恨秩序引导下，成员人格就能够**按照与那些被给予了人格并由人格示范出来的价值相符的规范**共同行动。借助这种方式，一种伦常被建构出来，它转而认同总体人格所受的指引，并容许总体人格之间存在差别——甚至是本质差别。②

我们能在多大程度上谈论社群单位的"单纯"类型，也就能在多

---

① Fyodor Dostovesky, *The Brother's Karamazov*, translated by Richard Pevear and Larissa Volokhonsky, New York: Vintage Books, 1991, p. 57.（中译文参见陀思妥耶夫斯基：《卡拉马佐夫兄弟》，耿济之译，人民文学出版社1981年版，第75页。——译者）舍勒写道，人类的真正的爱，根植于在神之中对万物的爱或"amare in Deo"（在神之中的爱）。参见 Max Scheler, *Wesen und Formen der Sympathie*, GW VII, S. 190；英译本见：Max Scheler, *The Nature of Sympathy*, translated by Peter Heath, p. 191。

② 参见 Max Scheler, *Der Formalismus in der Ethik und die materiale Wertethik: Neuer Versuch der Grundlegungeines ethischen Personalismus*, GW II, S. 514；英译本见：Max scheler, *Formalism in Ethics and Non-Formal Ethics of Values: A New Attempt toward the Foundation of an Ethical Personalism*, translated by Manfred S. Frings and Roger L. Funk, p. 525。此处需要有一种关于人格榜样与规范之间的关系以及后者如何奠基于前者的解释。参见 Anthony J. Steinbock, "Interpersonal Attention through Exemplarity," *Journal of Consciousness Studies*, 2001。
胡塞尔有关家乡世界和陌生世界之构造的研究中缺少这样一种分析。当他谈到作为构造样式的挪用（appropriation）和非挪用、交往等等，并建议借助作为规范之构造的最优化过程来对家乡和陌生世界之构造做深入的解释时，他并没有超出这个范围去解释规范之共有现象——就算超出此范围去解释，也仅仅是在我们碰巧生活在同一地点、讲同样的语言的意义上。参见 Anthony J. Steinbock, *Home and Beyond: Generative Phenomenology after Husserl*，尤其是第三、第四两节。

大程度上以一种纯粹的方式分辨出那些在实际经验中永远不可能实现的总体人格的本质类型。按照舍勒的观点，有四种社群单位：爱的共同体（Liebesgemeinschaft）、生命共同体、社会以及大众。①

有一种社群单位，其最深刻的意义在于历史地实现着绝对的人格价值，这就是舍勒所说的"爱的共同体"。最高的价值是人格价值，而不是个体的或者共同体的价值，并且在共同体的诸价值之中最高的价值属于总体人格；因此，爱的共同体就是共同体的最根本的形式——它实现或者示范出总体人格的人格定向。相比之下，社群单位的所有其他形式就可标志为非人格的。爱的共同体并非像"自由性爱"的社会群体（如在奥奈达[Oneida]乌托邦实验中的）那样的东西，而是一种共同体的类型——在这种共同体中，人格价值不但被给予，而且作为总体人格的基础而存在。

在此，有限人格不但是他或她自身，而且经验到他或她自身作为个别人格并同时作为总体人格的一员而存在。在爱的共同体中，每一个处于总体人格当中的个体以及总体人格本身都是自身负责的，并且所有个体也都对总体人格和其中每一个成员共同负责。② 此外，总体人格也对其中的每一个成员共同负责。就责任而言，个体不从属于总体

---

① 就其用"总体人格"来指共处的最深层次的类型，而用"社会的"这一概念指人的最一般的、无分异的联合而言，舍勒并未将所有的社群单位类型都看作是总体人格。但我认为，所有的社群单位只有成为总体人格才能被给予——这与舍勒的想法是一致的，也是其思想之要求。毋宁说，社群单位特殊的定向、其"伦常"使得它能够作为一个整体被（或不被）引向人格价值，而非生命价值或者工具价值。所爱的指引将特定的总体人格一般地规定为大众、生命共同体、社会或爱的共同体。因此，即使所有的社群单位——无论何种形式和定向——都将总体**人格**预设为其建制之基础，即使我们可以说所有的社群单位在最深层意义上都是总体人格；也并不是所有社群单位都能实现其作为人格所具有的最高"潜能"或最深层意义的。

② Max Scheler, *Der Formalismus in der Ethik und die materiale Wertethik: Neuer Versuch der Grundlegungeines ethischen Personalismus*, GW II, S. 514-515；英译本见：Max scheler, *Formalism in Ethics and Non-Formal Ethics of Values: A New Attempt toward the Foundation of an Ethical Personalism*, translated by Manfred S. Frings and Roger L. Funk, pp. 525-526。

人格，总体人格也不从属于某一个体或某些个体。① 这之所以可能，是因为个体凭相同的倾向与他者相处，他们之间并非复制或模仿的关系。另外，因为人格的个体化原则植根于情感生活，总体人格能够扩展到现时代之外，而且个别人格和总体人格都按照自身负责并共同负责的原则对无限人格负责。虽然有限人格的这两种分异形式，即个别人格和总体人格，都不从属于对方，但它们在道德上皆服从于神圣者。

　　上述情形必须以舍勒所说的与作为无限人格的神圣者以及与有限人格之间的**不可替代的凝聚**（unrepresentable solidarity）为条件：（1）之所以"不可替代"，因为没有人也没有哪个机构能取代我作为人格在总体人格中的那种位置；（2）之所以是"凝聚"，因为对所有人格负责、所有人格也对某个人格负责——这是总体人格的基本结构；不需要将道德世界的善恶功过看作是个体的善恶等的总和，"为我的自在的善"的实现或未实现就可以或肯定或否定地将道德世界规定为一个整体；（3）之所以是"与作为无限人格的神圣者以及与有限人格之间的"，因为作为独特的并且不可化约的（"绝对"）存在，有限人格能在一种人格的指引下朝向他者，也就是说，像神圣者那样去爱。像神圣者那样去爱就是变得具有神性的过程，也是神圣的生成（the Divine becoming）的过程。像神圣者那样去爱意味着：爱他人——作为一种在个别和总体意义上去成为"人格"的含蓄的道德邀约——就是"**无限地**"（即随着对所有价值类型的认识和关注，以某种方式被引向那些价值，被引向体现着那些价值认定和偏爱的所有总体人格那里）参与到神圣者之中。因此，我们不仅和作为我的"家乡人格"（home person）的独特的个别人格或总体人格"一道"存在，同时在所有人

---

① Max Scheler, *Der Formalismus in der Ethik und die materiale Wertethik: Neuer Versuch der Grundlegungeines ethischen Personalismus*, GW II, S. 514; 英译本见：Max scheler, *Formalism in Ethics and Non-Formal Ethics of Values: A New Attempt toward the Foundation of an Ethical Personalism*, translated by Manfred S. Frings and Roger L. Funk, p. 525。

格绝对的独特性意义上,与他们"一道"存在——就像和神圣者共在那样。①

作为人格的存在,爱的共同体是总体人格在最深层意义上的实现。它不是通过仪式、权威或者遵从奠基于榜样人格之上的那些规范而得以建构或延续的,而是在其成员的**人格**形成之中得以传承和维持。如果没有让总体人格成为其所是的那种现时和延续的人格性的(即创造性的)占位和定向,爱的共同体也就无从谈起。这一特定的人格形态有可能从历史上消失,而仅仅成为一种生命共同体或社会。

为了区别于爱的共同体,舍勒列举了其他三种可能的社群单位:生命共同体(Lebensgemeinschaft)、社会(Gesellschaft)以及大众。这些社群单位是从爱的共同体中分离出来的层次,它们以后者为前设且不能被还原为后者。我不想在此对这三种类型做详细说明,而只想指出它们的一些显著特征。

生命共同体对应于有关康乐和高贵的生命价值。它是由某种共同经验构建的,在这种经验中,其成员没有共同经验到其个体的人格性,更不用说将他或她自身共同经验为作为行为之源泉的自我了。这里的经验是直接的,在其中不存在自身经验与他者经验之间或者具体的表达方式与其他成员可理解的东西之间的任何区分。在没有人格关联的情况下,个体只有通过亲缘关系或审美的方式,借助空间(地区)、时间(传统)的整体连接到生命共同体之中。

---

① 下文所说的"本质明察的功能化"必然是根植于神圣者的被给予之中的,因为它最终引导着关于本质先天结构的理解,历史文化的实在之建制即由此结构而产生。文化的经验之所以最终奠基于宗教经验也正是这个道理——虽然前者可以成为后者的引导线索。参见 Max Scheler, *Der Formalismus in der Ethik und die materiale Wertethik: Neuer Versuch der Grundlegungeines ethischen Personalismus*, GW II, S. 522-523, 532-533;英译本见: Max scheler, *Formalism in Ethics and Non-Formal Ethics of Values: A New Attempt toward the Foundation of an Ethical Personalism*, translated by Manfred S. Frings and Roger L. Funk, pp. 534-535, 544-545. 以及 Max Scheler, *Schriften aus dem Nachlass*, GW XII, Band III: *Philosophische Anthropologie*, hrsg. von Manfred S. Frings, Bonn: Bouvier, 1997。也参见 A. R. Luther, *Persons in Love*, 尤其是 pp. 148-160。

在此，凝聚的特定形式是**可替代的**，而非那种预设了每一个别人格的独特性和不可取代性经验的不可替代的凝聚。在生命共同体中，责任的承担者是公共的实在之整体，个体仅仅对生命共同体共同负责，而不像在爱的共同体中那样，每一个别人格和总体人格都是自身负责的。①

这并不等于说个体没有属于他或她自己的经验，而是说其经验的变更完全依赖于总体人格的经验之变更——譬如，在奋求与厌恶之间，在对传统道德观念、风俗习惯、偶像等所体现的价值之潜意识的偏好或排斥之间进行谐调时的经验。事实上，当个体的经验如此这般地被给予个体时，它们是作为将他或她和公共整体隔离开来的东西而被给予的。②

生命共同体建立在一种自然的共同生活的基础上，社会则是通过个体的价值明察而形成的。③我们在第一种社群单位中发现了人格的价值维度，在第二种那里看到了生命的价值维度；而在此我们又看到了有用的和适意的价值维度，并且通过一种总体目标之统一性经验到社会的统一性。在这一类型中，个体自我被经验为一种与共同体根本分离的东西，它必须借助契约和协定之类的人为方式与他者相关联。虽然严格说来，在实现于生命共同体中的总体人格那里不可能存在竞争；

---

① Max Scheler, *Der Formalismus in der Ethik und die materiale Wertethik: Neuer Versuch der Grundlegungeines ethischen Personalismus*, GW II, S. 523；英译本见：Max scheler, *Formalism in Ethics and Non-Formal Ethics of Values: A New Attempt toward the Foundation of an Ethical Personalism*, translated by Manfred S. Frings and Roger L. Funk, p. 534。

② Max Scheler, *Der Formalismus in der Ethik und die materiale Wertethik: Neuer Versuch der Grundlegungeines ethischen Personalismus*, GW II, S. 515；英译本见：Max scheler, *Formalism in Ethics and Non-Formal Ethics of Values: A New Attempt toward the Foundation of an Ethical Personalism*, translated by Manfred S. Frings and Roger L. Funk, p. 527。

③ 在社会中，单个人有可能作为单个人而非社会的一个"元素"，不断完善他或她的独一无二的个体性意识。参见 Max Scheler, *Der Formalismus in der Ethik und die materiale Wertethik: Neuer Versuch der Grundlegungeines ethischen Personalismus*, GW II, S. 518；英译本见：Max scheler, *Formalism in Ethics and Non-Formal Ethics of Values: A New Attempt toward the Foundation of an Ethical Personalism*, translated by Manfred S. Frings and Roger L. Funk, p. 530。

但我们在这里恰恰发现了他者之间竞争的可能性之（抽象）条件——这些他者在此不可能被当作是人格的。所以，为了繁盛之目的，资本主义的暴力作为一种**道德上的**恶，必然要将一种非人格的秩序强加于人格之上，也就是说，取消这种人格。

当总体人格被经验为"社会"，我们也就经验不到那种伦理上、法律上以及原初的共同负责；毋宁说，所有关于他者的责任都是单方面地以自我负责为基础的。生命共同体以各年龄段的人为前提，社会则以成熟的、有自我意识的个体组成的社群单位为前提——那些个体无一不是与适意的（社会作为交际场所）和有用的（社会作为文明的载体）价值样式相关的。①

最后，就大众而言，不存在任何形式的负责，也不可能有什么凝聚——因为个体根本就不是作为一种经验而存在的，也就不会有与他者的凝聚。大众的统一性是通过联合原则，在共同可感的诱惑物的基础上，并在感染和缺乏理解的、不自觉的模仿中构造起来的。②

每一个作为人格存在的总体人格都是独特的。因此在文化群体方面，总体人格之多（plurality）不能被还原为种族、环境以及民族的因素——这些因素可为历史以及方法上和社群组织上的可能进步所克服。多与分异属于作为总体人格的文化之**本质**。因为究竟哪些价值在其他价值之先被意识到，这并非事先就决定了的事情。"作为个体文化

---

① 社会的出现不可能是自行奠基的。即使是恪守某契约所规定的相互承诺之义务——这是社会公意形成的基本形式——其根源也不在另一要求守约的契约之中，而在于共同体成员具有休戚与共的责任，意识到他们的应然之事。否则，契约不过是一种假定的意愿而已，即如果他人这么做我也会这么做。参见 Max Scheler, *Der Formalismus in der Ethik und die materiale Wertethik: Neuer Versuch der Grundlegungeines ethischen Personalismus*, GW II, S. 519-521；英译本见：Max scheler, *Formalism in Ethics and Non-Formal Ethics of Values: A New Attempt toward the Foundation of an Ethical Personalism*, translated by Manfred S. Frings and Roger L. Funk, pp. 529-531。

② Max Scheler, *Der Formalismus in der Ethik und die materiale Wertethik: Neuer Versuch der Grundlegungeines ethischen Personalismus*, GW II, S. 516；英译本见：Max scheler, *Formalism in Ethics and Non-Formal Ethics of Values: A New Attempt toward the Foundation of an Ethical Personalism*, translated by Manfred S. Frings and Roger L. Funk, p. 526。

总体价值之载体的各个个体文化总体人格的多的观念是一个对此价值种类而言的构造性观念。故而一个所谓的'世界文化'的观念并不是一个（即使是'乌托邦的'）目标，一个可以由我们的精神为某个历史形式设定的目标，而是一个先天'悖谬的'观念。"①

现在摆在我们面前的似乎只是总体人格之"多"的问题。如果就到此为止，我们的理解也太简单化了，而不能解释我们共同生活的复杂现实，也不能从某个并不主张包容一切的特定视角出发，去解释我们如何能够将整个跨文化联系当作人格间关系的问题。

跨文化关联作为一种人格间的关系，如何不只是有分异的总体人格之"多"？为了理解这个问题，我想说明总体人格之分异是如何在文化先天方面展开的。

三、文化之诸先天

在本文的开头，我们提出了一系列的问题。这些问题关涉到：多元文化的现实、我们理解此现实的方式，以及在面对种种不同的，甚至无法解决的文化差异时，为了弄清我们共同生存的意义所进行的尝试。

马克斯·舍勒通过他所说的"本质明察的功能化"解释了不可通约的世界观之可能性。②"本质明察的功能化"指明了一种过程，本质的或先天的结构借这一过程引导着我们对实在的把握。"先天的"是

---

① Max Scheler, *Der Formalismus in der Ethik und die materiale Wertethik: Neuer Versuch der Grundlegungeines ethischen Personalismus*, GW II, S. 532-533, 541-542; 英译本见：Max Scheler, *Formalism in Ethics and Non-Formal Ethics of Values: A New Attempt toward the Foundation of an Ethical Personalism*, translated by Manfred S. Frings and Roger L. Funk, pp. 544-545, 554。（中译本参见舍勒：《伦理学中的形式主义与质料的价值伦理学：为一门伦理学人格主义奠基的新尝试》，倪梁康译，第677页。——译者）

② "本质明察的功能化"（Funktionalisierung der Weseneinsicht），参见 Max Scheler, *Vom Ewigen im Menschen*, GW V, Bern: Francke Verlag, 1954。

"被给予的",在我们有关世界的经验中,这种被给予所起的作用是隐性的,而在舍勒所说的"现象学的经验"中则是明晰的。先天的东西并非理解的产物或者通过理性构造出来的,而是"被给予的";它不是对象的法则,而首先是行为和功能把握对象的特定途径。① 最后,先天的被给予并非完全独立于有关对象的经验和感知,它只有通过那些经验和感知才会发生,但不依赖于经验的数量。

自明性未必就限于潜在地具有普遍有效性的理性认识的范围内。如果将客观认识简化为单纯的普遍有效的知识,也就武断地排除了如下可能:有些先天之物,譬如价值,它们只有在某个特殊的个别人格或总体人格(如一种文明或文化)那里,或者在历史发展的特定阶段上才是可及的。②

---

① Max Scheler, *Der Formalismus in der Ethik und die materiale Wertethik: Neuer Versuch der Grundlegungeines ethischen Personalismus*, GW II, S. 66-67; 英译本见:Max scheler, *Formalism in Ethics and Non-Formal Ethics of Values: A New Attempt toward the Foundation of an Ethical Personalism*, translated by Manfred S. Frings and Roger L. Funk, pp. 48-49。

② Max Scheler, *Vom Ewigen im Menschen*, GW V, S. 18. 与我们关于先天的本质结构的通常见解相反,先天的本质结构不具有普遍有效性(虽然具有必然性)。因为,"普遍性"和"特殊性"皆不属于先天的本质结构。参见 Max Scheler, *Der Formalismus in der Ethik und die materiale Wertethik: Neuer Versuch der Grundlegungeines ethischen Personalismus*, GW II, S. 94; 英译本见:Max scheler, *Formalism in Ethics and Non-Formal Ethics of Values: A New Attempt toward the Foundation of an Ethical Personalism*, translated by Manfred S. Frings and Roger L. Funk, p. 76。
"如前所述,'本质'与普遍性无关。一个直观种类的本质性(Wesenheit)既是普遍概念的基础,也是指向个体之物的意向的基础。只有当目光从一个本质性指向观察对象和归纳经验时,一种贯穿在这个目光中的意向才会产生出来,无论这个意向是朝向普遍的东西,还是朝向个体的东西。但本质性本身却既不是一个普遍的东西,也不是一个个体的东西。"(Max Scheler, *Der Formalismus in der Ethik und die materiale Wertethik: Neuer Versuch der Grundlegungeines ethischen Personalismus*, GW II, S. 481, 68-69; 英译本见:Max scheler, *Formalism in Ethics and Non-Formal Ethics of Values: A New Attempt toward the Foundation of an Ethical Personalism*, translated by Manfred S. Frings and Roger L. Funk, pp. 489, 48-49)(中译本参见舍勒:《伦理学中的形式主义与质料的价值伦理学:为一门伦理学人格主义奠基的新尝试》,倪梁康译,第 596 页。——译者)
也参见 Max Scheler, „Das Ressentiment im Aufbau der Moralen", in Max Scheler, *Vom Umsturz der Werte*, GW III, hrsg. von Maria Scheler, Bern und München: Francke Verlag, 1955, 尤其是第 5 节。还参见 Max Scheler, „Phänomenologie und Erkenntnistheorie" 及 „Lehre von den Drei Tatsachen", in Max Scheler, *Schriften aus dem Nachlass*, GW X, Band I: *Zur Ethik und Erkenntnislehre*, Bern und München: Francke Verlag, 1957。

一种先天的本质结构并不等同于普遍有效性，这就意味着：先天的自明性有可能以个别的和个人的方式被给予；正如上文所试图指明的那样——个别的和个人的绝不意味着"主观主义的"。只有当先天被解释为发源于某个自我或主体的行为法则时，主观主义才与先天联系在一起。很有可能存在着一种只对一个个体的明察而言的先天，或只有某个人格才"能够"拥有的先天。只有对那些"能够"具有相同明察的主体而言，一个命题或者法则才是"普遍的"。①

人格（有的情况下只是某个人格：个别的或总体的）如何"能够"这样拥有一种先天的本质结构？关于这个问题，上文提到的被给予的"为我的自在的善"以及对我的人格的前反思的、本质的价值明察已有所提示。对总体人格而言，先天并没有被还原为本质认识的天生的提供者（对先天的认识不是一种先天的认识）、我们的种系发生的祖先遗传下来的素质或者因其特别"有益"或"实用"而在历史进程中被固定的传统观念。② 毋宁说，我们是通过一种明察的类型来解释先天的被给予的。在这种明察中，先天的本质结构指引着我们思考、分析事物以及关注或判断关于我们这个世界的事实之方式。依据有关先天的本质关联的原则，后者成为"被决定的"。通过"本质明察"而被给予的先天本质结构起到了一种指引的作用，它指引着我们，但不要求我们对这种本质结构具有明晰的认识。当我们根据一种原则而不是据其推断去做或想某事，例如当我们"遵从"审美法则而无须在理智上掌握

---

① Max Scheler, *Der Formalismus in der Ethik und die materiale Wertethik: Neuer Versuch der Grundlegungeines ethischen Personalismus*, GW II, S. 94; 英译本见：Max scheler, *Formalism in Ethics and Non-Formal Ethics of Values: A New Attempt toward the Foundation of an Ethical Personalism*, translated by Manfred S. Frings and Roger L. Funk, p. 76。Max Scheler, *Vom Ewigen im Menschen*, GW V, S. 18.

② Max Scheler, *Der Formalismus in der Ethik und die materiale Wertethik: Neuer Versuch der Grundlegungeines ethischen Personalismus*, GW II, S. 96-97; 英译本见：Max scheler, *Formalism in Ethics and Non-Formal Ethics of Values: A New Attempt toward the Foundation of an Ethical Personalism*, translated by Manfred S. Frings and Roger L. Funk, pp. 78-79。

规则的程式时，这种本质结构就起到了作用。只有在感觉到一种偏差（"有些不对劲"）时，我们才粗略地知道有一种明察一直在指引着我们。即使我们仅仅认识到有些东西通过偏离原则发挥着引导功能，也是因为对一直在起作用的先天结构有一种明察，才可能有对该事物的否定。①

因为先天不可被还原为一种普遍的、天生的、永恒不变的人类理性素质，因为它不是源于共同体中所有理性心灵的逻辑上的一致，也不确保这种一致；所以，承载着一种"功能化过程"的本质明察也就产生出不同的精神和心智的结构，这些结构能够导致个别或总体人格的精神力量与界限之真正的增大和缩减。②

从历史的和主体间的方面看，这样一种过程使得"观视"的方式以及所见的现实风格化和类型化。最终，我们才有可能说：一方面，不同的文化和人群有着关于现实的共同的基本预设；另一方面，他们由事实领域通达现实的本质结构之路径又是各异的。因此，即使我们承认先天明察能够通过传统甚至遗传获得，这种明察也不会就此丧失其先天的特征，并将我们抛弃在历史主义的泥沼中。至于有些东西没有成为先天明察的，因为它们是通过传统或者遗传而来到我们面前的。③ 舍勒写道：例如，对所有人和所有群体而言，"实事"的领域是

---

① Max Scheler, *Vom Ewigen im Menschen*, GW V, S. 197-198.

② Max Scheler, *Vom Ewigen im Menschen*, GW V, S. 198-199.

③ Max Scheler, *Der Formalismus in der Ethik und die materiale Wertethik: Neuer Versuch der Grundlegungeines ethischen Personalismus*, GW II, S. 96-97; 英译本见：Max scheler, *Formalism in Ethics and Non-Formal Ethics of Values: A New Attempt toward the Foundation of an Ethical Personalism*, translated by Manfred S. Frings and Roger L. Funk, pp. 78-79。Max Scheler, *Vom Ewigen im Menschen*, GW V, S. 199-200. 正如颜色感官展示出一种"素质"，但颜色几何学的先天性并不与此有丝毫关系一样；我们也可以说，且仅就此而言，先天明察事实上是以多种方式得以实现的：通过遗传、性别、素质以及传统。参见 Max Scheler, *Der Formalismus in der Ethik und die materiale Wertethik: Neuer Versuch der Grundlegungeines ethischen Personalismus*, GW II, S. 96-97; 英译本见：Max scheler, *Formalism in Ethics and Non-Formal Ethics of Values: A New Attempt toward the Foundation of an Ethical Personalism*, translated by Manfred S. Frings and Roger L. Funk, pp. 78-79.

不同的；所以，属于不同主体的（如民族、种族等）本质明察类型会有种类上差异——这无损于此类明察的先天的、自明的特征及其有效性。即使存在一种本质领域，所有可能世界以及实事的实际性皆在其基础上形成；我们也能够设想：对超出对象的纯形式的基本规定的一切事物而言，那些通过本质明察的功能化形成的精神的功能及其法则也会以不同的方式被构造出来。因为，每个人由偶然事实通达本质领域的途径都不相同——就人类的较大群体而言更是如此。①

具体事件的变动、历史境遇、性别以及诸如此类的东西充当着本质明察的跳板，这样，总体人格就出现了分异。通过这些本质明察隐约或明显的更新，总体人格变得如此特别；它们的认识系统变得如此特殊，以至于某一总体人格无法为其他总体人格所代替。舍勒总结道："在此，某人或某个群体不可能为其他人或群体所代替——这是一条绝对的基本原则。"

遮掩这些差异或者用一种通路代替另一种，仿佛不同的世界和世界观是可逆的——这样做在本质上而言是不可能的；而且据舍勒看来，如果某一特殊的"通路"消失了（例如，由于某个民族的湮灭或者在文化上被同化），如果某个总体人格一味"适应"其自然环境而不创造性地更新其本质认识所取得的成就，如此等等；那么，由于观视和生活的唯一且不可化约的方式的世代性密度之丧失，人们事实上且原则上再也不可能获得此类明察。舍勒的意思并不是说我们不能且事实上也不共有文化上的不变项，而是说就动态的、世代性的结构而言，我们也许不能够领会到别的民族或其他时代所了解的东西了，丧失或排除某种观视方式会缩减人性在精神方面的增长。

当然，人们总会尝试着去"理解"另一种文化。但如果不采取这种设身处地的方式，就有必要去辨明个别或总体人格的明确的判断、

---

① Max Scheler, *Vom Ewigen im Menschen*, GW V, S. 199.

自觉的信念和自我主张,就要去辨明那些指引、统领并驱动着人格的主要的先天本质结构。① 路径的分异也许会相当之大,某一人格的世界观或伦常的自明性无法让渡给另一人格,以至于共同观视(co-seeing)的所有可能途径都不管用了。这样,先天的"普遍性"就被限制在分异的特定性质方面。

在这种情况下,我们所面对的是舍勒称之为"现象学的论争"(phenomenological conflict)的一种非常严重的分歧(或者说,一种根源于被给予的特定方式以及本质明察的功能化的分歧),这种分歧在社会层面上是无法解决的。我们把在经验中被给予的不可通约性看作是根本的被给予,而不是回复到那种认为必然存在普遍有效知识的站不住脚的理性主义原则上,或者回复到这样一种信念上,即:认为我们能在原则上说服他人相信那种知识的有效性,或认为自明性最终服从于可证性或证明的公认"更高"的原则。在这种情况下,唯一要做的事情就是"听由其他人自由发展"——舍勒如是说——并让他们各行其道。这里所指的不仅是在认识论方面进行协同探究的必要条件,而且是在宗教与道德生活方面对身处凝聚中的他人之爱的必要条件。②

四、世代生成性与空

在上一节中,我试图说明个别人格或总体人格以何种方式具有种种先天结构,那些先天结构是不可化约的且不必然是普遍性的。借助本质明察的功能化来现象学地解释这类结构,我们就能解释根本不可通约的世界观与文化的可能性。在这最后一节中,我想用一个跨文化经验的例子来阐释这一观点。当我们尝试以哲学的或其他方式将有关

---

① Max Scheler, *Vom Ewigen im Menschen*, GW V, S. 176-177.

② Max Scheler, *Vom Ewigen im Menschen*, GW V, S. 201-204.

作为共同生存的生存结构的某些事实讲述清楚的时候——这样的讲述恰恰是在有分异的观视方式的指引下进行的，下面的阐释也将含蓄地证明我们的处境。

我将根据一种相遇（encounter）——也就是"西方/东方"的相遇，我认为它是"不可化约的"——来展开这一节的讨论。这里所说的"西方"指的是对人格的"世代生成性"结构的明察之养成，而"东方"的例子则是指对禅宗所谓"空"（sunyata）的洞见。世代生成性在此意指一种运动。虽然这种运动会有诸多不同的历史变更，但它以可感的、生动的方式，并且在根本上而言，以人格的方式（"作为"人格间的）给出自身。世代生成性的关键是意义之生成，极言之，是通过爱的行为在与他者以及神圣者的凝聚中的意义之生成。

虽然在20世纪下半叶有很多人尝试着将"西方"和"东方"进行比较——在此，"东方"是在禅宗这一特定形式中被理解的——并且试将这两者看作同一主题的两种变奏；但是，这两种明察是根本不可化约的。就东方而言，空的"观点"，如果可以这么说，是通过无执的"实现"来消除受苦，并且从人自身存在（人格的或其他形式的）之意义的虚妄性中解脱出来。根本说来，意义并没有消失，只是在各种意义之间无所谓区别或无区别；人格之为人格并不是绝对的，而恰恰是映现出万物的无-物（no-thing）；尽管某些事物的确浮现出来，但其指向性并不（也不会）产生一种决定性的差异。道元（Dogen）写道："所谓学佛道者，即学自己也。学自己者，即忘自己也。忘自己者，以万法所证也。为万法所证者，即令自己之身心及他人之身心脱落也。若有悟迹休歇，即令休歇之悟迹长长流出。"[①] 通过去执的修行以及对所有有感觉能力的存在物的悲悯——不排斥或者欲求任何东西，人"觉

[①] *Moon in a Dewdrop: Writings of Zen Master Dogen*, edited by Kazuaki Tanahashi, translated by Robert Aitken, et al., New York: North Point Press, 1985, p. 70.（中译本见道元：《正法眼藏》，何燕生译注，宗教文化出版社2003年版，第21页。——译者）

悟"到其自身存在之本性上的"空"以及"人格"之间根本没有差别。

从人格的世代生成性结构（关于其作为总体人格的世代生成性结构已有阐述）的角度看，世代生成性在特定方面既是"全体"的结构，同时也是西方所特有的。下面将做些解释。

人格的世代生成性结构实际上是在西方"被给予"的，它是一种特定的过程——由此过程产生了有着规范性意义的结构，这些结构具有一种独特的、不可约简的定向，它们之间的差异不仅使有关期待、失望、危机的经验成为可能，而且使克服此类现象的经验成为可能。当我们谈论作为人格存在的世代生成性构架的时候，我们也就在描述世代生成之运动，并因此从这种人格的给予过程中经验到"全体的"世代生成性构架。我们并非从一种客观的、第三人称的视角出发，而是从某个总体人格内部出发来描述全体的世代生成性构架；这样的话，该总体人格就在世代生成性之中被称作是"家乡"。

这里所说的人格的世代生成性结构不仅可以说明与特定的总体人格相异的那些差别，而且可以说明那些甚至与人格的生成结构本身有着天壤之别的东西之可能性！但是，只有从世代生成性结构之中出发，用一种它所特有的方式，这些问题才能讲得清。这样，世代生成性就表现为人格间的总体人格的形式，并将这种方式当作"家乡"。但这样做考虑到了作为全体的结构受到质疑的可能性。就起着引导作用的先天明察来看，不但要考虑到某种相似的明察，而且要考虑到那种根本不同的、不相容的明察——甚至不可以从另外的"视角"出发，将其看作是一种先天结构的那种明察。

因此甚至可以说，对于像罗贝尔·布烈松（Robert Bresson）这样的电影导演而言（譬如在其《乡村牧师日记》中），在他关于现实结构的阐释当中，有一种决定性因素使得"方式"成了必要条件。他所阐释的现实结构在最深层意义上是一种人格间的东西，其意义最终是一种"恩典"——正如在电影结尾处牧师所说的那样。神圣作为一种馈赠出现于日常生活或世俗之中（例如，在伯爵夫人那里，她从牧师"给出"非他所拥有之物的举动中获得了安宁；或者像在影片《扒手》里那样，一个天真的孩子的出现——他不可能去扒窃这个孩子的东西——使他从盗窃的困扰中解脱出来）。但无论如何，这都是一种作为奇迹出现的人格间的事件，人们必然要对这种奇迹的力量表示认可或者反对。对布烈松来说，甚至演员本身也只是通过其质朴无华和无表情的面孔而起着"典型"或"榜样"的作用，同时凭借其影像以唤起的方式（evocatively）指向神圣。

从空的"视角"来看（严格地说，这不是一种视角），佛性之绽开相当于西田几多郎（Nishiad Kitaro）所说的绝对矛盾之自身同一，这种同一让他者以某种绝非人格的方式自发地闪现出来——严格地讲，在此并不存在对自身的肯定或否定，也无所谓在场或缺席。①

类似地，我们甚至可以说，对于像小津安二郎（Yasujiro Ozu）这样的导演而言（例如，在其《东京物语》中），在他对这种结构的阐释方面，也存在着一种使"方式"成为必要条件的决定性因素。但不是依据榜样和人格间的恩典，而是从那些"当下"发生的日常事件出发：如接纳和怜悯（例如，面对儿媳纪子再婚的可能，父亲无私地放弃了对传统的执着），非永久性的以及非介入性的形成和消逝（表现在如下场景中：烟雾从烟囱里飘出，过往的列车、船只、汽车和孩子），生死轮转的过程（母亲在日出时分毫无痛苦地死去），真空与沉寂，以及编导绝少"介入"的、简单地"展现"故事的方式。

世代生成性与空是有着根本差异的被给予，它们分别被经验为"此"（the）方式；每一种方式都没有成为限定性的，它们能够作为一种决定性的因素而被经验到。布伯写道：如同所有真正的导师一样，

---

① A. R. Luther, *A Dialectics of Finite Existence: A Study of Nishida Kitaro's Buddhist Philosophy of Emptiness*, 未刊稿。

佛陀并不是要教导诸多观点中的一种观点，而是指明了"此种"途径。①以文化多元论的观点对此做不遗余力的解释不但没有必要且实际上也是无效的——因为就世代生成而言，一种观视的方式只有作为非限定性的，并通过向无限性的敞开才能成为决定性的。从爱的共同体的角度看，向无限性敞开也就意味着将世代生成性架构完全地经历为人格间的东西，而无须解决那些人格间关系之紧张状态，也不至于禁闭其他人所特有的表达方式。如前所述，这不仅意味着人们与这个或那个个别人格或总体人格一同存在，而且意味着人们同时和处于世代生成之中的所有人格一起——即使他们的明察有时会质疑世代生成性。唯有完全地、以决定性的方式经历人格的世代生成，"我们"才能面对例如空这样的不可通约性。

历史文化并非奠基性的东西，而是在对终极意义上可被称为实在之物的明察的指引下产生的。但这更意味着：对文化经验和文化共同体而言，宗教的/属灵的经验以及宗教共同体是奠基性的。即使先天结构有助于构造传统的观视方式，它（甚至在被误认为是"理性的标准"的情况下）也不可能源出于传统。一种方式之所以是决定性的，其原因与宗教的或文化的传统为什么不能是限定性的，或我们为什么没有被"锁闭"在某个传统中的原因相同。皈依（conversion）仍然具有一种内在的可能性。但它并不等同于某种信仰上的事情或信守教条；毋宁说，即使就皈依的对立面而言，它不再被看作是"皈依"或参与到人格世代生成之中的行为，我们仍必须（从人格的世代生成性角度）将其理解为爱的秩序的一种变革，这种变革接纳并真正养成一种新的观视方式。

（译者：韦海波／上海社会科学院哲学所）

---

① Martin Buber, „Ich und Du", in Martin Buber, *Das dialogische Prinzip*, S. 92.

编后记

舍勒（Max Scheler，1874—1928）是德国20世纪著名哲学家、现象学家。他在现代欧陆哲学发展史，特别是现象学运动中占有着特殊的地位。在其并不算长的三十年学术生涯中几乎涉猎了现象学、伦理学、宗教哲学、知识社会学、哲学人类学、形而上学、社会批判和政治思想等现代精神科学的各个领域。他是最早被译成法语的现象学经典作家，其价值伦理学也被看作自亚里士多德德性伦理学、康德义务伦理学以来伦理学发展的第三阶段，同时，他还曾一度被称作天主教哲学精神的引领者以及知识社会学的先驱和现代哲学人类学的奠基人，如此等等。可以说，舍勒思想构成了20世纪西方思想运动中的一道绚丽的风景。

就笔者有限的了解而言，早在20世纪30年代，中国就出现了华人学者自己关于舍勒思想的讨论。比如蒋径三1932年在《东方杂志》上就发表了《现象学者谢勒尔的教育观》（第29卷，第4号）一文；又比如在1944年出版的黄建中的《比较伦理学》一书中，作者对中外伦理学学说进行了界定，分为九种类型，在第八种"研究道德价值之学"中讨论了舍勒（译为：席勒尔）的"价值之具体伦理学"；再比如在吴大基的《智识史观》（Ng Tai Kee, *A Treatise on the Development of Knowledge*, The Natural Philosophy Research Committee of China, 1947）中，辟专章对舍勒（译为：谢勒）的知识史观予以介绍和讨论；又比如在积极尝试中西印思想会通的近代大家张君劢的《儒家哲学之复兴》中论及"新儒家哲学之基本范畴"（该章最初发表于1951年）时也提及了胡塞尔、舍勒（译为：麦克司夏蕾）等哲学家。据我所知，在前辈学人之中，对于舍勒著作征引和讨论最广的当属钱锺书。单在其《管锥编》、《谈艺录》中，钱锺书直接征引舍勒十余次，涉及《伦理学中的形式主义与质料的价值伦理学》、《同情的本质与形式》、《论害羞与羞感》以及《知识的形式与社会》等多个主要文本。钱锺书甚至在《致朱晓农》的信中说，"我一贯的兴趣是所谓的现象学"。这也许是个值得深入探究的话题。

从1989年开始，舍勒的著作被翻译成中文。在1989年当年，舍勒的晚年名篇《人在宇宙中的位置》一下子出现了三个中译本。此后，在大陆和港台学者的共同努力下，舍勒著作的汉译已经有了一定的积累，截至目前，现有的舍勒汉译大约占德文版《舍勒全集》原著规模的三分之一，可以说已取得了一定的成果。舍勒最重要的代表作《伦理学中的形式主义与质料的价值伦理学》也由倪梁康先生于2004年翻译出版。刘小枫先生还先后主编过一个两卷本的《舍勒选集》（上海三联书店，1999年）和七卷本的《舍勒作品系列》（北京师范大学出版社，2014年）。在这些翻译作品陆续出版的基础上，舍勒的研究也有相当的发展，江日新先生在1990年出版了第一部汉语舍勒研究著作，截至目前，汉语学界先后出版过有关舍勒的专著译著十余部，全国各主要高校以舍勒为主题撰写并答辩通过的博士论文和硕士论文总计五十余篇。而且许多迹象表明，这方面的研究方兴未艾。

但是客观而言，现有的舍勒著作中文翻译无论在数量或品质上都亟待进一步推进和完善，在文本内容方面，既有的翻译尚不足以涵盖舍勒的丰富思想，而在翻译品质上大部分译本尚不敷专门研究之需要。特别是国外重要研究文献译介的匮乏，在很大程度上限制了汉语学界舍勒研究的视野。有鉴于此，笔者于十多年前起意编译舍勒研究文集，以集中体现国际舍勒研究界和现象学界的经典成果。

舍勒思想研究文集的编译工作开始于 2006 年，其间得到倪梁康教授的大力指导和诸位译者的鼎力支持，差不多于 2007 年底成书。其后因多方面的内在和外在原因，这部文集的编译和出版一直延宕至今，在此我要向倪梁康教授和诸位译者致以深深的歉意，同时也要感谢诸位长期以来的信任和理解！在这十多年间，随着新的文献的不断获得和翻译，这部文集也得到大幅的扩充，从原先的 20 万字已经增至眼下的 60 万字，也由一卷本扩展为现在的两卷本（即《心有其理——舍勒现象学伦理学经典研究文集》和《从现象学到形而上学——舍勒哲学思想经典研究文集》），可以说更为全面地反映了国际舍勒学界的最新研究进展。我们期待，这两卷文集的出版能够为汉语学界的舍勒思想研究、现象学研究提供基本的研究文献支撑，从而实质性地推进相关研究。

中山大学哲学系的罗雨泽、黄迪吉、于涛、陆梓超等诸位研究生分别对照原文通读了本卷书稿的各篇译文。陈琼霞博士和胡文迪统一了本卷书稿的格式并通读全书稿。李明阳通读了校样，并提出了修改意见。在此一并致谢！特别要说明的是，编者保留了各位译者对一些译名的选择和使用。

还要特别感谢商务印书馆的陈小文先生和丁波先生以及责任编辑李强先生，正是在他们的大力支持和努力下，这两卷文集才可以在舍勒逝世九十周年之际面世！

本书是国家社科基金重大项目"《马克斯·舍勒全集》翻译与研究"（编号：17ZDA033）和中央组织部"万人计划青年拔尖人才支持计划"资助项目（2018—2020）的阶段性成果。

张任之

2018 年 4 月于中山大学